# Schriften zu Tourismus und Freizeit
Band 10

# Strategisches Management alpiner Destinationen

## Kultur als Wettbewerbsvorteil für nachhaltigen Erfolg

Von

Dr. Lukas Siller

ERICH SCHMIDT VERLAG

Bibliografische Information der Deutschen Nationalbibliothek
Die Deutsche Nationalbibliothek verzeichnet diese Publikation
in der Deutschen Nationalbibliografie;
detaillierte bibliografische Daten sind im Internet
über http://dnb.d-nb.de abrufbar.

Weitere Informationen zu diesem Titel finden Sie im Internet unter
ESV.info/978 3 503 12692 7

ISBN 978 3 503 12692 7

ISSN 1612-8672

Alle Rechte vorbehalten
© Erich Schmidt Verlag GmbH & Co. KG, Berlin 2010
www.ESV.info

Dieses Papier erfüllt die Frankfurter Forderungen
der Deutschen Nationalbibliothek und der Gesellschaft für das Buch
bezüglich der Alterungsbeständigkeit und entspricht
sowohl den strengen Bestimmungen der US Norm Ansi/Niso
Z 39.48-1992 als auch der ISO-Norm 9706.

Druck und Bindung: Hubert & Co., Göttingen
Satz: Andreas Burkhardt

*Für meine Eltern
Elisabeth und Paul*

# Geleitwort

Nachhaltigkeit, Authentizität, Regionalität: dies sind die Begriffe, die vor allem in der Diskussion rund um touristische Angebote eine Renaissance feiern. Doch welche Rolle spielen authentische und regionaltypische Angebote, die zugleich auch als Basis nachhaltigen Wirtschaftens hoch gehalten werden, für den Tourismus wirklich? Welche Implikationen ergeben sich für Tourismusregionen aus der konsequenten Verfolgung dieser Werte? Und welche Strategien sollten Destinationen in ländlichen bzw. alpinen Regionen verfolgen, um langfristig erfolgreich zu sein?

Auf diese und auf ähnlich spezifische Fragen beziehen sich die Erkenntnisse, die sich aus der Forschungsarbeit von Lukas Siller ergeben. Dabei folgt die Studie einem interdisziplinären Ansatz: als Positionierungskoordinaten der Arbeit lassen sich zum einen das Strategische Management mit der ressourcenbasierten Sichtweise und der Netzwerktheorie anführen, zum anderen ist es die Tourismuswissenschaft, die mit dem Fokus auf die kulturtouristischen Angebote ein ideales Forschungsfeld darstellt. Bezugspunkte der Arbeit stellen somit Kultur und Tourismus im Alpenraum dar und das zentrale Anliegen der Arbeit ist es, die Auswirkungen unterschiedlicher strategischer Sichtweisen auf die Wettbewerbsfähigkeit kultureller Destinationen im Alpenraum zu untersuchen.

Die Arbeit ist aber nicht nur aufgrund der gegenwärtigen Trends im Tourismus von hoher Aktualität und besonderer Relevanz, sondern zeichnet sich auch durch die minutiöse Weiterentwicklung der bestehenden Theorie sowie durch die wissenschaftlich exakte Durchführung einer äußerst komplexen empirischen Untersuchung aus. Ursprünglich als Grundlagenforschung konzipiert sind die Studie und die daraus gewonnenen Erkenntnisse sowohl für die Theorie als auch für die Praxis von Interesse. Durch die Analyse von Experteninterviews konnte der Verfasser bspw. aufzeigen, welcher Arten von Netzwerke es in einer Region bedarf, um die Attraktivität im Kulturtourismus zu steigern. Die Umsetzung der Handlungsempfehlungen für Kultureinrichtungen, Tourismusinstitutionen sowie für die Kultur- und Tourismuspolitik können somit entscheidend zur Entwicklung nachhaltiger Wettbewerbsvorteile beitragen.

Erwähnenswert ist insbesondere der Aufwand, der sich bei der Analyse einer beeindruckenden Datenmenge ergeben hat: von den 38 mündlichen Interviews wurden 500 Seiten an transkribierten Texten erzeugt, die in 4000 Sinneinheiten getrennt und mit 6000 Begriffen von Hand indexiert wurden. Dennoch ist die Darstellung der Empirie bestens gelungen, so dass im abschließenden Kapitel neue wissenschaftliche Erkenntnisse und praktische Handlungsempfehlungen abgeleitet werden.

Durch diese Vorgehensweise war es dem Autor möglich, wichtige Forschungslücken zu schließen und neue Empfehlungen für weiterführende Studien abzugeben. Fundiert und selbstkritisch hat Lukas Siller so eine Arbeit verfasst, die einen wichtigen Mehrwert einerseits für die Forschung im Strategischen Management und andererseits für die Tourismusforschung generiert. Aus diesem Grund ist es mein Wunsch, dass dem vorliegenden Buch eine breite Anerkennung aus den Sozial- und Wirtschaftswissenschaften wie auch aus der Praxis zuteil wird; diese hat es sich meiner Einschätzung nach verdient.

Univ.-Prof. Dipl.-Ing. Dr. Hans Hinterhuber

# Danksagung

Die Verfassung der vorliegenden Arbeit glich einem Prozess, bei dem sich anfänglich unscharfe Zielvorstellungen und noch wage Ideen im Laufe der Zeit immer mehr konkretisierten und obwohl sich bei der Verwirklichung des Vorhabens die Rahmenbedingungen oftmals änderten, gab es stets Personen an meiner Seite, die mich in meinem Vorhaben bestärkt und mich durch gute Ratschläge und in Gesprächen inspiriert und motiviert haben – ohne sie würde es diese Arbeit nicht in dieser Form geben.

In erster Linie bedanke ich mich bei Hans H. Hinterhuber und Mike Peters, die durch ihre Erfahrung, den fachlichen Impulsen sowie konstruktiver Kritik wesentlich zur Erstellung dieser Arbeit beigetragen haben.

Des weiteren danke ich meinen Kolleginnen und Kollegen am Bereich ›Strategische Unternehmensführung und Leadership‹, die mich unterstützt und in der Endphase der Arbeit entlastet haben. Im Speziellen bedanke ich mich bei Andrea Mayr für jegliche Art der Hilfeleistung, bei Kurt Matzler für seine fachlichen Anregungen, bei Julia Müller für die motivierenden Gespräche sowie bei Dagmar Abfalter, Margit Raich und Christian Stadler für ihre wertvollen Hinweise.

Durch die Unterstützung des ›Verein zur Förderung der wissenschaftlichen Ausbildung und Tätigkeit von Südtirolern an der Landesuniversität Innsbruck‹ konnte das Forschungsvorhaben durchgeführt werden, wofür ich den Vereinsmitgliedern meinen aufrichtigen Dank aussprechen möchte.

Die Drucklegung der Arbeit wurde durch das Amt für Kultur der Autonomen Provinz Bozen-Südtirol und das Vizerektorat für Forschung der Universität Innsbruck gefördert, ihre Veröffentlichung verdanke ich somit auch dem Beitrag dieser beiden Institutionen.

Auch will ich Andreas Burkhardt für die gute Zusammenarbeit bei der Fertigstellung des Buches danken und möchte ihm aufgrund seiner Kenntnisse in der ›Kunst des Druckens‹ meine Wertschätzung aussprechen.

Allen InterviewpartnerInnen sei schließlich für ihr Erfahrungswissen gedankt, das die Basis für die Ergebnisse der Arbeit darstellt.

Großer Dank gebührt meiner Familie, meinen Eltern Elisabeth und Paul, meinen Geschwistern David und Sarah sowie meiner Frau Ingrid. Die erfolgreiche Fertigstellung der Arbeit verdanke ich nicht zuletzt Eurem Interesse an meinem Vorhaben, dem Verständnis für mich und den unzähligen kleinen und großen Hilfestellungen, die ich durch Euch erfahren durfte.

Innsbruck, im August 2010

Lukas Siller

# Inhalt

| | |
|---|---|
| Geleitwort | VII |
| Danksagung | IX |
| Abbildungsverzeichnis | XV |
| Tabellenverzeichnis | XIX |
| Abkürzungsverzeichnis | XXI |

| | |
|---|---|
| 1 Einführung | 1 |
| 1.1 Problemstellung und Zielsetzungen | 1 |
| 1.1.1 Theoretischer Hintergrund | 1 |
| 1.1.2 Wissenschaftliche Relevanz und theoretischer Beitrag | 3 |
| 1.2 Methodologie und Methodik | 4 |
| 1.2.1 Erkenntnistheoretischer Zugang zum Forschungsobjekt | 4 |
| 1.2.2 Vorgehensweise und Aufbau der Arbeit | 7 |

## Teil I  Theoretische Grundlagen

| | |
|---|---|
| 2 Perspektiven im Strategischen Management | 11 |
| 2.1 Ursprünge und Inhalt der Strategielehre | 11 |
| 2.2 Strategieperspektiven und ihre Entwicklungslinien | 17 |
| 2.2.1 Marktorientierte Sichtweise | 17 |
| 2.2.2 Ressourcenorientierte Sichtweisen | 21 |
| 2.2.3 Entwicklungslinien der Strategiesichtweisen | 31 |
| 2.2.4 Die relationale Sichtweise | 34 |
| 2.2.5 Stellenwert der Strategiesichtweisen und Ausblick | 48 |
| 3 Management von Destinationen | 51 |
| 3.1 Einführung in die Tourismuslehre | 51 |
| 3.1.1 Nachfrageseite im Tourismus | 52 |
| 3.1.2 Angebotsseite im Tourismus | 55 |
| 3.1.3 Tourismustrends und Prognosen | 61 |
| 3.2 Strategisches Management von Destinationen | 64 |
| 3.2.1 Marktorientierung im Tourismus | 67 |
| 3.2.2 Ressourcenorientierung im Tourismus | 71 |
| 3.2.3 Netzwerkgedanke im Destinationsmanagement | 76 |
| 3.2.4 Zusammenfassende Übersicht und Anmerkungen | 93 |

## 4 Kulturtourismus 97
4.1 Grundlagen und Begriffsbestimmungen . . . . . . . . . . . . . . . . 97
    4.1.1 Kultur und Kulturverständnis . . . . . . . . . . . . . . . . . . 97
    4.1.2 Versuch einer Kulturtourismus-Definition . . . . . . . . . . 101
4.2 Determinanten der Wettbewerbsfähigkeit im Kulturtourismus . . . 104
    4.2.1 Nachfragebedingungen: Die Kulturtouristen . . . . . . . . . 104
    4.2.2 Faktorbedingungen: Die Ressourcen . . . . . . . . . . . . . . 113
    4.2.3 Marktstruktur, Strategien und Ziele . . . . . . . . . . . . . . 119
    4.2.4 Verwandte und unterstützende Branchen . . . . . . . . . . . 127
4.3 Zentrale Konzepte und Aspekte . . . . . . . . . . . . . . . . . . . . . 131
    4.3.1 Paradigma im Management von kulturellem Erbe . . . . . . 131
    4.3.2 Authentizität und Inszenierung . . . . . . . . . . . . . . . . . 134
    4.3.3 Nachhaltigkeit und sanfter Tourismus . . . . . . . . . . . . . 141
    4.3.4 Qualitätskonzepte . . . . . . . . . . . . . . . . . . . . . . . . . 151
4.4 Abschließende Zusammenschau und Bemerkungen . . . . . . . . . 157

## 5 Kultur und Tourismus im Alpenraum 163
5.1 Alpine Destinationen . . . . . . . . . . . . . . . . . . . . . . . . . . . 163
    5.1.1 Rahmenbedingungen für Regionen im Alpenraum . . . . . 163
    5.1.2 Alpine Kultur und ihre Spannweite . . . . . . . . . . . . . . 166
    5.1.3 Bedeutung des Tourismus für Bergregionen . . . . . . . . . 168
5.2 Exkurs: Die alpine Destination Südtirol . . . . . . . . . . . . . . . . 169
    5.2.1 Tourismus in Südtirol . . . . . . . . . . . . . . . . . . . . . . . 169
    5.2.2 Bestandsaufnahme: Kultur und Tourismus in Südtirol . . . 172

## Teil II  Empirische Studie

## 6 Vorgehensweise und Methodik 181
6.1 Qualitative Sozialforschung . . . . . . . . . . . . . . . . . . . . . . . 181
    6.1.1 Grounded-Theory-Ansatz . . . . . . . . . . . . . . . . . . . . 182
    6.1.2 GABEK als Methode . . . . . . . . . . . . . . . . . . . . . . . 184
6.2 Forschungsdesign . . . . . . . . . . . . . . . . . . . . . . . . . . . . . 188
    6.2.1 Gegenstand der Untersuchung . . . . . . . . . . . . . . . . . 188
    6.2.2 Auswahl der Experten . . . . . . . . . . . . . . . . . . . . . . 189
    6.2.3 Durchführung der Leitfadeninterviews . . . . . . . . . . . . 192

## 7 Ergebnisse der qualitativen Analyse 195
7.1 Statistik und terminologische Assoziationen . . . . . . . . . . . . . 195
    7.1.1 Statistische Angaben zum Datenmaterial . . . . . . . . . . . 195
    7.1.2 Kulturbegriff . . . . . . . . . . . . . . . . . . . . . . . . . . . . 201
    7.1.3 Kulturtourismus . . . . . . . . . . . . . . . . . . . . . . . . . . 206

7.2 Nachfrage- und marktrelevante Faktoren . . . . . . . . . . . . . . . . 208
    7.2.1 Kulturtouristen . . . . . . . . . . . . . . . . . . . . . . . . . . . . . 209
    7.2.2 Vermarktung und Anziehungskraft . . . . . . . . . . . . . 210
    7.2.3 Marktorientierte Verknüpfungen . . . . . . . . . . . . . . . 213
7.3 Angebotsseitige Analyse der Ressourcen . . . . . . . . . . . . . 215
    7.3.1 Destinationsressourcen . . . . . . . . . . . . . . . . . . . . . . 215
    7.3.2 Kulturtouristische Ressourcen . . . . . . . . . . . . . . . . . 219
    7.3.3 Ressourcenorientierte Assoziationen . . . . . . . . . . . . 229
7.4 Zusammenarbeit und Netzwerke . . . . . . . . . . . . . . . . . . . . 230
    7.4.1 Netzwerkgedanke . . . . . . . . . . . . . . . . . . . . . . . . . . 231
    7.4.2 Ursache-Wirkungs-Zusammenhänge . . . . . . . . . . . . 238
7.5 Kulturtouristische Aspekte und Problemfelder . . . . . . . . . . 243
    7.5.1 Qualität im Kulturtourismus . . . . . . . . . . . . . . . . . . 244
    7.5.2 Authentizität des Angebotes . . . . . . . . . . . . . . . . . . 245
    7.5.3 Inszenierung und Erlebnisfaktor . . . . . . . . . . . . . . . 249
    7.5.4 Nachhaltigkeit und Regionalentwicklung . . . . . . . . . 251
    7.5.5 Probleme und Herausforderungen . . . . . . . . . . . . . . 254

## Teil III Schlussbetrachtung

8 Implikationen und Ausblick     267
8.1 Rückschlüsse für die Theorie . . . . . . . . . . . . . . . . . . . . . . . 267
    8.1.1 Markt- und Nachfrageorientierung . . . . . . . . . . . . . 267
    8.1.2 Ressourcen- und Angebotsorientierung . . . . . . . . . . 270
    8.1.3 Relationale Sichtweise im Kulturtourismus . . . . . . . . 272
    8.1.4 Gesamtmodell des Kulturtourismus in alpinen Destinationen 285
8.2 Praxisrelevante Handlungsempfehlungen . . . . . . . . . . . . . 288
    8.2.1 Tourismusinstitutionen . . . . . . . . . . . . . . . . . . . . . . 289
    8.2.2 Kultureinrichtungen . . . . . . . . . . . . . . . . . . . . . . . . 291
    8.2.3 Tourismus- und Kulturpolitik . . . . . . . . . . . . . . . . . 292
8.3 Resümee, Limitierungen und Forschungsempfehlungen . . . . . . 293

Anhang     295

Literatur     303

Index     329

# Abbildungsverzeichnis

| | | |
|---|---|---|
| 1.1 | Modell der methodischen Vorgehensweise | 7 |
| 2.1 | Die drei Schritte in der Strategieentwicklung | 11 |
| 2.2 | Vorteile, Nachteile und Gleichstellung im Wettbewerb | 15 |
| 2.3 | Porters erweitertes 5-Kräfte-Modell | 18 |
| 2.4 | Die Schritte im Strategieformulierungsprozess einer MBV | 20 |
| 2.5 | Grundlegendes Argumentationsschema des RBV | 22 |
| 2.6 | Kategorisierungsschema von Ressourcen in der RBV | 24 |
| 2.7 | Die Wertschöpfungskette | 29 |
| 2.8 | Kompetenzen und Imitationszeiträume | 30 |
| 2.9 | Die Schritte im Strategieformulierungsprozess einer RBV | 31 |
| 2.10 | Entwicklungslinien strategischer Sichtweisen | 34 |
| 2.11 | Die Entwicklungslinien der Organisationsformen | 35 |
| 2.12 | Systematisierung von Unternehmensnetzwerken | 39 |
| 2.13 | Stärken, Schwächen, Chancen und Risiken in Beziehung zu Marktattraktivität und ressourcenbasierter Sichtweise | 48 |
| 3.1 | Die Dienstleistungskette | 59 |
| 3.2 | Wettbewerbssituation für das Produkt Fernreisen | 68 |
| 3.3 | Die Bestimmungsfaktoren einer Destination im Wettbewerb | 70 |
| 3.4 | Realisierung eines »Netzwerk Tourismus« | 80 |
| 3.5 | Der Wertschöpfungsfächer einer Wintersport-Destination | 83 |
| 3.6 | Das dynamische Destinationsmanagement-Modell | 86 |
| 3.7 | Modell der Wettbewerbsfähigkeit und Nachhaltigkeit | 91 |
| 4.1 | Determinanten der Wettbewerbsfähigkeit | 105 |
| 4.2 | Segmentierung der Kulturtouristen nach dem Grad der kulturellen Motivation | 108 |
| 4.3 | Periphere und Kern-Kulturtouristen | 109 |
| 4.4 | Einteilung der Kulturtouristen anhand kultureller Motivation und Tiefe des Erlebens | 110 |
| 4.5 | Der Kern der Kulturerbe-Kulturtouristen | 112 |
| 4.6 | Typologien von kulturellen Attraktionen für den Tourismus | 116 |
| 4.7 | Die fünf Wettbewerbskräfte im Kulturtourismus | 120 |
| 4.8 | Paradigmenwechsel im Management von kulturellem Erbe | 133 |
| 4.9 | Die vier Erlebnissphären | 140 |
| 4.10 | Das Kontinuum von »echt« zu »künstlich« | 141 |
| 4.11 | Schlüssel-Stakeholder für einen nachhaltigen Tourismus | 144 |
| 4.12 | Auswirkungen des Kulturtourismus | 146 |
| 4.13 | Vier Kulturen Schema | 148 |

4.14 Das EFQM-Modell im Kulturtourismus . . . . . . . . . . . . . . . . . 152
4.15 Modell zur Beurteilung der Dienstleistungsqualität . . . . . . . . . . 154
4.16 Raum-zeitbezogene Typen von Kulturtourismus . . . . . . . . . . . . 158
5.1 Die »Tourismusorganisation Südtirol« . . . . . . . . . . . . . . . . . . 171
6.1 Genese formaler Theorien . . . . . . . . . . . . . . . . . . . . . . . . . 183
6.2 Legende zur Interpretation der Ergebnisse . . . . . . . . . . . . . . . . 188
7.1 Netzwerkgraphik »Kultur«, Verbindungen ≥ 3 . . . . . . . . . . . . . 201
7.2 Netzwerkgraphik »Kultur«, Verbindungen ≥ 12 . . . . . . . . . . . . 202
7.3 Netzwerkgraphik »Kulturbegriff weiter«, Verbindungen ≥ 2 . . . . . 204
7.4 Netzwerkgraph »Natur«, Verbindungen ≥ 3 . . . . . . . . . . . . . . 205
7.5 Netzwerkgraph »Kulturtourismus«, Verbindungen ≥ 8 . . . . . . . . 207
7.6 Netzwerkgraph »Kulturtouristen«, Verbindungen ≥ 3 . . . . . . . . . 209
7.7 Kausalnetzgraphik »Kommunikation«, Verbindungen ≥ 2 . . . . . . 211
7.8 Zyklische Beziehung »anziehend sein«, Verbindungen ≥ 2 . . . . . . 212
7.9 Netzwerkgraphik »Kulturtourismus«, nachfrageorientierte Expertengruppe, Verbindungen ≥ 3 . . . . . . . . . . . . . . . . . . . . . . . . . 214
7.10 Netzwerkgraphik »Fachkräfte«, Verbindungen ≥ 3 . . . . . . . . . . . 216
7.11 Netzwerkgraphik »finanzielle Mittel«, Verbindungen ≥ 3 . . . . . . . 217
7.12 Netzwerkgraphik »Hotels«, Verbindungen ≥ 3 . . . . . . . . . . . . . 219
7.13 Netzwerkgraphik »historische Bauten«, Verbindungen ≥ 3 . . . . . . 220
7.14 Netzwerkgraphik »Museen«, Verbindungen ≥ 3 . . . . . . . . . . . . 222
7.15 Netzwerkgraphik »Kulturlandschaft und Ensemble«, Verbindungen ≥ 3 223
7.16 Netzwerkgraphik »kulturelle Veranstaltungen«, Verbindungen ≥ 3 . . 225
7.17 Netzwerkgraphik »Gastronomie«, Verbindungen ≥ 3 . . . . . . . . . 227
7.18 Netzwerkgraphik »Traditionen«, Verbindungen ≥ 3 . . . . . . . . . . 228
7.19 Netzwerkgraphik »Kulturtourismus«, angebotsorientierte Expertengruppe, Verbindungen ≥ 5 . . . . . . . . . . . . . . . . . . . . . . . . . 229
7.20 Netzwerkgraphik »Zusammenarbeit (Akteure)«, Verbindungen ≥ 3 . 232
7.21 Netzwerkgraphik »Zusammenarbeit (Themenfelder)«, Verbindungen ≥ 3 234
7.22 Kausalnetzgraphik »Zusammenarbeit«, Verbindungen ≥ 2 . . . . . . 239
7.23 Zyklische Beziehung »Zusammenarbeit«, Verbindungen ≥ 2 . . . . . 242
7.24 Netzwerkgraphik »Qualität«, Verbindungen ≥ 3 . . . . . . . . . . . . 244
7.25 Netzwerkgraphik »Authentizität«, Verbindungen ≥ 3 . . . . . . . . . 246
7.26 Zyklische Beziehung »Authentizität«, Verbindungen ≥ 2 . . . . . . . 248
7.27 Netzwerkgraphik »Erlebnis«, Verbindungen ≥ 3 . . . . . . . . . . . . 249
7.28 Zyklische Beziehung »Erlebnis«, Verbindungen ≥ 2 . . . . . . . . . . 250
7.29 Netzwerkgraphik »Nachhaltigkeit«, Verbindungen ≥ 3 . . . . . . . . 251
7.30 Zyklische Beziehung »Nachhaltigkeit«, Verbindungen ≥ 2 . . . . . . 253
7.31 Netzwerkgraphik »Probleme«, Verbindungen ≥ 3 . . . . . . . . . . . 255
7.32 Netzwerkgraphik »kulturelles Bewusstsein«, Verbindungen ≥ 3 . . . 258

7.33 Kausalnetzgraphik »Subventionspolitik«, Verbindungen ≥ 2 ..... 259
7.34 Netzwerkgraphik »einzigartig sein«, Verbindungen ≥ 3 ........ 260
7.35 Netzwerkgraphik »Bozen, Wipptal«, Verbindungen ≥ 3 ........ 262
7.36 Netzwerkgraphik »Skiurlaub, Xong«, Verbindungen ≥ 2 ........ 263
8.1 Kausalmodell »strategische kulturelle Ressourcen«, Verbindungen ≥ 2  279
8.2 Kausalmodell »Netzwerke-Wettbewerbsfähigkeit-Nachhaltigkeits-Modell«, Verbindungen ≥ 2 ....................... 283
8.3 Gesamtmodell des Kulturtourismus alpiner Destinationen ...... 287
A.1 Leistungsbilanz des Festivals XONG 2007 ............... 297

# Tabellenverzeichnis

| | | |
|---|---|---|
| 2.1 | Terminologie des Strategischen Kompetenz-Managements | 25 |
| 2.2 | Der VRIO-Bezugsrahmen | 27 |
| 2.3 | Grundraster zur Ermittlung von Kernkompetenzen | 29 |
| 2.4 | Die RBV, CBV/KK-Ansatz und KBV im Vergleich | 33 |
| 2.5 | Markt, Netzwerk und Hierarchie | 37 |
| 2.6 | Chancen und Risiken durch die Organisation in Netzwerken | 44 |
| 2.7 | Die RBV und der KK-Ansatz in einer klassischen und relationalen Sichtweise | 46 |
| 3.1a | Demografische Merkmale des Tourismus | 53 |
| 3.1b | Verhaltensorientierte Merkmale des Tourismus | 54 |
| 3.2 | Tourismusformen und Motive | 55 |
| 3.3 | Die Pole im Spektrum der Destinationsmodelle | 95 |
| 4.1 | Gliederungsvorschlag für Kulturtourismus | 118 |
| 4.2 | Kulturtouristisches Angebot und Formen des Kulturtourismus | 119 |
| 4.3 | Mögliche Beziehungsstadien zwischen Tourismus und Kultur | 128 |
| 4.4 | Wirkungen des Tourismus auf verschiedene Umweltbereiche im Überblick | 143 |
| 4.5 | Chancen und Risiken durch den KT | 150 |
| 4.6a | Nachfrage- und motivorientierte Klassifizierungen | 159 |
| 4.6b | Angebots- und veranstaltungsorientierte Klassifizierungen | 160 |
| 4.6c | Raum-Zeit-orientierte Klassifizierung | 160 |
| 6.1 | Arbeitsschritte und Ergebnisse der Text-Analyse mit GABEK/WinRelan | 185 |
| 6.2 | Zuordnung der Experten gemäß Gruppen von Schlüssel-Stakeholdern | 191 |
| 6.3 | Zuordnung der Experten nach Art des KT | 192 |
| 7.1 | Ausdrucksliste: Top 99 von 6105 | 196 |
| 7.2 | Ist-Situation: positive Bewertungen | 197 |
| 7.3 | Ist-Situation: negative Bewertungen | 198 |
| 7.4 | Soll-Situation: positive und negative Bewertungen | 198 |
| 7.5 | Relevanzanalyse (Relevanzzahl ≥ 8) | 199 |
| 8.1 | Typen von Netzwerken im Kulturtourismus | 278 |
| A.1 | Ressourcendefinitionsansätzen des RBV und Kategorien | 298 |
| A.2 | Analyse der Verwendung kultureller Motive in der Tourismuswerbung | 300 |

# Abkürzungsverzeichnis

| | | | |
|---|---|---|---|
| **ATLAS** | Association for Tourism and Leisure Education | **NGO** | nicht gewinnorientierte Organisationen |
| **bspw.** | beispielsweise | **RBV** | Resource-based view |
| **dgl.** | dergleichen | **resp.** | respektive |
| **d. h.** | das heißt | **RG** | Regional Governance |
| **DL** | Dienstleistung | **RV** | Relational view |
| **DMO** | Destinationsmanagement-Organisation | **SGE** | Strategische Geschäftseinheit |
| **etc.** | et cetera | **SMG** | Südtirol Marketing Gesellschaft |
| **KK** | Kernkompetenz | **sog.** | so genannt |
| **KMU** | kleine und mittlere Unternehmen | **u. a. m.** | und andere mehr |
| **KT** | Kulturtourismus | **UNESCO** | United Nations Educational, Scientific and Cultural Organization |
| **LTS** | lokales Tourismus System | | |
| **MBV** | Market-based view | **vs.** | versus |
| **Mil.** | Million | **WTO** | Welthandelsorganisation |

# 1 Einführung

## 1.1 Problemstellung und Zielsetzungen

Definitionen für »Kulturtourismus« (KT) gehen in der Regel von der touristischen Nutzung der vorhandenen kulturellen Attraktionen aus (*McGettigan* und *Burns*, 2001, S. 135 f.). Vielfach werden allerdings nur jene Angebote als kulturtouristische Attraktionen angesehen, die eine Hochkulturauffassung zur Grundlage haben (*Kagelmann*, *Scherle* und *Schlaffke*, 2003, S. 165 f.). Kultur – insbesondere die Kultur im Alpenraum – umfasst jedoch vielmehr ein breites Spektrum, das von physischen Manifestationen bis hin zu unterbewussten Werten reicht (*Keller*, 2000; *Leimgruber*, 2002, S. 21 f.).

KT als Ganzes betrachtet, umschließt demnach tangible wie auch intangible Ressourcen, die von der *UNESCO* (2009a,b) in materielle (physische Objekte) und immaterielle Kulturressourcen (z. B. Traditionen und deren geistigen Ursprünge) eingeteilt wird. Der richtige Umgang mit eben diesen Ressourcen stellt für jedes Management im Kulturtourismus eine wesentliche Bedingung für die Wettbewerbsfähigkeit einer Destination dar. (*McKercher*, *Ho* und *Cros*, 2005; *Weiermair* und *Pechlaner*, 2001, S. 111)

Ausgehend von unterschiedlichen strategischen Sichtweisen, die sich einerseits an den Marktbedingungen und andererseits an den Ressourcen orientieren bzw. sich an dem Netzwerkgedanken anlehnen, erkundet die vorliegende Dissertation die Auswirkungen der einzelnen Strategien im alpinen Kulturtourismus auf die Wettbewerbsfähigkeit als Destination und erörtert ihre Implikationen auf ausgewählte Themenfelder (Qualität, Authentizität, Erlebnisinszenierung, Nachhaltigkeit).

### 1.1.1 Theoretischer Hintergrund

Im Strategischen Management verstehen sich *tangible Ressourcen* als Mittel, die physisch beobachtbar und somit auch greifbar sind (*Wit* und *Meyer*, 2005, S. 113 f.), während *intangible Ressourcen* die geistigen Qualitäten und Fähigkeiten beschreiben (*Hall*, 1992, S. 136 f.). In den letzten 20 Jahren trugen zahlreiche Arbeiten zu einem besseren Verständnis des ressourcenbasierten Ansatzes bei (*Barney*, 1986; *Dierickx* und *Cool*, 1989, S. 1504 ff.). *Prahalad* und *Hamel* (1990, S. 79 ff.) sprechen in diesem Zusammenhang von der Notwendigkeit, sich langfristig auf Kernkompetenzen zu konzentrieren, um die Wettbewerbsfähigkeit garantieren zu können.

Einen ersten Ansatz einer markt- wie auch ressourcentheoretischen Perspektive im Kulturtourismus bieten *Weiermair* und *Pechlaner* (2001, S. 91 ff.), die sowohl den Markt, wie auch die Ressourcen als eigentliche Quelle langfristigen Erfolges von kulturtouristischen Destinationen bewerten.

# Einführung

Kulturtouristische Destinationen stellen neben den Dienstleistungselementen Bündel von tangiblen und intangiblen kulturellen Ressourcen dar, bei denen einerseits Bauobjekte und Institutionen (*Jätzold*, 1993, S. 135 f.) und andererseits »*tradierte und beim Einzelnen und der Gesellschaft oft unterbewusste Werte*« (*Dolnicar* und *Ender*, 2000, S. 197) vorzufinden sind. Die Herausforderung für Manager von Kulturgütern besteht darin, sowohl tangible als auch intangible Ressourcen im Angebot enger zu verknüpfen (*McKercher* und *Cros*, 2002, S. 48).

Entwickeln sich Ressourcen zu Kernkompetenzen, tragen sie entscheidend zur Wettbewerbsfähigkeit einer Unternehmung bei und sichern langfristigen Erfolg (*Barney*, 1991, S. 99 ff.). Auch dieses Denkmodell der Kernkompetenzen kann im KT in einer Makro-Ebene der Destination oder eines Dienstleistungsbündels angewandt werden: Fundamental für das Management einer kulturtouristischen Destination ist dabei die Konzeption des Angebotes aus einer ganzheitlichen Sichtweise, bei dem physische Kulturobjekte mit intangiblen kulturellen Ressourcen durch die Fähigkeit der Akteure verknüpft werden. Von diesem Grundverständnis ausgehend können alpine Destinationen weiter an Wettbewerbsfähigkeit gewinnen, wenn es den Hauptakteuren im KT gelingt, Ressourcen und Kompetenzen zu Kernkompetenzen weiterzuentwickeln (*McKercher* und *Cros*, 2002; *Pechlaner* und *Fischer*, 2006, S. 67 ff.).

Diese unterschiedlichen Strategiesichtweisen werden in der »Knowledge-based view« (*Grant*, 1996; *Nonaka*, 1994), die das Wissen als Quelle langfristigen Unternehmenserfolges sieht, besonders aber durch die Netzwerktheorie noch weiter ergänzt (vgl. *Duschek*, 2004; *Freiling*, 2005, S. 53 ff.). Der »relationale Kompetenzansatz« besagt in diesem Kontext, dass durch das Zusammenwirken netzwerkspezifischer Ressourcen und Kompetenzen langfristige Wettbewerbsvorteile generiert werden können. Solche »strategischen Netzwerke« sollen als Visionsgemeinschaften verstanden werden, die durch Reziprozität und Kooperation gekennzeichnet sind (*Freiling*, 2005, S. 73).

Bezogen auf das Destinationsmanagement sollten bestehende Ressourcen identifiziert und Ressourcen wie auch Kompetenzen weiterentwickelt bzw. Kompetenzen innerhalb von Netzwerken etabliert werden (*Sydow* u. a., 2003; *Weiermair* und *Pechlaner*, 2001, S. 91 ff.); auf diesen Ausführungen, Annahmen und Empfehlungen aufbauend, ergibt sich folgende, dem Dissertationsvorhaben zugrunde liegende, Forschungsfrage:

> *Welche Rolle spielen tangible und intangible kulturelle Ressourcen bei der Generierung von Wettbewerbsvorteilen, welcher Stellenwert wird dabei dem Markt für Kulturtourismus zugeschrieben und welche Bedeutung hat in diesem Zusammenhang der Aufbau von Netzwerken in Destinationen?*

Die Zielsetzung der Arbeit lässt sich durch folgende Punkte konkretisieren:
1. der *Markt für Kulturtourismus* in alpinen Destinationen soll auf seine Gesetzmäßigkeiten, speziellen Anforderungen und Problemen hin untersucht werden;
2. *tangible* und *intangible kulturelle Ressourcen* sollen analysiert und auf ihre Relevanz für die Attraktivität kulturtouristischer Angebote überprüft werden;
3. der *Aufbau von Netzwerken* im KT soll hinsichtlich der Auswirkungen auf die Generierung nachhaltiger Wettbewerbsvorteile überprüft werden;
4. die unterschiedlichen *Implikationen* von strategischen Sichtweisen sollen am Beispiel des Kulturtourismus erörtert und diskutiert werden.

In der Folge werden *theoriegeleitete Handlungsempfehlungen* für Kultur- und Destinationsmanager sowie für die Tourismus- und Kulturpolitik des alpinen KT ausformuliert, damit mögliche Potentiale im Segment ausgeschöpft werden können. Die vorliegende Arbeit soll – unter der Berücksichtigung aller Interessensgruppen und der speziellen Rahmenbedingungen im Alpenraum – die Möglichkeiten für eine nachhaltige Wettbewerbsfähigkeit von alpinen Destinationen aufzeigen und insgesamt einen Beitrag zur Weiterentwicklung im Kulturtourismus leisten.

### 1.1.2 Wissenschaftliche Relevanz und theoretischer Beitrag

Tirol (Nord-, Ost- und Südtirol) und der Alpenraum im Allgemeinen verfügen vereinzelt über Daten im kulturtouristischen Segment (bspw. *Kulturabteilung des Landes Tirol/Tirolwerbung*, 2003), die allerdings keinerlei Aufschlüsse über die oben erwähnte Forschungsfrage zulassen. Durch die Untersuchung der unterschiedlichen Strategiesichtweisen am Beispiel des Kulturtourismus stellt das Dissertationsvorhaben eine Ergänzung der Lehren zum Strategischen Management alpiner Destinationen dar und schließt dadurch eine bestehende Forschungslücke.

Die Ressourcen- wie auch Marktperspektive wurde in vielen Bereichen des Strategischen Managements – oftmals auch in ihrer Anwendung auf Tourismusunternehmungen – erkundet (bspw. Fallstudien und Ausführungen bei *Evans, Campbell* und *Stonehouse*, 2003, S. 54 f.). Der vorliegenden Arbeit liegt der Versuch zu Grunde, die Auswirkungen verschiedener Strategieperspektiven im Management einer Destination zu erforschen sowie zu hinterfragen, welche kulturellen Ressourcen einen relevanten Beitrag für den Aufbau von Wettbewerbsvorteilen leisten können bzw. wie eine Marktorientierung und die Bildung von Netzwerken auf die Wettbewerbsfähigkeit einwirken.

Es soll aufgezeigt werden, wie es durch Stakeholder-Netzwerke möglich ist, Ressourcen nachhaltig zu managen und dabei erfolgreich am Markt zu sein. In der Abhandlung dieser Sachverhalte erfahren folgende Punkte besondere Aufmerksamkeit:

*Anwendung der MBV auf den KT im Alpenraum:* Konkret wird die Anwendbarkeit der markt- bzw. nachfrageorientierten Strategiesichtweise auf eine gesamte

Destination und die Einwirkungen der unterschiedlichen Marktkräfte (Anbieter/ Lieferanten, Nachfrager/Touristen, Konkurrenzdestinationen und substitutive Angebote) auf die Wettbewerbsfähigkeit einer Destination überprüft (*Steinecke*, 2007, S. 334); die Modelle der motivorientierten Segmentierung der Nachfrage erfahren hierbei besondere Berücksichtigung (bspw. *Silberberg*, 1995, S. 362 ff.).
*Anwendung der RBV auf den KT im Alpenraum:* Gleichsam ist die Identifikation und Analyse vorhandener Ressourcen für die Generierung von Wettbewerbsvorteilen von Bedeutung, wobei es gilt, strategische kulturelle Ressourcen zuallererst als solche zu erkennen sowie deren Relevanz für die Entwicklung von Wettbewerbsvorteilen in touristischen Destinationen zu ermitteln; Ausgangsbasis dafür bilden die Kriterien für strategische Ressourcen (*Barney*, 1991, S. 138 ff.) resp. die Einteilung des KT in kulturelle Objekte, kulturelle Gebiete, Ensemble, kulturelle Ereignisse, Gastronomie und der Soziokultur (*Jätzold*, 1993, S. 135 ff.).
*Einfluss von Netzwerken auf die Wettbewerbsfähigkeit:* Destinationen werden als eine extreme Form von Netzwerkorganisationen aufgefasst (*Ahlert*, *Blaich* und *Evanschitzky*, 2003, S. 52 f.); aus diesem Grund wird untersucht, wie Kooperationen und eine gemeinschaftliche Nutzung von Ressourcen die Generierung von Wettbewerbsvorteilen beeinflussen und welche unterschiedlichen Typen von Netzwerken im Kulturtourismus – unter der Berücksichtigung der speziellen Rahmenbedingungen von alpinen Destinationen – geeignet sind (*Bätzing*, 2002a; *Flagestad* und *Hope*, 2001, S. 456 ff.).

## 1.2 Methodologie und Methodik

Die Einordnung in ein Forschungsparadigma, das die philosophischen Annahmen über die Welt und wie wir sie verstehen können umfasst, stellt eine für jedes Forschungsvorhaben notwendige Entscheidung dar: Auf einer allgemeinen Ebene muss festgelegt werden, ob die Studie sich bspw. der philosphischen Position des Konstruktivismus, Positivismus oder Realismus einordnet; auf einer mehr spezifischen Ebene bedarf es der Klärung, ob sich das Forschungsvorhaben bspw. an den Denkschulen eines Interaktionismus, der Postmoderne, oder der Phänomenologie orientiert – dabei können auch unterschiedliche Paradigmen oder Traditionen miteinander kombiniert werden (*Maxwell*, 2008, S. 223 f.).

### 1.2.1 Erkenntnistheoretischer Zugang zum Forschungsobjekt

Für das vorliegende Forschungsprojekt werden vor allem die philosophischen Denkweisen des sozialen Konstruktivismus, des symbolischen Interaktionismus – aus der sich der Grounded-Theory-Ansatz nach *Glaser* und *Strauss* (1967) entwickelt hat – und der Postmoderne als geeignet erachtet.

### Sozialer Konstruktivismus

Konstruktivismus ist ein wissenschaftstheoretischer Ansatz, der in den Sozialwissenschaften und der Betriebswirtschaftslehre neben dem kritischen Rationalismus als dominierende Denkweise angesehen wird (*Kornmeier*, 2007, S. 38 ff.). Die Grundaussage des Konstruktivismus ist jene, dass die Wirklichkeit niemals gefunden werden kann, sondern erfunden ist und die Erkenntnis einer absoluten Wahrheit somit nicht möglich ist (*Hinterhuber*, 2004a, S. 9). Im sog. *radikalen Konstruktivismus* wird angenommen, dass die Wirklichkeit nichts »an sich Gegebenes«, sondern durch den Forscher »Konstruiertes« ist (*Schurz*, 2006, S. 56): »*Es ist unmöglich, über eine Wirklichkeit an sich [...] etwas auszusagen. Dasjenige, worüber wir immer nur etwas aussagen können, ist die von uns konstruierte Wirklichkeit.*«

Es wird davon ausgegangen, dass wissenschaftliche Erkenntnisse nicht unabhängig von einer sozialen Situation des Forschers (vom sozialen Umfeld wie bspw. Mitarbeiter, Forschungsinstitute, sozio-demographisches Umfeld usw.) gesehen werden kann (*Kornmeier*, 2007, S. 39). Der Charakter der Wirklichkeit wird nicht nur durch individuelles Bewusstsein geprägt, sondern wird als ein sozialer Vorgang angesehen (*Knoblauch* und *Schnettler*, 2007, S. 131): »*Wirklichkeit ist nur das, was Menschen gemeinsam im sozialen Handeln erzeugen. Sie wird also nicht von einzelnen Handelnden oder gar deren Bewusstsein erzeugt, sondern ist Ergebnis sozialen Handelns, also gleichsam Gemeinschaftsarbeit.*«

Die Unterschiede zwischen den beiden Wissenschaftstheorien liegen darin, dass der radikale Konstruktivismus durch eine Subjektgebundenheit aller Erfahrungen und allen Wissens geprägt ist, während im Sozialkonstruktivismus die Annahme einer sozialen Eingebundenheit allen Wissens und aller Erfahrung vorherrscht (*Raich*, 2006, S. 56).

Beide Ansätze, sowohl radikaler wie auch sozialer Konstruktivismus, nutzen die Kommunikation als gemeinsames Element; dadurch wird als Weiterentwicklung der Begriff des *kommunikativen Konstruktivismus* geprägt, der auf die empirische Beobachtung zurückgeht, dass Handelnde in der modernen Gesellschaft auf immer weniger gemeinsames Wissen zurückgreifen (*Knoblauch* und *Schnettler*, 2007, S. 134).

### Symbolischer Interaktionismus

Als Interaktionismus wird im Allgemeinen eine Wechselwirkung bzw. eine wechselseitige Beeinflussung verstanden; im symbolischen Interaktionismus werden die symbolisch vermittelten Interaktionen zwischen Individuen als die analytischen Einheiten angesehen, die zur Erklärung des sozialen Verhaltens herangezogen werden (*Mittelstraß*, 2004, S. 267). Soziales Handeln wird als ein Kollektiv von symbolischen Interaktionen (Gesten) einzelner Individuen angesehen, wobei Handeln im Kollektiv wie auch auf individueller Ebene analysiert werden kann: Gemeint sind dabei wechselseitige Beziehungen und Austauschprozesse zwischen Personen und Gruppen, die mittels Kommunikation (z. B. Sprache) in Beziehung treten (*Reiger*, 2007, S. 141).

Drei Prämissen menschlicher Handlungsfähigkeit und Kommunikation gilt es zu befolgen (*Blumer*, 1973; *Reiger*, 2007, S. 81 ff.):

1. Individuen handeln auf Grundlage der Bedeutung, die Dinge (alles, was wahrgenommen werden kann) für sie haben; dies bedeutet, dass es notwendig ist, Objekte in ihrer Bedeutung zu *definieren*;
2. die Bedeutung von Dingen ist ein *Produkt von interagierenden Personen*;
3. *interpretative Prozesse*, die Personen bei der Auseinandersetzung mit Dingen gebrauchen, sind für eine ständige Veränderung der Bedeutung von Dingen verantwortlich.

Im sozialen Interaktionismus wird Wirklichkeit somit zu einem situativen Produkt angesehen und die Gesellschaft wird als eine Verbindung von sozialen Handlungen verstanden; sie ist ein Zusammenhang von Interaktionen, in dem Vermittlung durch Symbole stattfindet und ein Handeln stets interpretiert werden muss (*Balog*, 2001; *Reiger*, 2007, S. 99).

Aus dem symbolischen Interaktionismus hat sich der Forschungsstil des Grounded Theory nach *Glaser* und *Strauss* (1967) entwickelt (*Reiger*, 2007, S. 151); diesem Ansatz wurde auch bei der Durchführung der vorliegenden Studie gefolgt, wodurch mit relativ wenig Vorwissen an das Forschungsobjekt herangegangen wurde (Abschnitt 6.1.1 / S. 182).

**Postmoderne**

Die Postmoderne wird als Summe der gesamtwirtschaftlichen Veränderungsprozesse und der Formen aktueller gesellschaftlicher Strukturen begriffen; mit der Postmoderne wird zu einem neuen Verständnis von Organisationen und ihrem Management übergeleitet, sie kann als der Inbegriff eines neuen Zeitgeistes aufgefasst werden, der von Unzuverlässigkeit bisher gewonnener Erkenntnisse und Pluralität unterschiedlicher Perspektiven geprägt ist (*Schreyögg*, 1999, S. 4 f.).

Es wird damit auch der Wandel hin zu einem modernen Paradigma der Wirtschaft eingeläutet, in dem Ordnung, Bürokratie, Starrheit und Kontinuität durch zunehmende Unsicherheiten, Netzwerke und Dynamik abgelöst werden (*Halliday*, 1999, S. 354); Organisationen sind gefordert, sich von traditionellen Modellen zu lösen und auf die veränderten Anforderungen flexibel zu reagieren. Demgemäß wird Wahrheit als ein Konstrukt eines Augenblicks interpretiert, das für eine determinierte Zeit und innerhalb von bestimmten Beziehungen entsteht (*Gergen*, 1996, S. 44).

Methodologie und Methodik

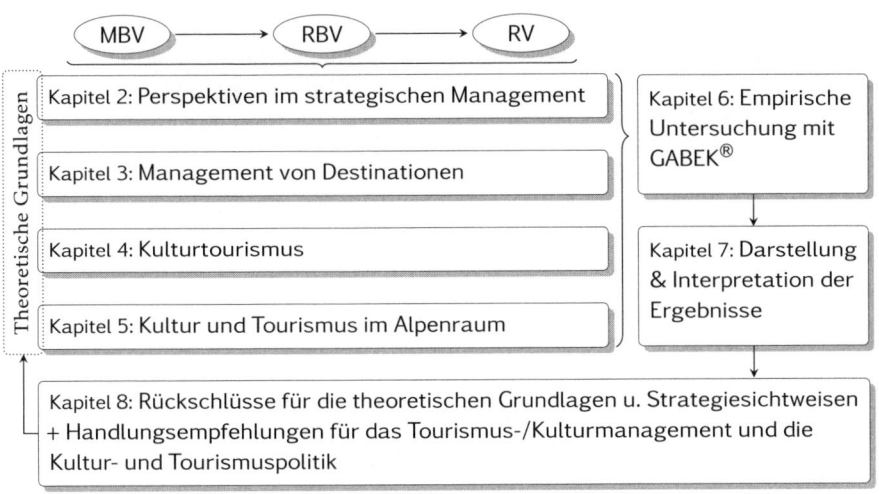

Bild 1.1: Modell der methodischen Vorgehensweise

### 1.2.2 Vorgehensweise und Aufbau der Arbeit

Dem Forschungsstil der datenbegründeten Theorie (Grounded Theory) folgend wurde mit relativ wenig Vorwissen zur Thematik das Forschungsfeld beschritten und insgesamt 38 Experten im Umfeld von Kultur und Tourismus interviewt. Auf der Basis dieser Experteninterviews wurde das qualitative Auswertungsverfahren GABEK® und die dazugehörige Analysesoftware WinRelan® verwendet, um neue Erkenntnisse zu gewinnen (siehe detaillierte Beschreibung zur Vorgehensweise und den Forschungslücken in Kapitel 6). Begleitend dazu wurden strategische Konzepte, Werbematerialien, Magazine und andere relevante Dokumente im Raum Südtirol gesammelt und gesichtet. Eine Bestandsaufnahme zum Thema ›Kultur und Tourismus‹ findet sich in Abschnitt 5.2.2.

Die Abschnitte zum Strategischen Management im Allgemeinen (Kapitel 2) und der ressourcen- und marktbasierten sowie relationalen Sichtweise im Management von Destinationen (Kapitel 3) und im Kulturtourismus im Speziellen (Kapitel 4) sind das Ergebnis intensiver Literaturrecherchen. Zusammen mit der Abhandlung über die Kultur und dem Tourismus im Alpenraum (Kapitel 5) bilden diese Abschnitte den theoretischen Teil der Arbeit.

Die wichtigsten Ergebnisse der Studie werden in Kapitel 7 anhand von Assoziations- und Netzwerkgraphen sowie der dazugehörigen Interpretationen präsentiert. In Kapitel 8 finden sich ein Abgleich der Erkenntnisse mit der Theorie sowie theoretische und praktische Ableitungen in Form von Modellen, Hypothesen und Handlungsempfehlungen. Bild 1.1 skizziert die methodische Vorgehensweise bei der Verfassung der vorliegenden Arbeit.

Gegenständige Dissertation wurde mit LaTeX, einer Open-Source-Software, die für wissenschaftliches Publizieren konzipiert wurde, verfasst. Detaillierte Ausführungen dazu finden sich u. A. in *Niedermair* und *Niedermayr*, 2004 oder *Mittelbach* und *Goossens*, 2005. Die Typografie folgt *Willberg* und *Forssman* (2005).

# Teil I

# Theoretische Grundlagen

# 2 Perspektiven im Strategischen Management

Folgendes Kapitel gibt einen Abriss über Strategiesichtweisen der Unternehmensführung wieder, die für die nachfolgenden Abschnitte und für die empirische Studie als grundlegende Theorie gebraucht werden. Insbesondere wird auf die Perspektiven und Implikationen der »Market-based view« abgekürzt durch MBV der »Resource-based view« (RBV) sowie der »Relational view« (RV) eingegangen.

## 2.1 Ursprünge und Inhalt der Strategielehre

Die Disziplin des Strategischen Managements keimte erstmals als eigenes Fachgebiet in den 60er Jahren auf, hatte seine Ursprünge allerdings bereits im 18. Jahrhundert. Der Strategiebegriff selbst entstammt aus dem Griechischen und leitet sich von *stratos* (Heer) und *agos* (Führer) ab, was als »*die Kunst der Heerführung*« übersetzt werden kann (*Müller-Stewens* und *Lechner*, 2005, S. 8). Ausgehend von den Überlieferungen bekannter Militärstrategen konnten viele Ansichten in die Unternehmensführungslehre übernommen werden (*Hinterhuber*, 2007, S. 55 ff.).

Nach *Hinterhuber* (2004a, S. 22 f.) ist die Strategie »*der Weg von der Kernkompetenz zum Kernauftrag*«, der die RBV bzw. die Kernkompetenz, mit der MBV, die den Kernauftrag darstellt, verbindet (siehe dazu Bild 2.1).

Kernauftrag einer jeden Organisation ist es, ihre Kunden noch erfolgreicher und wettbewerbsfähiger zu machen; Kernkompetenzen (Abschnitt 2.2.2 / S. 28) halten den Wertsteigerungsprozess einer Organisation im Laufen und sind die integrierte Gesamtheit der dynamischen Fähigkeiten, Ressourcen, Prozesse, Technologien und Einstellungen (*Hinterhuber*, 2004a, S. 22). Folglich ist Strategie »*[...] die Umsetzung der Fähigkeiten, Kenntnisse und Kräfte, die in der Kernkompetenz des Unternehmens gebündelt sind, um den Kernauftrag zu erfüllen, d. h., um die Kunden noch erfolgreicher zu machen*« (*Krauthammer* und *Hinterhuber*, 2005, S. 94).

Als weitere tragende Komponente für den Strategiebegriff fließen Zielsetzungen (strategische Ziele) in eine Begriffsbestimmung mit ein. *Chandler* (1962, S. 13) sieht in der Strategie »*[...] the determination of the long-run goals and objectives of an*

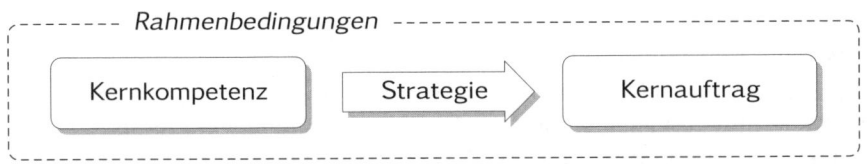

Bild 2.1: Die drei Schritte in der Strategieentwicklung(*Krauthammer* und *Hinterhuber*, 2005)

*enterprise, and the adoption of courses of action and the allocation of resources necessary for carrying out these goals.«*

Zusammenfassend kann Strategie (S) als eine Funktion (f) verstanden werden, die von den spezifischen Faktoren einer vorliegenden Situation ($\alpha$), den gesetzten Zielen (Z), den materiellen, finanziellen, personellen und informationellen Ressourcen (R), psychologischen Faktoren ($\Psi$) und der Zeit (t) abhängig ist (*Hinterhuber*, 2007, S. 74):

$$S = f(\alpha, R, Z, \Psi, t)$$

Der vorliegenden Arbeit liegt – den obigen Ausführungen gemäß – folgendes Strategieverständnis zugrunde (Definition 2.1):

**Definition 2.1 (Strategie)** *Strategie ist ein Plan zur Erreichung langfristiger Ziele, der unter Anpassung der sich ändernden Rahmenbedingungen, durch die Allokation unternehmensspezifischer Ressourcen und dem Einfluss psychologischer Faktoren der betroffenen Akteure, umgesetzt wird.*

Im Allgemeinen versucht die Strategielehre Anleitungen dafür zu geben, wie Unternehmen im Wettbewerb erfolgreich sein können (*Barney*, 2007, S. 15); Ziel des Managements einer jeden Unternehmung ist es, Wettbewerbsvorteile gegenüber Konkurrenten aufzubauen, um so auf lange Sicht an Wert zu gewinnen.

Grundsätzlich lassen sich drei Ebenen der Strategie differenzieren (*Hinterhuber*, 2007, S. 69):

– Ebene der Strategischen Geschäftseinheiten (SGE;
– Gesamtunternehmensebene;
– Netzwerkebene.

SGEs sind die kleinsten Organisationseinheiten einer Unternehmung, für die es ökonomisch sinnvoll ist, eigenständige Wettbewerbsstrategien zu formulieren (*Grant*, 2008, S. 420). Nach *Hinterhuber* (2004b, S. 149) ist sie eine »*Unternehmungseinheit, an die der Prozess der Formulierung und Ausführung spezifischer Strategien von der Unternehmungsleitung delegiert wird.*«

Drei generische *Wettbewerbsstratgien*[1], mit der eine SGE in Konkurrenz zu anderen tritt, können unterschieden werden (*Porter*, 1999, S. 71 f.):

1. umfassende *Kostenführerschaft* (overall cost leadership);
2. *Differenzierung* (differentiation);
3. *Konzentration* auf Schwerpunkte (focus).

Die *Kostenführerschaft* beruht nach *Grant* (2008, S. 227 ff.) auf der Nutzung von Skalen- und Lerneffekten und der Weiterentwicklung von Produktionsverfahren, der Produktgestaltung, auf der Minimierung von Beschaffungskosten und

---

[1] *Porter* (1999, S. 70) bestimmt »Wettbewerbsstrategie« als »*die Wahl offensiver oder defensiver Maßnahmen, um eine gefestigte Branchenposition zu schaffen.*«

Kapazitätsauslastungen; Grundlagen für eine erfolgreiche Umsetzung einer Kostenführerschaftsstrategie sind ein hoher Marktanteil, niedrige Produktionskosten, standardisierte Produkte und eine strikte Kostenkontrolle.

*Differenzierung* wiederum basiert auf einer positiven Abhebung von der Konkurrenz, die durch die sogenannten »Treiber der Einzigartigkeit« (bspw. Produkteigenschaften und Produktleistungen, komplementäre Dienste, die Qualität der Vorprodukte oder die Qualifikation und Erfahrung der Mitarbeiter) entstehen; die notwendigen Voraussetzungen für eine Differenzierungsstrategie sind dann gegeben, wenn für den Kunden ein erkennbarer Unterschied zu Konkurrenzprodukten besteht, der Kunde bereit ist, eine Preisprämie zu bezahlen und Kompetenzen im Marketing sowie in Forschung und Entwicklung vorliegen (*Grant*, 2008, S. 242 ff.).

Eine Unternehmung verfolgt dann eine *Fokussierungs-Strategie*, wenn sie sich auf ökonomisch attraktive Nischen konzentriert, die für einen branchenweiten Anbieter zu klein sind; stabile Absatzzahlen, Umsätze und Gewinne und eine unelastische Nachfrage sind für einen Erfolg ausschlaggebend (*Grant*, 2008, S. 333 f.).

Strategien auf *Ebene der Gesamtunternehmung* koordinieren die Strategien der SGEs bezogen auf Cash-flow, Nutzung von Synergien, Zyklizität und Risiko, weisen den SGEs die notwendigen Ressourcen zu, nutzen die Kernkompetenzen für andere SGEs und optimieren das Portfolio der Unternehmung (*Hinterhuber*, 2007, S. 70). Die Gesamtunternehmung ist somit für die *Konfiguration* (Tätigkeits- oder Geschäftsfelder der Unternehmung), die *Koordination* (Beziehung der SGEs untereinander) und für die *Interaktion* (Verhältnis zu den wichtigen Anspruchsgruppen/Stakeholder) zuständig (*Müller-Stewens* und *Lechner*, 2005, S. 277 ff.).

Strategien auf *Netzwerkebene* (Abschnitt 2.2.4 / S. 34) stellen die höchste Ebene einer Strategie dar (*A. Hinterhuber*, 2002, S. 615 ff.). Netzwerkstrategien spielen bei Kooperationen, Partnerschaften, Joint Ventures etc. eine Rolle, wobei die Frage im Vordergrund steht, *»welche Wertschöpfungsaktivitäten man zur Ausschöpfung von Synergiepotentialen gemeinsam betreiben will«* (*Müller-Stewens* und *Lechner*, 2005, S. 34 f.).

Eines der Kernthemen in der Strategieforschung beschäftigt sich mit der Entwicklung und Bewahrung von Wettbewerbsvorteilen (siehe Definition 2.2 / S. 17). Dieser Herausforderung stellten sich vor allem in den letzten Jahrzehnten zahlreiche Veröffentlichungen und Studien, sodass mit zunehmenden Forschungsaktivitäten weitreichende Reifungsprozesse aufkommender Sichtweisen beobachtet werden konnten.

In den 80er-Jahren kristallisierten sich erste Erklärungsversuche für die Wettbewerbsfähigkeit von Unternehmen heraus. Eine bedeutende Sichtweise dabei ist die »Market-based view«, die die Wirtschaftswissenschaften allgemein und die Managementlehre im Besonderen nachhaltig geprägt hat. Vor allem *Porter* (1999, 2000) lieferte mit seinem »Konzept der fünf Wettbewerbskräfte« eine von der Industrieökonomik abgeleitete neue Sichtweise auf Unternehmen und ihr Umfeld (*Müller-Stewens* und *Lechner*, 2005, S. 146). Es handelt sich dabei um ein Modell mit dem die Attraktivität eines Marktes bestimmt werden kann, indem die Macht der Lieferanten und Abnehmer, die Bedrohung durch neue Wettbewerber und Substitutionsprodukte sowie die Rivalität unter den etablierten Wettbewerbern systematisch erfasst und bewertet wird (Abschnitt 2.2.1 / S. 18).

Als erkannt wurde, dass Wettbewerbsvorteile nicht nur von den Gegebenheiten des Wettbewerbsfeldes, sondern auch aus einer unterschiedlichen Ressourcenausstattung von Unternehmen resultieren, rückten im vermehrten Maße firmeneigene Ressourcen in den Mittelpunkt der Forschung (*Collis* und *Montgomery*, 1995, S. 121 bzw. Abschnitt 2.2.2 / S. 21.

*Penrose* (1980) legte mit ihrem Buch zur »Theorie of the Growth of the firm« erste Grundsteine für die Entstehung einer zweiten Perspektive (*Peteraf*, 1993, S. 179). Darin identifizierte sie erstmals Ressourcen als jene Kräfte, die für Unterschiede in Unternehmen und der Erreichung ihrer Ziele verantwortlich sind und schreibt: »*[A]firm is more than an administrative unit; it is also a collection of productive resources the disposal of which between different uses and over time is determined by administrative decision. When we regard the function of the private business firm from this point of view, the size of the firm is best gauged by some measure of the productive resources it employs*« (*Penrose*, 1980, S. 24).

Wettbewerbsvorteile können in »*temporary competitive advantages*« und »*sustained competitive advantages*« unterschieden werden (*Barney*, 2007, S. 19). Während kurzzeitige Wettbewerbsvorteile nur für eine begrenzte Zeitspanne haltbar sind, bestehen anhaltende Wettbewerbsvorteile über eine wesentlich längere Zeitperiode. Von Parität wird dann gesprochen, wenn eine Unternehmung denselben wirtschaftlichen Wert wie ihr Rivale erreicht; Wettbewerbsnachteile können wie Vorteile für kurze Zeit oder nachhaltig auftreten (siehe dazu Bild 2.2 ). Ziel eines Managements ist es also, nachhaltige Wettbewerbsvorteile aufzubauen, die von den Konkurrenzunternehmen nicht imitiert werden können (*Bamberger* und *Wrona*, 1996, S. 130 ff.).

Die Identifikation von Wettbewerbsvorteilen und -nachteilen ist auch das Ziel der strategischen Analyse, bei der die Stärken und Schwächen einer Unternehmung (bezogen auf die Ressourcenausstattung) sowie die Chancen und Risiken der Unternehmensumwelt (globales Umfeld und die Branche) beschrieben und bewertet werden (*Steinmann* und *Schreyögg*, 2005, S. 205). Gleichzeitig birgt der Terminus Wettbewerbsvorteil bis heute einige ungeklärte Fragen (*Rumelt*, *Kunin* und *Kunin*, 2003, S. 3): »*The strategy area is in need of a clear definition of competitive advantage, or it needs to stop employing a concept that cannot be defined. The question ›What is Competitive Advantage?‹ needs an answer.*« Demnach gibt es unterschiedliche Erklärungsansätze, die sich um den Begriff der Wettbewerbsvorteile drehen.

*Barney* (1991, S. 99 ff.), der maßgeblich an der Erforschung von Quellen langfristiger Wettbewerbsvorteile beteiligt war, sieht dann Wettbewerbsvorteile vorliegen, wenn eine Unternehmung eine wertsteigernde Strategie umsetzt, die von keinem

Competitive Advantage when a firm creates
more economic value than its rivals

↙ ↘

**Temporary Competitive Advantage**
Competitive advantages that last a
short time

**Sustained Competitive Advantage**
Competitive advantages that last a
long time

Competitive Parity when a firm creates
less economic value than its rivals

Competitive Disadvantage when a firm creates
less economic value than its rivals

↙ ↘

**Temporary Competitive Disadvantage**
Competitive disadvantages that last a
short time

**Sustained Competitive Disadvantage**
Competitive disadvantages that last a
long time

Bild 2.2: Vorteile, Nachteile und Gleichstellung im Wettbewerb (*Barney*, 2007)

Konkurrenten angewandt wird, oder Wettbewerber es nicht schaffen, diese Strategie nachzuahmen.

Wettbewerbsvorteile für eine Unternehmung sind dann gegeben, wenn sie gegenüber dem Konkurrenzunternehmen in derselben Branche eine nachhaltig höhere Rentabilität erwirtschaften kann oder das Potential dazu hat (*Grant*, 2008, S. 205). *Evans*, *Campbell* und *Stonehouse* (2003, S. 392) umschreiben Wettbewerbsvorteile folglich als »*the ability of an organization to out-perform its competitors. It can be measured in terms of superior profitability, increase in market share or other similar performance measures.*«

Diesen Erklärungsansätzen ist gemein, dass sich Wettbewerbsvorteile anhand überdurchschnittlicher Renten ausdrücken (*Mahoney* und *Pandian*, 1992; *Porter*, 2000; *Schoemaker*, 1990); die Ursache für die Entstehung dieser Erlöse bildet das Unterscheidungsmerkmal für die Einteilung der unterschiedlichen Renten (*Bamberger* und *Wrona*, 1996, S. 130 f.):

*Ricardo-Renten:*  resultieren aus dem Besitz wertvoller und knapper Ressourcen, wodurch die Durchschnittskosten einer Organisation gesenkt werden können;
*Monopol-Renten:*  stammen aus staatlichen Eingriffen oder Absprachen;
*Unternehmerische Renten:*  entstehen durch die Übernahme von Risiken und unternehmerischer Weitsicht in einer unsicheren Umwelt;
*Quasi-Renten:*  sind die Differenz des Ertrages einer erstbesten und zweitbesten Verwendung von sehr spezifischen Ressourcen.

Die gängigste Art und Weise, wie Wettbewerbsvorteile gemessen werden, ergibt sich somit aus einer Kennzahlenanalyse. Davon ausgehend hat sich in der Managementforschung über die Jahre hinweg der Wissenschaftszweig der Erfolgsfaktorenforschung entwickelt, der sich bereits seit den 60er-Jahren mit den Einflussgrößen und der Operationalisierung anhaltenden Erfolges beschäftigt: Dieser geht von der Grundannahme aus, dass es Variablen gibt, die den Erfolg einer Unternehmung bzw. SGE entscheidend bestimmen (*Haenecke*, 2002, S. 166). Die Existenz von Erfolgsfaktoren ist jedoch umstritten; *Nicolai* und *Kieser* (2002, S. 581 ff.) stellen fest, dass es nicht gelungen sei, gesicherte Beweise für das Bestehen von Erfolgsfaktoren zu finden. Demnach sind Wettbewerbsvorteile nicht nur von eindeutig messbaren Variablen abhängig, sondern das Ergebnis komplexer Zusammenhänge, die in der Praxis nicht gesteuert werden können.

Da eine höhere Rentabilität allein aber nicht zwingend das Ergebnis von Wettbewerbsvorteilen ist, erweist sich der »wirtschaftliche Wert« als alleiniger Gradmesser für die Existenz von Wettbewerbsvorteilen als problematisch. Laufende Gewinne können und müssen in vielen Fällen für Investitionen in Marktanteile, Technologien, Kundenbindung oder Vergünstigungen für leitende Angestellte eingesetzt werden (*Grant*, 2008, S. 205 f.). Die Leistung eines Unternehmens zu messen, ist insbesondere dann mit Schwierigkeiten behaftet, wenn der Wert von intangiblen Ressourcen und Fähigkeiten bewertet werden soll (*Barney*, 2007; *Becher*, 2007, S. 24).

Des weiteren müssen, um langfristig erfolgreich wirtschaften zu können, die Interessen aller Anspruchsgruppen gewahrt und kontrolliert werden (*Hinterhuber*, 2004a, S. 4), denn wenn die Erreichung der strategischen Ziele für die verschiedenen Interessensgruppen nicht im gleichen Ausmaß erfolgt, wie die Verfolgung kurzfristiger finanzwirtschaftlicher Ziele, so führt dies in der Regel nicht zu einer langfristigen Gewinnmaximierung (*Grant*, 2008, S. 51 ff.).

Während der *Shareholder Value-Ansatz* das Interesse der Aktionäre in den Mittelpunkt stellt und sich an rein ökonomischen Zielen wie bspw. der Rentabilität orientiert, versucht der *Stakeholder Value-Ansatz* eine pluralistische, gesellschaftsorientierte Zielausrichtung: Es soll ein Nutzen sowohl für Anteilseigner, als auch für andere gesellschaftliche Bezugsgruppen gestiftet werden (*Müller-Stewens* und *Lechner*, 2005, S. 244).

Die Vernachlässigung der Interessensgruppen stellt einen von mehreren Kritikpunkten an traditionellen Kennzahlensysteme dar (*Becher*, 2007, S. 72 f.). Aus diesem Grund finden sich in der Literatur vermehrt Ansätze, die von einer gesamtheitlichen Bewertung ausgehen. Als Beispiel für einen integrierten Ansatz kann die Balanced Scorecard angeführt werden: Dadurch wird über eine Finanz-, Kunden-, Prozess- und Innovationsperspektive bewertet, welche Ziele in Hinsicht auf den Unternehmenserfolg erreicht worden sind bzw. anhand welcher Maßnahmen vordefinierte Messgrößen erreicht werden können (*Hungenberg*, 2004, S. 313 ff.). Im Falle von Dienstleistungen, bei denen bspw. Humanressourcen (Mitarbeiterzufriedenheit) insbesondere für die Qualitätswahrnehmung der Kunden von größerer Bedeutung sind, stößt allerdings auch die Balanced Scorecard in ihrer klassischen Form an ihre Grenzen (*Becher*, 2007; *Berens, Karlowitsch* und *Mertes*, 2000, S. 80 f.).

In Anlehnung an die Ausführungen dieses Abschnittes und für den weiteren Gebrauch innerhalb der vorliegenden Arbeit können Wettbewerbsvorteile zusammenfassend wie folgt begrifflich eingegrenzt werden:

**Definition 2.2 (Wettbewerbsvorteil)** *Die Befähigung einer Organisation, seine Wettbewerber leistungsmäßig zu übertreffen, gemessen an einer höheren Profitabilität, einem Zuwachs von Marktanteilen und gemessen an nicht-monetären leistungsrelevanten Kennwerten (bspw. der Innovationsrate, oder der Kunden- und Mitarbeiterzufriedenheit).*

## 2.2 Strategieperspektiven und ihre Entwicklungslinien

Wie Unternehmen vorgehen, um überdurchschnittliche Erträge einzufahren, hängt von den unterschiedlichen Strategiesichtweisen der Unternehmensleitung ab. Ressourcen- und marktorientierte Perspektiven stellen zentrale Denkansätze hierfür dar.

### 2.2.1 Marktorientierte Sichtweise

Große Bedeutung erlangte dabei die marktorientierte Sichtweise, die eine Branche[2] und die darin wirkenden Kräfte als maßgeblich für den Erfolg einer Unternehmung ansieht (*Caves*, 1980, S. 64 ff.). Die Industrieökonomik liefert insofern die zugrunde liegende Theorie für die MBV, als dass Monopoltheorie und die Theorie des vollständigen Wettbewerbs[3] die Gesetzmäßigkeiten einer Branche erklären (*Caves*, 1980; *Porter*, 1999, S. 85 ff.). In einer marktorientierten Sichtweise orientieren sich die Strategien somit am Unternehmensumfeld, wie bspw. der Branchenstruktur und der globalen Umwelt (*Müller-Stewens* und *Lechner*, 2005, S. 13). Vier Grundannahmen, die aus der Industrieökonomik stammen, spielen für die MBV eine gewichtige Rolle (*Grant*, 1991, 2008; *Kor* und *Mahoney*, 2005; *Müller-Stewens* und *Lechner*, 2005; *Nicholls-Nixon* und *Woo*, 2003, S. 145):

1. überdurchschnittliche Ergebnisse sind die Folge einer *Anpassung* an die sich ändernden Rahmenbedingungen einer Branche;

---

[2] Ökonomen begreifen »Branche« als eine Gruppe von Unternehmen, die einen bestimmten Markt beliefern; d. h., dass Unternehmen in einer Branche durchwegs auf zwei Märkten agieren, dem Absatz- und dem Zuliefermarkt (*Grant*, 2008, S. 85).

[3] während im perfekten Wettbewerb keine Ein- und Austrittsbarrieren vorzufinden sind, die angebotenen Produkte durch die Vielzahl sehr homogen sind und Informationen bspw. für die Kunden vollständig verfügbar sind, gibt es in einem Monopolmarkt hohe Ein- und Austrittsbarrieren, großes Potential für Produktdifferenzierung sowie unvollständige Information über die Kosten und Preise beim Anbieter (*Grant*, 2008, S. 71 ff.).

## Perspektiven im Strategischen Management

```
                    ┌─────────────────────────────┐
                    │ Potentielle neue Konkurrenten│
                    │ Markteintrittsbedrohung     │
                    └─────────────────────────────┘
                                 │
┌──────────────────┐             ▼              ┌──────────────────┐
│ Anbieter und Lie-│   ┌──────────────────┐     │ Nachfrager und   │
│ feranten von In- │   │ Wettbewerber in der│   │ Abnehmer der er- │
│ putfaktoren      │──▶│ Branche           │◀──│ stellten Leistungen│
│ Bedrohung durch  │   │ Konkurrenzbedrohung│   │ Bedrohung durch  │
│ Abhängigkeiten   │   └──────────────────┘     │ Abhängigkeiten und│
│ und Verhandlungs-│             ▲              │ Verhandlungsmacht│
│ macht            │             │              │                  │
└──────────────────┘             │              └──────────────────┘
                    ┌─────────────────────────────┐
                    │ Substitute und Innovationen │      ╭────────────╮
                    │ Bedrohung durch Ersatzprodukte│───▶│ Komplementäre│
                    │ und Dienstleistungen        │      │ Produkte    │
                    └─────────────────────────────┘      ╰────────────╯
```

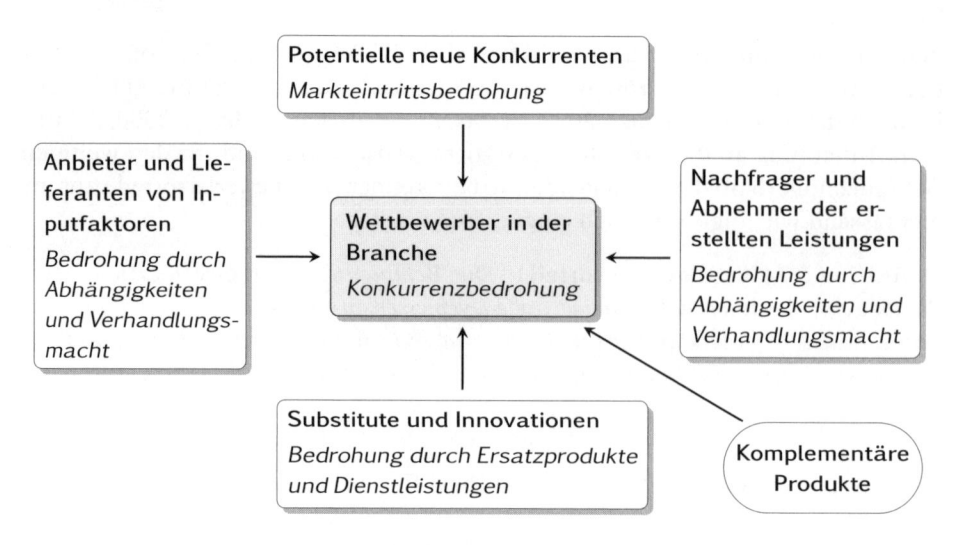

Bild 2.3: Porters erweitertes 5-Kräfte-Modell (*Grant*, 2008; *Porter*, 1999)

2. jedes Unternehmen in der Branche ist mit *denselben Ressourcen* ausgestattet;
3. die zur Strategieumsetzung benötigten *Ressourcen sind mobil*;
4. das Management folgt in den Entscheidungen der *Vernunft* und handelt im Interesse des Unternehmens.

Die Punkte 1–3 stellen gleichzeitig die größten Kritikpunkte der MBV dar, denn in der Praxis hat sich gezeigt, dass Ressourcen weder gleichmäßig verteilt noch mobil sind (*Bailom*, *Matzler* und *Tschemernjak*, 2006, S. 126).

### Die fünf Wettbewerbskräfte

Der Unternehmenserfolg ist in einer MBV von fünf Branchenkräften abhängig: *Nachfrager* und *Abnehmer*, *Anbieter* und *Lieferanten*, potentielle *neue Konkurrenten*, *Substitute* und *Innovationen* sowie die *Rivalität unter den Konkurrenten* in der Branche (siehe Bild 2.2.1).

### Nachfrager und Abnehmer

Abnehmer, die nicht nur Endverbraucher sondern jegliche Form von Nachfrager sein können, begrenzen die Rentabilität und somit Attraktivität eines Marktes »*mehr oder weniger stark*« (*Porter*, 2008; *Schreyögg* und *Koch*, 2007, S. 85), indem sie sensibel auf Preisschwankungen reagieren[4], oder indem sie ihre relative Verhandlungsmacht nutzen[5].

---
4 bspw. je weniger differenziert ein Produkt ist, desto eher erfolgt ein Produktwechsel.
5 bspw. durch einen hohen Informationsstand der Käufer in Bezug auf die Kosten und Preise des Anbieters.

## Anbieter und Lieferanten

Die Wirkungsweise der Verhandlungsmacht bei Lieferanten und Anbieter erfolgt analog zu jener der Nachfrager und Abnehmer.

## Potentielle neue Konkurrenten

Ob neue Konkurrenten in einen attraktiven Markt drängen, hängt nicht zuletzt auch von den Markteintrittsbarrieren ab. Barrieren können bspw. eine Mindestbetriebsgröße sein, um die notwendigen Skalenerträge und somit Stückkostenersparnisse zu erwirtschaften, in Kostennachteilen, oder der Käuferloyalität liegen (*Schreyögg* und *Koch*, 2007, S. 84) bzw. liegen auch dann vor, wenn hoher Kapitalbedarf notwendig ist, staatliche und rechtliche Barrieren bestehen, oder der Zugang zu Vertriebskanälen nicht gesichert ist (*Grant*, 2008, S. 74 ff.).

## Substitute und Innovationen

Gibt es Produkte oder Dienstleistungen, die einen ähnlichen Nutzen erfüllen und gleichzeitig in einer ähnlichen Preisklasse erhältlich sind, so hat dies direkte Auswirkungen auf die Nachfrage nach einem bestimmten Produkt; bei einer Preiserhöhung ist die Nachfrage im Bezug auf den Preis elastisch, d. h., der Kunde wird bei einer Teuerung auf das Substitutionsprodukt ausweichen (*Grant*, 2008, S. 72).

## Rivalität unter den Anbietern

Der Wettbewerb unter den etablierten Anbietern hängt bspw. vom Konzentrationsgrad der Konkurrenten, von der Heterogenität der Wettbewerber, von der Produktdifferenzierung, von den Kostenstrukturen sowie von Überkapazitäten und Marktaustrittsbarrieren ab (*Grant*, 2008, S. 76 ff.).

## Erweiterung des Modells durch Komplementärprodukte

Das Modell kann mit einer sechsten Kraft, nämlich der der Komplementärprodukte erweitert werden; es handelt sich dabei um Anbieter von ergänzenden Produkten, die einen Wert für die Branche schaffen und somit ebenfalls über Verhandlungsmacht verfügen (*Grant*, 2008, S. 98 f.).

Zusammenfassend lässt sich sagen, dass die Wahrscheinlichkeit, dass eine Unternehmung langfristig erfolgreich ist, dann umso größer ist

- »*je weniger Alternativen es zum Produkt des Unternehmens gibt,*
- *je geringer die Rivalität unter den etablierten Wettbewerbern ist,*
- *je weniger Druck vonseiten der Lieferanten ausgeübt werden kann,*
- *je schwieriger der Markteintritt für neue Anbieter ist und*
- *je mehr Kunden es gibt und je geringer ihr Organisationsgrad ist*« (Bailom, Matzler und *Tschemernjak*, 2006, S. 124).

Drei Probleme stellen sich in der Anwendung des 5-Kräfte-Modells (*Müller-Stewens* und *Lechner*, 2005, S. 193 f.):

1. die Grenzen einer Branche können nur schwer abgesteckt werden;

**1 - External enviroment**
    Analyse der Umwelt

**2 - Attractive industry**
    Auswahl attraktiver Branchen und Märkte

**3 - Strategy formulation**
    Entwicklung einer Strategie aufgrund der Branchengegebenheiten

**4 - Assets and skills**
    Beschaffung der nötigen Ressourcen und Fähigkeiten

**5 - Strategy implementation**
    Implementierung der Strategie

Bild 2.4: Die Schritte im Strategieformulierungsprozess einer MBV (in Anlehnung an *Hitt, Hoskisson* und *Ireland*, 2007)

2. der 5-Kräfte-Bezugsrahmen geht von starren Wettbewerbsstrukturen aus[6];
3. der Einfluss der Branche auf den Unternehmenserfolg ist kleiner als angenommen (Abschnitt 2.2.5 / S. 49).

## Strategieformulierungsprozess in der MBV

Wird von einer marktorientierten Strategiesichtweise ausgegangen, so müssen genau vorgegebene Schritte für die Formulierung und Implementierung einer Strategie verfolgt werden, um überdurchschnittlich erfolgreich zu sein (*Hitt, Hoskisson* und *Ireland*, 2007, S. 16 ff.). Der Strategieformulierungsprozess läuft demzufolge nach dem Schema in Bild 2.4 ab.

Dem 5-Kräfte-Modell nach Porter und somit einer MBV-Strategie folgend, muss als *1.* Schritt eine genaue Analyse der globalen Umwelt (politische, wirtschaftliche, soziale und technologische Einflussfaktoren) sowie einer Branche und der darauf wirkenden Kräfte erfolgen, *2.* wird jene Branche ausgewählt, in der die höchsten Erlöse zu erwarten sind, *3.* wird eine Strategie formuliert, die in der Branche zu überdurchschnittlichen Erträgen führt, *4.* werden die nötigen Ressourcen und Fähigkeiten zur Implementierung der Strategie entwickelt bzw. angekauft und *5.* wird die Strategie anhand von Aktionsplänen umgesetzt (*Bailom, Matzler* und *Tschemernjak*, 2006; *Hitt, Hoskisson* und *Ireland*, 2007, S. 16).

Eine Organisation wird dann als erfolgreich angesehen, wenn sie es durch die Entwicklung oder dem Ankauf der notwendigen Ressourcen und Fähigkeiten

---

6 ausgehend vom Begriff des »Hyperwettbewerbs« durch *D'Aveni* (1994) erschien eine Vielzahl von Veröffentlichungen, die bspw. Netzwerkorganisationen als Antwort auf ein zusehends turbulenter werdendes Umfeld als zunehmend wichtiger erachten (Abschnitt 2.2.4 / S. 34.

schafft, jene Strategien umzusetzen, die von der jeweiligen Branche gefordert werden (*Hitt, Hoskisson* und *Ireland*, 2007, S. 15 f.).

Unbeständige Kundenpräferenzen, sich stetig verändernde Kundengruppen und rasch wechselnde Technologien machen es einer marktorientierten Strategie allerdings zunehmend schwieriger, notwendige Stabilität und eine konstante Ausrichtung für eine langfristige Orientierung zu garantieren; eine wesentlich stabilere Grundlage für die Formulierung einer Strategie stellt somit eine ressourcenorientierte Sichtweise dar (*Grant*, 2008, S. 125). Welche Rolle den unternehmensinternen Faktoren für den Erfolg zukommt, wird durch die Beschreibung von ressourcenorientierten Strategien deutlich.

### 2.2.2 Ressourcenorientierte Sichtweisen

Die Annahmen von *Penrose* (1980), die die unternehmensinternen Ressourcen als Basis für die Generierung von Wettbewerbsvorteilen ansieht, bilden die Grundlage ressourcenorientierter Sichtweisen (*Müller-Stewens* und *Lechner*, 2005, S. 13). Ihre Anschauungen prägten die Strategische Unternehmensführung bis heute und zahlreiche wissenschaftliche Abhandlungen folgten: So widmeten bspw. *Wernerfelt* (1984), *Barney* (1986, 1991), *Dierickx* und *Cool* (1989), *Prahalad* und *Hamel* (1990), *Castanias* und *Helfat* (1991), *Grant* (1991), *Conner* (1991), *Hall* (1992) oder *Mahoney* und *Pandian* (1992) diesem Ansatz weitere Veröffentlichungen, die allesamt in der unterschiedlichen Ressourcenausstattung von Organisationen die Quelle für langfristige Wettbewerbsvorteile sehen. Der Branchenumwelt, die noch in der marktorientierten Sichtweise der Industrieökonomik die Quelle für Wettbewerbsvorteile darstellte, steht die Unternehmung mit ihrer Ressourcenausstattung selbst gegenüber.

Nachstehende Abschnitte diskutieren die wesentlichen Inhalte der RBV, die gleichsam zum Nährboden für die Entwicklung zahlreicher weiterer Sichtweisen wurde (Abschnitt 2.2.3 / S. 31).

In der Literatur gibt es für die RBV unterschiedliche Bezeichnungen, die jedoch in derselben Weise gebraucht werden (bspw. »resource-based perspective«, »resource-based theory«, »ressourcenbasierter Ansatz«, *Freiling*, 2002, S. 4). Die bisherige Forschung an den ressourcenorientierten Ansätzen bescheinigt den Sichtweisen zwar fundierte Erkenntnisse (*Peteraf*, 1993, S. 179), jedoch gibt es unterschiedliche Auffassungen darüber, ob es sich bei der RBV um eine eigenständige Theorie handelt (*Barney*, 2001; *Priem* und *Butler*, 2001).

*Mahoney* und *Pandian* (1992, S. 363 f.) sehen darin insofern keine Theorie, als dass sie keinen abgegrenzten Bezugsrahmen bietet und gehen deshalb eher von einer Verschmelzung der RBV mit anderen Forschungsströmungen aus; sie sehen die RBV vor allem als eine die Theorie der Industrieökonomik ergänzende Sichtweise. *Priem* und *Butler* (2001, S. 22), die mit ihrer Veröffentlichung ausführlich Stellung

## Perspektiven im Strategischen Management

| 1. Unterschiedliche Ausstattung mit wettbewerbsrelevanten Ressourcen | ⟶ | 2. Wettbewerbsvorteile | ⟶ | 3. Überdurchschnittliche Gewinne |

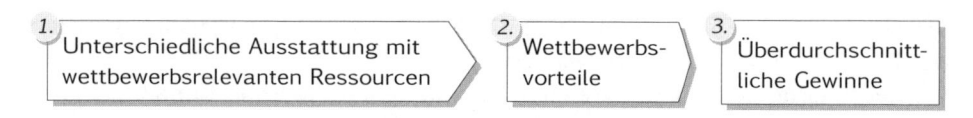

Bild 2.5: Grundlegendes Argumentationsschema des RBV (*Bamberger* und *Wrona*, 1996)

zum Theoriegehalt der RBV nehmen[7], vermerken dazu: »*As a potential theory, the elemental resource-based view is not currently a theoretical structure.*«

Die größte Kritik wird vor allem am tautologischen Charakter – bspw. Ressourcen sind dann wertvoll, wenn sie wertvoll sind – der RBV geübt, die deshalb als nicht überprüfbar bewertet wird (*Priem* und *Butler*, 2001, S. 25 ff.). *Acedo*, *Barroso* und *Galan* (2006, S. 633) folgern allerdings, dass es noch weiterer Studien bedarf, die eine Verbindung zwischen anderen Disziplinen und Wissenschaften herstellen. Auch wird bemängelt, dass jede Theorie verschiedenen Versuchen der Falsifizierung unterzogen werden muss, damit sie als »wahr« angesehen werden kann; dies war bei der RBV überraschend bis dato noch nicht der Fall (*Newbert*, 2007, S. 121).

Widerlegt wurden diese Argumente bspw. in der Abhandlung von *Nothnagel* (2008, S. 226 ff.), wonach anhand einer Inhaltsanalyse von veröffentlichten Studien zur RBV gezeigt wird, dass sich die Methoden zur Überprüfung kontinuierlich weiterentwickelt haben und der heutige Forschungsstand jener ist, dass die Behauptungen der ressourcenorientierten Sichtweise empirisch und theoretisch nachgeprüft werden können[8].

Mit dem Aufsatz von *Wernerfelt* (1984), der den Weg für einen gänzlich neuen Forschungsansatz ebnete, gelangte die RBV zu ihrer heutigen Bezeichnung. Ausgangspunkt der ressourcenorientierten Perspektive ist die Sicht auf eine Organisation als Bündel von Ressourcen, die den wesentlichen Beitrag zur Wettbewerbsstellung leisten (*Spender*, 1994, S. 353 f.). Nach *Bamberger* und *Wrona* (1996, S. 130 f.) stellt sich das grundlegende Argumentationsschema wie in Bild 2.5 dar.

Demzufolge ist eine unterschiedliche Ressourcenausstattung Quelle für Wettbewerbsvorteile, wodurch überdurchschnittliche Gewinne eingefahren werden können.

Was die RBV somit von anderen Managementtheorien unterscheidet, sind die zwei Annahmen, dass Ressourcen

---

7 breite Diskussion lösen *Priem* und *Butler* (2001) mit ihrem Artikel zu »Is the resource-based view a useful perspective for strategic management research?« darüber aus, ob es sich bei der RBV um eine Tautologie handelt; *Barney* (2001), der ein Hauptprotagonist des RBV-Ansatzes ist (*Schreyögg*, 2000, S. 485 f.), antwortet in Form einer zweiten Veröffentlichung mit dem Titel »Is the resource-based view a useful perspective for strategic management research? Yes«, worin die Kritikpunkte widerlegt werden.

8 für weitere Diskussionen und nähere Details zum Theoriegehalt ressourcenorientierter Sichtweisen siehe die Abhandlungen in *Armstrong* und *Shimizu* (2007); *Nothnagel* (2008) und *Newbert* (2007).

- unterschiedlich zwischen den Organisationen aufgeteilt sind (*Heterogenität*);
- auf den Faktormärkten nicht mobil sind (*Immobilität, Barney*, 1991, S. 130 ff.).

Insbesondere diese Prämissen der RBV stehen in einer gegensätzlichen Position zur Ansicht der MBV. Für den Erfolg von Unternehmen sind bestimmte Arten von Ressourcen verantwortlich, die als Folge von Heterogenität und Immobilität ganz bestimmte Eigenschaften aufweisen.

### Arten von Ressourcen

In der Betriebswirtschaftslehre werden Ressourcen als Input- oder Produktionsfaktoren für die Leistungserstellung verstanden (*Steven*, 1998, S. 1). In einer ressourcenorientierten Sichtweise lassen sich diese Erklärungen für den Begriff der Ressource nur bedingt anwenden und weisen in ihrem Verständnis sogar fundamentale Unterschiede auf; sie werden vielmehr als Basis für die Erfolgsposition einer Unternehmung angesehen und sind gleichsam für die Entstehung und Existenz von nachhaltigen Wettbewerbsvorteilen verantwortlich. Aufgrund der vorhandenen Ressourcen entscheidet eine Unternehmung zudem welche strategische Ausrichtung, d. h. welche Branche in welcher Art und Weise bearbeitet wird (*Freiling*, 2001, S. 12 f.).

Allerdings gibt es bis dato innerhalb der Betriebswirtschaftslehre eine nahezu unüberschaubare Fülle an Definitionen zum Begriff »Ressource«, was einen weiteren Grund darstellt, wieso die RBV nicht gänzlich als eigenständige Theorie angesehen werden konnte (*Freiling*, 2001, S. 41 ff.)[9].

Um den Begriff einzugrenzen, werden in der Folge die relevantesten Veröffentlichungen zum Ressourcenansatz herangezogen. Als Ressourcen können jene Faktoren bezeichnet werden, die als Stärke oder Schwäche einer Unternehmung bewertet werden (*Wernerfelt*, 1984, S. 172): Markennamen, technologisches Wissen, ausgebildetes Personal, Handelsbeziehungen, Maschinenanlagen, effiziente Prozesse, Kapital usw. Während *Hofer* und *Schendel* (1978, S. 144) mit finanziellen und physischen Ressourcen, Humanressourcen, organisationalen und technologischen Ressourcen fünf Ressourcentypen identifizieren, erweitert *Grant* (1991, S. 119) diese Einteilung um eine weitere Kategorie, der Unternehmensreputation.

*Barney* (1991, S. 101), dessen Einteilung in drei Hauptkategorien als die gebräuchlichste Klassifikation von Ressourcen gilt, differenziert

**physische Ressourcen:** die Technologie, Anlagen, den Firmenstandort und den Zugang zu Rohmaterialien sowie finanzielle Ressourcen einschließen,

**Humanressourcen:** , worunter die Ausbildung, die Erfahrung, das Urteilsvermögen, die Intelligenz, die Beziehungen und das Expertenwissen der Mitarbeiter einer Unternehmung fallen,

---

[9] Tabelle A.1 im Anhang zeigt einen Überblick über kategorisierte Definitionsansätze, die in verschiedenen Veröffentlichungen Verwendung finden.

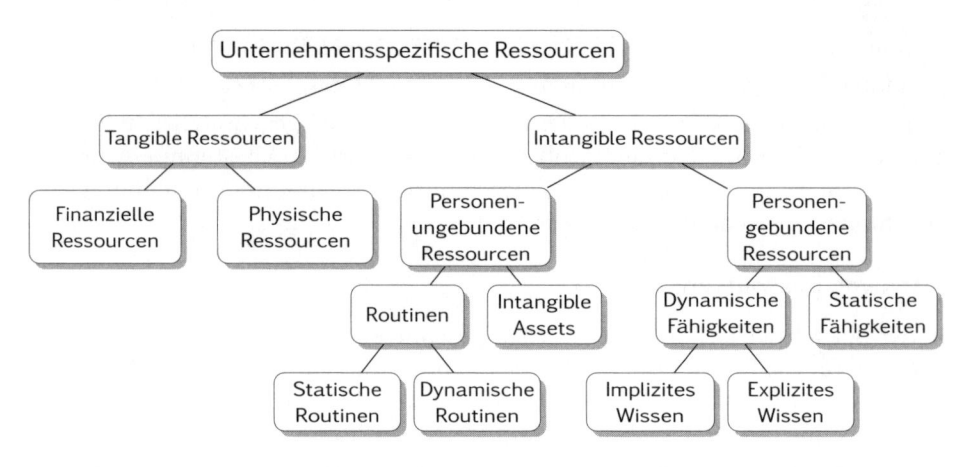

Bild 2.6: Kategorisierungsschema von Ressourcen in der RBV (*Nothnagel*, 2008)

*organisationale:* Ressourcen, die das Informations-, Planungs-, Kontroll- und Koordinationssystem sowie alle Arten von internen und externen Beziehungen umfassen.

Ergänzt werden diese drei Kategorien durch den Begriff der »*intangiblen Ressourcen*«, die in »*assets*« und »*skills*« eingeteilt werden; als »assets« werden all jene »*personenungebundenen*« Ressourcen genannt, die das geistige Eigentum einer Organisation darstellen, bspw. Patente, Handelsmarken, Urheberrechte oder ein geschütztes Design, wie auch Reputation, Verträge und Netzwerke einer Unternehmung. Als »*skills*« – oder auch »*personengebundene*« Ressourcen – werden die Fähigkeiten und Kompetenzen sowie das Erfahrungswissen der Mitarbeiter und die Unternehmenskultur bezeichnet (*Hall*, 1992, S. 136 f.). *Nothnagel* (2008, S. 25 f.) geht mittels den Ausführungen in den einschlägigen Artikeln in der Unterteilung noch weiter und skizziert die Arten unternehmensspezifischer Ressourcen wie in Bild 2.6.

Personenungebundene Ressourcen können somit in *intangible Vermögenswerte* (»intangible Assets«, bspw. Unternehmenskultur, Patente, Reputation, Markenname, Lizenzen, Verträgen, Netzwerke) und *Routinen*[10] unterteilt werden, die ihrerseits wieder in statische (bspw. Produktionsprozesse, standardisierte Prozeduren) oder dynamische Routinen (bspw. Prozessinnovationen, Lernen, Integration, Neukonfiguration) eingeteilt werden. Bei personengebundenen Fähigkeiten[11] werden statische (bspw. Kenntnisse im Umgang mit Büromaschinen und Software) und dynamischenFähigkeiten unterschieden, wobei letztere in implizites (Expertenwis-

---

[10] eine detaillierte Beschreibung dazu findet sich z. B. bei *Nelson* und *Winter* (1982), *Winter* (2003) oder *Grant* (1991).
[11] für weitere Ausführungen dazu siehe bspw. *Helfat* und *Peteraf* (2003), *Winter* (2003) oder *Teece*, *Pisano* und *Shuen* (1997).

| Begriff | Inhalt |
|---|---|
| Asset | »anything tangible or intangible the firm can use in its processes for creating, producing, and/or offering its products (goods or services) to markets« |
| Resources | »assets that are available and useful in detecting and responding to market opportunities and threats« |
| Knowledge | »the set of beliefs held by an individual about causal relationships among phenomena« |
| Skill | »a special form of capability, with the connotation of a rather specific capability useful in a specialized situation or related to the use of specialized asset« |
| Capabilities | »repeatable patterns of action in the use of assets to create, produce, and/or offer products to a market« |
| Competence | »an ability to sustain the coordinated deployment of assets in a way that helps a firm achieve its goals« |
| Routines | »organizational routines are regular and predictable patterns of activity which are made up of a sequence of coordinated actions by individuals« |

Tabelle 2.1: Terminologie des Strategischen Kompetenz-Managements (*Hammann* und *Freiling*, 2000)

sen, Erfahrung und Beziehungen) und explizites Wissen (artikulierbar und relativ leicht übertragbar, bspw. Ausbildung, Auswertung von Datenbanken) aufgeteilt werden (*Nothnagel*, 2008, S. 25 f.).

Obwohl eine Diskussion über die Definitionen der unterschiedlichen Begrifflichkeiten noch nicht als abgeschlossen betrachtet werden kann, soll die nachfolgende Tabelle 2.1 in Anlehnung an *Hammann* und *Freiling* (2000, S. 4) als Orientierungspunkt über die wichtigsten Termini dienen.

Abschließend kann gesagt werden, dass den intangiblen Ressourcen in einer ressourcenorientierten Sichtweise ein tendenziell höherer Stellenwert zugeschrieben wird, da sie im Gegensatz zu den tangiblen an Wert gewinnen, wenn sie zur Anwendung kommen, bspw. ist ein Zuwachs an Erfahrung und Wissen der Mitarbeiter zu erwarten; hinzu kommt, dass intangible Ressourcen kapazitätsmäßig unbegrenzt sind und keine Abnutzungserscheinungen aufweisen (*Nothnagel*, 2008, S. 25).

### Eigenschaften strategischer Ressourcen

Ressourcen müssen über bestimmte Eigenschaften verfügen, damit nachhaltige Wettbewerbsvorteile aufgebaut werden können. Ausgangspunkt sind dabei die Annahmen, dass Ressourcen heterogen und nicht mobil sind. Da nicht alle Ressourcen das Potential für nachhaltige Wettbewerbsvorteile in sich tragen, müssen Ressourcen vier Eigenschaften aufweisen und somit *wertvoll* und *selten* sein, dürfen zugleich weder *imitierbar noch substituierbar* und müssen *organisiert* sein (*Barney*, 1991, S. 105 f.).

Diese Eigenschaften sind in der Literatur auch als *VRIO-Kriterien*[12] bekannt (*Barney*, 2007, S. 138 ff.), die aufgrund ihres tautologischen Charakters zeitweise Gegenstand heftiger Kritik waren (*Barney*, 2001; *Priem* und *Butler*, 2001).

### Wertvoll

Ressourcen werden dann als wertvoll bezeichnet, wenn sie für den Kunden einen erkennbaren Nutzen stiften, oder die Effizienz resp. die Effektivität einer Unternehmung erhöhen (*Barney*, 1991, S. 106). In diesem Zusammenhang wird der Wert aufgrund der Auswirkungen einer Ressource auf sinkende Kosten bzw. steigende Gewinne bestimmt (*Peteraf* und *Barney*, 2003, S. 320). Aus Kundensicht ist eine Ressource also dann wertvoll, wenn die Zahlungsbereitschaft der Kunden um ein bestimmtes Maß zunimmt bei gleichzeitiger Anhebung des Preises (*Hoopes*, *Madsen* und *Walker*, 2003, S. 891 ff.). Der Wert kann sich mit der Zeit allerdings ändern, bspw. wenn sich die Nachfrage, die Branchenstruktur oder die Technologie verändern (*Barney*, 2007, S. 139). Für eine Organisation gilt also, je seltener, je schwieriger zu imitieren und zu substituieren eine Ressource ist, desto wertvoller ist sie (*Amit* und *Schoemaker*, 1993, S. 38 f.).

### Selten

Eine Ressource ist selten, wenn Unternehmen in einer Branche im Gegensatz zu anderen über bestimmte wertvolle Ressourcen verfügen; dies ist in einem nicht perfekten Wettbewerb der Fall (*Barney*, 2001, S. 43 f.). Sind Ressourcen »nur« wertvoll, so kann dies eine Quelle für Parität im Wettbewerb bedeuten, sind sie zusätzlich selten, so können daraus mindestens kurzzeitige Wettbewerbsvorteile entstehen (*Barney*, 2007, S. 140 f.).

### Nicht imitierbar/substituierbar

Um einen nachhaltigen Wettbewerbsvorteil zu erlangen, dürfen Ressourcen nicht oder zumindest nur schwer imitierbar sein, um andere Organisationen daran zu hindern, dieselbe Strategie anzuwenden (*Amit* und *Schoemaker*, 1993, S. 39). Die Imitationsfähigkeit, die als die Zeit verstanden wird, die für die Reproduktion einer Ressource von Seiten der Konkurrenten benötigt wird, hängt vorwiegend von vier Faktoren ab (*Dierickx* und *Cool*, 1989, S. 1507 ff.):

*Einzigartige historische Bedingungen:* bestimmte Organisationen verfügen im Gegensatz zu anderen über Ressourcen, die zu First-mover-Vorteilen führen und wodurch wieder neue Wettbewerbsvorteile bzw. neue wertvolle Ressourcen generiert werden können (sog. Pfadabhängigkeit);

---

12 VRIO leitet sich aus den Anfangsbuchstaben der englischsprachigen Bezeichnungen für wertvoll (valuable), selten (rare), nicht imitierbar (inimitable) und organisiert (organised) ab.

| Wertvoll? | Selten? | Imitierbar? | Organisiert? | Auswirkung auf die Wettbewerbsstellung |
|---|---|---|---|---|
| Nein | | | | Wettbewerbsnachteil |
| Ja | Nein | | | Parität |
| Ja | Ja | Nein | | kurzfristiger Wettbewerbsvorteil |
| Ja | Ja | Ja | Ja | langfristiger Wettbewerbsvorteil |

Tabelle 2.2: Der VRIO-Bezugsrahmen (*Barney*, 2007)

*Kausale Ambiguität:* die Gründe für das Vorhandensein bestimmter Ressourcen können vielfältig sein; je schwieriger es für die Konkurrenz ist, die Entstehung von Ressourcen nachzuvollziehen, desto schwieriger wird es, sie zu imitieren;
*Soziale Komplexität:* notwendige Faktoren für den Aufbau von Ressourcen können von Seiten der Unternehmensführung nicht oder nur schwer beeinflusst werden (bspw. persönliche Beziehungen, Reputation oder Unternehmenskultur) und sind das Resultat eines komplexen sozialen Gefüges;
*Patente* der Schutz durch Nutzungsrechte lässt zeitlich begrenzte Wettbewerbsvorteile entstehen.

Gibt es ähnliche Ressourcen oder Ressourcen, die durch andere lückenlos ersetzt werden können, so sind diese wertvollen Ressourcen substituierbar, mit der Folge, dass ein dadurch erlangter Wettbewerbsvorteil auch von den Wettbewerbern übernommen werden kann; die Auswirkungen einer Substituierbarkeit von Ressourcen wird in der wissenschaftlichen Literatur oftmals mit denen der Imitationsfähigkeit gleichgesetzt (*Nothnagel*, 2008, S. 30).

### Organisiert

Um das Potential von Ressourcen, die wertvoll, selten, nicht oder nur schwer zu imitieren bzw. zu substituieren sind, voll nutzen zu können, muss eine Unternehmung organisiert sein; viele Faktoren spielen hierbei eine Rolle, beispielhaft seien ein funktionierendes Informationssystem, ein Management-Kontrollsystem oder das Entlohnungssystem genannt (*Barney*, 2007, 148 ff. ).

Die Bedeutung, welche Ressourcen mit VRIO-Eigenschaften inne haben, wird im Bezug auf die Wettbewerbsstellung deutlich (siehe Tabelle 2.2): Nachhaltige Wettbewerbsvorteile können nur dann aufgebaut werden, wenn Ressourcen zugleich wertvoll, selten und nicht imitierbar bzw. substituierbar sind und wenn das Potential dieser Ressourcen auch von der Organisation erkannt und genutzt wird.

*Hoopes*, *Madsen* und *Walker* (2003, S. 889 f.) gehen von einer wechselseitigen Abhängigkeit der Attribute aus: Eine Ressource ist demnach wertvoll, wenn sie auch selten ist und sie ist dann selten, wenn sie auch nicht imitierbar und substituierbar ist. Daraus schließen sie weiter, dass von den genannten Eigenschaften strategischer Ressourcen besonders der Wert und die Imitationsfähigkeit von Bedeutung sind, da Seltenheit nur dann vorzufinden ist, wenn eine Ressource nicht imitierbar ist: »*So concentrating on value and inimitability gets to the heart of RBV*« (*Hoopes, Madsen* und *Walker*, 2003, S. 890).

Im weiteren Verlauf kann der Begriff der »strategischen Ressourcen« (*Duschek* und *Sydow*, 2002, S. 426 f.) – das sind jene Ressourcen, die von strategischer Bedeutung sind – wie in Definition 2.3 verstanden:

**Definition 2.3 (Strategische Ressourcen)** *All jene tangiblen und intangiblen Vermögenswerte, die in ihren Eigenschaften wertvoll, selten, nicht imitierbar und nicht substituierbar sind und die durch die richtige Nutzung die Quelle nachhaltiger Wettbewerbsvorteile darstellen, sind als strategische Ressourcen definiert.*

**Kernkompetenzen**

Eine besondere Art strategischer Ressourcen stellen Kernkompetenz dar. Diese bilden sich heraus, wenn sich Ressourcen und Fähigkeiten weiterentwickeln. KK tragen entscheidend zur Wettbewerbsfähigkeit einer Unternehmung bei und sichern langfristigen Erfolg (*Barney*, 1991). Dieses Konzept hat sich mit dem Artikel von *Prahalad* und *Hamel* (1990, S. 79 ff.), die die gebündelten Ressourcen und Fähigkeiten als KK beschreiben und in den Mittelpunkt ihrer Forschung legen, direkt aus der RBV entwickelt.

Kernkompetenzen sind »*integrierte und durch organisationale Lernprozesse koordinierte Gesamtheiten von Technologien, Know-how, Prozessen und Einstellungen [dar], die für den Kunden erkennbar wertvoll sind, gegenüber der Konkurrenz einmalig sind, schwer imitierbar sind und potentiell den Zugang zu einer Vielzahl von Märkten eröffnen*« (*Hinterhuber*, 2004a, S. 12).

KK sind ein häufig verwendeter Begriff im Strategischen Management, der in vielen Fällen allerdings nicht im richtigen Kontext eingesetzt wird (*Bailom, Matzler* und *Tschemernjak*, 2006, S. 132). Dies stellt gleichzeitig einen der größten Kritikpunkte des Kernkompetenzansatzes dar, weshalb beanstandet wird, dass das Konzept zwar theoretisch, nicht aber praktisch nachvollziehbar ist (*Turner*, 1997, S. 2 ff.). Eine Übersicht zu den unterschiedlichen Begriffsbestimmungen von KK findet sich in den Ausführungen von *Freiling* (2002, S. 11 ff.).

**Identifizierung von Kernkompetenzen**

Als Ausgangspunkt für die Identifizierung von KK kann die Wertschöpfungskette, die eine Organisation in primäre (Eingangslogistik, Produktion, Ausgangslogistik, Marketing und Verkauf und Kundendienst) und unterstützende Aktivitäten (Einkauf, Technologien, Unternehmungsinfrastruktur und Human Resources) einteilt, dienen (*Grant*, 2008, S. 135). Bild 2.7 zeigt die Wertekette eines Unternehmens, dessen Gewinnspanne sich durch den Wertschöpfungsprozess aus der Differenz zwischen Ertrag und den einzelnen Aktivitäten ergibt.

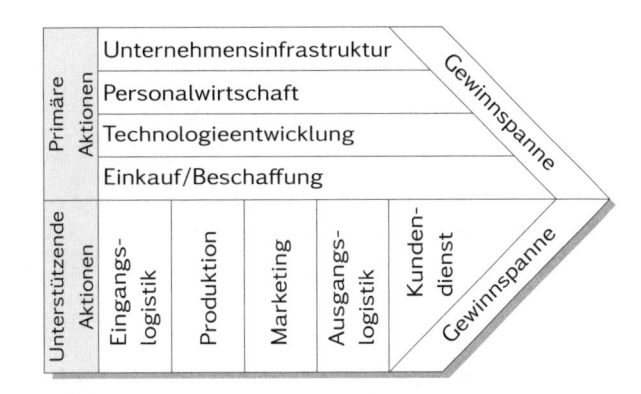

Strategieperspektiven und ihre Entwicklungslinien

Bild 2.7: Die Wertschöpfungskette (*Porter*, 2004)

| Wertvoll? | Selten? | Imitierbar? | Unsubstituierbar? | Erschließt neue Märkte? | Auswirkungen auf die Wettbewerbsstellung |
|---|---|---|---|---|---|
| Nein | | | | | Wettbewerbsnachteil |
| Ja | Nein | | | | Parität |
| Ja | Ja | Nein | | | kurzfristiger Wettbewerbsvorteil |
| Ja | Ja | Ja | Nein | | langfristiger Wettbewerbsvorteil |
| Ja | Ja | Ja | Ja | Ja | Kernkompetenz |

Tabelle 2.3: Grundraster zur Ermittlung von Kernkompetenzen (in Ahnlehnung an *Hinterhuber*, 2004a)

Nach einer Analyse der Wertekette, in der die Stärken und Schwächen anhand eines Benchmarks mit den stärksten Konkurrenten bewertet werden, können KK dem Raster in Tabelle 2.3 folgend ausgewiesen werden. Die Frage, ob Ressourcen und Fähigkeiten wertvoll, selten, nicht imitierbar und substituierbar sind, stehen auch hierbei im Vordergrund. Hinzu kommt ein Faktor, der bei KK wesentlich ist: Nur wenn es durch das Bündel aus Ressourcen und Fähigkeiten möglich ist, neue Märkte zu erschließen, liegen Kernkompetenzen vor (*Hamel* und *Prahalad*, 1992; *Hinterhuber*, 2004a, 13 ff. ).

Quellen von Kernkompetenzen

Es gibt unterschiedliche Quellen, aus denen sich KK entwickeln können: Wie bei strategischen Ressourcen gründet auch die Imitationsfähigkeit von KK auf einzigartige historische Bedingungen, ist somit die Folge kausaler Ambiguität und sozialer Komplexität und kann durch Patente geschützt werden (*Bailom*, *Matzler* und *Tschemernjak*, 2006; *Dierickx* und *Cool*, 1989). Der Imitationszeitraum steigt je nach Ursprung einer KK: Sind Ressourcen die Quelle einer KK, so ist der Imitationszeitraum geringer, als bei Fähigkeiten oder dem Wissen; am schwierigsten können

Perspektiven im Strategischen Management

```
Imitationszeitraum ↑
    Netzwerke (relational view)
    Wissen (Knowlegde-based view)
    Fähigkeiten (Competence-based view)
    Ressourcen (resource-based view)
    Quellen von Kernkompetenzen →
```

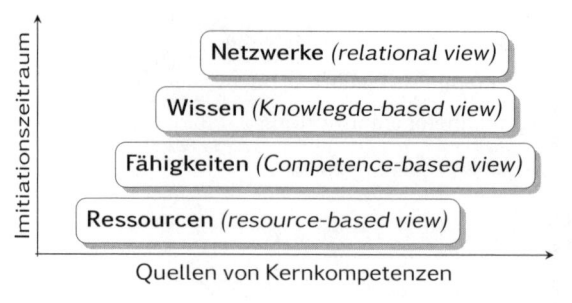

Bild 2.8: Kompetenzen und Imitationszeiträume (*Bailom, Matzler* und *Tschemernjak*, 2006)

KK imitiert werden, wenn sie ihren Ursprung in Netzwerken und Beziehungen haben (siehe Bild 2.8, (*Bailom, Matzler* und *Tschemernjak*, 2006, S. 137 f.)).

Jedoch sind KK nicht nur Quelle oder Medium zur Entwicklung von Netzwerken (*Sydow* u. a., 2003, S. 43 ff.); KK können auch das Ergebnis einer Netzwerkstruktur sein; bspw. kann eine Netzwerkstruktur bzw. ein gut funktionierendes Netzwerk, durch das die Wettbewerbsfähigkeit entscheidend gesteigert werden kann, eine Kernkompetenz einer Unternehmung darstellen (Abschnitt 2.2.4 / S. 44 zu »kooperative Kernkompetenzen«). Zum selben Schluss kommen *Mascarenhas, Baveja* und *Jamil* (1998, S. 118 ff.), die vor allem drei unterschiedliche Typen von KK als ein Ergebnis einer Netzwerkstruktur identifizieren: Überragendes technologisches Know-how, bewährte Prozesse und enge Beziehungen mit externen Bezugsgruppen.

*Gulati, Nohria* und *Zaheer* (2000, S. 207) sind der Ansicht, dass »[...] *a firm's network can be thought of as creating inimitable and non-substitutable value (and constraint!) as an inimtable resource by itself, and as a means to acces inimitable resources and capabilities.*« KK können sich demzufolge auch gegenteilig auf den Erfolg einer Unternehmung auswirken, nämlich wenn sie sich zu sog. »core rigidities« entwickeln. Diese bewirken, dass bspw. die Entwicklung von Innovationen gebremst wird, da eine Organisation wie in einem Käfig eingesperrt ist und eine Weiterentwicklung dadurch gehemmt wird (*Leonard-Barton*, 1992, S. 118 ff.).

### Strategieformulierungsprozess einer RBV

Folgt die Unternehmensleitung einer ressourcenorientierten Sichtweise, so wird – analog zum Strategieformulierungsprozess einer MBV (siehe Abschnitt 2.2.1) – nach den definierten Schritten wie in Bild 2.9 vorgegangen.

In einem 1. Schritt müssen die Ressourcen und Fähigkeiten einer Organisation identifiziert werden, 2. ist es dadurch möglich, Stärken und Schwächen zu bestimmen, 3. bilden die aufgezeigten Kernkompetenzen die Basis für die Generierung nachhaltiger Wettbewerbsvorteile, 4. erfolgt eine Auswahl der Branche, in denen die Kernkompetenzen am Besten ausgespielt werden können und 5. werden Strategien formuliert und implementiert (*Bailom, Matzler* und *Tschemernjak*, 2006; *Grant*,

| 1 - Resources |
|---|
| Analyse der Resourcen (Stärken und Schwächen) |

| 2 - Capabilities |
|---|
| Analyse der Fähigkeiten (Stärken und Schwächen) |

| 3 - Competive Advantages |
|---|
| Bestimmung der Kernkompetenzen |

| 4 - Attractive industry |
|---|
| In welchen Märkten können KK ausgespielt werden? |

| 5 - Strategy formulation and implementation |
|---|
| Formulierung und Implementierung der Strategie |

Bild 2.9: Die Schritte im Strategieformulierungsprozess einer RBV (in Anlehnung an *Hitt, Hoskisson* und *Ireland*, 2007)

1991; *Hitt, Hoskisson* und *Ireland*, 2007, S. 17 ff.). Ergebnis einer ressourcenorientierten Strategieimplementierung sind auch in diesem Fall überdurchschnittliche Erlöse in Form supranormaler Erträge.

Interne Faktoren sind somit die grundlegenden Konstanten, auf die eine Organisation seine eigene Identität aufbaut und anhand der sie eine Strategie ausarbeiten kann; Ressourcen gelten somit als die eigentliche Quelle für Profitabilität (*Grant*, 1991, S. 133).

### 2.2.3 Entwicklungslinien der Strategiesichtweisen

Vor allem drei Perspektiven werden als Hauptstränge einer ressourcenorientierten Theorie gesehen (*Acedo, Barroso* und *Galan*, 2006, S. 633 f.):

1. die »resource-based view«,
2. eine »knowledge-based view«,
3. die »relational view«.

Die Hauptartikel zu jedem einzelnen Ansatz sind klar voneinander trennbar, jedoch ist es möglich, bspw. den »dynamic capabilities-approach« als eine Art Übergang von der RBV zur KBV zu sehen (*Acedo, Barroso* und *Galan*, 2006, S. 633 f.). Nach *Teece, Pisano* und *Shuen* (1997, S. 516) sind »dynamic capabilities« »[...] *the firm's ability to integrate, build, and reconfigure internal and external competencies to address rapidly changing environments.*« Diese sog. dynamischen Fähigkeiten, die durch die drei Schlüsselelemente der Koordination/Integration, des Aufbaus/ Lernens und der Neukonfiguration gekennzeichnet sind (*Teece*, 2007; *Teece, Pisano* und *Shuen*, 1997, S. 1346 f.), sind mehr als nur eine weitere Art von Ressourcen sondern jene Fähigkeiten, die vorhandene Ressourcen weiterentwickeln: »*Dynamic capabilities are more than a simple addition to resource based view since they manipulate the resources and capabilities that directly engender rents«* (Zott, 2003, S. 120).

Aus dieser Annahme heraus, nach der die dynamischen Fähigkeiten die Quelle für langfristige Wettbewerbsvorteile sind, entstand auch die kompetenzorientierte Sichtweise (auch »competence-based view of the firm«), die die Kernkompetenzen als das entscheidende Medium für Wettbewerbsvorteile ansieht. Da in der wissenschaftlichen Literatur dieselben Sachverhalte mit oft unterschiedlichen Begriffen beschrieben werden, stellen der »dynamic capabilities-Ansatz« und der Kompetenzansatz (auch »competence-based view« genannt, siehe *Freiling*, 2001, S. 28 f.) dieselbe Sichtweise dar (*Freiling*, 2002, S. 18 f.); Ausdrücke wie »skills«, Fertigkeiten, Fähigkeiten, »dynamic capabilities«, Kompetenzen, Kernkompetenzen usw. sind sowohl für den Kompetenzansatz als auch für den Ansatz der »dynamic-capabilities« zentral. Dennoch unterscheidet sich die kompetenzorientierte Sichtweise in drei wesentlichen Punkten von der Ressourcenorientierung.

Erstens werden Ressourcen nicht nur bereitgestellt und veredelt, sondern marktlichen Verwertungsmöglichkeiten zugeführt; zweitens werden Ressourcen stärker zeitraumbezogen betrachtet, d. h. es wird auf Vergangenheitsentwicklung, Gegenwart und zukünftige Entwicklungsmöglichkeiten eingegangen; drittens verengt sich die Betrachtungsperspektive dahingehend, dass Kompetenzen einen wesentlichen Teilbereich der Ressourcen ausmachen (*Freiling*, 2001, S. 34).

Als Weiterentwicklung zur Kompetenzorientierung bzw. zur »Capability-based view« wird die »Knowledge-based view« bzw. die wissensbasierte Sichtweise gesehen (*Acedo*, *Barroso* und *Galan*, 2006, S. 633 f.). Diese besagt, dass Wissen die entscheidende Ressource beim Aufbau von Wettbewerbsvorteilen ist und sich somit von den übrigen Ressourcen abhebt (*Müller-Stewens* und *Lechner*, 2005, S. 362). Wissen kann in insgesamt vier Arten eingeteilt werden (*Nonaka* und *Takeuchi*, 1995, S. 59 ff.):

1. *explizites* und *implizites* Wissen;
2. *individuelles* und *kollektives* Wissen.

Während explizites Wissen artikulierbar und relativ leicht an eine zweite Person übertragbar ist, ist implizites Wissen sehr persönlich, häufig unbewusst und intuitiv und schwierig zu formalisieren (*Renzl*, 2003, S. 24); individuelles und kollektives Wissen hingegen stellen die unterschiedlichen Ebenen dar, auf denen Wissen untersucht werden kann (*Grant*, 1996; *Nonaka*, 1994).

Tabelle 2.4 zeigt in Anlehnung an *Müller-Stewens* und *Lechner* (2005, S. 364) eine Gegenüberstellung der drei Perspektiven der RBV, der »Capability-based view« bzw. Kompetenzorientierung und der »Knowledge-based view« und erläutert die wesentlichen Begrifflichkeiten und Grundlagen.

Somit kann nicht nur die Kompetenzorientierung/CBV als eine Verengung angesehen werden, sondern auch der KBV, da nicht mehr allgemein jede Art von Ressourcen, sondern spezifische Fähigkeiten und Kompetenzen bzw. Wissen als

|  | RBV | CBV/KK-Ansatz | KBV |
|---|---|---|---|
| Intellektuelle Wurzeln | Penrose, Selznick, Andrews, Wernerfelt, Barney | Penrose, Schumpeter, Nelson, Winter, Teece, Prahalad, Hamel | Nonaka, Grant, Spender, Liebeskind, v.Krogh |
| Sichtweise der Firma | Firmen sind einzigartige Ansammlungen von Ressourcen | Firmen sind Bündel von Ressourcen und Fähigkeiten, die mit ebendiesen Ressourcen »hantieren« | Firmen sind soziale Entitäten von Wissen |
| Analyseeinheit | Ressource | Fähigkeiten und Kompetenzen | Wissen |
| Rentenart | Monopol & Ricardo | Schumpeter | Monopol, Ricardo & Schumpeter |
| Ursache für Wettbewerbsvorteile | Wertvolle, seltene, nicht imitierbare und nicht-substituierbare Ressourcen | Die Fähigkeit, Ressourcen und Kompetenzen unter der Kontrolle der Firma nutzvoll einzusetzen | Firmenspezifisches Wissen und der Umgang damit |
| Mechanismus der Rentengenerierung | Glück und »voraussehende« Wahl unterbewerteter Ressourcen | Akkumulation von Fähigkeiten und Kompetenzen durch interne Prozesse | Generierung, Transfer und Nutzung von Wissen |
| Zeitpunkt der Rentengenerierung | Statisch: vor der Akquisition einer Ressource | Prozessual: während der Entwicklung der Fähigkeit und Kompetenzen | Prozessual: während der Entwicklung des Wissens |
| Epistemologische Basis | Objektivismus | Subjektivismus & Objektivismus | Subjektivismus & Objektivismus |

Tabelle 2.4: Die RBV, CBV/KK-Ansatz und KBV im Vergleich (in Anlehnung an *Müller-Stewens* und *Lechner*, 2005)

die Quelle für Wettbewerbsvorteile angesehen werden (*Müller-Stewens* und *Lechner*, 2005, S. 363). Als jüngste Weiterentwicklung aus der RBV wird die »Relational view« (*Dyer* und *Singh*, 1998) angesehen; in den folgenden Abschnitten sollen die wesentlichen Inhalte dazu näher erläutert werden.

Bild 2.10 auf der nächsten Seite zeigt die zeitliche Abfolge in der Entwicklung der strategischen Sichtweisen, wonach aus der MBV die RBV entspringt, die den Ausgangspunkt für eine CBV und dem KK-Ansatz bildet; diese wiederum stellen die Basis für die KBV dar, worauf die RV als vorläufig letzte Weiterentwicklung folgt (*Freiling*, 2005, S. 66).

Perspektiven im Strategischen Management

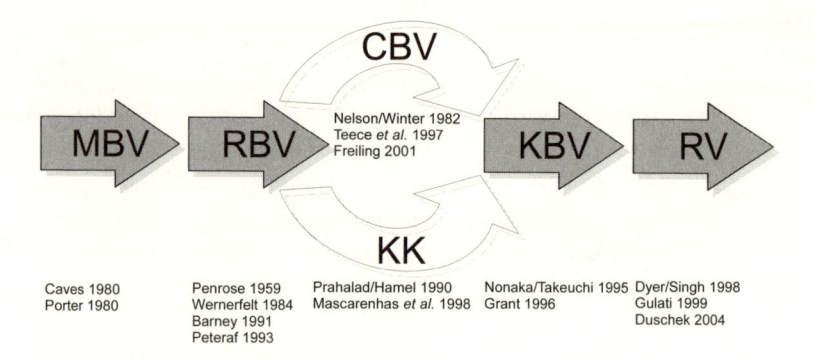

```
                       CBV
                  Nelson/Winter 1982
  MBV    RBV      Teece et al. 1997     KBV    RV
                  Freiling 2001
                       KK
```

| Caves 1980 | Penrose 1959 | Prahalad/Hamel 1990 | Nonaka/Takeuchi 1995 | Dyer/Singh 1998 |
| Porter 1980 | Wernerfelt 1984 | Mascarenhas et al. 1998 | Grant 1996 | Gulati 1999 |
| | Barney 1991 | | | Duschek 2004 |
| | Peteraf 1993 | | | |

Bild 2.10: Entwicklungslinien strategischer Sichtweisen

### 2.2.4 Die relationale Sichtweise

Durch die Folgen eines Hyperwettbewerbs[13] haben sich bestehende Branchen und Märkte starken Veränderungen unterzogen und verfügen dadurch über neue Gesetzmäßigkeiten (*D'Aveni*, 1994). Aus diesem Grund müssen sich Organisationen verstärkt den neuen Herausforderungen anpassen, um weiterhin erfolgreich sein zu können. Dies hat dazu geführt, dass traditionelle Organisationsformen, die bis dato durch starre hierarchische Strukturen gekennzeichnet waren, den neuen Anforderungen nicht mehr gerecht werden können (*Petrillo*, 2004, S. 5 f.); eine Entwicklung hin zur »Leadership Company«, die durch ihre Netzwerkstruktur gekennzeichnet ist, ist die Folge (siehe Bild 2.11 , *Hinterhuber*, 2007, S. 174 ff.).

Unternehmen schließen sich daher vermehrt zu Netzwerken zusammen, um mehr Flexibilität zu erreichen, Transaktionskosten[14] und -risiken zu senken und einen höheren Gesamtoutput zu erzielen (*Stahl* und *Eichen*, 2005, S. 17 f.).

Ausgangspunkt für diese Vernetzungstheorie bildet wiederum die RBV und die Weiterentwicklungen der internen Ressourcenperspektiven (*Duschek* und *Sydow*, 2002, S. 430). Nach *Freiling* (2005, S. 67 ff.) geht die RBV jedoch nicht mit dem Vernetzungsgedanken konform, da bspw. die Gefahr groß ist, dass Netzwerkpartner die Grundlagen eines Wettbewerbsvorteils entdecken und für sich selbst in Anspruch nehmen und somit ein Agieren in Netzwerken nach einer RBV-Sichtweise nicht vorstellbar ist.

---

13 *D'Aveni* (1994, S. 217) beschreibt mit diesem Begriff Branchen, in denen Unternehmen anhand vieler und schneller Aktionen versuchen eigene Wettbewerbsvorteile aufzubauen, um dadurch den Konkurrenten Schaden zuzufügen.
14 nach *Stahl* und *Eichen* (2005, S. 17) handelt es sich dabei um Kosten, die bei Tauschakten entstehen, bspw. durch Anbahnung und Vereinbarung bzw. durch Kontrolle und Anpassung.

## Strategieperspektiven und ihre Entwicklungslinien

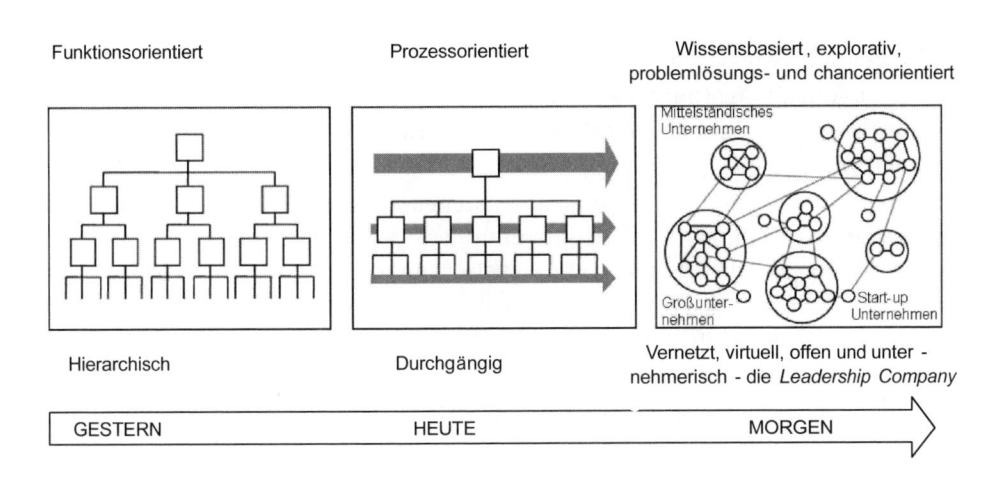

| Funktionsorientiert | Prozessorientiert | Wissensbasiert, explorativ, problemlösungs- und chancenorientiert |
|---|---|---|
| Hierarchisch | Durchgängig | Vernetzt, virtuell, offen und unter - nehmerisch - die *Leadership Company* |
| GESTERN | HEUTE | MORGEN |

Bild 2.11: Die Entwicklungslinien der Organisationsformen (*Hinterhuber*, 2007)

In der »Competence-based View« spielt das Überbrücken so genannter Kompetenzlücken[15] eine wichtige Rolle in der Verteidigung langfristigen Erfolges, weshalb Partnerschaften eingegangen werden. Zwar wird dies dem Ansatz eines Netzwerkgedankens stärker gerecht, die Zusammenarbeit ist jedoch stark von opportunistischen Absichten geprägt und wird durch eigennütziges Handeln negativ beeinträchtigt (*Freiling*, 2005, S. 68 ff.).

Die Netzwerkidee wird schließlich in der RV weiter vertieft, die durch *Dyer* und *Singh* (1998), *Gulati* (1999) und *Duschek* (2004) aufgegriffen wird. Diese Sichtweise kann allerdings nur teilweise komplementär zur Ressourcen- bzw Kompetenzorientierung gesehen werden, da so genannte »Netzwerkressourcen« eine von mehreren Quellen für Wettbewerbsvorteile darstellen (*Duschek*, 2004, S. 61 ff.).

Andere Positionen zur relationalen Sichtweise sprechen davon, dass Netzwerke komplementäre Entwicklungen einer MBV, wie auch einer RBV sein können (*Stein*, 2005, S. 169 f.). *Gulati*, *Nohria* und *Zaheer* (2000, S. 205 f.) sehen insofern für die Anhänger der MBV eine Erweiterung durch den Netzwerkgedanken, als dass Kooperationen die Attraktivität und Wettbewerbsfähigkeit einer ganzen Branche steigern können und dass sog. »structural holes«[16] die Profitabilität einer gesamten Industrie beeinträchtigen können.

Überdurchschnittliche Erträge werden als »relationale Renten« durch
- Investitionen in netzwerkspezifische Ressourcen,

---

15 Kompetenzen, denen von Seiten der Kunden hohe Bedeutung beigemessen werden, die aber nicht im Besitz einer Unternehmung sind, werden allgemein als Kompetenzlücken (»Competence-Gaps«) bezeichnet (*Hinterhuber*, 2004a, S. 128).
16 *Gulati*, *Nohria* und *Zaheer* (2000, S. 205 f.) sehen Löcher in der Netzwerkstruktur dann als gegeben an, wenn zwei Unternehmen nur über die fokale Unternehmung (siehe Fußnote 19 auf Seite 46) verbunden sind, nicht aber direkt miteinander.

- einem interorganisationalen Wissensaustausch,
- einer ergänzten Ressourcenausstattung und
- einer insgesamt effektiveren Führungsstruktur erzielt (*Dyer* und *Singh*, 1998, S. 660 ff.).

Einer Netzwerkperspektive folgend entstehen Wettbewerbsvorteile also durch den Zusammenschluss von Unternehmungen, die in Konkurrenz zu anderen Netzwerk-Organisationen stehen; die Generierung relationaler Renten ist zwar erst bei einer Kooperation mit Partnerunternehmen möglich, dennoch bleiben firmenspezifische Ressourcen, Fähigkeiten und Kompetenzen für eine Unternehmung weiterhin von Bedeutung (*Dyer* und *Singh*, 1998, S. 675).

In der RV gilt als Bezugseinheit der strategischen Ausrichtung somit nicht mehr die Unternehmung, sondern ein »*strategisch aufeinander abgestimmtes Netzwerk*« (*Freiling*, 2005, S. 72) und die Kompetenzen, die aus einem Netzwerk hervorgehen sind nicht mehr allein an eine einzige Unternehmung gebunden, sondern bestehen vor allem als interorganisationale Kompetenzen. Unternehmensspezifische Ressourcen und Fähigkeiten werden im Gegensatz zu einer RBV nicht mehr zum Zweck der Aufrechterhaltung der eigenen Wettbewerbsfähigkeit isoliert, sondern im Sinne eines wechselseitigen Austausches und zum Zweck einer kollektiven Besserstellung genutzt; dies hat zur Folge, dass es eines Gleichgewichtes zwischen Geben und Nehmen bedarf (*Freiling*, 2005, S. 73).

Da die RV, die sich mit interorganisationalen Beziehungen von Unternehmungen auseinandersetzt, andere Netzwerkansätze integriert, trifft sie in vielen Bereichen auf die Netzwerkforschung, die jegliche Formen von Netzwerken zum Gegenstand ihrer Forschung macht; aus diesem Grund kann sie auch als ein (Meta-) Theorierahmen ressourcenorientierter Netzwerkansätze des strategischen Managements gesehen werden (*Duschek*, 2003, S. 11); *Sydow* (2006b, S. 434) erweitert diese Aussage dadurch, indem er Theorieansätze wie bspw. den »Netzwerkansatz« (*Håkansson* und *IMP Project Group*, 1982), die »Netzwerkperspektive« (*Sydow* u. a., 1995), die »social network perspective« (*Gulati*, 1998), oder die »relational view« (*Duschek*, 2002; *Dyer* und *Singh*, 1998; *Zaheer* und *Bell*, 2005) auf eine gemeinsame Basis stellt: Unternehmen gelten nicht mehr als autonome und auf anonymen Märkten agierende Einheiten, sondern müssen als soziale Systeme verstanden werden, die in interorganisationalen Beziehungen eingebettet sind. In den wissenschaftlichen Abhandlungen sind deshalb Begriffe wie »strategische Allianzen«, »virtuelle Unternehmen«, »Netzwerkorganisationen«, »inter- und intraorganisationale Beziehungen«, »Cluster« und dergleichen gebräuchlich (*Stein*, 2005; *Sydow*, 2006b; *Tischer* und *Münderlein*, 2007, S. 88).

### Netzwerktypologien

Netzwerke stellen eine Zwischenform zu Markt und Hierarchie dar (*Morschett*, 2005, S. 380 f.) und werden als »hybride Organisationsformen« bezeichnet (*Wil-

## Strategieperspektiven und ihre Entwicklungslinien

| Markt | Netzwerk | Hierarchie |
|---|---|---|
| Beziehungen ausschließlich transaktionsbezogen | Beziehungen nicht nur transaktionsbezogen | Beziehungen ausschließlich transaktionsbezogen |
| Inhalt: Geld Dienstleistungen, Güter | Inhalt: Beliebig, z. B. Geld, Freundschaft | Inhalt: Geld, Arbeit |
| flüchtig, kurze Dauer | längerfristig | langfristig |
| Governancemechanismus: Preise | Governancemechanismus: Vertrauen | Governancemechanismus: Weisungen |

Tabelle 2.5: Markt, Netzwerk und Hierarchie (*Wald* und *Jansen*, 2007)

*liamson*, 1985). Einerseits ist der Markt die Organisationsform wirtschaftlicher Aktivitäten, in der der Preis als Koordinationsmechanismus dient, andererseits meint Hierarchie die Koordination ökonomischer Handlungen durch Verhaltensregeln übergeordneter Institutionen bzw. der Unternehmensleitung. Tabelle 2.5 zeigt in Anlehnung an die Ausführungen von *Williamson* (1991) die wesentlichen Unterschiede zwischen den drei Strukturen (*Wald* und *Jansen*, 2007, S. 96 f.).

Netzwerke zu typologisieren ist ein schwieriges Unterfangen, da es nahezu unendlich viele Möglichkeiten hierfür gibt (*Sydow*, 2006b, S. 393); eine Klassifizierung stellt allerdings einen notwendigen ersten Schritt dar, um mit dem Begriff »Netzwerk« wissenschaftlich arbeiten zu können.

Unternehmensnetzwerke definieren sich allgemein als eine »*koordinierte Zusammenarbeit zwischen mehreren rechtlich selbständigen und formal unabhängigen Unternehmen*« (*Siebert*, 2006, S. 9). *Sydow* (1992, S. 79) sieht in einem strategischen Netzwerk eine »*[...] auf die Realisierung von Wettbewerbsvorteilen zielende, polyzentrische [...] Organisationsform ökonomischer Aktivitäten zwischen Markt und Hierarchie, die sich durch komplex-reziproke, eher kooperative denn kompetitive und relativ stabile Beziehung zwischen rechtlich selbständigen, wirtschaftlich jedoch zumeist abhängigen Unternehmungen auszeichnet.*«

Ein erster Schritt für eine Kategorisierung von Netzwerken, kann eine Unterscheidung mittels der Kooperationsmerkmale und deren Ausprägungen sein. Kooperationsformen sind somit anhand ihrer Richtung (horizontal, vertikal, diagonal), Ausdehnung (lokal, regional, national, global), der Bindungsintensität (gering, moderat, hoch), ihrer Verbindlichkeit (Absprache, Vertrag, Kapitalbeteiligung), der Zeitdauer (temporär, unbegrenzt), Zielidentität (redistributiv, reziprok) und der kooperierenden Abteilungen nach (Forschung und Entwicklung, Vertrieb, Einkauf, Marketing, Produktion) differenzierbar *Killich*, 2007, S. 18.

*Sydow* u. a. (2003, S. 54 ff.) identifizieren in ihrer konzeptionellen, theoriegeleiteten Typenbildung sozialer Netzwerke mehr als 100 unterschiedliche Kooperationsformen; hierfür wurden Ergebnisse aus der Netzwerkforschung unterschiedlicher Disziplinen (bspw. der Betriebswirtschaftslehre, der Soziologie sowie der Politik- und Regionalwissenschaften) herangezogen, die sich in drei Basiskategorien unterteilen lassen:

*Prozessbezogene Netzwerktypen:* befassen sich mit den Prozessen in Netzwerken, wobei die Entstehung, Steuerung und die Koordination der Netzwerke in den Vordergrund tritt. Als Beispiel werden hierbei hierarchische vs. heterarchische Netzwerke genannt.

*Inhaltsbezogene Netzwerktypen:* schließen Kooperationsformen ein, die den Inhalt von Netzwerken erörtern. Hierfür werden Struktur, Position, Qualität der Beziehung und die Art der Mitgliedschaft als Kriterium für eine Abgrenzung herangezogen. Beispielhaft seien stabile vs. dynamische Netzwerke angeführt.

*Funktionsbezogene Netzwerktypen:* beziehen sich auf jene Netzwerke, die die Funktion zum Gegenstand haben. Als Typologisierungskriterium wird die Wirkungsweise einer Zusammenarbeit herangezogen, bspw. explorative vs. exploitative Netzwerke, die entweder zur Neuentwicklung von Kompetenzen oder zur Verbesserung und Verfeinerung bestehender Produkte, Fähigkeiten, Technologien oder Prozesse eingegangen werden.

Weiters ist es möglich fünf Netzwerktypen anhand der Entwicklungsphase einer Unternehmung abzustufen (*Lechner, Dowling* und *Welpe*, 2006, S. 515 ff.). In diesem Zusammenhang steht die Erkenntnis, dass die wertschöpfende Funktion von Netzwerken nicht ausschließlich durch rein wirtschaftliche Beziehungen zustande kommt, sondern ein »relational mix« – eine Kombination einzelner Beziehungen und Netzwerke – für unterschiedliche Vernetzungskategorien verantwortlich ist; demnach nutzt jede Unternehmung unterschiedliche Arten von Netzwerken entsprechend ihrer Entwicklungsphase:

*Social networks:* basieren auf enge persönliche Beziehungen zu Individuen (bspw. Freunde, Verwandte) und sind vor allem zu Beginn einer wirtschaftlichen Tätigkeit von Bedeutung;

*Reputational networks:* bestehen aus Partnerfirmen, die führend in einem Markt sind, bzw. aus Individuen und Firmen, die Hochachtung genießen und somit die Glaubwürdigkeit der eigenen Unternehmung positiv beeinflussen;

*Marketing information networks:* dienen zum Austausch von Marktinformationen und sind für bereits »branchenetablierte« Unternehmen bedeutend;

*Co-opetition networks:* beschreiben direkte kooperative Beziehungen mit Konkurrenten;

*Co-operative technology networks:* sind Allianzen zur Entwicklung neuer Technologien oder Innovationsprojekten und werden wie *co-opetition networks* zwischen konkurrierenden Organisationen eingerichtet.

*Stauss* und *Bruhn* (2003, S. 7 ff.) differenzieren bei Dienstleistungsnetzwerken zwischen *interorganisationalen* und *intraorganisationalen* Netzwerken, die wie-

## Strategieperspektiven und ihre Entwicklungslinien

```
                          Netzwerktypologien
                         /                  \
              interorganisational        intraorganisational
              /              \              /          \
       polyzentrisch      hierarchisch  polyzentrisch  hierarchisch
        /       \          /       \
  Nachfrage- Anbieter-  Nachfrage- Anbieter-
  initiiert  initiiert  initiiert  initiiert
   |          |          |          |
  strategisch strategisch strategisch strategisch
  operativ   operativ   operativ   operativ
```

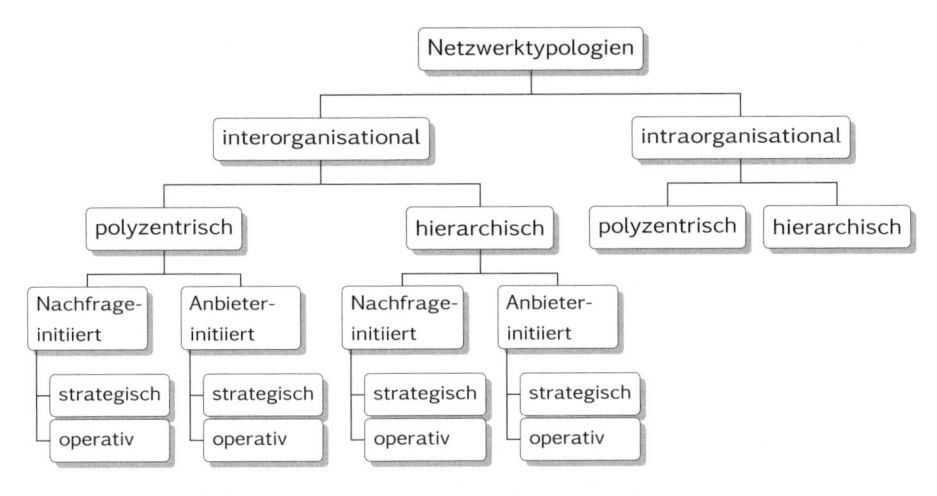

Bild 2.12: Systematisierung von Unternehmensnetzwerken (*Stauss* und *Bruhn*, 2003)

derum in *hierarchische* und *polyzentrische* Netzwerke eingeteilt werden können. Erstere sind von Organisationen geführt, die im Vergleich zu den Partnern in ihrer Größe bedeutender sind, den Zugang zu bestimmten Märkten haben oder aufgrund überlegener Ressourcenausstattung führend sind; polyzentrische Netzwerkstrukturen sind bei Kooperationen gleichbedeutender Partner gegeben, die für meist begrenzte Zeiträume und ohne einer vertraglichen Bindung festgesetzt sind. Interorgansiationale Netzwerke können weiters in *anbieterinitiierte* Zusammenarbeiten – sind vom Anbieter intendiert – und *nachfragerinitiierte* Kooperationen – sind vom Kunden gewollt und vorwiegend im Tourismus vorzufinden – eingeteilt werden (*Benkenstein* und *Zielke*, 2003, S. 405 ff.). Hinzu kommt in dieser Einteilung, dass interorganisationale Netzwerke ihrerseits wieder entweder für *operative*, oder für *strategische* Zwecke eingegangen werden. Bild 2.12 zeigt eine Übersicht der Typen von Dienstleistungsnetzwerken.

Aufgrund globalisierter Märkte erscheint es ebenfalls wichtig, eine Unterscheidung der geografischen Ausdehnung von Netzwerken zu treffen. So können *internationale* strategische Allianzen als eine Form von Zusammenarbeit verstanden werden, die langfristig und meist formalisiert besteht; die Unterschiede zu *nationalen* Kooperationen liegen bspw. in einer größeren kulturellen Distanz zwischen den einzelnen Netzwerkpartnern und auch im gesteigerten Bedürfnis, bei einem Eintritt in fremde Märkte auf komplementäre Ressourcen der lokalen Partner (bspw. Wissen über Markt) zurückgreifen zu können (*Morschett*, 2005, S. 397 f.). *Regionale* Netzwerke hingegen stellen einen Gegentrend zu der Globalisierungstendenz der Märkte dar und zeichnen sich durch die räumliche Nähe ihrer Partner aus (*Schramm-Klein*, 2005, S. 533 ff.). *Porter* (1998, S. 197 f.) spricht in diesem Zusammenhang von regionalen Clustern, worunter geographisch konzentrierte

Unternehmungen und Institutionen zu verstehen sind, die untereinander vernetzt sind: »*Clusters are geografic concentrations of interconnected companies, specialized suppliers, service providers, firms in related industries, and associated institutions (for example universities, standards agencies, and trade associations) that compete but also cooperate.*«

Regionale Netzwerke unterscheiden sich von strategischen vor allem durch eine größere Bedeutsamkeit emergenter Strategie[17] (*Sydow*, 2006b, S. 397). *Porter* (1998, S. 78 f.) unterscheidet hierbei zwei Arten regionaler Cluster:

*vertikale Cluster* , die aus Branchen bestehen, die durch Käufer-Verkäufer-Beziehungen verbunden sind;

*horizontale Cluster* , die Branchen einschließen, die einen gemeinsamen Markt für ihre Produkte und gemeinsame Technologien bzw. Fähigkeiten von Arbeitskräften teilen sowie ähnliche Ressourcen nutzen.

Netzwerke können zudem auf unterschiedlichen Stufen vorgefunden werden, weshalb Beziehungen in Netzwerken stets auf individueller Ebene, auf Ebene von Organisationseinheiten und zwischen Organisationen analysiert werden müssen (*Brass* u. a., 2004, S. 795 ff.): »*We define a network as a set of nodes and the set of ties representing some relationship, or lack of relationship, between the nodes. We refer to the nodes as actors (individuals, work units, or organizations).*«

Überdies ist es wichtig, Netzwerke auf individueller Ebene gemäß der Stärke ihrer Bindungen zu unterscheiden. Diese Einteilung geht auf *Granovetter* (1973, S. 1377 f.) zurück, der »strong« und »weak ties« differenziert. Während erstere starke Bindungen sind, die vor allem in verwandtschaftlichen und freundschaftlichen Verbindungen bestehen, sind zweitere für ein Individuum zu Zwecken der Sozialisation wichtig: Neue Informationen werden vor allem über »weak ties« generiert, da diese zu Knotenpunkten führen, die einem Individuum weniger stark vertraut sind und somit im Informationsgehalt voneinander stärker abweichen.

Für eine detaillierte Übersicht zu weiteren Typisierungsmöglichkeiten wird an die Ausführungen von *Sydow* (2006b, S. 394) verwiesen. Allerdings muss darauf hingewiesen werden, dass es weder allgemein einheitliche Systematisierungsansätze, noch allgemein verwendete Definitionen gibt, andererseits durch neue Kommunikations- und Informationstechnologien neue Formen von Netzwerken entstehen und die Bedeutung von Kooperationen im Allgemeinen ansteigt (*Morschett*, 2005, S. 399).

---

17 im Gegensatz zum *präskriptiven* Ansatz der Strategie zeichnet sich der *emergente* Ansatz durch eine nur unscharfe Bestimmung der Ziele aus, die bei der Umsetzung laufend präzisiert werden; ein emergenter Ansatz entspricht somit mehr einem Prozess, der sich den ändernden Rahmenbedingungen anpasst (*Hinterhuber*, 2004a, S. 58 ff.).

### Voraussetzungen für die Bildung von Netzwerken

Je nach Art der Kooperation variieren auch die Bedingungen, die gegeben sein müssen, damit ein Netzwerk überhaupt entstehen kann. Während auf individueller Ebene bspw. die Ähnlichkeit der Akteure, die Persönlichkeit oder die Organisationsstruktur Einfluss auf die Schaffung von Netzwerken hat, hängt die Kooperation zwischen Einheiten von zwischenmenschlichen Verbindungen, Organisationsprozessen oder funktionalen Beziehungen ab (*Brass* u. a., 2004, S. 795 ff.).

Bei Kooperationen zwischen Unternehmungen spielt vor allem Vertrauen eine große Rolle (*Brass* u. a., 2004; *Das* und *Teng*, 1998; *Duschek*, 2003; *Scott, Baggio* und *Cooper*, 2008, S. 17 f.), da es als Ausgangspunkt für die Investitionsbereitschaft verstanden wird (*Spintig*, 2003, S. 231 ff.). Ein Klima des Vertrauens zu schaffen ist allerdings nicht nur die Aufgabe des Managements, sondern erfolgt auch durch die Mitarbeiter selbst (*Oesterle*, 2005, S. 147 ff.). Um eine Vertrauensbasis zu fördern, werden besonders vier Maßnahmen empfohlen (*Das* und *Teng*, 1998, S. 503 ff.):

1. eine bewusste *Minimierung von Risiken*;
2. die Bewahrung von *Fairness* und Gerechtigkeit im Austausch von Ressourcen;
3. eine offene *Kommunikation* und proaktiver *Informationsaustausch*;
4. die *Anpassung* der eigenen Verhaltensweisen an Partner, Netzwerk und Umwelt.

Da die Führung von Kooperationen wesentlich komplexer als bei hierarchischen Organisationsformen ist, gilt weiters eine Koordination der unterschiedlichen Zielvorstellungen und Interessen als erfolgskritisch (*Zentes, Swoboda* und *Morschett*, 2005, S. 942 ff.). Hinzu kommt, dass Unternehmen von bestimmten Motiven geleitet werden, die sie zu einer Kooperation bewegen; Zugang zu Ressourcen (bspw. Informationen, Zugang zu Märkten, Technologie), das Ausräumen von Unsicherheiten, oder die Erreichung kollektiver Ziele zählen zu den wichtigsten (*Brass* u. a., 2004; *Galaskiewicz*, 1985). Auch ein bestimmtes Maß an Entgrenzungswille und -fähigkeit müssen vorhanden sein, da alte Organisationsstrukturen aufweichen und Unternehmungen zunehmend schwieriger eingegrenzt werden können *Oesterle* (2005, S. 147 ff.).

Zusammenfassend kann gesagt werden, dass das Risiko, dass Netzwerke scheitern, umso größer ist, je

– mehr Partner daran teilnehmen;
– unterschiedlicher die Ziele dieser Partner sind;
– unsicherer die externe Umwelt ist;
– weniger Vertrauen zwischen den Partnern herrscht;
– weniger qualifiziert die Netzwerkpartner sind;
– weniger Informationen von der Netzwerkzentrale weitergegeben werden (*D'Aveni*, 1994; *Zeni, Zehrer* und *Pechlaner*, 2005, S. 102).

Umgekehrt lässt sich nach *Zeni, Zehrer* und *Pechlaner* (2005, S. 102) schließen, dass Netzwerke dann am ehesten erfolgreich sind, wenn es innerhalb eines Netzwerkes wenige Vorurteile gegenüber den Netzwerkpartnern gibt, die Kommunikations- und Informationskosten gegenüber dem erhaltenen Nutzen gering gehalten werden können, die Führung und Kontrolle des Netzwerkes klar bestimmt wurde und die Entwicklung von Kernkompetenzen durch die Zusammenarbeit verstärkt werden kann (Abschnitt 2.2.4 / S. 44).

### Chancen und Risiken durch Netzwerke

Die Netzwerkforschung geht davon aus, dass sich Unternehmenskooperationen in mehrerlei Hinsicht positiv auf das Betriebsergebnis auswirken. Dieser Netzwerkperspektive folgend sind es gerade die relationalen Renten, aus denen ein direkter ökonomischer Nutzen gezogen werden kann. Zwei Typen von Renten werden unterschieden (*Kogut*, 2000, S. 413 f.):

1. *Burt-Renten* sind von instabiler Natur und resultieren aus einer egoistischen, einseitigen Ausnutzung einer Partnerschaft;
2. *Coleman-Renten* sind von Stabilität geprägt und beruhen auf vertrauensvollen Interaktionen von Partnern.

In beiden Fällen handelt es sich um supranormale Gewinne bzw. Renten, die ausschließlich in einem Netzwerk entstehen können. Dauerhafte Wettbewerbsvorteile gehen somit auf beziehungsspezifische Ressourcen, interorganisationale Routinen für den Austausch und die Kombination von Wissen, komplementäre Ressourcen und Kompetenzen sowie eine effektive institutionelle Rahmenordnung der Netzwerksteuerung und -kontrolle zurück (*Duschek* und *Sydow*, 2002; *Dyer* und *Singh*, 1998, S. 662 ff.).

Auch ein größerer Gesamtoutput von Netzwerkunternehmen spiegelt sich im Betriebsergebnis wider. Hierdurch kann einerseits die Marktstellung weiter verbessert werden und andererseits ist es möglich, flexibler auf Schwankungen in Angebot und Nachfrage von Seiten der Lieferanten und Abnehmer zu reagieren, wodurch Risiken in einem Verbund reduziert werden können (*Stahl* und *Eichen*, 2005, S. 17 f.).

Auf individueller Ebene führen Netzwerke dazu, dass bspw. Verhaltensweisen von Personen aneinander angepasst werden oder die Zufriedenheit am Arbeitsplatz gesteigert wird, auf Ebene von Organisationseinheiten und auf Netzwerkebene führen Kooperationen vor allem zu einer Verbesserung des Betriebsergebnisses sowie zu einer Förderung von Innovation und sichern dadurch das Überleben von Organisationen (*Brass* u. a., 2004, S. 797 ff.).

Netzwerke haben dann negative Auswirkungen auf eine Unternehmung, wenn die Abhängigkeit zu den Netzwerkpartnern zu stark wird. Dies kann bei einer einseitigen Beziehung sogar die Existenz einer Organisation bedrohen, da ein zu loser Verbundcharakter von Partnern jederzeit abgebrochen werden kann (*Sydow*, 2006b, S. 404 f.). Hinzu kommt oft opportunistisches Verhalten, da in vertraglich festgehaltenen Abkommen nicht alle Wahrscheinlichkeiten abgedeckt werden können

(*Killich*, 2007, S. 21 f.). Werden Risiken also bewusst externalisiert (d. h. auf Dritte abgewälzt), so können Unternehmungen eine Kooperation auch dazu gebrauchen, um die eigene Verantwortung herabzusetzen; bei hybriden Kooperationsformen hinkt das Rechtssystem in Schadensfällen oftmals nach (*Stahl* und *Eichen*, 2005). Bei polyzentrischen Strukturen kann es zudem zu einer nur teilweisen Beherrschung des Systems kommen, was sich wiederum in Kompetenzverlusten auswirkt (*Sydow*, 2006b, S. 402 ff.).

Die wohl größte Gefahr, die wiederum auf opportunistischem Verhalten beruht und einmal mehr die Wichtigkeit von Vertrauen aufzeigt, liegt im »Outlearning« einer Organisation, wodurch der Verlust der Einzigartigkeit droht (*Hamel*, 1991; *Well*, 2001, S. 149 f.). Da Lernen von den Netzwerkpartnern als primäre Aufgabe angesehen wird und folglich Kooperationen stets »Lern-Wettläufe« sind, müssen Netzwerke stets auch als kompetitive Zusammenarbeiten verstanden werden (*Hamel*, 1991; *Hamel*, *Doz* und *Prahalad*, 1989, S. 88).

Auch kann es bspw. bei Clustern zu einem sog. »Lock-in-Effekt« kommen, bei dem durch eine zu starke Fokussierung auf die lokalen Beziehungen eine gleichzeitige Vernachlässigung von Bindungen zu Organisationen ausserhalb des Netzwerks erfolgt; eine zu starke Spezialisierung kann zudem als Schwachstelle angesehen werden und führt in extremen Fällen zu Unflexibilität (*Schramm-Klein*, 2005, S. 550 f.). Bei einem Aufeinandertreffen mehrerer negativer Faktoren können Netzwerke somit auch nachteilige Auswirkungen auf das Betriebsergebnis haben.

Tabelle 2.6 auf der nächsten Seite zeigt eine zusammenfassende Gegenüberstellung der Chancen und Risiken in Netzwerken.

## Relationale Ressourcen

Die Netzwerktheorie besagt, dass Unternehmungen besonders dadurch ihre Wettbewerbsvorteile ausbauen, indem sie in effizienter Weise Zugang zu Ressourcen bekommen, die nicht unter ihrer Kontrolle stehen (*Watson*, 2006, S. 85 ff.); hinzu kommt noch eine Reihe weiterer Ressourcen, die ganz im Sinne der RBV wertvoll und nicht imitierbar sind (*Gulati*, *Nohria* und *Zaheer*, 2000, S. 207 ff.):

- das Netzwerk *selbst* wird als Ressource im Sinne von sozialem Kapital verstanden;
- der Zugang zu *Schlüsselressourcen* wie bspw. Informationen, Kapital, Dienstleistungen wird gewährleistet;
- die Netzwerk*struktur* ist einzigartig und hat das Potential eine Quelle für Wettbewerbsvorteile zu sein;
- die *Mitgliedschaft* in einem Netzwerk kann zu weiteren Partnern mit zusätzlichen Informationen und Ressourcen führen;
- die *Verbindungsart* zu einem Knotenpunkt stellt per se eine unimitierbare Ressource dar;
- das *Management* eines Netzwerks ist die Folge einzigartiger Fähigkeiten.

| Chancen | Risiken |
|---|---|
| Generierung relationaler Renten | Abhängigkeit von Partnern |
| Größerer Gesamtoutput | Bewusste Abwälzung von Risiken |
| interorganisationales Lernen | Outlearning |
| Steigerung der strategischen Flexibilität | Unflexibilität durch zu starke Spezialisierung |
| Minderung von Risiken | Systembeherrschung nur teilweise möglich |
| Förderung von Innovation | Lock-in-Effekt |
| Senkung des Kapitalbedarfs | Verlust organisationaler Identität |
| Erlangung von neuem Prozesswissen | unkontrollierter Abfluss von Wissen |
| Entwicklung kooperativer Kernkompetenzen | Verlust von Kernkompetenzen |
| Verbesserte Marktstellung | Einbuße strategischer Autonomie |
| *Positive Rückwirkungen auf das Betriebsergebnis* | *Negative Rückwirkungen auf das Betriebsergebnis* |

Tabelle 2.6: Chancen und Risiken durch die Organisation in Netzwerken (in Anlehnung an Sydow, 2006b)

Bei Fähigkeiten, Netzwerkressourcen oder Netzwerkorganisationen spielt die »embeddedness« eine Rolle, die besagt, dass Firmen – gleichwohl wie Fähigkeiten – stets in einem Netzwerk eingebettet sind und es deshalb nicht einfach möglich ist, diese aus ihrer Einbettung zu entnehmen, ohne negative Auswirkungen zu provozieren (*Gulati*, 1998; *Gulati, Nohria* und *Zaheer*, 2000; *Makadok*, 2001, S. 388).

**Kooperative Kernkompetenzen**

Kernkompetenzen sind eine besondere Form von Netzwerkressourcen. Wie bereits in Abschnitt 2.2.2 / S. 28 ausgeführt, können KK nicht nur als Quelle für Netzwerke dienen, sondern sind gleichsam das Ergebnis einer Netzwerkstruktur (*Duschek*, 2001; *Sydow* u. a., 2003, S. 43 ff.). Für Organisationen ist es ratsam, sich aufgrund von Ersparnissen in Kosten und Zeit nicht ausschließlich auf die Nutzung interner (Kern-)Kompetenzen zu beschränken, sondern über eine enge Abstimmung eigene Kompetenzen weiter auszubauen und Kompetenz-Lücken zu kompensieren (*Duschek*, 2001, S. 180). Dies führt zum sog. »Inter-Partner-Learning«, das für Unternehmungen die Optionen eröffnet, entweder temporär KK der Netzwerkpartner zu nutzen, oder aber sich die KK der Partner anzueignen. *Duschek* (2001, S. 177 ff.) spricht in diesem Zusammenhang von »kooperativen Kernkompetenzen«, die entweder als in einzelne Organisationen eingebundene Kernkompetenzen zu verstehen sind, die von der Netzwerkorganisation genutzt werden oder aber durch den Zusammenschluss einzelner Kompetenzen in einem Netzwerk entstehen: »*Im Mittelpunkt dieser Netzwerkbeziehungen steht die kooperative Nutzung der externen*

*Kompetenzen der Technologieunternehmungen [...], [wodurch es gelingt] einerseits fehlende eigene Kompetenzen zu kompensieren sowie andererseits schon vorhandene eigene Kompetenzen weiter auszubauen, die für die Entwicklung innovativer Technologien zwingend benötigt werden. [...] Kooperative Kernkompetenzen sind demzufolge immer zugleich ein Ergebnis von Kooperationen und in Kooperationen eingebundene Kernkompetenzen.«*

Um die Entwicklung von kooperativen KK gewährleisten zu können, bedarf es einer sog. »Kooperationskompetenz«, die – gemäß den Ausführungen in Punkt 1 der folgenden Aufzählung – auch als Synonym zur Bezeichnung der »kooperativen Kernkompetenzen« gesehen werden kann; Kooperationskompetenz, die in der Literatur auch als »relational capability«, Beziehungskompetenz, Netzwerkfähigkeit und dgl. bezeichnet werden (*Sydow*, 2006a), ist somit

1. ein Sammelbegriff für eine Vielzahl von Einzelfähigkeiten,
2. die Lernfähigkeit für Wissenszuwachs bei gleichzeitigem Schutz eigenen Wissens, oder
3. jene Fähigkeit, komplementäre Ressourcen zwischen den Partnern zu erkennen und die einzelnen Leistungsbeiträge zu einem nutzenstiftenden Endprodukt nahtlos zusammenfügen zu können (*Oelsnitz*, 2005, S. 201).

*Cohen* und *Levinthal* (1990) sprechen in diesem Zusammenhang auch von der sog. »absorptive capacity«, die als jene Fähigkeit einer Organisation erklärt werden kann, die zur Aufnahme, Nutzung und Internalisierung von externen Inputgütern dient; Ressourcen werden dadurch als wertvoll erkannt, gebündelt und veredelt, wodurch Wettbewerbsvorteile entstehen.

Während *Duschek* und *Sydow* (2002, S. 428 ff.) die RBV auf der Mikroökonomik gegründet sehen, entstammt die RV der Management- und Organisationsforschung und kann komplementär zum Konzept der KK gesehen werden. Tabelle 2.7 zeigt eine Gegenüberstellung von RBV und KK-Ansatz aus einer klassischen und einer relationalen Sichtweise.

Als Referenzsystem für kooperative Kernkompetenzen wird somit nicht mehr die Unternehmung gesehen, sondern kann bezugnehmend auf den Beitrag von *Duschek* (2001, S. 186) auf das Unternehmensnetzwerk ausgeweitet werden. Auch im Zusammenhang mit Ressourcen und kooperativen KK werden vier Imitationsbarrieren genannt, die die Generierung dauerhafter relationaler Wettbewerbsvorteile favorisieren (*Duschek*, 2004; *Duschek* und *Sydow*, 2002, S. 429 f.):

1. die *wechselseitige Verknüpfung interorganisationaler Ressourcen* beruht auf kumulativen Zuwächsen, die sich im Laufe der Zeit gegenseitig noch verstärken;
2. die gegebene *Knappheit an Partnern*, die über komplementäre Ressourcen und Fähigkeiten verfügen;
3. die *Unteilbarkeit von Ressourcen* macht es unmöglich, Ressourcenvorteile aufrecht zu erhalten und gleichzeitig die beziehungsspezifischen Ressourcen zu trennen;

|  | RBV (Mikroökonomie) | KK-Ansatz (Management- und Organisationsforschung) |
|---|---|---|
| Klassische Sichtweise | - Nutzung strategischer Ressourcen innerhalb einer Unternehmung | - Nutzung von KK als Bündel strategischer Ressourcen innerhalb einer Unternehmung |
| Relationale Sichtweise | - Nutzung strategischer Ressourcen innerhalb einer Unternehmung und eines Netzwerkes<br>- Generierung und Nutzung von Netzwerkressourcen durch Kooperationen | - Nutzung von KK innerhalb eines Unternehmens und eines Netzwerkes<br>- Generierung und Nutzung kooperativer KK durch den Zusammenschluss im Netz |

Tabelle 2.7: Die RBV und der KK-Ansatz in einer klassischen und relationalen Sichtweise (in Anlehnung an *Duschek* und *Sydow*, 2002)

4. als Folge *institutioneller Rahmenbedingungen* sind formelle und informelle Verhaltensregeln anzusehen, wodurch bspw. Vertrauen gefördert und Opportunismus gesenkt wird[18].

### Management von Netzwerken

Die Anwendung klassischer Managementlehren und -werkzeuge auf Netzwerkstrukturen ist vielfach durch die neu entstandenen Gesetzmäßigkeiten nicht möglich, weshalb zusätzlicher Forschungsbedarf besteht. Jene Organisation, die die Führung eines strategischen Netzwerkes[19] übernimmt, wird als »fokales Unternehmen« bzw. »hub firm« bezeichnet (*Sydow*, 1992, S. 80 ff.).

Es können vier zentrale Funktionen des Managements von Netzwerken unterschieden werden (*Sydow*, 2006b, S. 406 ff.):

*Selektion* beschreibt, wer und was in einem Netzwerk aufgenommen werden soll bzw. wer aus einem Netzwerk scheiden muss;

*Allokation* meint, wie Aufgaben und Ressourcen in einem Netzwerk verteilt werden;

*Evaluation* ist die Art, wie die Kosten und der Nutzen erhoben und aufgeteilt werden;

*Regulation* entspricht der Weise, wie Aufgaben erledigt werden.

Auch hängt die Führung von Kooperationen stets vom Typus eines Netzwerkes ab, denn bspw. ist in einem polyzentrischen Netzwerk, in denen homogene

---

[18] vor allem bei »regionalen Netzwerken« ist dies der Fall, wodurch ein Mechanismus von Opportunismusbegrenzung entsteht (*Duschek* und *Sydow*, 2002, S. 429 f.).

[19] der Begriff der »Strategischen Netzwerke« wurde von *Jarillo* (1988) geprägt und bezeichnet jene Kooperationsformen, in der die Zusammenarbeit für mindestens einen Partner von strategischer Bedeutung ist und durch seine Führung ihm andere Partner unterliegen (*Sydow*, 1992, S. 80 ff.).

Teilnehmer und auch häufig Teilnehmer derselben Wertschöpfungsstufe vorzufinden sind, das Konzept des »shared leaderships« vorzufinden ist (*C. Pearce*, 2004, S. 47 f.), während in hierarchischen Netzwerken ein fokales Unternehmen die Koordination übernimmt (*Oelsnitz*, 2005, S. 198). Auch auf individueller Ebene wird auf die Notwendigkeit verwiesen, sog. »boundary spanners« für Führungsaufgaben einzusetzen bzw. grenzübergreifende Führungstätigkeiten auch Teams von Führungskräften zu übertragen (*Narus* und *Anderson*, 1995; *Sydow*, 2006c, S. 264).

*Sydow* (2006b, S. 398) merkt im Zusammenhang mit regionalen Netzwerken an, dass die integrative Kraft der regionalen Kultur und der Institutionen genutzt werden kann, um gemeinsame Strategien auszuarbeiten; das wird vor allem dann notwendig, wenn es keine fokale Unternehmung gibt, was durch die polyzentrische Struktur eines regionalen Netzwerkes oftmals der Fall ist. Dadurch akzeptieren sich die Netzwerkpartner als gleichberechtigt und die Koordination interorganisationaler Zusammenarbeit kann effektiv ablaufen.

Fünf Phasen sind bei der Gestaltung und Führung von Netzwerken entscheidend (*Zentes*, *Swoboda* und *Morschett*, 2005, S. 942)[20]:

*Entscheidung:* Zielsetzungen bzw. Motive werden identifiziert;

*Partnerselektion:* Optimale Kooperationspartner werden gemäß fundamentalen, strategischen und unternehmenskulturellen Fit untersucht;

*Gestaltung:* Individuelle Wünsche werden verhandelt und die Allianz konfiguriert;

*Betrieb:* Im laufenden Betrieb werden Konflikte und Zielabweichungen ersichtlich, die es beizulegen gilt;

*Beendigung:* Einem Lebenszyklus folgend ist der Austritt aus einer Allianz mit der Beendigung der Kooperation verbunden.

Beim Management von Netzwerken wird von bestimmten Kompetenzen gesprochen, die auf *organisationaler* wie auch auf *individueller* Ebene vorliegen sollten: Mit einer »Managementkompetenz« von Netzwerken ist in der Regel eine *»(inter-)organisationale als auch eine (inter-)personale Fähigkeit angesprochen, die vor allem aufgrund von Erfahrungen entsteht, aber auch durch entsprechende Institutionen gefördert werden kann«*; es gilt ein Gleichgewicht zu schaffen zwischen Autonomie und Abhängigkeit, Vertrauen und Kontrolle, Kooperation und Wettbewerb, Flexibilität und Spezifizität, Vielfalt und Einheit, Stabilität und Fragilität, Formalität und Informalität und zwischen ökonomischem Handeln und Herrschaftssicherung (*Sydow*, 2006b, S. 416 ff.).

Im Bezug auf kooperative Kernkompetenzen und der Verknüpfung der internen und externen Kompetenzen schlägt *Duschek* (2001, S. 185 ff.) die Einführung eines Netzwerkmanagements und strategisch geführter Projektlenkungsausschüsse vor, die das Herzstück für die Entstehung kooperativer Kernkompetenzen darstellen.

---

20 für eine detaillierte Übersicht über weitere Phasenmodelle siehe *Zentes*, *Swoboda* und *Morschett* (2005, S. 941 f.).

## Perspektiven im Strategischen Management

```
┌─Interne Analyse─┐      ┌─Externe Analyse─┐
│    Stärken      │      │    Chancen      │
│      ⇅          │ ⇄    │      ⇅          │
│    Schwächen    │      │    Gefahren     │
└─Ressourceorientierung─┘└─Marktattraktivität─┘
```

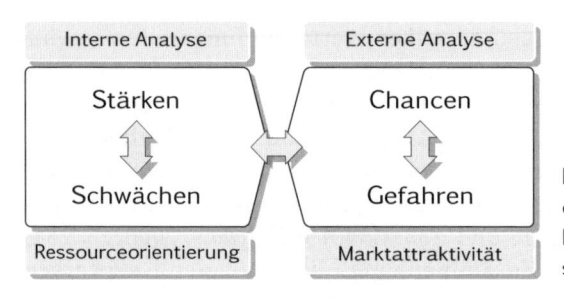

Bild 2.13: Stärken, Schwächen, Chancen und Risiken in Beziehung zu Marktattraktivität und ressourcenbasierter Sichtweise (*Barney*, 1991)

Es handelt sich dabei um Treffen, die in regelmäßigen Abständen stattfinden sollen und wo externe Kompetenzquellen den internen Kompetenzenrekursionen hinzugefügt werden; gleichzeitig sind sie Ort für die Bündelung der externen und internen Kompetenzen und stellen ein koordinatives Steuerungs- und Kontrollzentrum aller Kompetenzrekursionen dar. *Duschek* (2001, S. 183 ff.) versteht unter den »internen Kompetenzrekursionen« einen dauerhaft fortgeführten und offenen Organisationsprozess, der durch beständige Rückkopplungsschleifen und zahlreichen Entwicklungsstufen in der Verknüpfung kooperativer Kompetenzen entsteht: Jeder teilnehmende Partner bringt dadurch seine Kompetenzen ein, bspw. das Erfahrungswissen von Praktikern, Ingenieuren und Managern eines Netzwerkes in einem Flughafenbetrieb.

Voraussetzung für ein Funktionieren der Kompetenzrekursionen ist das Vorhandensein von Kooperationskompetenz, im Sinne einer Erkennung und Bündelung einzelner Kompetenzen und Ressourcen (*Oelsnitz*, 2005, S. 201)

### 2.2.5 Stellenwert der Strategiesichtweisen und Ausblick

Sowohl marktorientierte Sichtweise, wie auch die ressourcenorientierten Perspektiven haben eine bedeutende Rolle im Strategischen Management eingenommen: Organisationen müssen für die Strategieformulierung sowohl Markt als auch Ressourcen berücksichtigen, weshalb sowohl eine externe, wie auch eine interne Analyse erfolgen muss, um erfolgreich sein zu können. Bild 2.13 zeigt die Beziehung zwischen interner/externer Analyse und der Ressourcenorientierung bzw. der Marktattraktivität, woraus Stärken, Schwächen, Chancen und Risiken einer Organisation ersichtlich sind (*Barney*, 1991, S. 99 f.).

Es hängt allerdings von den Zielsetzungen einer Organisation ab, welche Sichtweise zum Aufbau von Wettbewerbsvorteilen angewandt wird (*Hitt*, *Hoskisson* und *Ireland*, 2007, S. 19). Welcher der beiden Perspektiven die größere Bedeutung beigemessen werden muss, lässt sich gleichsam nur schwer ermitteln, denn bis heute ist nicht geklärt, welche der oben angeführten Sichtweisen eine bedeutendere Rolle für die Strategieformulierung spielt. Nichtsdestotrotz kommen zahlreiche Autoren und Studien zum Schluss, dass den Ressourcen, Fähigkeiten und Kernkompetenzen einer Organisation eine größere Bedeutung für den Erfolg von Unternehmungen zuteil wird (*Barney*, 2001; *Grant*, 1991; *Hall*, 1992; *Miller*, 2003, S. 961 ff.).

Die drei wichtigsten empirischen Studien zur Relevanz von Branchenstruktur bzw. zu den Auswirkungen der Ressourcen auf das Betriebsergebnis einer Unternehmung folgern, dass die Branchenkräfte zu einem geringeren Prozentsatz zur Profitabilität einer Organisation beiträgt als die internen Faktoren einer Organisation (*Johnson*, *Scholes* und *Whittington*, 2008, S. 84): Während *McGahan* und *Porter* (1997, S. 29) den Beitrag zur Profitabilität durch die Branche mit 19 % und durch die Unternehmung selbst mit 31 % beziffern, ermittelt *Rumelt* (1991, S. 167 ff.) in weiteren Studien bereits einen Beitrag von 7 % bzw. 47 % und *Hawawini*, *Subramanian* und *Verdin* (2003, S. 1 ff.) ein Verhältnis von 8 % zu 36 %; in allen drei Studien werden 50 % des Unternehmenserfolges durch andere Effekte erklärt.

Zum selben Schluss kommen auch *Bailom*, *Matzler* und *Tschemernjak* (2006, S. 50 ff.), die im IMP-Modell die Einflussfaktoren für den Erfolg einer Unternehmung darstellen. Auch darin wird nicht die Struktur des Marktes, die Attraktivität der Branche oder die Spielregeln innerhalb einer Branche als entscheidend für den Unternehmenserfolg angesehen, vielmehr sind es die Faktoren im Inneren einer Unternehmung, wie bspw. die Innovationsfähigkeit, Kernkompetenzen oder das Wissen über Marktmechanismen.

Abschließend kann gesagt werden, dass beide Sichtweisen als wichtige Perspektiven im Strategischen Management gewürdigt werden müssen, da sie beträchtliche Impulse für die Erforschung der Quellen langfristiger Wettbewerbsvorteile geliefert haben und sich daraus eine Vielzahl weiterer Strategiesichtweisen entwickelt haben. Die MBV, die aus den Theorien der Industrieökonomik entspringt, kann einerseits als Antithese zur RBV aufgefasst werden und andererseits als Grundlage für eine Entwicklung einer RBV (*Schreyögg*, 2000, S. 485 f.). Die ressourcenorientierte Theorie findet in der Strategie- und Managementliteratur als ein maßgebender Bezugsrahmen somit breite Anerkennung: »*At present, the resource based view of the firm is perhaps the most influential framework for understanding strategic management*« (*Barney*, *Wright* und *Ketchen*, 2001, S. 625).

### Forschungsempfehlungen zur relationalen Sichtweise

Empfehlungen für zukünftige Forschungen in dem Bereich der Netzwerke sprechen davon, dem Individuum, der Gruppe und einzelnen organisationalen Subsystemen mehr Geltung zu verschaffen; vor allem muss in der Netzwerkforschung auch auf die unterschiedlichen Ebenen von Netzwerken und deren Vorbedingungen für ein Funktionieren eingegangen werden. Auch im Management von Netzwerken bestehen weitere Forschungslücken, bspw. welche Anforderungen an die Führung von Kooperationsnetzwerken gestellt werden (*Sydow*, 2006b, S. 433 ff.).

Weiterer Forschungsbedarf wird allgemein im Bereich der kooperativen Kernkompetenzen gesehen und im Speziellen bspw. darin, ob es bei der Entstehung von Kooperationskompetenzen stets ein koordinativ-steuerndes Kompetenzzentrum braucht, oder ob dies bei Netzwerkorganisationen in gut funktionierenden Branchen, die seit jeher durch eine Abstimmung mit Kunden und Herstellern gekennzeichnet sind, immer schon gängige Praxis war (*Duschek*, 2001, S. 187 f.).

*Sydow* (2006b, S. 434) schließt damit, dass trotz der »[...] *theoretischen und methodischen Vielfalt an wissenschaftlicher Forschung und einem sich in vielen Richtungen abzeichnenden Forschungsfortschritt, [...] die Netzwerkorganisation immer noch ein weitgehend unbekanntes Wesen [ist].*«

# 3 Management von Destinationen

Im folgenden Kapitel 3 werden wesentliche Themen des Destinationsmanagements abgehandelt und die gebräuchlichen Begriffe näher erklärt. Zusätzlich zur Anwendung der Strategiesichtweisen auf Destinationen (wie bspw. der MBV, RBV), folgt eine Beschreibung unterschiedlicher Netzwerkmodelle.

## 3.1 Einführung in die Tourismuslehre

Für eine erste Definition von »Tourismus«, die zum Zwecke einer Einführung dienen soll, kann die oftmals verwendete Begriffsbestimmung der *Welthandelsorganisation* (WTO) angeführt werden (*Freyer*, 2006, S. 2 f.): »*Tourismus umfasst die Aktivitäten von Personen, die an Orte außerhalb ihrer gewohnten Umgebung reisen und sich dort zu Freizeit-, Geschäfts- oder bestimmten anderen Zwecken nicht länger als ein Jahr ohne Unterbrechung aufhalten.*« Demzufolge können die elementaren Aspekte einer Definition von Tourismus anhand der drei folgenden Punkte genannt werden:

1. der *Ortswechsel* von Personen geht über den üblichen Aufenthaltsort hinaus und führt durch die Nutzung von Transportmitteln zu einem »fremden« Ort;
2. der *Aufenthalt* an diesem Ort (Unterkunft erfolgt dabei in der Regel in Hotels bzw. ähnlichen Betrieben, oder Privatunterkünften) wird mit der Absicht angetreten, nach ein paar Stunden, Tagen, Wochen oder Monaten zurückzukehren;
3. die *Motive* eines Ortswechsels, die Frage nach dem »warum« ist entscheidend für den Antritt einer Reise.

ad1 Bei der Definition durch die WTO stellt sich die Problematik, ob Tagesbesucher bzw. Inlandtouristen mit in eine solche Definition fallen, da sich das »gewohnte Lebensumfeld« nur schwer eingrenzen lässt; nach *Bieger* (2004, S. 35) kann dieser durch die Häufigkeit des Besuches (wird der Ort jede Woche aufgesucht, kann er eher als »gewohnte« Umgebung definiert werden), die Reisedistanz (je weiter entfernt die Zielregion, desto weniger handelt es sich um die normale Umgebung) und die Reisedauer (je länger der Aufenthalt dauert, desto eher handelt es sich um das gewohnte Umfeld) näher erklärt werden.

ad2 Aus heutiger Sicht müssen auch jene Personen als Touristen bezeichnet werden, die sich auch ohne Übernachtung an einem anderen Ort aufhalten, bspw. durch einen Flug zum Einkaufen in ein anderes Land; auch ist eine Vermischung von touristischer Nutzung und Nutzung in der Freizeit von bestimmten Infrastrukturen zu beobachten (*Bieger*, 2008, S. 2).

ad3 Tourismus muss bereichsübergreifend erfasst werden, d. h. nicht nur als Wirtschaftszweig, sondern als eine Einheit aus Menschen, ihrem Verhalten und den Wirkungen außerhalb der normalen Umgebung (*Bieger*, 2008, S. 2 f.).

Dabei spielen die Motivation der Reisenden eine übergeordnete Rolle; demnach ist zu klären, ob eine Reise aufgrund geschäftlicher Tätigkeiten, für die eigene Gesundheit, als Urlaub oder Erholung oder bspw. für Studien- oder Arbeitsaufenthalt erfolgt (*Freyer*, 2006, S. 3 f.).

Aufgrund der Fülle von Möglichkeiten einer Abgrenzung und von Versuchen, »Tourismus« als Begriff zu definieren, ist eine eindeutige Begriffsbestimmung nicht möglich, da »*Tourismus vielmehr [als] vielschichtiges Phänomen mit einer Vielzahl von Erscheinungsformen*« verstanden werden muss (*Bieger*, 2008, S. 4). Für die vorliegende Arbeit wird auf die Begriffsbestimmung in Definition 3.1, in Anlehnung auf die Ausführungen von *Goeldner* und *Ritchie* (2009, S. 6), verwiesen, die wichtige und zunehmend wichtigere Aspekte des Tourismus, wie bspw. die einheimische Bevölkerung, mit einschließt.

**Definition 3.1 (Tourismus)** *Tourismus wird definiert als die Gesamtheit von Prozessen, Aktivitäten und Ergebnissen, die die Beziehung zwischen sowie die Interaktion von und mit Touristen, der touristischen Angebotsseite, der einheimischen Bevölkerung und der umliegenden Umwelt regelt, mit dem Ziel Gäste anzuziehen und zu betreuen.*

Ähnlich einer Markt- und Unternehmens-Analyse im Strategischen Management, kann auch der Tourismus in einer Destination nach den internen und externen Rahmenbedingungen analysiert werden. In den folgenden Unterkapiteln wird eine nachfrage- sowie eine angebotsseitige Darstellung vorgenommen.

### 3.1.1 Nachfrageseite im Tourismus

Es gibt eine Vielzahl an Einflussfaktoren auf die touristische Nachfrage nach Beherbergung, Verpflegung, Beförderung, Vermittlungsleistungen, Reiseleitung und weiteren komplementären Produkten und DL, die *Gesellschaft* (mit ihren Werten und Normen, der Gesellschaftsordnung und Sozialstruktur), das *Individuum* (bspw. Grundbedürfnisse, Neugier, Einsamkeit), den *Staat* (Gesetzgebung, Devisenvorschriften, politischen Beziehungen), die *Anbieter* (Preis, Leistung, Produkte), die *Wirtschaft* (gesamtwirtschaftliche Entwicklung, Handelsabkommen, Einkommen) und die *Umwelt* (Klima, Landschaft, Ökologie, *Freyer*, 2006, S. 68). Abschnitt 3.1.3 / S. 61 nimmt ausführlicheren Bezug auf die Einflussfaktoren und Trends im Tourismus.

Es gibt zahlreiche Möglichkeiten, die Nachfrage im Tourismus einzuteilen; hierzu dienen die äußere Erscheinung, die Verhaltensweisen oder die Motivation der Touristen, die je nach Kriterium mehr oder weniger sichtbar sind. Segmentierungskriterien (Abschnitt 4.2.1 / S. 104) folgen nach *Freyer* (2006, S. 88 f.) vor allem demographischen, verhaltensorientierten und psychographischen Aspekten. Demzufolge kann eine Vielzahl an Tourismusformen und -arten unterschieden werden, eine Auswahl davon sind in Tabelle 3.1a und Tabelle 3.1b auf Seite 54 aufgelistet.

Einführung in die Tourismuslehre

|  | Tourismusarten und -formen |
|---|---|
| Alter | Kinder-, Jugend-, Seniorentourismus |
| Geschlecht | Frauenreisen, Männertouren |
| Familienstand, Haushaltsgröße | Single-, Familientourismus (mit/ohne Kinder), speziell: Hochzeitsreisen/-tourismus |
| Einkommen | Sozial-, Luxustourismus |
| Ausbildung | Arbeiter-, Studenten-, Akademiker-, Arbeitslosentourismus |
| Beruf | Beamten-, Politiker-, Diplomaten-, Hausfrauentourismus |
| Wohnort | Inländer-, Ausländertourismus; Nah-, Ferntourismus; Stadt-, Landbewohnertourismus |

Tabelle 3.1a: Demografische Merkmale des Tourismus (*Freyer*, 2006)

Vor allem aus dem Marketingbereich ist eine Einteilung der Konsumenten in Typen bzw. Lebensstil-Typen bekannt, anhand derer für einzelne Gruppen Marketingaktivitäten ausgearbeitet und umgesetzt werden können; eindimensionale Typen sind bspw. nach den Urlaubstypen eingeteilt (in Abenteuerurlauber, Bildungs- und Besichtigungsurlauber, ferne- und flirtorientierter Erlebnisurlauber, Sonne-, Sand- und Seeorientierter Erholungsurlauber, Wald- und wanderorientierter Berg- bzw. Sporturlauber), bei mehrdimensionalen Lebensstil-Typen wird vom allgemeinen Konsum- und Lebensstil auf das Reiseverhalten geschlossen (bspw. können Konsumenten in aktive Genießer, Trendsensible, familiäre und Nur-Erholer-Typen eingeteilt werden, *ADAC*, 1989 und *Hahn*, 1974 zitiert nach *Freyer*, 2006, S. 91 ff.)[1].

Kontinuierlich entstehen neue Tourismusformen und -arten, die als Folge von Nachfragetrends auch und vor allem in Internetblogs diskutiert werden: So listet bspw. das Blog *Hubpages* (2008) unter dem Sammelbegriff »adjectival tourism« mehr als 100 verschiedene Tourismusformen auf, die sich durch Adjektive bzw. Präfixe voneinander abstufen und neue wie alte Reiseformen auflisten. Als ein neues Geschäftsfeld für touristische Anbieter werden sich bspw. Reisen in den Weltraum eröffnen (vgl. auch *Goeldner* und *Ritchie*, 2009, S. 581 f.).

**Motive und Motivation**

In der Regel wird die Nachfrage im Tourismus bzw. die Touristen selbst durch ihre Motivation für den Antritt ihrer Reise in Gruppen gegliedert, wobei es dabei unterschiedlich wichtige Motive gibt, die in primäre und sekundäre Motive eingeordnet werden können: »*Travellers have multiple motives in their pattern of needs even though one category of needs may be more dominant*« (*Goeldner* und *Ritchie*, 2009, S. 259 ff.). Je besser allerdings die verschiedenen Anbieter von Tourismusleistungen

---

[1] für weiterführende Erläuterungen zu den Urlauber- und Lifestyletypologien siehe bspw. *Opaschowski* (1993, S. 175 ff.), *Matzler, Hattenberger* und *Pechlaner* (2004), *Freyer* (2006, S. 93) oder *Matzler, Füller* und *Faullant* (2007, S. 409 ff.).

Management von Destinationen

| | Tourismusarten und -formen |
|---|---|
| Verkehrsmittel | PKW-, Flug-, Bahn-, Bus-, Rad-Tourismus |
| Buchungsverhalten | Individual-, Teilpauschal-, Vollpauschaltourismus |
| Reiseziel | Inlands-, Auslands-, Fernreise-, See-, Mittelgebirgs-, Bergtourismus |
| Reisedauer | Ausflugs-, Kurzreise-, Wochenend-, Urlaubs-, Langzeittourismus |
| Reisepreis | Billig-, Luxus-, Exklusivtourismus, »Massentourismus« (durchschnittlicher Preis) |
| Reiseklasse | First-Class-, Normal(tarif)-, Spar(tarif)tourismus |
| Reisezeit | Sommer-, Winter-; Hochsaison-, Nebensaisontourismus |
| Reisegepäck | Rucksack-, Aktentaschen-, Koffertourismus |
| Unterkunft | Camping-, Bauernhof-, Pensions-, Hoteltourismus |
| Zahl der Reisenden | Einzel-, Single-, Familien-, Club-, Gruppentourismus |
| Aktivitäten | Sport-, Erholungs-, Besichtigungs-, Geschäfts-, Fortbildungs-Tourismus |
| Anlass | Einladungs-, Besuchs-, Krankheitstourismus; Aussteiger-, Alternativ-Tourist |
| Motive | Erholungs-, Kur-, Gesundheits-, Kultur-, Bildungs-, Besuchsreisen-, Geschäfts-, Aktiv-, Politik-Tourismus |

Tabelle 3.1b: Verhaltensorientierte Merkmale des Tourismus (*Freyer*, 2006)

ihre Urlauber, Motive und Verhaltensweisen kennen, desto besser können sie ihr Angebot entsprechend zuschneiden und die für sie wichtige Kundengruppe gezielt umwerben (*Freyer*, 2006, S. 90).

In Anlehnung an die »Bedürfnispyramide« von *Maslow* (1946) werden auch die Bedürfnisse von Touristen hierarchisch angeordnet, wobei das Grundbedürfnis der Selbstverwirklichung (bspw. Individualität) die höchste Stufe bildet, gefolgt von sozialer Wertschätzung (bspw. Wohlstand), sozialen Beziehungen (bspw. Partnerschaft), Sicherheit (bspw. Recht und Ordnung) und körperlichen Bedürfnissen (bspw. Nahrung). *Freyer* (2006, S. 73) ordnet den jeweiligen Stufen in der Pyramide beispielhaft die touristischen Motive »frei sein, tun und lassen, was man will« (Entwicklungsbedürfnisse), »Sport und Bewegung« (Wertschätzungsbedürfnisse), »Kommunikation mit Freunden und Bekannten« (soziale Bedürfnisse), »andere Länder entdecken« (Sicherheitsbedürfnisse) oder »Sonne und reine Luft« (Grundbedürfnisse) zu. Tabelle 3.2 zeigt eine mögliche Einteilung des Tourismus anhand der unterschiedlichen Motive und Motivationen der Touristen.

Darauf aufbauende Modelle für die Motivation von Touristen versuchen vielmehr die Fragen nach den Gründen für den Antritt einer Reise bzw. den Besuch einer bestimmten Destination darzustellen (*Goeldner* und *Ritchie*, 2009, S. 263). In den Abschnitten 4.2.1 / S. 106 und 4.2.2 / S. 115 werden unterschiedliche Anschauungen motivationsbasierter Segmentierungen dargelegt. Für weiterreichende

| Tourismusform | Motive / Motivation |
|---|---|
| Erholungstourismus | - Nah- und Ferienerholung zur physischen und psychischen Regeneration<br>- Kurerholung zur Herstellung psychischer und körperlicher Heilung |
| Kulturorientierter Tourismus | - Bildungstourismus (Kennenlernen anderer Kulturen und Sitten)<br>- Alternativtourismus (Kennenlernen des Lebens anderer Menschen in ihrem Wohnumfeld)<br>- Wallfahrtstourismus |
| Gesellschaftsorientierter Tourismus | - Verwandtentourismus<br>- Klubtourismus (Integration des Feriengastes in der Gruppe) |
| Sporttourismus | - aktiver und passiver Sport |
| Wirtschaftsorientierter Tourismus | - Geschäftstourismus<br>- Kongresstourismus<br>- Ausstellungs- und Messetourismus<br>- Incentivetourismus |
| Politikorientierter Tourismus | - Diplomaten- und Konferenztourismus<br>- Tourismus in Zusammenhang mit politischen Veranstaltungen |

Tabelle 3.2: Tourismusformen und Motive (*Kaspar*, 1991)

Ausführungen zur allgemeinen Tourismus- und Motivationspsychologie wird auf die Beiträge von *Krauß* (1993, S. 85) oder *Braun* (1993, S. 199 ff.) verwiesen.

### 3.1.2 Angebotsseite im Tourismus

Zwar kann eine angebotsseitige Definition von Tourismus – im Gegensatz zur nachfrageorientierten – für Zwecke der Operationalisierung einfacher verwendet werden, findet aber weniger oft Verwendung (*Bieger*, 2004, S. 35). Jene Branchen im Tourismus, die in einem stärkeren Maße von der Nachfrage resp. von Touristen abhängig sind, als andere, können als die Tourismusbranche im engeren Sinn bezeichnet werden (*Bieger*, 2008, S. 3): Der Anteil der touristischen Einnahmen sinkt mit einer abnehmenden Bedeutung des Tourismus für die jeweilige Unternehmung. Bspw. ist die Bedeutung des Tourismus für Hotels, Fluggesellschaften und touristischen Transportanlagen gemessen an den touristischen Einnahmen höher als für Restaurants und Unterhaltungsangeboten.

Das touristische Angebot (Beherbergung, Verpflegung, Beförderung, Vermittlungsleistung, Reiseleitung, komplementäre Produkte und DL) wird wie auch die Nachfrage von sechs Einflussfaktoren bestimmt, vom *Betrieb/Unternehmer* (bspw. durch den Profittrieb, Innovationsbereitschaft, Produktionskosten), dem *Staat* (Gesetzgebung, politische und wirtschaftliche Beziehungen), den *Nachfragern* (Motive,

Trends, Geschmack), der *Wirtschaft* (Verteilung der Ressourcen, Transportkosten, Infrastruktur), der *Umwelt* (Klima, geografische Lage, Tier- und Pflanzenwelt) und der *Gesellschaft* (Werte und Normen, Sozialstruktur, hulturhistorisches Angebot, *Freyer*, 2006, S. 122 ff.).

### Touristische Destinationen

Der Tourist konsumiert ab Antritt seiner Reise ein Bündel an unterschiedlichen Leistungen; sucht sich ein Gast ein Reiseziel aus, so vergleicht er diese Leistungsbündel miteinander, die in Anlehnung an *Kotler* u. a. (2007) in ein *Kernprodukt* (der tiefer liegende Nutzen eines Produktes, bspw. ein Sporterlebnis oder die gemeinsame Zeit mit Freunden), *formales Produkt* (das physische Produkt in Form der Infrastrukturen, bspw. Sport- und Unterhaltungsinfrastrukturen) und *erweitertes Produkt* (Zusatzleistungen, die dem Tourist durch bspw. Stammkundenkarten oder Bonussystemen geboten werden) unterteilt wird (*Bieger*, 2008, S. 18 f.). Das »Produkt« touristischer Destinationen ist somit eine Dienstleistung, weshalb erstens die Eigenschaften von DL-Produkten (Abschnitt 3.1.2 / S. 57) und zweitens das Zusammenspiel der an der Leistungserstellung beteiligten Akteure (Abschnitt 3.1.2 / S. 58) berücksichtigt werden müssen.

Eine Destination ist nach *Bieger* (2008, S. 56) jene Einheit, in der dieses Zusammenspiel in der Erstellung der DL geschieht und wird wie in Begriffsbestimmung 3.2 definiert.

**Definition 3.2 (Destination)** *Geographischer Raum (Ort, Region, Weiler), den der jeweilige Gast (oder ein Gästesegment) als Reiseziel auswählt. Sie enthält sämtliche für einen Aufenthalt notwendigen Einrichtungen für Beherbergung, Verpflegung, Unterhaltung/Beschäftigung. Sie ist damit die Wettbewerbseinheit im Incoming Tourismus, die als strategische Geschäftseinheit geführt werden muss.*

Abhängig von der Entfernung des Herkunftslandes hängt der Begriff der Destination stets von einem geografischen Kontext ab, weshalb Hotels, Resorts, ein Bezirk, eine Region, ein ganzes Land/eine Nation oder auch Kontinente als solche definiert werden können (*Bieger*, 2008; *Freyer*, 2006; *Sainaghi*, 2006, S. 1054). *Freyer* (2004, S. 23) sieht daneben noch weitere Möglichkeiten einer Abgrenzung in der Größe (Kontinent, Länder, Regionen, Städte, Gemeinden, Orte), in geografischen Aspekten (Klimazonen, Landschaftsformen, Besiedelungsstruktur), in der touristischen Angebotsart (Natur, Kultur, Infrastruktur, immaterielle Aspekte) und nach der Trägerschaft und Rechtsform (Vereine, Verbände, Körperschaften).

Eine ganzheitliche Sichtweise, nämliche jene aus einer Angebots- und aus einer Nachfrage-Perspektive, ist notwendig, um eine Destination als eine Partnerschaft zwischen einem geografischen Raum, in dem es ein System von Attraktionen einerseits und ein Bündel aus Touristen-Segmenten auf der anderen Seite, gibt; *Sainaghi* (2006, S. 1054) bezeichnet einen solchen Raum als touristischen Bezirk (»tourist district«), worin er folgende Elemente als charakteristisch erachtet:

1. einen definierten *geographischen Raum*;
2. eine bestimmte *Anzahl von KMUs* kleine und mittlere Unternehmen (KMU);
3. eine *gemeinsame Kultur*.

Zudem ist ein horizontal organisiertes Produktionsnetz vorhanden, da der Kunde an einem vielfältigen Produkt (unterschiedliche Angebote) interessiert ist, die von einer Vielzahl an beteiligten Unternehmungen und Akteuren bereitgestellt werden (*Sainaghi*, 2004, S. 28 ff.). Da eine vertikale Produktionsstruktur nicht vorhanden ist, ist es entweder der Kunde, der die unterschiedlichen Produkte zusammenfügt, ein Zwischenhändler durch die Bereitstellung von Paketen, oder Organisationen, die innerhalb eines Districts arbeiten (bspw. Vereinigungen, Konsortien oder Tourismusorganisationen, *Sainaghi*, 2006, S. 1054).

Bevor auf die beteiligten Akteure einer Dienstleistungskette von Destinationen in Abschnitt 3.1.2 / S. 58 und auf die Destination aus Netzwerksicht in Abschnitt 3.2.3 / S. 76 eingegangen wird, bedarf es einer Konkretisierung des Begriffes der Dienstleistungen.

### Besonderheiten von touristischen Dienstleistungen

Ein touristisches Produkt zeichnet sich durch seinen Dienstleistungs-Charakter aus, den spezielle Eigenschaften kennzeichnen (*Benkenstein* und *Zielke*, 2003; *Fitzsimmons* und *Fitzsimmons*, 2008; *Freyer*, 2006; *Meffert* und *Bruhn*, 2009, S. 18 ff.):

- touristische Produkte sind durch ihre *Intangibilität* (Immaterialität) geprägt;
- *Produktion und Konsum* der Dienstleistung fallen zeitlich zusammen (uno actu-Prinzip); dadurch erfolgt der Verbrauch der DL am Ort der Leistungserstellung und es kommt zum Kontakt zwischen Produzenten und Konsumenten;
- Dienstleistungen sind nicht lagerungsfähig und deshalb durch *Vergänglichkeit* geprägt;
- hohe Risiken/Kosten müssen bei *Kapazitätsschwankungen* eingegangen werden;
- die Schwierigkeit, die *Bedürfnisse der Kunden* und ihre Präferenzen vorauszusagen;
- die Herstellung der touristischen Produkte reagiert sensibel auf einen Anstieg der Preise für ihre Einsatzfaktoren, bspw. Arbeitskräfte.

Diese Charakteristika von Dienstleistungen haben Auswirkungen auf Kosten, Produktivität und Innovation: Unsicherheit aufgrund der Qualität beim Erwerb von Tourismusprodukten machen alle DL zu sog. »experience goods« (Erlebnisgüter) bzw. »credence goods« (Vertrauensgüter); diese sind – im Gegensatz zu »search goods« (Suchgüter, dessen Eigenschaften bereits vor dem Erwerb vom Kunden eingeschätzt werden können) – Güter, deren Nutzen im ersten Fall erst während des Konsums, im zweiten Fall weder vor noch nach dem Konsum beurteilt werden können (*Nelson*, 1970; *Pine* und *Gilmore*, 2000, S. 311 ff.). Je weniger komplex also DL-Produkte sind und je mehr standardisiert, desto mehr werden sie zu »search goods«, da sie einfacher vergleichbar sind, womit auch Preisunterschiede in den Entscheidungen der Touristen wichtiger werden; auf der anderen Seite werden DL-ProdukteDienstleistung (DL) dann zu »experience-« oder »credence«-Gütern, wenn sie mit individuellen Erfahrungen bzw. Emotionen verbunden werden (*Pine* und *Gilmore*, 2000; *Zeithaml* und *Bitner*, 1996, S. 57 ff.).

Eine gleichzeitige Produktion und Konsumation hat auch zur Folge, dass DL-Produkte nicht lagerfähig sind und es deshalb einer genauen Abstimmung zwischen der Nachfrage und der Produktionsfähigkeit der Unternehmen bedarf; im Gegensatz zu tangiblen Gütern, die bei einer fehlerhaften Produktion ausgetauscht oder verbessert werden, müssen DL am selben Ort der Konsumation zum ersten Mal produziert werden; im Gegensatz zum verarbeitenden Gewerbe, wo Nachfrageschwankungen durch Vorräte kompensiert werden können, ist es im Tourismus nicht möglich, ungenutzte Unterkünfte, Transportmittel oder Flugtickets zu lagern (*Fitzsimmons* und *Fitzsimmons*, 2008, S. 18 ff.).

Für den weiteren Gebrauch werden Dienstleistungen wie in Definition 3.3 bestimmt (*Meffert* und *Bruhn*, 2009, S. 19).

**Definition 3.3 (Dienstleistungen)** *Dienstleistungen sind selbständige, marktfähige Leistungen, die mit der Bereitstellung und/oder dem Einsatz von Leistungsfähigkeiten verbunden sind (Potenzialorientierung). Interne und externe Faktoren (also solche, die nicht im Einflussbereich des Dienstleisters liegen) werden im Rahmen des Erstellungsprozesses kombiniert (Prozessorientierung). Die Faktorkombination des Dienstleistungsanbieters wird mit dem Ziel eingesetzt, an den externen Faktoren, an Menschen oder deren Objekten nutzenstiftende Wirkungen zu erzielen (Ergebnisorientierung).*

### Die Tourismus-Dienstleistungskette

Um nun eine touristische Dienstleistung bereitzustellen, bedarf es des Zusammenspieles einzelner Akteure einer Destination; in Anlehnung an die Wertekette von *Porter* (2004) (Abschnitt 2.7 / S. 29) kann auch das Wertschöpfungssystem einer Destination durch einzelne Prozesse dargestellt werden. Es handelt sich wiederum um ein analytisches Instrument, das aus Kundensicht die Gesamtleistung in einzelne Teilleistungen und -prozesse gliedert; der Kunde bewertet beim Konsum allerdings nicht die einzelnen Teilelemente (Transport, Essen), sondern schreibt Leistungen wie die Qualität der gesamten Dienstleistungskette und somit der Destination als Ganzes zu (*Bieger*, 2008; *Dreyer*, 2004, S. 35 ff.). Bild 3.1 zeigt die Tourismus-Dienstleistungskette und die einzelnen Stufen in der Herstellung einer touristischen Dienstleistung in Anlehnung an (*Bieger*, 2008).

Das Destinationskonzept orientiert sich also an den einzelnen Leistungsprozessen zur Erstellung des touristischen Produktes, die in *primäre* (sog. Kernprozesse und die eigentliche Dienstleistungs-/Servicekette) und *sekundäre* (unterstützende) Aktivitäten und Prozesse eingeteilt werden können; treten einzelne Leistungselemente direkt in Kontakt mit dem Gast, so kann dies die Qualitätswahrnehmung

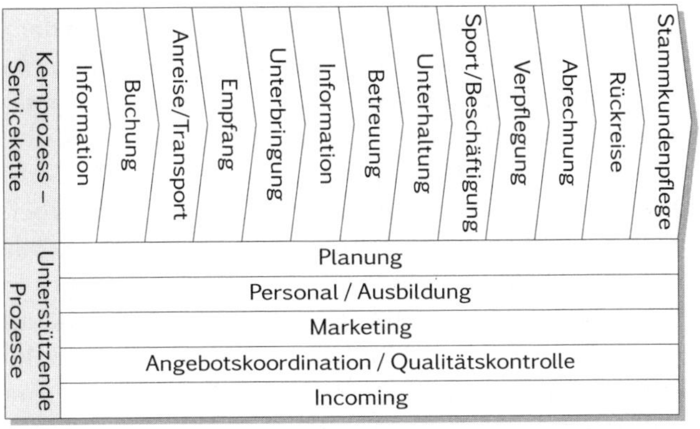

# Einführung in die Tourismuslehre

Bild 3.1: Die Dienstleistungskette (*Bieger*, 2008)

| Kernprozess – Servicekette | Information | Buchung | Anreise/Transport | Empfang | Unterbringung | Information | Betreuung | Unterhaltung | Sport/Beschäftigung | Verpflegung | Abrechnung | Rückreise | Stammkundenpflege |

| Unterstützende Prozesse | Planung |
| | Personal / Ausbildung |
| | Marketing |
| | Angebotskoordination / Qualitätskontrolle |
| | Incoming |

des Kunden beeinflussen (*Bieger*, 2008, S. 106). Eine Tourismusorganisation ist in der Regel für die strategische Führung einer Destination verantwortlich, darüber hinaus aber in den folgenden Aktivitäten und Funktionen tätig (*Bieger*, 2008, S. 67 f.):

*Planung:* Erarbeitung eines Entwicklungsleitbildes, einer Destinationsstrategie (Unternehmens-/Wettbewerbsstrategie);

*Angebotsgestaltung:* Informationszentrale und -büro, Gestaltung vermarktbarer Produkte, Sicherstellung von Betreuungs und Animationsleistungen, Sicherstellung und Entwicklung von Qualität in der Servicekette, Schulung des Personals, Beschwerdedienste, Organisation von Veranstaltungen;

*Marketing:* Erarbeitung einer Marketingstrategie, Forschung und Auswertung von marktrelevanten Daten, Markenführung, Imagewerbung, Verkauf und Vertrieb einer Reservationszentrale;

*Interessenvertretung:* Informationsweitergabe an Branche und Bevölkerung, Förderung eines touristischen Bewusstseins, Interessenvertretung für gewisse Projekte.

Die große Herausforderung beim Management einer DL-Kette liegt in der Kooperation der einzelnen Glieder, denn nur dadurch kann das System zur Steigerung des Gesamtwertes beitragen; ein Unternehmen bezieht somit die Ressourcen, welche in der Dienstleistungskette eingebettet sind, vom jeweils vorgelagerten Unternehmen und entwickelt es insofern weiter, als dass es der Ressource weiteren Wert zuführt (*Pechlaner*, 2003, S. 28 f.). Destinationen stellen somit Netzwerke von Einzelpersonen und Unternehmen dar (Abschnitt 3.2.3 / S. 76).

### Interessensgruppen und Akteure

Es gibt eine Vielzahl an Stakeholder in einer Destination; die Interessen dieser Bezugsgruppen in der Angebotsgestaltung in Einklang zu bringen und dabei nicht an Wettbewerbsfähigkeit zu verlieren, stellt eine der größten Herausforderungen für das Strategische Management einer Destination dar (*Murphy* und *Murphy*, 2004, S. 192): »*Different stakeholder groups all influence each other whether they like it or not. Understandig the positions, motivations, needs and resources of these groups is, therefore, invaluable in developing tourism plans and strategies.*«

*Bieger* (2008, S. 101 f.) geht davon aus, dass die Tourismusorganisation in einer Destination die Grundaufgaben des Managements übernehmen muss, wie sie auch von einer Unternehmensleitung einer Organisation wahrgenommen wird. Dazu gehört auch das Management der wichtigsten Anspruchsgruppen, die in den Kunden (Interesse an Preis/Leistungsverhältnis), der einheimischen Bevölkerung (Interesse an Erwerbsmöglichkeiten, sozialen Leistungen, kulturellen Veranstaltungen, Steuererträge, geringe externe Effekte), dem Staat (Interesse an Steuereinnahmen und Arbeitsplätze), den Lieferanten (attraktive Aufträge, gute Zahlungsmoral), den Mitarbeitern (sichere Arbeitsplätze, gutes Image der Destination), den Kapitalgebern (Rentabilität der Investitionen, gutes Image der Destination) und der breiten Öffentlichkeit (keine negative externe Effekte) gesehen werden.

Um Nachhaltigkeit (Abschnitt 4.3.3 / S. 141) im Tourismus erzielen zu können, ist es besonders wichtig, »Schlüssel-Stakeholder« in Entscheidungsfindungen mit einzubeziehen, die da wären (*Swaarbrooke*, 2005, S. 85 ff.):

1. der *öffentliche Sektor*, einschließlich überstaatlicher Körperschaften wie die EU, nationale Regierungen, lokale Behörden und regierungsähnliche Organisationen;
2. die *Tourismus-Industrie*;
3. *Freiwilligen-Organisationen, Interessensverbände*;
4. die *einheimische Bevölkerung*;
5. die *Medien*;
6. die *Touristen* selbst.

Auch *Murphy* und *Murphy* (2004, S. 187 ff.) sehen die *Kunden*, die *Industrie* (die an der Erstellung der DL beteiligten Unternehmungen), die einheimische *Bevölkerung* sowie die (lokale) *Regierung* und Verwaltung als die wichtigsten Bezugsgruppen an und betonen dabei, dass nur durch die Einbindung aller Gruppen und bei gleichzeitiger Berücksichtigung ihrer Interessen eine Destination auf lange Sicht erfolgreich sein kann.

Ähnlich ist die Sichtweise im »Regional Governance«-Ansatz (Abschnitt 3.2.3 / S. 86) bei dem versucht wird, so viele beteiligte Akteure einer Region in die Entscheidungsfindung aufzunehmen, wie möglich, was vornehmlich die einheimische Bevölkerung mit einschließt (*Fürst*, 2003, S. 446 f.). Auch und besonders muss die Vielzahl an KMUs – die eine Sonderstellung im Wirtschaftssystem alpiner Destinationen einnehmen – , aber auch Großbetriebe mit einbezogen werden, die je nach Organisationsstruktur, Finanzierungsart, Ausprägung von F&E-Abteilung, ihrer Führung und Personalstruktur etc. voneinander unterschieden werden (*Raich*, 2006, S. 168 f.).

*Flagestad* und *Hope* (2001, S. 451 ff.) differenzieren – ähnlich dem Shareholder- bzw. Stakeholder-Ansatz im Strategischen Management – Destinationsmodelle, die sich tendenziell den zwei Polen eines Kontinuums zuordnen lassen:

*Community-Modell:* Die Destinationsmanagement-Organisation wird hauptsächlich für Marketing-Funktionen und als tourismuspolitische Instanz gesehen (nicht gewinnorientiert), in der die Planung und die Entscheidungen durch die Zusammenarbeit mit den Stakeholdern und durch zahlreiche Kompromisse ausgehandelt werden. Die zahlreichen Stakeholder (Flagestad et al. bezeichnen sie als Geschäftseinheiten) arbeiten dezentral und keine der Dienstleister hat eine dominante Stellung innerhalb der Destination. Strategisches Leadership wird durch ein stakeholderorientiertes Management – meist durch eine politische oder administrative Institution, die die lokale Regierung oder eine DMO (mit Einfluss der lokalen Regierung) sein kann – erreicht und ist geprägt von Themen wie Nachhaltigkeit der Umwelt, Destinationsplanung, Produktentwicklung, Destinationsmarketing, kooperative Projekte, etc...

*Corporate-Modell:* Das Destinationsmanagement agiert einem gewinnorientierten Unternehmen gleich und holt durch den Abschluss von Verträgen oder durch Akquise die benötigten Geschäftseinheiten in die Angebotsgestaltung. Eine Destination orientiert sich somit primär am Kunden und agiert in der Produktgestaltung prozessorientiert (vgl. dazu auch *Bieger*, 2008, S. 106). Dem Modell liegt zugrunde, dass die Destination von einer DMO an der Spitze ähnlich der Gesamtunternehmensebene geleitet wird, was allerdings nur den theoretischen Extremfall darstellt.

### 3.1.3 Tourismustrends und Prognosen

Sowohl die Nachfrageseite wie auch das Angebot im Tourismus ist vielen anderen Industrien ähnlich und somit ständigem Wandel unterworfen: Reisemotive und Rahmenbedingungen in Destinationen ändern sich laufend, weshalb Trends einen wichtigen Aspekt für die Ausarbeitung markt- bzw. ressourcenorientierter Strategien darstellen. Eine Analyse zukünftiger Trends im Tourismus kann wie in Abschnitt 2.2.5 / S. 48 anhand einer globalen Umweltanalyse erfolgen, mittels der man Chancen und Risiken im Bezug auf politische, wirtschaftliche, soziale/ demographische und technologische Umbrüche aufwiegen kann (*Ludwig*, 2007, S. 227 ff.).

Hierbei wird in erster Linie auf den *demographischen Wandel* hingewiesen: Das Angebot muss sich an einer zunehmend *alternden Bevölkerung* in Europa und einem gleichzeitig relativ jungen Markt und *Bevölkerungswachstum* in Nicht-EU-Ländern und Schwellenländern anpassen (*European Travel Commission*, 2006; *Ludwig*, 2007; *Smeral*, 2003). Auch ist ein steigendes Bildungsniveau durch längere Aus- und permanente Weiterbildung zu erwarten; Familienstrukturen sind insofern einer Veränderung unterworfen, als dass Einzelpersonen-Haushalte und sog.

»Patchworkfamilien« immer häufiger die Realität widerspiegeln (*Smeral*, 2003). Dies hat zur Folge, dass es einerseits Segmente gibt, die über »Zeitüberfluss« verfügen (bspw. Rentner) und andererseits Segmente, die von »Geldüberfluss« gekennzeichnet sind und keine Zeit haben, dieses auszugeben; aus einer globalen Sicht nimmt die Freizeit zu, während in westlichen Ländern »Zeitarmut« vorgefunden werden kann, die wiederum zu Zeiteinsparungen führt. Auch ist einerseits ein Trend in Richtung Gesundheit zu vermerken und besonders jugendliche Nachfrager verlangen nach Aktivurlauben (*Bieger*, 2008; *European Travel Commission*, 2006; *Opaschowski*, 2008, S. 7).

*Wirtschaftliche* Veränderungen sind vor allem durch das rasante Wirtschaftswachstum in Staaten wie Brasilien, Russland, Indien oder China zu erwarten, während der Markt für Tourismus in Afrika und dem Mittleren Osten weiterhin stagnieren wird; die Globalisierung führt allerdings zu einem Erstarken von Regionen, andererseits zu wachsender Mobilität, der Rechnung getragen werden muss. Während das Wachstum bei Billigflügen sinken wird, erfreuen sich Zugfahrten zunehmender Beliebtheit (*European Travel Commission*, 2006; *Opaschowski*, 2008). Krisen wie die seit 2008 anhaltende Finanz- und Wirtschaftskrise, hinterlassen auch im Tourismus ihre Spuren und können sich in rückläufigen Nachfragezahlen bzw. dem Verschwinden von touristischen Akteuren in einer Destination ausdrücken (*Schmitt* und *Tatje*, 2008). Als besonderes Problem könnte sich dabei gerade die Vernetzung selbst darstellen, so dass ganze Branchen und Märkte in Mitleidenschaft gezogen werden (*Der Standard*, 2008).

Die *Politik* muss sich vermehrt mit Fragen der Sicherheit, Gesundheit und Immigration auseinandersetzen; Richtlinien, Verordnungen und Gesetze werden nicht zuletzt Auswirkungen auf die Art des Reisens und auf das Management von Destinationen haben (*European Travel Commission*, 2006; *Smeral*, 2003). Im Tourismus hat bspw. die Dienstleistungsrichtlinie der EU, die bis zum 28. Dezember des Jahres 2009 umgesetzt werden muss, unmittelbare Auswirkungen für Reisebüros, Fremdenführer und Freizeiteinrichtungen (*Amtsblatt der Europäischen Union L 376/36*, 2006, S. 40 ff.).

Neue *Technologien* im Tourismus nehmen besonders auf Marketingstrategien Einfluss: Die Bedeutung des Internets nimmt ständig zu und Kunden informieren und organisieren sich über Onlineplattformen (*Fittkau* und *Jockwer*, 2008; *Opaschowski*, 2008, S. 368 f.); auch wird die mobile Erreichbarkeit für sog. »virales Marketing«[2] genutzt (*European Travel Commission*, 2006; *Ludwig*, 2007).

Aus *ökologischer* Sicht spielt der Klimawandel eine starke Rolle in der Angebotsgestaltung und im Nachfrageverhalten von Touristen: Der Wintertourismus könnte bspw. zunehmend gefährdet sein, was eine Verlagerung der Alpenurlaube in die Sommerzeit zur Folge haben könnte (*Conrady* und *Bakan*, 2008; *Opaschowski*, 2008;

---

2 wird als Marketingstrategie verstanden, die die existierenden sozialen Netzwerke und neuen technologischen Möglichkeiten nutzt, um »einem Virus gleich« durch Mundpropaganda Werbebotschaften gezielt zu verbreiten (*Langner*, 2007, S. 26 f.).

*SPIEGEL*, 2008, S. 31 f.). »Sanfte Tourismusformen« werden aufgrund eines wachsenden Umweltbewusstseins eine steigende Nachfrage erfahren (Abschnitt 4.3.3 / S. 141), während auch die Vermarktung von nachhaltigen Produkten an Bedeutung zunehmen wird und die Kosten zur Instandhaltung natürlicher Ressourcen ansteigen werden (*Bieger*, 2008; *European Travel Commission*, 2006; *Ludwig*, 2007, S. 6 f.). Nachhaltiges Management wird insgesamt für Destinationen zum Erfolgsfaktor, wodurch auch ein Umdenken von quantitativen hin zu qualitativen Wachstumszielen stattfinden wird, um sich differenzieren zu können (*Der Standard*, 2008). Andererseits kann eine zu starke Konzentration auf Nachhaltigkeit auch das Gegenteil bewirken, weshalb aus Mangel an Spaß- und Erlebnisfaktoren Destinationen an Attraktivität besonders bei jugendlichen Kunden verlieren; sanfter Tourismus wird sich in dem Fall nicht durchsetzen, wenn es auf Kosten der Urlaubsqualität geht (*Opaschowski*, 2008, S. 346 f.).

Im Bezug auf das *Konsumverhalten* der Touristen lässt sich beobachten, dass die Region zunehmend in den Mittelpunkt des Tourismus tritt, weshalb – besonders im Zusammenhang mit Kulturtourismus – ein Trend in Richtung Regionalität und Lokalität zu verzeichnen ist (*Becker*, 1993, S. 7 f.): Regionalität ist somit eine Antwort auf die Globalisierungstendenzen, durch die DL-Angebote, Reiseziele und Attraktionen multipliziert und zunehmend austauschbar werden (*Müller* und *Messerli*, 2006, S. 237).

Gleichzeitig gewinnt für die Nachfrage der Erlebnisfaktor weiter an Bedeutung (*Preglau*, 2001; *SMG*, 2006, S. 66 f.) und auch der Orientierung an einem genüsslichen Lebensstil bzw. der wachsenden Beliebtheit von Kurzurlauben muss in der touristischen Angebotsgestaltung Rechnung getragen werden (*Bieger*, 2008, S. 7). *Poon* (1993, S. 114 ff.) sah besonders die größere Erfahrung, veränderte Wertvorstellungen und Lebensstile, neue demographische Voraussetzungen und die größere Flexibilität und Unabhängigkeit der Touristen als neue Herausforderungen für die Tourismusindustrie, was Themen und Trends beschreibt, die in den Tourismuswissenschaften nach wie vor die aktuellen Entwicklungen widerspiegeln (vgl. bspw. *European Travel Commission*, 2006; *Wenzel*, 2008).

Klassische Urlaubsmotive wie »Erholung« sind somit einer Kombination aus unterschiedlichen Motiven gewichen: Ruhe, Natur oder Sonne werden heutzutage mit Abenteuer, Aktivität, Vergnügen, Kontakten oder Kultur kombiniert (*Bieger*, 2008, S. 13 ff.). Der Wunsch nach einem möglichst vielfältigem Angebot, das zwar auch in Überforderung der Touristen münden kann, wird in der Literatur mit »Multioptionalität« umschrieben (*Bieger*, 2008; *Smeral*, 2003): »*Der ›neue‹ Urlauber der Jahrtausendwende will fast alles haben: Ruhe und Rummel, Individualität und Eintauchen ins Massenvergnügen, Naturerlebnis für alle und intakte Landschaft. Er ist gesundheits- und körperbewusst, verlangt nach höherer Qualität und besteht auf eine intakte Umwelt. Er will Abstand zu seinem Alltag, sich selbst verwirklichen, ist neugierig auf traditionelle oder exotische Kulturen und will seinen Erlebnishunger stillen*« (*Luger* und *Rest*, 2002a, S. 30).

Die *WTO* (2008) hat in ihren *Zukunftsprognosen* für die Jahre bis 2020 ein noch rasanteres Wachstum des Tourismus als von 1995 bis 2007 (durchschnittliche Wachstumsrate lag in diesem Zeitraum bei 4,2 %) des Tourismus auf 1,6 Mrd. Ankünfte pro Jahr errechnet, was sich für Europa mit einem Wachstum von bis zu 717 Mio. Touristen auswirken wird; dies deutet weiter auf eine Entwicklung des Tourismus als Massenphänomen hin (*Bieger*, 2008, S. 1). Andererseits gibt es auch sog. Gegentrends, die eine noch stärkere Individualisierung voraussehen und für die Konsumenten der Zukunft auch stark differenzierte Angebote als erfolgreich ansehen: In diesem Fall steht die Einzigartigkeit der Produkte, etwas genutzt zu haben, das nicht alltäglich ist, wiederum im Vordergrund (*Ludwig*, 2007, S. 234).

Abschließend und ergänzend lassen sich folgende Themen als wichtig für den Tourismus im Jahr 2009 evidenzieren (*Edgell*, 2008):

- die Auswirkungen globaler Wirtschaftskrisen auf den Tourismus;
- der bestehende Wunsch nach Schutz und Sicherheit im Tourismus;
- die Auswirkungen steigender Ölpreise;
- das steigende Interesse am Management für einen nachhaltigen Tourismus;
- der Aufschwung in der Benutzung neuer Technologien im Tourismus;
- die Auswirkungen von Mega-Events auf den Tourismus (einschließlich Festivals);
- die Strategische Tourismusplanung für Gemeinschaften und Nationen;
- die Einführung neuer touristischer Angebote (bspw. Weltraum-Tourismus);
- die Auswirkungen natürlicher und anderer Katastrophen auf den Tourismus.

## 3.2 Strategisches Management von Destinationen

Das Strategische Management von Destinationen gewinnt in der Praxis immer weiter an Bedeutung (*Sainaghi*, 2006, S. 1053 ff.). Ein immer härter werdender und globalisierter Wettbewerb sowie sich rasch ändernde Marktverhältnisse und Trends (*Pechlaner* und *Zehrer*, 2005, S. 18) machen es erforderlich, eine Destination nicht nur zu »managen«, sondern einen strategischen Ansatz in der Ausarbeitung von Zielen und Maßnahmen zu wählen. Strategisches Management im Tourismus arbeitet deshalb in einem offenen System, das die Interessen vieler Stakeholder berücksichtigt (*Murphy* und *Murphy*, 2004, S. 61): »*Such management cannot be highly detailed and specific, for it needs to be flexible enough to consider the evolving wishes of the community and tourism market, plus leaving itself enough room to meet changing outside forces. However, at all times it should be able to present clear community tourism objectives, outline a series of strategic steps to achieve those objectives, and be measurable so as to be accountable.*«

Die strategische Führung einer Destination bzw. einer Destinationsmarke beruht auf einem Gleichgewicht aller Schlüsselfaktoren: Der Unternehmenskultur bzw. Destinationskultur, der Vision, des Leitbildes, der Strategie, der externen

(Destinations-)Umwelt, der Kundenbedürfnisse sowie der Annahmen über bestimmte Marktsegmente (*Peters*, *Weiermair* und *Katawandee*, 2006, S. 69). Äquivalent zum Strategischen Management von Organisationen folgt eine Führung touristischer Destinationen ähnlichen strategischen Konzepten, weshalb Begriffe wie Tourismuspolitik oder Tourismusplanung – analog zur Unternehmenspolitik bzw. zur strategischen Planung – zunehmend Einzug in die Tourismuslehre finden.

Unternehmens- bzw. Tourismuspolitik steht in engem Zusammenhang mit einer gewählten Strategie und kann als »*weltanschauliche Grundlage der strategischen Führung verstanden werden*« (*Hinterhuber*, 2004a, S. 91 f.). Tourismuspolitik wird allgemein wie in Definition 3.4 bestimmt (*Freyer*, 2006, S. 353 f.):

**Definition 3.4 (Tourismuspolitik)** *Tourismuspolitik ist die zielgerichtete Planung und Beeinflussung/Gestaltung der touristischen Realität und Zukunft durch verschiedene Träger (staatliche, private, übergeordnete).*

Tourismuspolitik kann – in einer etwas ausführlicheren Begriffsbestimmung und zur besseren Erläuterung der nachfolgenden Abschnitte – als eine Gesamtheit von Reglementierungen und Richtlinien angesehen werden, die auf individuellen und gemeinschaftlichen Entscheidungen beruht und die einen Bezugsrahmen für eine übergeordnete Strategie zum Zwecke der Weiterentwicklung und Vermarktung einer Destination darstellt (*Murphy* und *Murphy*, 2004, S. 108). Besonders die Ausformulierung einer Vision auf Destinationsebene, die auf den Prinzipien und Werten der wichtigsten Stakeholder beruht, stellt deshalb die Grundlage für eine erfolgreiche Tourismusplanung dar (*Goeldner* und *Ritchie*, 2009, S. 93 ff.). *Ritchie* und *Crouch* (2000, S. 4) konstatieren in diesem Zusammenhang: »*Equally important is the emphasis on formulating the vision through a publicly driven process based on stakeholder values and consensus, rather than through a more private ›expert-driven‹ process based solely on market forces.*«

Nachstehender Formulierungsprozess einer Tourismuspolitik – der den Strategieformulierungsprozessen in den Abschnitten 2.2.1 / S. 20 sowie 2.2.2 / S. 30 ähnlich ist – folgt den Ausführungen von *Goeldner* und *Ritchie* (2009, S. 430 f.) und beinhaltet folgende vier Schritte:

*Definition:* Das Tourismussystem wird definiert sowie eine Philosophie, eine Vision und die Ziele und Rahmenbedingungen ausgearbeitet;

*Analyse:* Die Destination wird auf Stärken und Schwächen untersucht sowie auf potentielle Chancen und Gefahren:
  ◇ eine *interne Analyse* begutachtet die existierende Politik und Maßnahmen und identifiziert die wichtigsten Ressourcen;
  ◇ eine *externe Analyse* identifiziert die wichtigsten Trends der Zukunft und das aktuelle Nachfragerverhalten sowie die wichtigsten Konkurrenten auf Destinationsebene;

*Operationen:* Die Ableitungen aus der Analyse bilden die Grundlage für die strategischen Entscheidungen, worauf die Auswirkungen möglicher Pläne und

Maßnahmen auf die Angebots- und Nachfrageseite untersucht werden und Empfehlungen und Programme ausgearbeitet werden;

*Implementierung:* Die Strategien werden implementiert, Verantwortungen aufgeteilt, Quellen für Finanzmittel zur Unterstützung begleitender Maßnahmen ausgemacht, ein Zeitplan ausgearbeitet und schließlich die Ergebnisse überwacht und ausgewertet.

Tourismusplanung unterscheidet sich von -politik bspw. in einer viel detaillierteren Beschreibung von eher mittelfristigen Zielen und beinhaltet somit mehr taktische Elemente als strategische, währenddessen Tourismuspolitik einem kreativen intellektuellen Prozess entspringt und allgemein gehaltene und langfristige Ziele definiert[3].

In der Ausarbeitung eines Tourismusplanes kann zwischen einer *retroaktiven* und *proaktiven* Vorgangsweise unterschieden werden, die auch als nachfrageorientierte und angebotsorientierte Formulierungsprozesse einer Tourismuspolitik aus der Literatur bekannt sind (*Murphy* und *Murphy*, 2004, S. 92 f.)[4]:

*retroaktiv/nachfrageorientiert:* Tourismus wird in diesen Destinationen von der Nachfrage bestimmt, was negative Auswirkungen auf vorhandene Ressourcen und auf die Gewinne haben kann; diese Art der Formulierung ist in Orten vorzufinden, in denen sich eine anfänglich geringe zu einer großen Nachfrage entwickelt hat und die lokalen Interessensgruppen in der Folge versuchen, den Tourismus in eine gewisse Richtung zu lenken.

*proaktiv/angebotsorientiert:* Der Tourismus wird vom Angebot getrieben; starke Bezugsgruppen vor Ort bestimmen die weitere Entwicklung mit, die benötigte Infrastruktur ist bereits vor der Nachfrage vorhanden und Gebiete für ein konzentriertes Wachstum sind ausgewiesen.

Die Tourismuspolitik drückt sich in touristischen Leitbildern aus, die das zentrale Planungsinstrument des Destinationsmanagements sind und die normative und strategische Planung der Destination als Wettbewerbseinheit beinhalten *Bieger* (2008, S. 364). Das Leitbild spiegelt die Grundvorstellung wider, die »*für die touristische Weiterentwicklung einer politischen Körperschaft, die von einem Auftraggeber mit klarem Gestaltungswillen erarbeitet wurde, durch einen öffentlichen Charakter wirkt und ausgehend von einer Situationsanalyse eine Zielsetzung und Maßnahmen zu deren Umsetzung enthält.*«

Wie im Strategischen Management im Allgemeinen ist es auch Aufgabe eines strategischen Destinationsmanagements, die Wettbewerbsfähigkeit eines touristischen Zielgebietes langfristig zu sichern. Die Messung von Wettbewerbsvorteilen

---

3  *Murphy* und *Murphy* (2004, S. 103 ff.) verwenden die Begriffe in entgegengesetzter Weise, weshalb im Unterschied zu *Goeldner* und *Ritchie* (2009) die Planung (was die Ausarbeitung einer Vision, Mission und strategischer Ziele inkludiert) als den allgemeinen Teil und die Tourismuspolitik als die detaillierte Komponente des Strategieprozesses sehen.

4  siehe dazu die Ausführungen in *Mann* (2000, S. 24).

kann – ähnlich der Messung bei Unternehmen – über monetäre Kennzahlen erfolgen; da allerdings auch intangible Performancezahlen zur Wettbewerbsfähigkeit beitragen, wird zur Bewertung der Effektivität einer DMO eine Unterscheidung der Kennzahlen in »market performance indicators« (vergangenheitsbezogene Gästestatistiken, quantitative marketing- und kommunikationspoltische Kennzahlen, kundenorientierter Markenwert) und in »organisation performance indicators« (Eignung der getätigten Aktionen, Erreichung von Zielen, Effizienz von Abläufen) getroffen werden (*Pike*, 2004, S. 177 ff.). Auch quantitative Erhebungen zu den Besucherzahlen und deren Profilen (Art der Reise, Nationalität, sozio-ökonomischer Status), den Einnahmen (pro Kopf, pro Tag, pro Reise) oder die Auslastung der Betten, Veranstaltungen oder Besuchsattraktionen werden hierfür in Erwägung gezogen (*WTO*, 2003).

Zur Erfassung einer ganzheitlichen Leistung, in der auch nicht-monetäre Werte mit einbezogen werden, wird auf die Ausführungen von *Becher* (2007, S. 146 ff.) verwiesen, der einer Vernachlässigung von wichtigen Destinations-Stakeholdern in herkömmlichen Kennzahlensystemen für Destinationen durch die Integration einer Mitgliederperspektive entgegen wirkt; hierbei findet bspw. das Innenmarketing durch die Messung der Einwohnerzufriedenheit Berücksichtigung.

Wettbewerbsfähigkeit hängt sowohl von nachfrage- als auch angebotsspezifischen Faktoren ab, die in der Attraktivität der Kernressourcen einerseits und in der Bedeutung der wirkenden Marktkräfte andererseits zu suchen sind (*Enright* und *Newton*, 2004, S. 778): »[...] *a destination is competitive if it can attract and satisfy potential tourists and this competitiveness is determined both by tourism-specific factors and by a much wider range of factors that influence the tourism service providers.*«

Die folgenden Abschnitte erläutern die in Kapitel 2 ausführlich dargestellten Strategieperspektiven aus der Sicht von Destinationen – die als SGEs bzw. als regionale Einheiten verstanden werden und sich allein aus diesem Grund einem Vergleich mit den Theorien und Konzepten der Disziplin des Strategischen Managements anbieten – bzw. aus der Sicht von Netzwerken im Tourismus.

### 3.2.1 Marktorientierung im Tourismus

Allgemein kann Tourismus als eine Industrie angesehen werden, die stark von der Nachfrage getrieben wird. In wissenschaftlichen Beiträgen wird die Wettbewerbsfähigkeit einer Destination dadurch aus der Sicht einer MBV erklärt (Abschnitt 2.2.1 / S. 17): Destinationen sind in einem bestimmten Tourismussegment dann erfolgreich, wenn sie sich bestmöglich an die Marktbedingungen – deren wichtigste Komponente in diesem Fall die Nachfrage ist – anpassen; *Bieger* (2008, S. 293) spricht in diesem Zusammenhang auch von einem umfeldorientierten Strategieansatz.

## Management von Destinationen

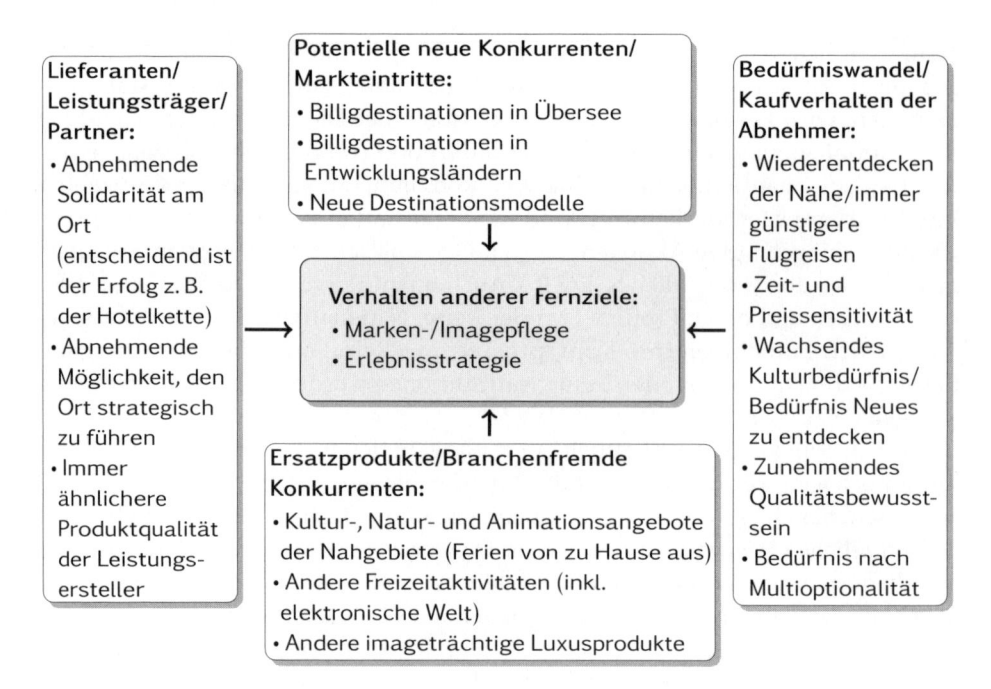

| Lieferanten/ Leistungsträger/ Partner: | Potentielle neue Konkurrenten/ Markteintritte: | Bedürfniswandel/ Kaufverhalten der Abnehmer: |
|---|---|---|
| • Abnehmende Solidarität am Ort (entscheidend ist der Erfolg z. B. der Hotelkette)<br>• Abnehmende Möglichkeit, den Ort strategisch zu führen<br>• Immer ähnlichere Produktqualität der Leistungsersteller | • Billigdestinationen in Übersee<br>• Billigdestinationen in Entwicklungsländern<br>• Neue Destinationsmodelle<br><br>↓<br><br>**Verhalten anderer Fernziele:**<br>• Marken-/Imagepflege<br>• Erlebnisstrategie<br><br>↑<br><br>**Ersatzprodukte/Branchenfremde Konkurrenten:**<br>• Kultur-, Natur- und Animationsangebote der Nahgebiete (Ferien von zu Hause aus)<br>• Andere Freizeitaktivitäten (inkl. elektronische Welt)<br>• Andere imageträchtige Luxusprodukte | • Wiederentdecken der Nähe/immer günstigere Flugreisen<br>• Zeit- und Preissensitivität<br>• Wachsendes Kulturbedürfnis/ Bedürfnis Neues zu entdecken<br>• Zunehmendes Qualitätsbewusstsein<br>• Bedürfnis nach Multioptionalität |

Bild 3.2: Wettbewerbssituation für das Produkt Fernreisen (*Bieger*, 2008)

### Die fünf Wettbewerbskräfte im Tourismus

Die Attraktivität eines Marktes für eine Destination, kann bspw. durch das »Fünf-Kräfte Modell« von *Porter* (1999) bewertet werden. Dieses kann auch zur Erklärung der Attraktivität bestimmter touristischer Geschäftsfelder bzw. der Attraktivität bestimmter touristischer Produkte herangezogen werden (*Enright* und *Newton*, 2004; *Evans*, *Campbell* und *Stonehouse*, 2003, S. 173 ff.). Am Beispiel des Produktes »Fernreisen« zieht *Bieger* (2008, S. 103) die Parallelen zur Disziplin des Strategischen Managements, indem potentielle Konkurrenten/Markteintritte, Subsitutionsprodukte und branchenfremde Konkurrenten, das Verhalten und die Verhandlungsstärke der Kunden bzw. die Verhandlungsstärke der Lieferanten und Partner sowie das Verhalten anderer Fernziele-Destinationen aufgezeigt werden (siehe Bild 3.2).

Die Gefahr neuer Wettbewerber ist in einem freien Tourismusmarkt stets gegeben; neue (Substitutions-)Produkte und DL sind ebenfalls eine Konstante und somit ständige Bedrohung (bspw. das Erstarken des Snow-Board-Sports in Skigebieten). Hohes Wachstum im Tourismus führte zu multinationalen Zusammenschlüssen, was wiederum die Verhandlungsmacht der Lieferanten aufgrund geänderter Volumina und Preise ansteigen ließ; auch die Kunden haben durch die gestiegenen Erwartungen und die größere Erfahrung sowie einem gestiegenen Organisationsgrad eine stärkere Verhandlungsmacht. Der Wettbewerb der vorhandenen Konkurrenten unterscheidet sich im Tourismus von herkömmlichen Industrien insofern, als dass es zuerst einer guten Zusammenarbeit zwischen einzelnen Destinationen bzw. den Unternehmungen einer Destination bedarf, um die Touristen anzuziehen, es in einem zweiten Schritt aber zu starkem Wettbewerb kommt, um die Kunden an die eigene Destination/Unternehmung zu binden (*Murphy* und *Murphy*, 2004, S. 233 f.).

Aus mikroökonomischer Sicht auf den Tourismus stellt das Marktmodell das zentrale Gedankengerüst dar, wobei es um die Bestimmung und um die genaue Analyse der Angebots- und der Nachfragestrukturen an den verschiedenen Märkten (Anbieter-/Abnehmermarkt) geht (*Freyer*, 2006, S. 52 ff.). Der Markt ist das Verbindungsglied zwischen volkswirtschaftlicher Sicht (Gesamtheit aller Betriebe und Nachfrager auf entsprechenden touristischen [Teil-]Märkten) und der betriebswirtschaftlichen Sicht (interne Abläufe der Tourismusbetriebe). Die Mikroökonomie im Tourismus behandelt dabei das touristische Nachfrageverhalten, das touristische Angebotsverhalten, die touristische Marktpreisbildung bzw. bestimmte Tourismusmärkte. Nachfrager und Anbieter treffen sich am Markt, treten miteinander in Beziehung und tauschen Informationen aus. Als dritte Kraft am Markt tritt der Staat auf, der die Beziehungen mit beeinflusst.

Die Destination ist in diesem Sinne eine SGE, die auf bestimmten Märkten im Wettbewerb mit anderen Destinationen steht (*Flagestad* und *Hope*, 2001, S. 451).

**Destinationen im Wettbewerb**

In Anlehnung an *Porter* (1990, S. 77 ff.) können die Bestimmungsfaktoren einer wettbewerbsfähigen Nation auch auf touristische Destinationen umgelegt werden (*Bieger*, 2008; *Enright* und *Newton*, 2004; *Evans*, *Campbell* und *Stonehouse*, 2003; *Pechlaner*, 2003, S. 778 f.). Dabei stellt der sog. »Diamant« von Porter eine Variante der Cluster-Theorie dar (*Haberberg* und *Rieple*, 2008, S. 605 f.). Bild 3.3 zeigt den Zusammenhang zwischen den Bestimmungsfaktoren Staat, beteiligten Branchen, Faktorbedingungen, Nachfragebedingungen und Marktstruktur/Strategien/Ziele auf und veranschaulicht, in welchem Ausmaß diese verschiedenen Determinanten zur Wettbewerbsfähigkeit beitragen; auch »Zufall« wird im Modell als ein weiterer maßgebender Faktor erwähnt.[5]

**Faktorbedingungen**

Als Faktorbedingungen sind jene Ressourcen zu verstehen, die – wie im folgenden Abschnitt 3.2.2 beschrieben – in einer Destination vorzufinden sind. Dazu werden natürliche, materielle, immaterielle, finanzielle und Human-Ressourcen,

---

5 da dem Modell vermehrt externe Faktoren zur Erklärung von Wettbewerbsvorteilen zu Grunde liegen, wird der »Diamant« in seiner vollständigen Darstellung den tendenziell eher marktorientierten Sichtweisen zugeordnet; eine vereinfachte Form des Modells dient in Abschnitt 4.2 / S. 104 allerdings als ganzheitlicher Erklärungsansatz von Kulturtourismus.

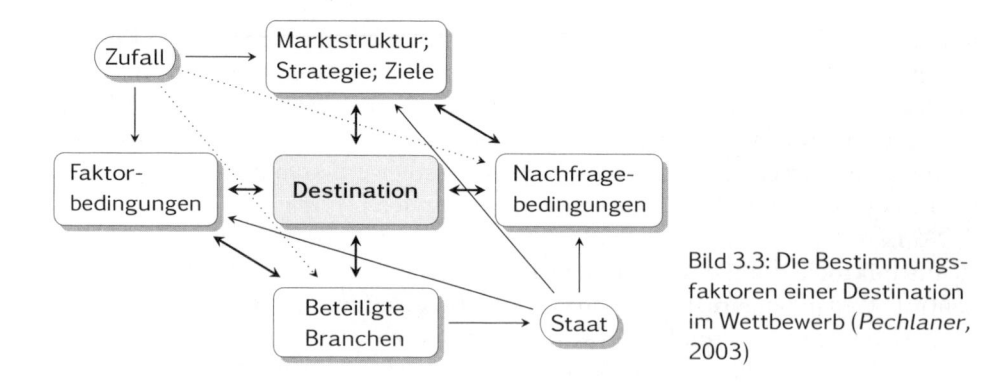

Bild 3.3: Die Bestimmungsfaktoren einer Destination im Wettbewerb (Pechlaner, 2003)

die durch einzigartige Kombinationen und Veredelungsprozesse weiter zu Kernkompetenzen entwickelt werden können, gezählt (*Pechlaner*, 2003; *Porter*, 1990, S. 11 f.).

**Beteiligte Branchen**

Die Nachfrage übt einen bestimmten Druck auf die Angebotsseite aus, wodurch Unternehmen am Heimatmarkt zu Innovationen und Qualitäts-/Kostenoptimierungen gezwungen werden (*Bieger*, 2008, S. 114). Durch Spezialisierung, Qualität und durch die Netzwerkfähigkeit der unterstützenden Branchen hängt auch die Wettbewerbsfähigkeit einer Destination ab, da davon Innovationsanreize, die durch die Zusammenarbeit und den Wettbewerb der Unternehmungen entstehen, ausgehen (*Bieger*, 2008; *Porter*, 1990, S. 114).

**Nachfragebedingungen**

Die Entwicklung des Tourismus-Marktes bzw. die Nachfrage sowie Trends sind mit entscheidend für die Wettbewerbsfähigkeit einer Destination; diese müssen frühzeitig erkannt werden und sich in neuen Produkten und Angeboten niederschlagen (*Pechlaner*, 2003; *Porter*, 1990, S. 35 ff.).

**Strategie, Struktur und Konkurrenz**

Abhängig von der Marktstruktur und den Wettbewerbsbedingungen am Markt, in dem eine Destination agiert, werden Strategien ausgearbeitet und implementiert; eine gemeinsame Strategie von Unternehmen hat zur Folge, dass Synergien genutzt und Know-how-Zentren entstehen können (*Bieger*, 2008, S. 114). Dadurch wird der Wettbewerb verstärkt, was sich positiv auf die Innovation auswirkt (*Haberberg* und *Rieple*, 2008; *Porter*, 1990, S. 606).

**Staat**

Nicht zuletzt hängt die Wettbewerbsfähigkeit von der tourismuspolitischen Umwelt ab, wobei der Staat durch wirtschaftspolitische Maßnahmen eine Destination entscheidend beeinflussen kann (*Pechlaner*, 2003; *Porter*, 1990, S. 71 ff.).

## 3.2.2 Ressourcenorientierung im Tourismus

Jüngste Veröffentlichungen betrachten Destinationen auch aus einer eher ressourcenorientierten Sichtweise heraus (bspw. *Pechlaner* und *Fischer*, 2006, 2007; *Ritchie* und *Crouch*, 2003; *Ritchie* und *Ritchie*, 2002; *Weiermair* und *Pechlaner*, 2001). Ausgehend von einer RBV, die Unternehmen und deren Wettbewerbsfähigkeit aufgrund ihrer internen Faktoren (bspw. Ressourcen und Kompetenzen, Abschnitt 2.2.2 / S. 21) bewerten, soll die Wettbewerbsfähigkeit einer gesamten Destination aufgrund ihrer Ressourcenausstattung gemessen werden.

**Ressourcen in Destinationen**

Ressourcen im Tourismus sind jene Güter, Arbeitskräfte und Kapital, die es zur Erbringung von touristischen Produkten braucht (*Peters*, *Schuckert* und *Weiermair*, 2008, S. 306). Für Tourismusdestinationen und gemäß den Ausführungen in Kapitel 2.2.2 / S. 23 können sie in unterschiedliche Gruppen (bspw. tangible und intangible) eingeteilt werden. So verfügt jeder Zielort über eine gewisse natürliche Ausstattung an Ressourcen, wozu die landschaftlichen, klimatischen, historischen und ökonomischen Faktoren gehören und die ein Gebiet für die Gäste als interessant erscheinen lassen (*Freyer*, 2006, S. 254 f.):

1. das *natürliche Angebot* ist naturgegeben und umfasst bspw. die Landschaft, Topographie, Flora, Fauna, das Klima, Wetter oder Naturdenkmäler.
2. das *sozio-kulturelle Angebot* ist vom Menschen geprägt (deshalb auch anthropogene Faktoren) und schließt bspw. die Kultur, Brauchtümer und Traditionen mit ein sowie Sprache, Mentalität, Gastfreundschaft oder historische, kulturelle oder technische Denkmäler.
3. *öffentliche Güter* bzw. die *allgemeine Infrastruktur* sind jene Angebote, die nicht primär für den Tourismus erstellt worden sind, aber Einfluss auf das touristische Angebot haben können, bspw. Politik, Soziales, Bildung, Versorgung, Entsorgung, das Kommunikations- bzw. das Verkehrswesen.

Von diesen sog. »öffentlichen Gütern« profitieren alle Touristen und Leistungserbringer, weshalb keine Anspruchsgruppe von den damit verbundenen Rechten (bspw. kooperative Nutzung), als auch Pflichten (bspw. Unterstützung), ausgeschlossen werden darf oder kann; so gilt für diese öffentlichen Güter (Luft, alpine Landschaft, positives Image) das Ausschlussprinzip nicht und es bestehen dafür auch keine Eigentumstitel, weshalb die Allokation nicht über den Markt erfolgt. Positive externe Effekte werden nicht abgegolten (bspw. intakte Naturlandschaft), und gleichzeitig eher zu wenig dieser Güter »produziert« bei gleichzeitig hohem Konsum (bspw. wird zu wenig in das Image der Destination investiert, zugleich zuviel gebaut, *Bieger*, 2008, S. 64 ff.).

Zum anderen werden weitere Ressourcen speziell für das touristische Angebot abgeleitet, wozu die folgenden Faktoren gehören (*Freyer*, 2006, S. 255 f.):

1. die *touristische Infrastruktur* wurde speziell zur Ermöglichung und Erweiterung des Tourismus entwickelt (private wie öffentliche Einrichtungen, Infrastrukturmaßnahmen, Ausbau der Straßen und/oder Flughäfen) und kann ein spezielles Angebot sein, das auch von der einheimischen Bevölkerung genutzt wird (medizinische Einrichtungen, Tagungs-/Messeeinrichtungen);
2. unter der *touristischen Organisationsstruktur* werden die Organisations- und Verwaltungsmaßnahmen verstanden, die zur Institutionalisierung des Tourismus beitragen und ihn so in erwünschte Bahnen lenken (Abteilung in Gemeinde, Tourismusvereine).

Hinzu kommen nach *Freyer* (2006, S. 256) noch eine Reihe *immaterieller Angebotsfaktoren*, die als Zusatzleistungen verstanden werden können (Attraktivität, Image, Erlebnis oder Glück), die aber als »weiche« Angebotsfaktoren eher mit den Sinnen oder mit Seele oder Geist wahrnehmbar sind (Ambiente, Flair, Gastfreundschaft, Begegnung und Kommunikation) und mit entscheidend für die Wahl eines Reiseziels sind.

Folgt man einer Ressourcentypisierung aus dem Strategischen Management, so kann ebenfalls zwischen immateriellen/intangiblen (z. B. Destinations-Marke) bzw. Humanressourcen (z. B. Mitarbeiter) und Wissen (z. B. Fortbildungskurse, Förderung und Entwicklung von Fähigkeiten sowie Wissen der Humanressourcen) und materiellen/tangiblen (z. B. Hotelinfrastrukturen) unterschieden werden (*Evans, Campbell* und *Stonehouse*, 2003; *Sainaghi*, 2006, S. 1056 f.). Ähnlich argumentieren *Ritchie* und *Crouch* (2003, S. 20 f.), die im Zusammenhang mit der Ressourcenausstattung einer Destination von *komparativen* Wettbewerbsvorteilen (vgl. dazu *kompetitive* Wettbewerbsvorteile in Abschnitt 3.2.2 / S. 74) sprechen, wodurch die Wettbewerbsfähigkeit einer Destination durch die Verfügbarkeit von acht Ressourcentypen beeinflusst wird (siehe dazu auch die Ausführungen in *Enright* und *Newton*, 2004; *Evans, Campbell* und *Stonehouse*, 2003, S. 779 ff.):

*Humanressourcen:* Es gilt die Quantität (Verfügbarkeit), Qualität (Fähigkeiten) und Kosten der Humanressourcen zu beachten.

*Physische Ressourcen:* Einzigartigkeit, Verschiedenheit, Anzahl, Zugänglichkeit und Attraktivität der Landschaft, der ökologischen, erneuerbaren und anderer natürlicher physischer Elemente (bspw. Seen, Berge) sind oftmals primäre Motive für die Entscheidung für eine Destination. Auch das Klima, die Lage zu anderen touristischen Gebieten oder aber die Unberührtheit von Gebieten können zur Reisemotivation beitragen.

*Wissensressourcen:* Obwohl die Tourismusindustrie nicht so sehr wissensintensiv ist, wie andere Branchen (High-Tech-Industrie), sind auch Wissensressourcen für den Erfolg bedeutend; Know-How im Bereich Hotelmanagement, Ingenieurwesen, Regionalplanung oder Marketing sind für die Entwicklung einer Destination unabkömmlich.

*Finanzielle Ressourcen:* Um die Suprastruktur einer Destination weiterzuentwickeln und einzelne Aktivitäten sind die verfügbaren Mittel bzw. deren Kapitalkosten zu berücksichtigen.

*Infrastruktur / touristische Suprastruktur:* Es handelt sich hierbei um jene Einrichtungen, Ausstattungen, Systeme und Prozesse, die für die Ausführung wirtschaftlicher Tätigkeiten benötigt werden, weshalb sie oftmals von der lokalen Regierung oder öffentlichen Institutionen sichergestellt werden (Straßen, Wasserversorgung, sanitäre Anlagen, Gesundheitswesen und die Sicherstellung öffentlicher Dienste wie den Schutz durch Polizei oder Feuerwehr, Bibliotheken und Flughäfen). Zu dieser Art von Ressourcen gehören auch die zusätzlichen Vermögenswerte einer Destination, die zur Befriedigung der Bedürfnisse und Wünsche der Touristen dienen (Hotels, Restaurants, Themenparks usw.).

*Historische / kulturelle Ressourcen:* Diese Art von Ressourcen können tangibel (bspw. Denkmäler, Architektur, Museen) oder intangibel sein (z. B. Musik, Sprache, Traditionen). Die Existenz und Beschaffenheit dieser Ressourcen hängt dabei von den Werten einer Nation bzw. einer Gemeinschaft ab und ihrer Fähigkeit, sich ebendieser Ressourcen anzunehmen (Pflege, Erhaltung, Wiederbelebung).

*Größe der lokalen Wirtschaft:* Eine größere Bevölkerungsanzahl sowie ein entwickelter Wirtschaftssektor können vorteilhaft für eine größere touristische Nachfrage sein bzw. die Akquise von notwendigen Ressourcen erleichtern.

Touristische Ressourcen haben jedoch Gemeinsamkeiten, die sich in ihrer Immobilität (bspw. Strände, kulturelle Bauten, Schnee auf den Bergen sind nicht verlegbar), im gegenseitigen Konflikt und Wettbewerb (schonende Nutzung natürlicher Ressourcen versus (vs.) ihrer Zugänglichkeit für den Tourismus), in der Saisonalität der Nachfrage (aufgrund von klimatischen Bedingungen bzw. dem Termin von Festivals und Events) oder ihrer geringen Belastungsfähigkeit (nachhaltiger Umgang mit den Ressourcen stellt einen kritischen Erfolgsfaktor dar) ausdrücken *Evans*, *Campbell* und *Stonehouse* (2003, S. 51 f.).

In der klassischen Literatur wird die internationale Nachfrage im Tourismus wie auch die Vorhersagen dazu meist durch Variablen der Nachfrage beschrieben; komparative Wettbewerbsvorteile werden allerdings besser über die Ressourcenausstattung einer Destination erklärt: Demzufolge erklären sich Touristenströme dadurch, dass Gäste aufgrund von angebotsseitigen Faktoren eine Reise antreten (aufgrund von natürlichen Ressourcen, Technologie, Infrastruktur usw.). Im Wettbewerb zwischen Regionen der westlich orientierten Märkte sind somit länderspezifische Faktoren für den Erfolg ausschlaggebend (*Zhang* und *Jensen*, 2007, S. 239 f.).

Welche Kriterien touristische Ressourcen aufweisen müssen, um für eine gesamte Destination als strategische Ressourcen angesehen zu werden, darüber finden sich in der Fachliteratur keine Angaben. Nur im Bezug auf deren Imitierbarkeit wird konstatiert, dass Destinationen und touristische Produkte allein aufgrund ihrer

Prägung durch exogene Faktoren (bspw. Klima, Topographie) schon stark vor Nachahmung gefeit sind (*Bieger*, 2008, S. 297).

Zur weiteren Bedeutung bzw. möglichen weiteren Einteilung von Ressourcen für und in Destinationen, können die in Abschnitt 3.2.3 / S. 76 beschriebenen Modelle herangezogen werden.

### Wissen und Fähigkeiten einer Destination

Auch die im folgenden Verlauf beschriebenen Ressourcen (Wissensressourcen, Fähigkeiten und [Kern-] Kompetenzen) können – analog zur RV des Strategischen Managements – gemeinschaftlich von den Netzwerkpartnern genutzt werden. Wie die vorangehend beschriebenen Ressourcen können Sie gleichfalls als Netzwerkressourcen einer touristischen Destination verstanden werden und werden – um terminologische Überschneidungen zu vermeiden – im weiteren Verlauf der Arbeit als Destinationsressourcen bezeichnet.

### Wissen als Ressource

Zwar sprechen *Ritchie* und *Crouch* (2003, S. 20 f.) davon, dass die Tourismusindustrie eine vergleichsweise weniger wissensintensive Industrie sei, andererseits wird auch Wissen, vor allem aber der Austausch von Wissen als grundlegend für den Erfolg von Destinationen gewertet (*Scott, Baggio* und *Cooper*, 2008, S. 52 f.). Vorangehende Studien belegen, dass Wissensaustausch nicht nur innerhalb von Unternehmen (meist von KMUs), sondern auch und vor allem über Destinationsgrenzen hinaus erfolgen muss bzw. auch innerhalb der Destination selbst als erfolgskritisch angesehen wird (*Cooper*, 2006; *Peters, Weiermair* und *Withalm*, 2002; *Scott, Baggio* und *Cooper*, 2008, S. 155 f.). In der Studie von *Pechlaner, Abfalter* und *Raich* (2002, S. 89 ff.) wird die Bedeutung von Wissensnetzwerken für den Tourismus in Bergregionen unterstrichen, die durch den Transfer von alpenspezifischem Know-how die Wettbewerbsfähigkeit der Regionen steigern können.

Auf Ebene der Destination müssen demnach die Voraussetzungen für einen interorganisationalen Wissensaustausch geschaffen werden, die in den folgenden Punkten liegen (*Scott, Baggio* und *Cooper*, 2008, S. 53 f.):

- einer kontinuierlichen Innovation zur Wettbewerbsfähigkeit und neuen Destinationsprodukten,
- einem interaktiven Wissensaustausch, der durch das Internet und Wissensportalen einer Destination gefördert wird,
- stabilen Partnerschaften, die durch einen hohen Grad an Vertrauen gekennzeichnet sind,
- einem effektiven Wissensmanagement innerhalb von Organisationen um Wissen zu »sammeln«.

Allerdings scheitert die Übertragung der Erkenntnisse aus dem Wissensmanagement auf den Tourismus vor allem an der Natur des Tourismus selbst (bspw. starke

Fragmentierung des Angebotes, große Bedeutung von KMUs, hohe Bedeutung physischer Ressourcen u. a., siehe ergänzend die Ausführungen in *Cooper*, 2006, S. 58 f.).

### Fähigkeiten und Kompetenzen

Als besondere Fähigkeiten in einer Destination können jene dynamischen Prozesse angesehen werden, die durch den Einsatz der vorhandenen Ressourcen einer Destination Wert zufügen, indem bspw. Einzigartigkeit oder die Einsparung von Kosten verfolgt wird (*Sainaghi*, 2006, S. 1056 f.). In diesem Zusammenhang kann – analog zu den Lehren im Strategischen Management – von Routinen gesprochen werden, die destinationsspezifische Kompetenzen darstellen, die für die Integration und der effektiven Nutzung der einzelnen Ressourcen und Attraktionen im Netzwerk zuständig sind (*Pechlaner* und *Fischer*, 2007, S. 312).

Jene Fähigkeit einer Destination, wodurch Ressourcen effektiv über eine lange Frist eingesetzt werden, ist wettbewerbsentscheidend (*Ritchie* und *Crouch*, 2003, S. 23) : »*A destination endowed with a wealth of resources may not be as comptetitive as a destination that is lacking in resources but that utilizes the little it has much more effectively.*« Demzufolge können *komparative* Wettbewerbsvorteile durch den Einsatz besagter Fähigkeit in *kompetitive* »verwandelt« werden. Konkret handelt es sich um die Fähigkeit, eine Vision für den Tourismus zu entwickeln, diese mit den Interessensgruppen zu teilen, die Stärken und Schwächen zu verstehen, eine geeignete Marketing-Strategie zu konzipieren und diese erfolgreich zu implementieren *Ritchie* und *Crouch* (2003, S. 23 ff.).

*Lemmetyinen* und *Go* (2009, S. 35 f.) sehen insgesamt weitere vier Schlüssel-Fähigkeiten als entscheidend für das Management und somit für die Wertsteigerung eines Netzwerkes im Tourismus an:

1. die Fähigkeit, *Kompetenzen* zu *entwickeln*, um informationelle, personelle und/oder andere Entscheidungen treffen zu können und diese Kompetenzen auch zu implementieren (Schaffung eines finanziellen Mehrwertes zu Beginn);
2. die Fähigkeit, das *Netzwerk* zu *dirigieren* und eine Vision zu verwurzeln, die das Engagement der Akteure zur Mitarbeit an der Markenideologie stärkt (Wert wird durch die Netzwerkorganisation hinzugefügt);
3. die Fähigkeit, gemeinsames *Wissen* zu *schaffen* und eine absorptive Kapazität zu entwickeln, die die Ressourcen in das Netz integriert (Wert wird durch die Netzwerkorganisation hinzugefügt);
4. die Fähigkeit, durch Zusammenarbeit in einem Netzwerk einen *starken Gemeinschaftssinn* zu erzeugen, der auch in Zukunft zu einer starken Markenidentität beiträgt (zukunftsorientierte Werteschaffung).

### Kooperative Kernkompetenzen

Den Ausführungen in Abschnitt 2.2.4 / S. 44 folgend, kann das Konzept der kooperativen Kernkompetenzen auch auf das Anwendungsgebiet einer touristische Destination übertragen werden.

Kernkompetenzen können in Destinationen als Bündel von Ressourcen und Fähigkeiten vorliegen, bspw. könnte eine Region durch die Bewirtung, die Gastlichkeit und aufgrund der zubereiteten lokalen Spezialitäten über Kernkompetenzen verfügen; als Ressourcen dienen dabei Produkte der lokalen Landwirtschaft, wodurch auf Basis dieses Bündels neue Produkte entwickelt werden (bspw. Kochkurse, Wettbewerbe, Spezialitäten-Märkte). Eine auf Kernkompetenzen ausgerichtete Destinationsstrategie kann durch das Label einer touristischen Region die lokalen Produkte direkt vermarkten und somit nicht nur für den Tourismus zum Vorteil werden (bspw. Dachmarke Südtirol, Abschnitt 5.2 / S. 169, *Bieger*, 2008, S. 293).

*Pechlaner* und *Fischer* (2007, S. 293 ff.) wenden die Sichtweise der kooperativen KK auf eine touristische Destination an, die als ein interorganisationales Netzwerk verstanden wird, das durch das Management unterschiedlicher Inputgüter (Physiographie, Kultur und Geschichte, Marktbeziehungen, Aktivitäten, Events sowie touristische Infrastruktur) und Produktionsfaktoren (bspw. das Destinationsmanagement bzw. die Fähigkeiten des Destinationsmanagements die Stakeholder zu motivieren und zu integrieren) in der Lage ist, Wettbewerbsfähigkeit zu erlangen.

Inputgüter und Ressourcen auf den unterschiedlichsten Ebenen (lokales Netzwerk, Destination, Region, externes Umfeld) sollten aus diesem Grund kombiniert und gebündelt werden, wodurch eine destinationsübergreifende Kompetenz entwickelt wird: »*Für ein effektives und effizientes Netzwerkmanagement muss das Destinationsmanagement die Interessen der Netzwerkteilnehmer koordinieren und die Anreiz- und Koordinationsinstrumente derart gestalten, dass alle wertsteigernden Anbieter am Netzwerk teilnehmen und die erforderlichen Beiträge leisten, aber auch die daraus resultierenden Erlöse internalisieren*« (Pechlaner und Fischer, 2007, S. 315).

Um allerdings das gesamte Potential einer Region ausschöpfen zu können, bedarf es einer Fähigkeit, durch die einzelne Attraktionspunkte erkannt und im Zusammenspiel in Wert gesetzt werden können (*Pechlaner* und *Fischer*, 2007, S. 315). Diese Fähigkeit knüpft direkt an den Begriff der »Kooperationskompetenzen« an (Abschnitt 2.2.4 / S. 44), die als die Fähigkeit, komplementäre Ressourcen der Netzwerkpartner zu erkennen und zu einem nutzenstiftenden Endprodukt zusammenzufügen, beschrieben werden kann (*Oelsnitz*, 2005, S. 201). Dies entspricht wiederum jener absorptiven Fähigkeit, die von *Cohen* und *Levinthal* (1990) als Grundlage für den Aufbau von KK für Organisationen bewertet wurde.

### 3.2.3 Netzwerkgedanke im Destinationsmanagement

Die Diskussion rund um eine RV bzw. dem Netzwerkgedanken (siehe Abschnitt 2.2.4) im Tourismus gewinnt zunehmend an Bedeutung. Traditionelle

Branchenstrukturen sind – wie bereits in Abschnitt 2.2.4 / S. 34 beschrieben – zunehmend einem starken Wandel unterworfen: Deregulierung, Privatisierung, neue Informations- und Kommunikationstechnologien sowie die vorhergehend angeführten Trends, sind wesentliche Gründe dafür, dass bisher gültige Modelle und Theorien an Bedeutung verlieren; aus diesem Grund kommt es einerseits zu Fusions- und Konzentrationsprozessen in der Tourismusindustrie und andererseits zu branchenübergreifenden Kooperationen (*Pechlaner*, 2003, S. 28 f.). Destinationen, die als eine extreme Form von Netzwerkorganisationen verstanden werden können, werden somit zur Steigerung ihrer Wettbewerbsfähigkeit immer stärker in Richtung Kooperationen und Netzwerke gedrängt (*Mitchell* und *Hall*, 2005, S. 5): »*However, to gain best advantage, local providers, including those supplying accomodation, food and attractions, must work together to gain synergies from complementary.*«

Dienstleistungsnetzwerke sind charakterisiert durch die Zusammenarbeit verschiedener Unternehmen, die aus einem Bündel von DL besteht (*Stauss* und *Bruhn*, 2003, S. 7). Gemäß den Eigenschaften von DL-Produkten, eignen sich besonders Service-Güter für eine gemeinschaftliche Erstellung eines Angebotes (vgl. Abschnitt 3.1.2 / S. 57). Netzwerke im Dienstleistungsbereich werden wie in Definition 3.5 erläutert (*Ahlert*, *Blaich* und *Evanschitzky*, 2003, S. 52 f.).

**Definition 3.5 (Dienstleistungsnetzwerke)** *Dienstleistungsnetzwerke bezeichnen die auf die Erbringung einer Dienstleistung ausgerichtete Zusammenarbeit von mehr als zwei rechtlich selbständigen Partnern, die jedoch zumindest in Bezug auf den Kooperationsbereich wirtschaftlich nicht unabhängig sind. [...] Die Beziehungen zwischen den die Dienstleistungen erbringenden Unternehmungen gehen dabei über rein marktliche Beziehungen hinaus, d. h., dass sie für eine gewisse Dauer angelegt sind und die Dienstleistung von den Unternehmungen nicht nur einmalig erbracht, sondern dauerhaft (zumindest mehrmalig) am Markt angeboten wird.*

In diesem Zusammenhang kann von Wertschöpfungsnetzwerken gesprochen werden, die sich aus einzelnen Werteketten zusammensetzen und durch Kooperation ein einheitliches Produkt garantieren (*Johnson*, *Scholes* und *Whittington*, 2008, S. 111 ff.): Es handelt sich dabei um ein Gefüge aus interorganisationalen Verbindungen und Beziehungen, die zur Produkt- oder Dienstleistungserstellung notwendig sind.

In Abschnitt 3.1.2 / S. 58 sind die Gründe für die Notwendigkeit einer Vernetzung der einzelnen Akteure bereits beschrieben. Es gibt nun verschiedenen Möglichkeiten, wie die Struktur von Netzwerken im Tourismus aussehen kann, zu welchem Zweck Netzwerke etabliert werden und wie diese geführt werden müssen. In den folgenden Abschnitten sollen diverse relationale Sichtweisen auf eine Destination bzw. beispielhaft Modelle zum Management von Destinationen bzw. zur Governance von Regionen, die einem solchen Netzwerkgedanken folgen, angeführt und erläutert werden.

### Die Destination als virtuelle Unternehmung

Für touristische Destinationen erscheint ihre Organisation in Form eines Netzwerkes als typisch (*Fuchs* und *Weiermair*, 2003, S. 434 ff.), da Teilleistungen der einzelnen Dienstleister stets zu einem Ganzen zusammengefügt werden müssen (*Benkenstein* und *Zielke*, 2003; *Freyer*, 2006, S. 253 f.). Erstens kann durch eine dementsprechende Kooperation das Fortbestehen einzelner Betriebe gesichert werden und eine Destination als Ganzes ihre Wettbewerbsfähigkeit steigern, zweitens sind viele der Kern-Ressourcen einer touristischen Destination, wie bspw. Landschaft, Gewässer, Strände, Museen, historische Bauten, aber auch intangible Ressourcen wie die Gastfreundschaft oder die Marke einer Destination, »im Besitz der Öffentlichkeit«, weshalb es eine Vielzahl an Interessensgruppen gibt (*Scott, Baggio* und *Cooper*, 2008, S. 16 f.).

Damit ein Leistungsbündel als eine Einheit vom Kunden wahrgenommen wird, bedarf es eines Minimums an Koordination, wofür eine übergreifende Strategie formuliert werden muss; diese Aufgabe übernimmt in der Regel eine Tourismusorganisation, die eine Strategie erarbeitet und auf die Destination (als die Gesamtunternehmens-Ebene) anwendet (*Bieger*, 2008, S. 65).

Im Zusammenhang mit Destinationen wird auch der Begriff von »virtuellen Unternehmen« verwendet. *Sydow* (2006b, S. 399 f.) sieht dabei in ihrer Wirkung nur *eine* Unternehmung, da es sich um ein Projektnetzwerk bzw. um ein dynamisches Netzwerk von Unternehmungen handelt, die sich – für den Kunden nicht ersichtlich – zum Zwecke der Erstellung einer Leistung zusammenschließen, sich dabei allerdings nicht institutionalisieren. Diese virtuellen Unternehmungen entstehen, da es zu einer Quasi-Externalisierung von Ressourcen (Ausgliederung von Kompetenzbereichen bei gleichzeitiger Zusammenarbeit) und auf der anderen Seite zu einer Quasi-Internalisierung (neue Kompetenzbereiche werden erschlossen) kommt (*Bieger*, 2008, S. 93); virtuelle Unternehmen sind somit »*[...] Unternehmensnetzwerke, die auf der Basis von gemeinsamen Ressourcen operieren und in der Folge eine besonders enge Kooperation pflegen und folglich beim Aufbau und der Weiterentwicklung der gemeinsamen Ressourcen wie Kernkompetenzen eine gemeinschaftliche strategische Planung benötigen.*«

Eine virtuelle Unternehmung muss durch Anpassung, Lerneffekten und Entwicklung, die bestehende Komplexität und Dynamik bewältigen, indem sie eine Art »Keimzelle« entwickelt, die die notwendigen Funktionen übernimmt (*Bieger*, 2008, S. 94 ff.):

- eine destinationsübergreifende Überwachung, Deutung und Reaktion auf sich ändernde Rahmenbedingungen;
- eine destinationsübergreifende Steuerung von Leistungsprozessen, Strategien und der Destination selbst.

In der Regel übernimmt die DMO durch ihre speziellen Fähigkeiten (Abschnitt 3.2.2 / S. 75) diese Funktionen einer Keimzelle, wodurch der Einsatz der

Fähigkeiten und Ressourcen auch die Entwicklung kooperativer Kompetenzen bewirkt. Das Destinationsmanagement muss die Interessen der Netzwerkteilnehmer koordinieren und die Anreiz- und Koordinationsinstrumente derart gestalten, dass Anbieter an dieser wertsteigernden Zusammenarbeit teilnehmen und somit die notwendigen Beiträge leisten, aber auch die daraus resultierenden Erlöse internalisieren (*Pechlaner* und *Fischer*, 2007, S. 315).

### Risiken, Leistungen und Vorteile einer Netzwerkmitgliedschaft

Die DMO muss die notwendigen Voraussetzungen schaffen, um zur Mitgliedschaft in einem Netzwerk anzuregen, um beidseitig positive Wechselwirkungen durch ein Netzwerk erwirken zu können. Verträge, die konstante Einbindung der Schlüsselstakeholder in Entscheidungsfindungen sowie die Förderung einer vertrauensvollen Partnerschaft sind hierfür mögliche Werkzeuge (*d'Angella* und *Go*, 2008, S. 9 f.).

Stakeholder gehen durch die Partnerschaft finanzielle Risiken (Kostenbeteiligung und Zahlung von Jahresbeiträgen oder Steuern), Risiken durch die Weitergabe von Wissen (Knowledge-Sharing Risiko bezogen auf Informationen zu leistungsrelevanten Indikatoren) oder durch die Schaffung von Abhängigkeiten ein (Unabhängigkeits-Risiko durch die Delegation der Reservierung oder Vermarktung). Die DMO erhält im Gegenzug finanzielle Mittel und den Konsens und die Legitimation durch die Stakeholder Entscheidungen zu treffen (zu Vermarktung und Angebotsentwicklung, Reservierung), wodurch strategische und operative Aufgaben (Planung, Mittelbeschaffung, Angebotsentwicklung, Marketing, Forschung, Training) sowie Controlling-Aufgaben (Know-how, Rollenvergabe, Informationsverteilung, Qualitätsstandards) übernommen werden können. Dies schlägt sich in einer verbesserten Performanz der Mitglieder (Skalenerträge, Synergien, hohe Buchungsraten), der Auslagerung von strategischen und operativen Aktivitäten (Vermarktung, Planung und Organisation durch spezialisiertes Personal, Abgleich der Zielvorstellungen) und einer Aufwertung ihrer Interessen nieder (Einbindung in Entscheidungsfindung; *d'Angella* und *Go*, 2008, S. 9 f.).

Eine virtuelle Unternehmung kann in unterschiedlicher Art und Weise Gestalt annehmen; Beispiele hierfür sind Partnerschaften, die sich gemeinsame Visionen teilen (in Form eines »*Netzwerk Tourismus*«), der Aufbau eines *Destinationskarten*-Systems oder die virtuelle Vernetzung von Informationen im *Internet*.

### Aufbau eines »Netzwerk Tourismus«

Das virtuelle Netzwerk im Tourismus besteht aus einer Vielzahl selbständiger Organisationseinheiten, die jeweils ihre eigenen Ziele verfolgen (Gewinnmaximierung bei privatwirtschaftlichen Unternehmen, gleichmäßige Förderung des Tourismus bei Tourismusorganisationen); die Organisationsstruktur »Netzwerk« ist für den Tourismus deshalb sehr geeignet, da dieser Vernetzungscharakter von Natur aus schon gegeben ist, alle Organisationen selbständig, eigenständig und

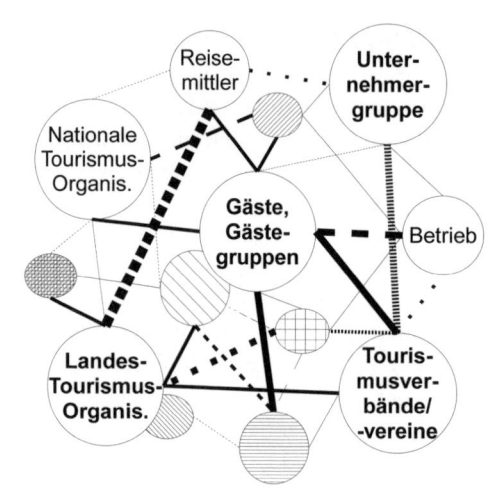

Bild 3.4: Realisierung eines »Netzwerk Tourismus« (*Ullmann*, 2000)

unabhängig bleiben und im Verbund dennoch an »virtueller« Größe gewinnen können. Durch Netzwerke ist eine lose Kopplung selbständiger Einheiten möglich, die jederzeit bei kleiner werdendem Nutzen getrennt werden können – was in Hierarchien nicht der Fall ist (*Ullmann*, 2000, S. 234 ff.).

Bild 3.4 zeigt das »Netzwerk Tourismus«, das aus nutzenorientierten Netzwerkgruppen besteht, die den Tourismus in einer Destination aufgrund ihrer einheitlichen Zielvorstellung weiterbringen wollen; die Verbindungen zwischen den Partnern sind unterschiedlicher Art, müssen jedoch aufgrund des DL-Charakters des touristischen Produktes als intensiver bewertet werden, als in anderen Branchen (*Ullmann*, 2000, S. 236 f.).

Der Unterschied zwischen der klassischen Sichtweise und den Beziehungen im »Netzwerk Tourismus« liegt in einer bewussten Gestaltung des Netzwerkes und folgt dem Gedanken (*Ullmann*, 2000, S. 235): »*Was fehlt mir noch in meinem Netzwerk, um die Zielvorstellungen realisieren zu können?*« Diese Sichtweise geht von einer Vision des nutzenstiftenden Netzwerkes aus, wobei Gleichberechtigung der einzelnen Netzwerkpartner als grundlegend erachtet wird und aus diesem Grund – im Gegensatz zu Hierarchien, in denen Informationsasymmetrien aufgebaut werden – Informationen für alle Partner vorbehaltlos zur Verfügung gestellt werden; Voraussetzung für die Realisierung des Netzwerkgedankens im Tourismus ist wiederum gegenseitiges Vertrauen sowie eine intensive Koordination der dezentralen Einheiten, wobei den gemeinsam erarbeiteten Zielvereinbarungen Folge geleistet wird. Aufbauend auf die gemeinsam festgelegte Entwicklungsrichtung können Aufgaben, Kompetenzen und Ressourcen verteilt werden (*Ullmann*, 2000, S. 228 f.).

## Destinationskarten-Systeme

Eine einfache wie effektive Form der Vernetzung einzelner DL sind Destinationskarten-Systeme, die einerseits unterschiedliche Funktionen erfüllen und gleichzeitig unterschiedliche Akteure noch stärker vernetzen (*Steinecke*, 2007, S. 31 ff.). Durch die Einführung von Destinationskarten werden in der Regel die folgenden Ziele verfolgt (*Pechlaner* und *Zehrer*, 2005, S. 22 f.): Der Aufbau eines Marketing-Netzwerkes, Schaffung von Partnerschaften, Unterstützung des Destinationsmangements, Bindung und Neugewinnung von Kunden, Stärkung der Destinationsmarke, Schaffung von attraktiven und multioptionalen Produkten (Pakete) und Gewinnung von Kundendaten.

Vernetzung kann dabei in der Regel in unterschiedliche Richtungen erfolgen (*Dreyer*, *Wieczorek* und *Lachmann*, 2005; *Fleischer*, 1997, S. 30 ff.):

*Horizontale Kooperation:* Die Zusammenarbeit findet innerhalb einer Branche und ähnlichen Stufen der Leistungserstellung eines Produktes oder einer DL statt, wobei die einzelnen Kräfte einem gemeinsamen Ziel folgend summiert werden (Skigebiete schließen sich zu einem Skikarusell zusammen);

*Vertikale Kooperation:* Unternehmen, welche sich in aufeinander folgenden Produktions- bzw. Dienstleistungsstufen befinden, ergänzen sich durch einen Zusammenschluss (Reiseveranstalter arbeiten mit Hotels zusammen);

*Laterale Kooperation:* Eine Vernetzung zu vollkommen unterschiedlichen Branchen bzw. Produktions- oder Dienstleistungsstufen schließen sich zusammen, wodurch sie sich ergänzen und zu einem verbreiterten Leistungsspektrum führen.

Destinationskarten können eine Zugangsfunktion (personalisierte Karten gewähren bspw. Eintritt für gewisse Freizeiteinrichtungen, oder die freie/begünstigte Nutzung von Aufstiegsanlagen), Bonusfunktion (durch eine Segmentierung der Kundenschicht können spezielle Begünstigungen zielgerecht weitergegeben werden), Zahlungsfunktion (wodurch bargeldloses Einkaufen ermöglicht wird) sowie weitere Schlüsselfunktionen für Zusatzleistungen erfüllen (eine unzählige Fülle an weiteren Funktionen, die das Kernprodukt erweitern, aber sich nicht zu weit davon entfernen) und dienen in jedem Fall dazu, dem Kunden *verschiedene* Leistungen zu bieten; zudem zeichnen sich die unterschiedlichen Destinationskarten durch weitere vier Eigenschaften aus: Der zeitlichen Gültigkeit (Tage, Wochen, Monate), der Angebotspalette (»all-inclusive« oder »discount-cards«), der Preis (von kostenlos sind nach oben hin keine Grenzen gesetzt) und der Beschaffenheit (Magnetkarten, Chips; *Pechlaner* und *Abfalter*, 2005; *Pechlaner* und *Zehrer*, 2005, S. 18 ff.).

Destinationskarten-Systeme können somit Ausdruck einer kooperativen Kernkompetenz sein, da die Destinationsressourcen durch ihre Organisation und Nutzbarmachung im Netzwerk eine Veredelung erfahren und für den Touristen einen zusätzlichen Wert schaffen.

### Vernetzte IT-Systeme

Ein weiterer Ausdruck einer virtuellen Unternehmung kann die Vernetzung von IT-Systemen sein. *Scott, Baggio* und *Cooper* (2008, S. 200 ff.) haben die Webseiten (stellen die Knotenpunkte in einem Netzwerk dar) einer Tourismus-Destination analysiert und anhand ihrer Verlinkungen (Verbindungen zwischen den Knoten) unterschiedliche Potentiale eines Netzwerkes festgestellt: Durch eine höhere Anzahl an Verbindungen kann die Effizienz eines Netzwerks gesteigert und Ressourcen besser genutzt werden, was sich auch in einer verbesserten Verlinkung der Webseiten einer Destination ausdrückt; Kooperationsmechanismen im Internet erleichtern die Organisation und das Management einer Destination sowie ihre Effizienz im Wettbewerb eines globalisierten und hochkompetitiven Marktes. »*Today, in fact, most advance international destinations are able to sell integrated products, and individual tourists satisfy their informational or operative needs by navigating through well-interconnected groups of websites*« (*Scott, Baggio* und *Cooper*, 2008, S. 203).

Dadurch ist es dem Kunden möglich, sich über Urlaubspakete zu informieren, ohne die einzelnen Webseiten mehrerer Anbieter aufsuchen zu müssen; zudem gilt die Vernetzung im Internet als klares Signal, dass die Unternehmen zusammenarbeiten, um integrierte Produkte und DL anbieten zu können. Weiters werden sich Suchmaschinen und Weiterempfehlungs-Systeme der Zukunft verstärkt auf die Suche und Identifizierung verbundener Gemeinschaften im Internet konzentrieren (*Bhat* und *Milne*, 2008; *Opaschowski*, 2008; *Scott, Baggio* und *Cooper*, 2008, S. 203).

### Von der Wertekette zum Wertschöpfungsfächer

*Flagestad* und *Hope* (2001, S. 455 f.) bedienen sich als Ausgangspunt für ihr Modell der Wertschöpfungskette einer Destination (Abschnitt 3.1.2 / S. 58); allerdings folgen sie der Auffassung, dass die Wertekette aufgrund einer nicht-sequentiell ablaufenden Produktion einer DL nicht geeignet ist, da dem Prinzip einer Kette folgend der Output einer Aktivität der Input der darauf folgenden sein muss. Da das klassische Modell der Dienstleistungskette eher von einer Nachfragerperspektive ausgeht, eine Destination aber primär als angebotsseitiges Netzwerk gesehen werden muss, stellt der in Bild 3.5 dargestellte Wertschöpfungsfächer – wodurch die Aktivitäten nicht als abhängige Prozesse, sondern als gleichbedeutende und vernetzte Einzelaktivitäten in einer Destination skizziert werden – ein darauf angepasstes Modell dar.

Die Aktivitäten werden auch hier in primäre und unterstützende eingeteilt (*Flagestad* und *Hope*, 2001, S. 455 f.):

*Primäre Aktivitäten:* Um einem DL-Produkt Wert beizufügen, der dem Kunden Nutzen stiftet, müssen die sich ergänzenden Geschäftseinheiten (bspw. die Betreiber eines Skigebietes, Hotels, Restaurants, Unterhaltung, Transportunternehmer, medizinische Versorger, Polizei etc.) zusammengefasst werden, wobei jede dieser

## Strategisches Management von Destinationen

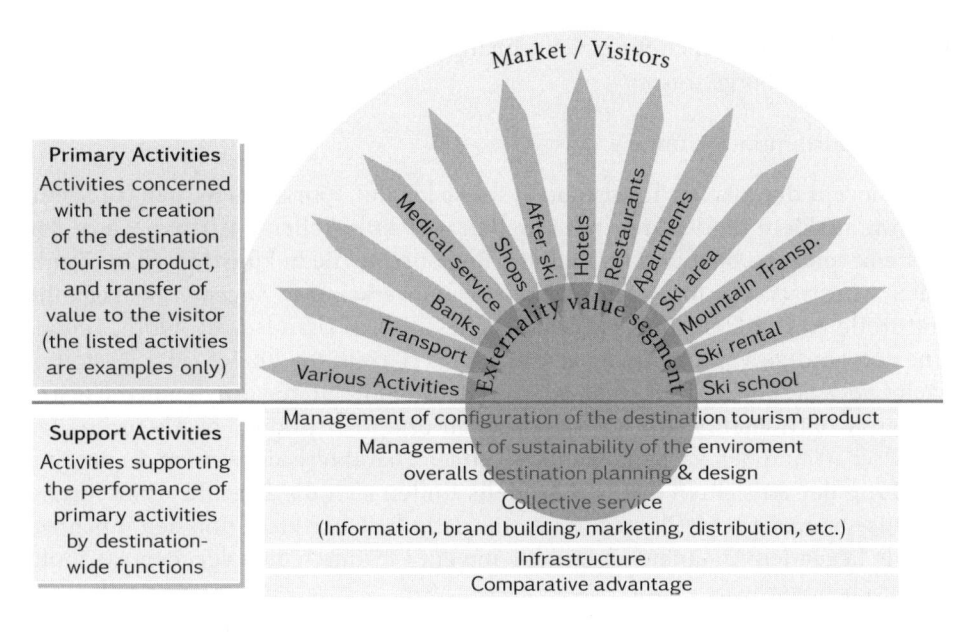

**Primary Activities**
Activities concerned with the creation of the destination tourism product, and transfer of value to the visitor (the listed activities are examples only)

Market / Visitors

Medical service, Shops, After ski, Hotels, Restaurants, Apartments, Ski area, Mountain Transp., Ski rental, Ski school, Various Activities, Transport, Banks

Externality value segment

**Support Activities**
Activities supporting the performance of primary activities by destination-wide functions

Management of configuration of the destination tourism product
Management of sustainability of the enviroment
overalls destination planning & design
Collective service
(Information, brand building, marketing, distribution, etc.)
Infrastructure
Comparative advantage

Bild 3.5: Der Wertschöpfungsfächer einer Wintersport-Destination (*Flagestad* und *Hope*, 2001)

wertschöpfenden Aktivitäten über eine eigene Wertekette verfügt, die sich von den anderen unterscheidet.

*Unterstützende Aktivitäten:* Darunter werden wie in der klassischen Sichtweise einer DL-Kette die Aktivitäten zur Unterstützung der primären Prozesse verstanden; im Modell sind dies bspw. die Konfiguration des touristischen Produktes, ein Nachhaltigkeits-Management (Umwelt, Destinationsplanung und -design), Dienstleistungen für die Destination (Information, Markenführung, Marketing, Vertrieb), die touristische Infrastruktur und die komparativen Wettbewerbsvorteile (natürliche Konditionen).

Um durch Strategisches Management einer Destinationen jene Aktionen zur Erreichung der festgelegten Ziele zu setzen, bedarf es einer Unterteilung der Aktivitäten in eine operative und eine strategische Ebene (*Flagestad* und *Hope*, 2001, S. 456 ff.):

*operative Ebene:* Diese schließt sich aus den Geschäftseinheiten bzw. den Akteuren der primären Aktivitätsstufe zusammen (private Unternehmen und öffentliche Dienstleister), die für den Wertetransfer zum Kunden verantwortlich sind und auch zum Mehrwert der Umwelt des touristischen Produktes beitragen (natürliche, kulturelle und soziale);

*strategische Ebene:* Die strategische Ebene muss die Aufgabe der *Konfiguration* des touristischen Destinationsproduktes (durch den Mix an »Geschäftseinheiten«) erfüllen und auch für eine nachhaltige ökologische, kulturelle und soziale Entwicklung Sorge tragen.

### Lokale Tourismus-Systeme

Das Konzept der lokalen Tourismus-Systeme lokales Tourismus System (LTS) entstammt aus dem Modell der industriellen und kulturellen Distrikte, wo in der Existenz von tangiblen und intangiblen Ressourcen, die in künstlerischen (Denkmäler, Kunstwerke), kulturellen (typische Handwerkskunst, Zugehörigkeitsgefühl, kulturelle Aktivitäten) und natürlichen Ressourcen (Landschaft, Flora, Fauna) eine notwendige Voraussetzung gesehen wird (*Lazzeretti*, 2004, S. 9). LTS stellen nach *Capone* (2006, S. 16 ff.) eine territoriale Einheit dar, die durch einen Cluster aus wirtschaftlichen, nicht-wirtschaftlichen und institutionellen Akteuren, der Gesellschaft und den vorhandenen Ressourcen charakterisiert werden. In der Entwicklung der Ansichten des LTS-Modells finden sich die Begriffe »touristische Milieus«, »touristische Cluster« oder »touristische Distrikte«[6] und den ihnen zugrunde liegenden Annahmen folgend, kann ein LTS durch die folgenden Attribute beschrieben werden:

- es handelt sich um einen Ort, in dem eine soziale und wirtschaftliche Gemeinschaft zusammenlebt (bspw. das Gebiet eines lokalen Arbeitsmarktes);
- vor Ort gibt es bedingt durch die Existenz wirtschaftlicher Tätigkeit einen bestimmten Grad an Wohlstand, der gewisse (touristische) Aktivitäten entstehen lässt;
- der touristische Produktionsprozess ist im Gebiet angesiedelt und von der einheimischen Bevölkerung entwickelt;
- das Gebiet kann als Dienstleistungskette angesehen werden, in dem KMUs sich auf bestimmte Prozesse der touristischen DL-Erstellung spezialisiert haben; kulturelles, künstlerisches und natürliches Erbe haben dabei einen besonderen Einfluss auf das Konsumverhalten;
- die meisten Unternehmen sind KMUs, wobei es keine dominierenden Betriebe, sondern nur autonome Gruppe von KMUs gibt.

In der italienischen Rechtsordnung werden LTS definiert als ein homogener oder integrierter touristischer Kontext, der territoriale Gebiete beschreibt, die zu unterschiedlichen Regionen gehören können und die durch ein integriertes Angebot kultureller und natürlicher Vermögenswerte und touristischer Attraktionen, inklusive typischer landwirtschaftlicher Produkte und lokaler Handwerkskunst, oder durch die weitreichende Präsenz individueller oder angeschlossener touristischer Unternehmen charakterisiert sind (*Italienisches Parlament*, 2001).

---

6 weiterführende Erklärungen zu den unterschiedlichen Begriffen finden sich in *Capone* (2006, S. 11 ff.).

Ähnlich wie bei der Cluster-Theorie von *Porter* (1998) wird auch den Annahmen des LTS-Modells folgend auf eine positive Rückwirkung des Netzwerkes auf die Innovationsfähigkeit der Region hingewiesen; diese entsteht in derlei Beziehungsnetzwerken insbesondere unter folgenden zwei Umständen: Die Akteure müssen sich erstens Wissen aneignen um es zweitens über ihre Fähigkeiten weiterentwickeln zu können (*Guia*, *Prats* und *Comas*, 2006, S. 57 f.). Innovation als die Folge von Tourismusnetzwerken wird auch von *Pechlaner*, *Fischer* und *Hammann* (2005, S. 39 ff.) propagiert, die im Zusammenspiel von Markt- und Ressourcenorientierung die Quelle für die Entwicklung von Kernkompetenzen sehen.

**Modell eines dynamischen Destinationsmanagements**

Nach *Sainaghi* (2006, S. 1056 f.) gibt es vier Bezugsgruppen, die über die lokalen Ressourcen verfügen können und deren Tätigkeitsbereiche dadurch miteinander vernetzt sind (siehe Bild 3.6):

– die *lokale Bevölkerung*, deren Rolle im Modell zur Reduktion von Komplexität ausgeklammert wird;
– die *lokalen Unternehmungen*;
– die *Destinationsmanagement-Organisationen*;
– die *örtliche Regierung* und andere *NGOs* (Sportvereine, Kaufleutevereinigungen).

Die verfügbaren Ressourcen einer Destination werden dem Modell von *Sainaghi* (2006) folgend in drei Gruppen eingeteilt, die sich je nach Möglichkeit der Einflussnahme durch die Destinationsmanagement-Organisation (DMO) unterscheiden lassen: Ressourcen, bei denen eine maximale Einflussnahme durch die DMO möglich ist (bspw. touristische Infrastruktur), werden im Gegensatz zu jenen, bei denen nur eine mittelmäßig starke (bspw. Ressourcen zur Unterstützung der Organisation von Festivals, Messen, Veranstaltungen) bzw. minimale Einflussnahme (z. B. öffentliche Verkehrsmittel und im Modell durch die Ressourcen *V*, *VI*, *VIII*, *IX* dargestellt) möglich ist, von den Tourismusorganisationen selbst verwaltet resp. gemanaged.

*Sainaghi* (2006, S. 1060 ff.) sieht nun drei unterschiedliche Formen, wie Prozesse innerhalb einer Destination auf die vorhandenen Ressourcen bzw. auf die Akteure, die über schwer zugängliche Ressourcen verfügen, Einfluss nehmen können:

*Primäre Prozesse (A):* wirken direkt auf eine verbesserte Nutzung der vorhandenen Ressourcen (durch Kommunikation), einer neuen Nutzung/neuen Kombination von Ressourcen (Entwicklung neuer Produkte) und auf ein Wachstum (operative Prozesse) ein;

*Unterstützende Prozesse (B, C):* können:

⋄ die Effektivität der primären Prozesse stärken und fördern (durch Forschung, Training des Personals, internes Marketing) und

## Management von Destinationen

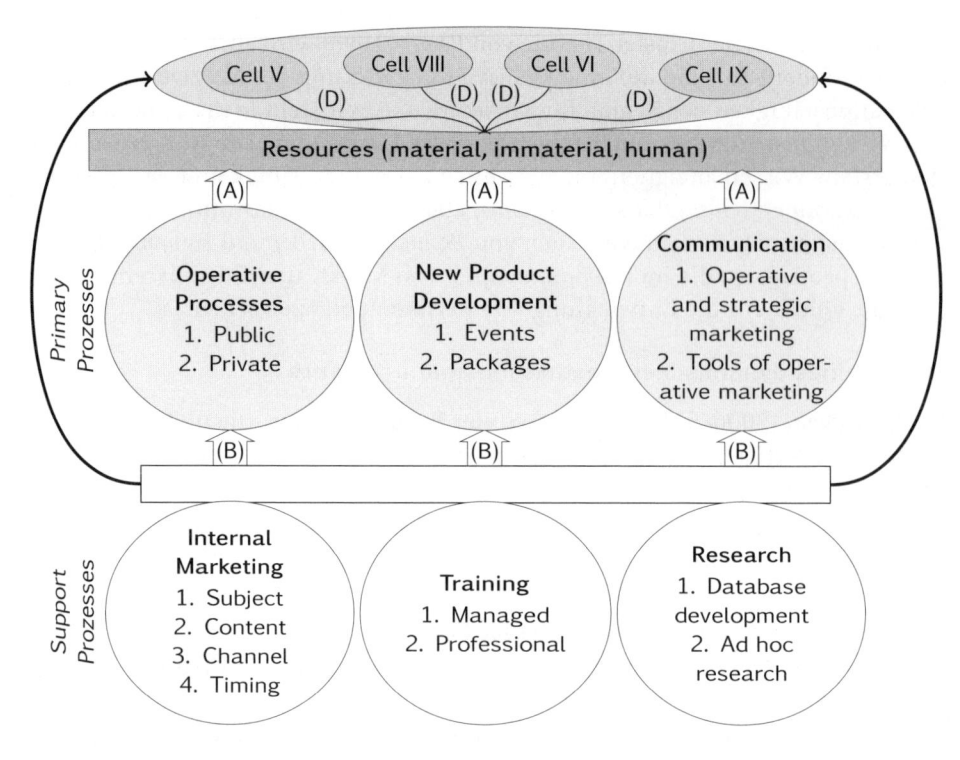

Bild 3.6: Das dynamische Destinationsmanagement-Modell (*Sainaghi*, 2006)

◊ wirken direkt auf jene Ressourcen *(D)* ein, auf die die DMO keinen direkten Einfluss hat, wodurch die Entscheidungen und Handlungen der anderen Gruppen beeinflusst werden können (bspw. können Forschungsergebnisse die Aktivitäten der lokalen Regierung beeinflussen).

### Der regionale Governance-Ansatz

Eine Region setzt sich aus unterschiedlichen Traditionen, Institutionen sowie räumlichen Kooperations- und Interaktionsformen zusammen und ist somit ein gestaltbares Handlungsumfeld, in dem das Wissen über diese regionalen Interaktionsformen, über das Verhalten von Akteuren, Steuerungsmechanismen und -formen gesammelt werden muss, um überhaupt Handlungs- und Steuerungsfähigkeit zu erlangen (*Raich*, 2006, S. 96 f.). Regionen sind dann umso wettbewerbsfähiger, je besser das gemeinschaftliche Agieren organisiert ist und je wirksamer sich eine Region somit der Konkurrenz stellt; hierfür ist die Bildung eines einheitlichen Konsenses nach innen und einer Wettbewerbsorientierung nach außen hin nötig *Luhmann* (1981, S. 145).

Regionen müssen sich aus diesem Grund mit der zunehmenden Vernetzung auseinandersetzen, um dadurch zu Lösungen zu gelangen, die den jeweiligen Erfordernissen angepasst und angemessen sind: Die wieder erstarkte Bedeutung und dadurch erfolgte Aufwertung des regionalen Raumes sowie damit verbundene Erwartungen und Aufgaben verlangen speziell im regionalen Raum nach neuen Gestaltungsformen, die im sog. »Regional-Governance-Ansatz« mündet (*Raich*, 2006, S. 97).

Mit »Governance« wird eine spezielle Form der Führung beschrieben, »*[...] die nicht zentralistisch fokussiert ist, sondern relativ selbständige Einheiten so koordiniert, dass deren Ergebnis von allen Beteiligten als angemessene Führung akzeptiert wird*« (*Priddat*, 2006, S. 250). Zwar gibt es keine genaue Definition für »Regional Governance«, doch kann der Begriff verstanden werden, als Koordinierung und Steuerung regionaler Prozesse in komplexen Strukturen, der auf Prinzipien von Zusammenarbeit baut (*Raich*, 2006, S. 98). Benz (2003, S. 505) sieht in Governance[7] eine »*Form der Selbststeuerung [...], die im Kern auf der Kooperation zwischen Akteuren beruht, aber durch politische Führung und Management sowie durch formale Organisations- und Verfahrensregeln unterschiedlicher Art gestaltet wird.*«

Durch Regional Governance soll eine dreifache Funktion erfüllt werden, nämlich den Staat zu entlasten, Selbsthilfekräfte zu entfalten und sich Synergieeffekten durch die Netzwerkstruktur zu Nutze zu machen (*Fürst*, 2003, S. 443). Dies soll durch regionales kollektives Handeln möglich gemacht werden, was bedeutet, dass die relevanten Akteure in die regionalen Steuerungsmodelle eingebunden werden müssen (*Raich*, 2006, S. 98). Die Merkmale von Regional Governance liegen in

- der Konstellation aus staatlichen (Politik, Verwaltung) und nichtstaatlichen Akteuren (Wirtschaft, Zivilgesellschaft),
- den verschiedenen Steuerungsformen, wie Wettbewerb, Kooperation und Hierarchie sowie
- den verschiedenen Regionen (politische, funktionale, symbolische), wie auch räumlichen Ebenen (lokal, regional, national),
- die umfasst und regionalspezifisch und netzwerkartig integriert werden (*Pütz*, 2004, 2006, S. 98).

Die Parallelen von RG zu Netzwerkstrukturen liegen somit auf der Hand, da es über ähnliche »Gesetzmäßigkeiten« wie eine Netzwerkkooperation (allgemeine Grundsätze von Netzwerken, wie bspw. Reziprozität, Fairness, Vertrauen, Selbstbindung, und auch Regelungen, wie bspw. Festlegung der Funktionen innerhalb der Kooperation, Regeln für die Entscheidungsfindung, oder der Umgang mit Konflikten), allerdings auch über ein komplexeres Regelwerk verfügt (*Fürst*, 2003, S. 443). Jedes Mitglied kann aus dem Netzwerk aussteigen, womit sichergestellt wird, dass es nicht zur Einengung der Mitglieder kommt, sich die Mitglieder auch

---

7 siehe die Ausführungen von *Fürst* (2003, S. 441 ff.).

verantwortlich fühlen und Verantwortung tragen und bei Machtverhältnissen auf die Schwächeren Rücksicht genommen wird.

Als wesentlich wird dabei erachtet, dass es gemeinsamer Vorstellungen über die Handlungsbedingungen, über den Handlungsbedarf und über die Handlungswege geben muss, was nur durch kollektives Handeln aller Akteure ermöglicht werden kann (*Raich*, 2006, S. 98). Auch bei Unternehmen hat die regionale Einbindung an Bedeutung gewonnen, denn Produktionscluster und Zulieferverflechtungen, aber auch die Rekrutierung von Arbeitskräften aus der Region bzw. von Fachkräften stellen wichtige Ressourcen für eine Organisation dar (*Fürst*, 2003; *Tischer* und *Münderlein*, 2007, S. 444). An diesem Punkt weist der Regional Governance-Ansatz Gemeinsamkeiten mit dem Konzept regionaler Cluster von *Porter* (1990, 1998) auf (Abschnitt 2.2.4 / S. 39).

*Fürst* (2003, S. 442 f.) unterscheidet zwischen einem *funktionalen* und einem *territorialen* Ansatz. Erstere RG-SichtweiseRegional Governance (RG) ist zwar einfacher zu gestalten, ist aber für die Regionalentwicklung insofern problematischer, als dass sie projektbezogen sind, was sich in meist wirtschaftlichen Zielsetzungen niederschlägt, sie exklusiver sind, was sich negativ auf Integration auswirkt und die Koordinationskosten erhöht werden.

Laut territorialem Ansatz bildet die gemeinsame Einbindung in einer definierten Region die Gemeinsamkeit von unterschiedlichen Akteuren; dies ist auch der Ansatz, der von Politikern und Verwaltungseinrichtungen vertreten wird und der sich an einem »Wir-Gefühl« bzw. Identität, Solidarität und regionalem Gemeinwohl orientiert. Eine Region muss hierbei repräsentativ abgebildet sein, weshalb eine große Zahl von Bezugsgruppen in das Interaktionssystem einbezogen werden sollte. Dadurch steigt allerdings das Konfliktpotential und um eine Win-Win-Situation zu schaffen, muss das Einverständnis aller ein oberstes Zeil sein: Einstimmigkeit bedeutet gleichzeitig den kleinsten gemeinsamen Nenner verwirklichen zu können, damit gemeinschaftliches Handeln von demjenigen, der eine Veränderung am wenigsten herbeiwünscht, noch mitgetragen werden kann (*Fürst*, 2003, S. 446 f.).

### Tourismuspolitik-Netzwerke

Tourismus kann nur dann funktionieren, wenn Kooperation und Kommunikation mit einer Vielzahl anderer Sektoren in Gesellschaft und Wirtschaft geschieht (*Goeldner* und *Ritchie*, 2009, S. 421 ff.): Es bedarf aus diesem Grund eines Zusammenschlusses von politischen Vertretern, des Technologiesektors, der Unterhaltungsindustrie, des Finanz-, Bildungs- und Gesundheitssektors sowie der Transportindustrie und der Umweltbewegungen. Hieraus folgt, dass die Implementierung einer Tourismuspolitik zwangsläufig zu einem Zusammenschluss in Tourismusnetzwerken führt. Tourismusnetzwerke können grob in drei Gruppen eingeteilt werden (*Dredge* und *Pforr*, 2008, S. 68 ff.):

1. jene, die sich mit Themen der Gemeinschaft beschäftigen (bspw. Macht, Einfluss und Legitimität, Equity);
2. jene, die sich hauptsächlich mit wirtschaftsbezogenen Themen auseinandersetzen (z. B. Entwicklung von Business-Clustern, Entwicklung von Produktpaketen, kooperatives Marketing);
3. jene, die Aspekte von Natur und Umwelt zum Gegenstand haben (bspw. Umweltschutz, Gewässer, Forstwirtschaft).

»Policy networks«, die zur Umsetzung einer guten politischen Governance (im Sinne eines demokratischen und transparenten Regierungsstils) benötigt werden – und somit komplementär zum Prozess/Konzept des RG gesehen werden können – vereinen die Anliegen der drei genannten Tourismusnetzwerke (*Dredge* und *Pforr*, 2008, S. 70 ff.): »[...] *policy networks that successfully embrace and integrate multiple substantive issues (e.g. business, community and environmental issues) and effectively work with government to facilitate good tourism management are more likely to represent good tourism governance.*«

Es ist nach *Goeldner* und *Ritchie* (2009, S. 422) für die Etablierung einer guten Tourismuspolitik entscheidend, dass den Interessen aller Partner und Akteure entsprochen wird; um dieses Ziel zu erreichen und Vertrauen von gewissen Akteuren zu erlangen, muss der Tourismussektor jederzeit als ein fähiger, bestens geschulter und vorbereiteter Partner auftreten, wie die Experten jedes zu beteiligenden Sektors. Andererseits läuft der Tourismus Gefahr, untergraben und geschwächt zu werden, was wiederum in ungenützten Chancen oder nicht eingegangenen Partnerschaften/Zusammenarbeiten mündet.

In Tourismuspolitik-Netzwerken gibt es keine klar getrennten Linien zwischen öffentlichen und privaten Interessen, da »Tourismus« als multidimensionales Gebilde von allgemeinem Interesse (öffentlich und privat) ist; allerdings kann eine mehr oder weniger breite politische Unterstützung für bestimmte Themen gegeben sein und der Einfluss sowie die Rolle oder die Funktion gewisser Stakeholder durch ihre Mitgliedschaft in anderen Netzwerken dementsprechendes Gewicht bekommen (*Dredge*, 2006, S. 278 f.).

*Dredge* und *Pforr* (2008, S. 73 ff.) sehen aus diesem Grund fünf Dimensionen als wichtig an, um eine gute Governance realisieren zu können:

*Netzwerk-Definition:* Aufgrund einer Vielzahl an Zielsetzungen und Akteuren in einer Kooperation ist es notwendig, sich mit der Dynamik und Art des Netzwerkes auseinanderzusetzen und durch eine Definition der Netzwerkstrategie die Teilnahme am und die Integration ins Netzwerk zu fördern;

*Ziel und Struktur eines Netzwerkes:* Netzwerkmanager sollten die Beziehungen innerhalb der Struktur pflegen und durch Kommunikationsstrategien die Weitergabe von Informationen und die Akkumulierung von Wissen fördern;

*Rolle des Staates:* (Lokale) Regierungen können die Bildung von Netzwerken wesentlich beeinflussen und sollten für die Entwicklung von Tourismusnetzwerken und zur Wahrung öffentlicher Interessen berücksichtigt werden;

*Etappenziele und Kontinuität:* Netzwerkmanager sollten die Erreichung von Etappenzielen stets mit den langfristigen Entwicklungen und Zielen des Netzwerkes im Gleichgewicht halten;

*Integration von Makro- und Mikroeinflüsse:* Netzwerkmanager müssen stets kritische Einflüsse der externen Umwelt auf ein Netzwerk mit den internen Geschehnissen durch die lokalen Akteure ausbalancieren.

### Wettbewerbsfähigkeits- und Nachhaltigkeitsmodell

Tourismuspolitik wird auf allen Ebenen einer Destination benötigt und Wettbewerbsfähigkeit bei gleichzeitiger Gewährleistung von Nachhaltigkeit muss das primäre Ziel einer jeden Tourismuspolitik sein; damit dies erreicht werden kann, sind unterschiedliche Fähigkeiten vonnöten (*Goeldner* und *Ritchie*, 2009, S. 437 f.). *Ritchie* und *Crouch* (2000, S. 2) definieren Tourismuspolitik als »[...] *a set of regulations, rules, guidelines, directives, and development/""promotion objectives and strategies that provide a framework within which the collective and individual decisions directly affecting tourism development and the daily activities within a destination are taken.*«

Für die Ausarbeitung eines Tourismusplanes müssen jene Faktoren identifiziert werden, die zum Erfolg einer Destination beitragen (*Goeldner* und *Ritchie*, 2009, S. 441). Um wettbewerbsfähig zu sein, muss eine Destination auch das Ziel der Nachhaltigkeit – im Sinne wirtschaftlicher, als auch ökologischer, sozialer, kultureller und politischer Nachhaltigkeit – verfolgen (*Ritchie* und *Crouch*, 2000, 2003, S. 5); dazu werden neun Hauptkomponenten evidenziert, die jeweils eine gewisse Anzahl von Nebenfaktoren mit einschließen (siehe Bild 3.7):

1. die *Kernressourcen* und *Attraktionen*;
2. die *unterstützenden Faktoren* und *Ressourcen*;
3. die *qualifizierenden* und *erweiternde Determinanten*;
4. die *Destinationspolitik, Planung* und *Entwicklung*;
5. das *Destinationsmanagement*;
6. *Komparative Wettbewerbsvorteile*;
7. *Kompetitive Wettbewerbsvorteile*;
8. die *Macro-Umwelt*;
9. die *Micro-Umwelt*.

### Kernressourcen und Attraktionen

Die grundlegenden Ressourcen sind dafür ausschlaggebend, wieso Gäste eine Destination einer anderen vorziehen; diese können in sieben Kategorien eingeteilt

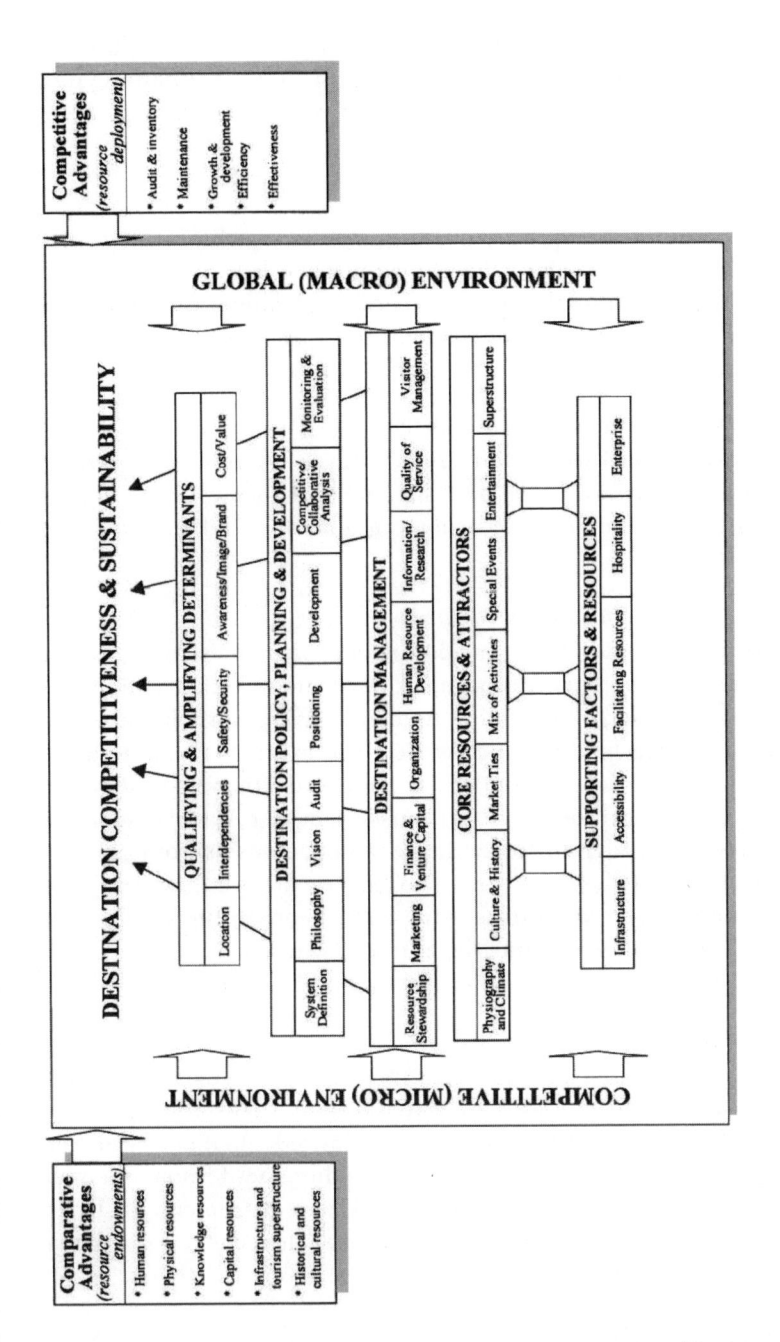

Bild 3.7: Modell der Wettbewerbsfähigkeit und Nachhaltigkeit (*Ritchie* und *Crouch*, 2003)

werden: Physiographie und Klima, Kultur und Geschichte, die Anbindung an den Markt, ein Mix aus Aktivitäten, spezielle Veranstaltungen, Unterhaltung und die touristische Suprastruktur (Hotels, Gastronomie; *Goeldner* und *Ritchie*, 2009; *Ritchie* und *Crouch*, 2003, S. 441).

### Unterstützende Faktoren und Ressourcen

Als unterstützende Faktoren und Ressourcen gelten physische Infrastrukturen, der Zugang, die Gastfreundschaft der Einheimischen bzw. der Hotellerie, die unternehmerischen Bemühungen der Tourismustreibenden, die politische Unterstützung und andere unterstützende Ressourcen (bspw. ausgebildetes Personal,*Goeldner* und *Ritchie*, 2009; *Ritchie* und *Crouch*, 2003, S. 441).

### Qualifizierende und erweiternde Determinanten

Der potentielle Erfolg einer Destination ist auch durch situative Faktoren bestimmt: Die Bedeutung eines Gefühles der Sicherheit hat bspw. durch Terroranschläge an Bedeutung zugenommen (*Goeldner* und *Ritchie*, 2009; *Ritchie* und *Crouch*, 2003, S. 441 ff.).

### Destinationspolitik, Planung und Entwicklung

Jede Destination sollte über eine Tourismuspolitik bzw. über einen strategischen Bezugsrahmen zur Planung und Entwicklung einer Destination verfügen; die Erreichung wirtschaftlicher, sozialer, ökologischer und anderer Ziele erhöht dabei die Wettbewerbsfähigkeit und Nachhaltigkeit einer Destination und verbessert gleichzeitig auch die Lebensqualität der Einheimischen. Dies wird anhand von acht Faktoren gewährleistet: Eine Definition des Tourismussystem, der Ausformulierung einer Tourismus-Philosophie, daraus folgend eine Vision, eine Positionierungs-/Branding-Strategie, einen Entwicklungsplan, eine Analyse der Wettbewerbsfähigkeit bzw. von Zusammenarbeit, die Einrichtung einer Beobachtungsstelle zum Controlling sowie eine Gegenüberstellung der Stärken, Schwächen, Chancen und Gefahren (*Goeldner* und *Ritchie*, 2009; *Ritchie* und *Crouch*, 2003, S. 443).

### Destinationsmanagement

Diese Komponente des Modells ist für die Implementierung der ausgearbeiteten Strategien zuständig und muss die Effektivität der Organisation und des Marketings, einen definierten Qualitätsstandard zur Zufriedenheit der Besucher, die Verteilung von Informationen, die Fort- und Ausbildung des Personals, einen ausgeglichenen finanziellen Haushalt, ein effektives Gästemanagement, die Überwachung der Ressourcen sowie ein eventuelles Krisenmanagement gewährleisten (*Goeldner* und *Ritchie*, 2009; *Ritchie* und *Crouch*, 2003, S. 443).

## Komparative und kompetitive Wettbewerbsvorteile

Ein wichtiges Merkmal dieses Modells ist die Unterscheidung zwischen komparativen und kompetitiven Wettbewerbsvorteilen: Während erstere die Ressourcenausstattung beschreiben, durch welche eine Destination gute Voraussetzungen für Erfolg hat, bezieht sich die zweite Art von Wettbewerbsvorteilen auf die Effektivität, mit der eine Destination diese Ressourcen einsetzt oder verteilt (*Goeldner* und *Ritchie*, 2009; *Ritchie* und *Crouch*, 2003, 21 ff).

## Macro- und Micro-Umwelt

Als globale Umwelteinflüsse oder Makrokräfte werden jene Phänomene bezeichnet, die jedes menschliche Handeln beeinflussen und nicht nur die Tourismusindustrie betreffen; die Mikroumwelt ist hingegen ein Teil des unmittelbaren Tourismussystems und beeinflusst die Ziele jedes einzelnen Mitgliedes dieses Systems (*Goeldner* und *Ritchie*, 2009; *Ritchie* und *Crouch*, 2003, S. 443 f.).

### 3.2.4 Zusammenfassende Übersicht und Anmerkungen

Während der Stellenwert des Strategischen Managements von Destinationen weiter in den Vordergrund der Praxis und der Forschung drängt, kann aufgrund der Ausführungen und Modelle nicht eindeutig entnommen werden, ob es markt-/nachfrageorientierte/externe oder aber ressourcen-/angebotsorientierte/interne Faktoren sind, die für den Erfolg einer Destination ausschlaggebend bzw. ausschlaggebender sind. Studien wie jene von *Rumelt* (1991), *McGahan* und *Porter* (1997) oder *Hawawini*, *Subramanian* und *Verdin* (2003) haben zwar für Organisationen ihre Gültigkeit, können allerdings nicht auf touristische Organisationen umgelegt werden: Dies liegt vor allem an den Charaktereigenschaften für DL, die den Kunden bzw. Touristen selbst viel stärker in die Angebotsgestaltung mit einbinden und ihn – bedingt durch die Netzwerkstruktur einer Destination – somit an jedem primären Prozess in der Dienstleistungskette beteiligt. Tourismus ist nicht zuletzt auch deshalb eine stark nachfragegetriebene Branche, die stärker von den Kräften am Markt (touristische Nachfrage und Trends) beeinflusst wird (*McKercher* und *Cros*, 2002, S. 30).

Andererseits stellen gerade die angeführten Modelle des Managements von Destinationen die Wichtigkeit von Ressourcen einer Destination in den Vordergrund, die für den Aufbau von Wettbewerbsfähigkeit dringend benötigt werden. Als Destinations- oder Netzwerkressourcen müssen in diesem Zusammenhang sowohl die öffentlichen Güter, wie auch die Kompetenzen der einzelnen Akteure der Dienstleistungskette verstanden werden, die im Bündel die kooperativen Kernkompetenzen einer Destination bilden. Auch zählen jene Fähigkeiten einer DMO oder des Governance-Organes dazu, die eine Destination oder Region dazu befähigen, ein Netzwerk aufzubauen und dergestalt zu führen, dass den einzelnen

Ressourcen und touristischen Produkten in jeder Prozessstufe Wert hinzufügt wird und sie dadurch eine Veredelung erfahren.

Aus diesem Grund gilt es für Strategien touristischer Destinationen – im Gegensatz zu anderen Organisationen, Netzwerken oder Branchen – noch mehr, beide Seiten (Angebots- und Nachfrageseite) gleichzeitig und mit gleichem Gewicht zu berücksichtigen (*Enright* und *Newton*, 2004; *Zhang* und *Jensen*, 2007, S. 223 ff.).

### Gemeinschaftliches vs. unternehmerisches Modell

Tourismusnetzwerke können gänzlich unterschiedlicher Natur sein (bezüglich ihrer strategischen Ausrichtung, Organisationsstruktur, Zielsetzungen). Tabelle 3.3 veranschaulicht gegensätzliche Modelle und Sichtweisen auf Destinationen und unterscheidet dabei zwischen Destinationen als Gemeinschaft und Destinationen als Unternehmungen; dabei wird ergänzend auch auf die Terminologie und Ansichten aus dem Strategischen Management bzw. des Netzwerkgedankens in Abschnitt 2.2.4 / S. 34 zurückgegriffen. Die Einteilung erfolgt in Anlehnung an jener von *Flagestad* und *Hope* (2001), die im »*Community*-« und »*Corporate-Model*« ein Gegensatzpaar sehen (Abschnitt 3.1.2 / S. 59).

Nach *Flagestad* und *Hope* (2001, S. 458) gibt es fundierte Gründe zur Annahme, dass ein Unternehmens-Modell von Destinationen bessere Ergebnisse im Hinblick auf die Kundenzufriedenheit bringt, da Destinationen durch die Kontrolle einer kritischen Anzahl an Dienstleistern professionell und kundenorientiert gemanaged werden.

Im Gegenzug arbeiten die Akteure in einem Gemeinschafts-Modell weniger koordiniert, allerdings sind die Ergebnisse im Bezug auf das nachhaltige ökologische und soziale Management besser, was an der Einbindung möglichst vieler Stakeholder liegt.

Aufgrund der geringen internen Konkurrenz kann gesagt werden, dass eine Destination mit einem dominanten Unternehmen ein schlechteres Ergebnis erwirtschaftet, als eine Destination in der zwei oder mehrere Unternehmen tätig sind. Allerdings konstatieren *Flagestad* und *Hope* (2001, S. 458) auch, dass Destinationen auf der Community-Modell-Seite des Kontinuums dann umso erfolgreicher sind, wenn sie von einer übergreifenden Koordinierungsstelle geführt werden; dies ist vor allem dann notwendig, wenn es ein besonders dominantes (Familien-) Unternehmen in einer Destination gibt.

Aus der Tabelle ist auch ersichtlich, dass es zum Aufbau von Wettbewerbsfähigkeit in jedem Fall eines abgestimmten Netzwerkes bedarf: Ein am Stakeholder-Value-Ansatz orientiertes und die wichtigsten Bezugsgruppen mit einbeziehendes Netzwerkmodell zeichnet sich den Ausführungen folgend bspw. durch seine stärker heterarchische (oder polyzentrische) Struktur aus, während Tourismusorganisationen und DMOs in den klassischen Sichtweisen des Destinationsmanagements oder im Modell von *Sainaghi* (2006) als fokale Unternehmen – im Sinne von

|  | *Destination als Gemeinschaft* | *Destination als Unternehmen* |
|---|---|---|
| Steuereinheit | - Selbststeuerung | - Destinationsmanagement-Organisation |
| Netzwerkstruktur | - polyzentrisch<br>- heterarchisch | - zentralistisch<br>- hierarchisch |
| Strategische Orientierung | - Anbieterorientiert<br>- Ressourcen<br>- Stakeholder-Value Ansatz | - Nachfrageorientiert<br>- Markt<br>- Shareholder-Value Ansatz |
| Primäres Ziel | - Nutzen für alle Interessensgruppen durch nachhaltiges wirtschaften | - Rentabilität für alle Partner, Gewinnerzielung |
| Wettbewerbsfähigkeit gemessen an | - ökonomischen und nicht-ökonomischen Kennzahlen | - Profitabilitätskennzahlen |
| Planungshorizont für Etablierung | - mittel- bis langfristig | - kurz- bis mittelfristig |
| Entstehungsrichtung | - bottom-up | - top-down |
| Stellung DMO | - gleichberechtigter Partner | - fokale Organisation |
| DMO agiert wie | - Nichtregierungsorganisation (NGO) | - Unternehmung (Corporate) |
| Voraussetzung | - gemeinsame Zielvorstellungen durch Vertrauen | - gemeinsame Zielvorstellungen vertraglich fixiert |
| Zuordnung der beschriebenen Modelle | - Netzwerk »Tourismus« (S. 79)<br>- Destination als Wertschöpfungsfächer (S. 82)<br>- Lokale Tourismus Systeme (S. 84)<br>- Regional Governance Ansatz (S. 86)<br>- Tourismus-Politik Netzwerke (S. 88) | - klassische Dienstleistungskette (S. 58) oder virtuelle Unternehmung (S. 78)<br>- dynamisches Destinationsmanagement-Modell (S. 85) |

Tabelle 3.3: Die Pole im Spektrum der Destinationsmodelle (in Anlehnung an *Flagestad* und *Hope*, 2001)

strategischen Netzwerken – interpretiert werden können, die an der Spitze eines hierarchischen Netzwerkes stehen.

Mit Ausnahme der beiden letztgenannten Modelle heben sich die anderen touristischen Netzwerkmodelle, die in Abschnitt 3.2.3 / S. 76 angeführt wurden, besonders durch die Einbindung der lokalen Bevölkerung hervor. *Murphy* und *Murphy* (2004, S. 121) konstatieren in diesem Zusammenhang: »*As the business of tourism management has become more complex and intertwined with community life some tourism associations have taken on a more matrix form of organisational structure. This occurs when the destination association attempts to be more than an umbrella organisation for the local industry by taking responsibility to contribute to the well-being of the whole community.«*

Auch ist den Ansichten eines RG-Ansatzes, von Tourismuspolitik-Netzwerken oder dem Modell von *Ritchie* und *Crouch* (2003) folgend, »Nachhaltigkeit« ein zentrales Ziel eines Destinationsmanagements bzw. grundlegendes Element für die Generierung langfristiger Wettbewerbsvorteile.

*Stokes* (2008, S. 256 ff.) unterscheidet in Anlehnung an *Flagestad* und *Hope* (2001) ebenso zwischen den genannten Gegensatzpolen, identifiziert am Beispiel des Event-Tourismus aber eine zusätzlich Form, die in der Mitte dieses Kontinuums angesiedelt ist und beide Modelle in gewisser Hinsicht zu vereinen versucht: Dieser *synergetische Bezugsrahmen* für die Ausarbeitung einer Strategie sieht bspw. vor, dass die Leadership-Aufgaben zwar von einem dominanten Akteur übernommen, allerdings durch die Mitarbeit einer Vielzahl an Interessensgruppen das Gleichgewicht aufrecht erhalten werden kann.

# 4 Kulturtourismus

Das folgende Kapitel befasst sich detailliert mit dem Phänomen des »Kulturtourismus«. Einführend werden die Basisbegriffe und -konzepte erläutert, die für das Verständnis der Thematik grundlegend sind die Spannbreite des Bereiches aufzeigen und eingrenzen. Darauf folgend werden die Determinanten der Wettbewerbsfähigkeit (die Nachfrage- und die Angebotsseite, die Struktur, Strategien und Ziele der Destination sowie die beteiligten Branchen und Kräfte am Markt) wie auch die wichtigsten Aspekte des Kulturtourismus beschrieben.

## 4.1 Grundlagen und Begriffsbestimmungen

Tourismus gilt als ein interdisziplinäres Forschungsobjekt: Aus diesem Grund sollten in der Tourismusforschung auch Erkenntnisse von Basiswissenschaften wie der Volks- und Betriebswirtschaftslehre, Soziologie, Psychologie, Geographie, Anthropologie oder auch Ökologie berücksichtigt werden (*Freyer*, 2006; *Keller*, 2000, S. 37 f.). Auch bei Forschungsvorhaben zum KT muss diese Interdisziplinarität in Ergänzung mit den Kulturwissenschaften (bspw. aus Kunstgeschichte oder Ethnologie) berücksichtigt werden. Die wichtigsten Termini und Konzepte aus unterschiedlichen Fachbereichen, die den Kulturtourtourismus bestimmen und prägen und die zur Eingrenzung des Forschungsobjektes dienlich sind, werden in den folgenden Abschnitten erläutert.

### 4.1.1 Kultur und Kulturverständnis

Kulturellen Ressourcen kommt beim Aufbau von Wettbewerbsfähigkeit einer Destination eine entscheidende Rolle zu, denn im Tourismus ist Kultur mit »Kapital« gleichzusetzen (*Ooi*, 2002, S. 91). »*Without doubt, the attributes of local culture, natural and social environments are attractions in a destination, and as such also transmitters of value direct to the customer*« (*Flagestad* und *Hope*, 2001, S. 458). Das Bewusstsein der Akteure über den Wert ebendieser Ressourcen stellt folglich die Basis für den Erfolg in diesem Segment dar, weshalb die Frage in den Vordergrund tritt, was Kultur eigentlich ist.

In der Literatur finden sich unzählige Herangehensweisen Kultur zu definieren: Dabei findet grundsätzlich eine Unterscheidung zwischen einem eng gesteckten und einem weiter gefassten Verständnis von dem, was Kultur ist, statt (*Worsley*, 2005, S. 13).

#### Enger Kulturbegriff

Ursprünglich war es vor allem der Konsum von Hochkultur im Zuge einer Reise, der als Kulturtourismus verstanden wurde (*Richards*, 2007; *Wagner*, 1990, S. 2);

zwar ist dieser Standpunkt gegenwärtig einer erweiterten Sichtweise gewichen, jedoch stellt die Hochkultur immer noch ein wichtiges Segment im Bereich des Kulturtourismus dar (*Opaschowski*, 2008; *Richards*, 2007, S. 422 ff.).

Mit Kultur werden allgemeinhin die »hohen Künste« verstanden, die auf die gesellschaftlich anerkannten, sog. klassischen Künste (der Literatur, Malerei, Bildhauerei und der klassischen Musik) reduziert werden, von einer intellektuellen Elite dargeboten und von den eher höheren bzw. höher gebildeten Gesellschaftsschichten konsumiert werden (*Worsley*, 2005, S. 13). Allerdings täuscht diese Eingrenzung vor, dass es sich bei Kultur um eine objektive Erscheinung handelt: Kunst muss als eine Urteilskategorie verstanden werden, die »Wertvolles« von »Stümperhaftem« trennt, dabei aber von zeitbedingten Umständen, Strömungen und Anschauungen (bspw. Traditionen, Schichtenbewusstsein, sozialer Zugehörigkeit, Weltanschauungen, historisch geprägter Verehrungshaltungen, akademischer Definitionslust) abhängig ist und zu keiner Zeit von allen Zeitgenossen, sondern nur tendenziell übereinstimmend, als solche bewertet wird (*Bendixen*, 2006, S. 126 ff.).

Kulturelle Güter im allgemeinen sind durch die folgenden Charakteristika gekennzeichnet und treffen insbesondere auf Güter der Hochkultur und Kunst zu; einige grundlegende Eigenschaften von Kunst-Gütern seien an dieser Stelle genannt:

- Kunst wird als ein *unreines öffentliches Gut* bezeichnet: Nicht-Rivalität und Nicht-Ausschließbarkeit im Konsum, wodurch sich reine öffentliche Güter spezifizieren (Abschnitt 3.2.2 / S. 71), treffen auf den Konsum von Kunstgüter (z. B. Theateraufführungen) nur in seltenen Fällen zu (bspw. *Hansmann*, 1987, S. 29 ff.);
- Kunst hat *positive externe Effekte* zur Folge: Staatliche Subventionierung wird vor allem durch den gesellschaftlichen Nutzen von Kultur gerechtfertigt (z. B. die Bildung nationaler/regionaler Identität), stellt aber auch einen bedeutenden Wirtschaftsfaktor dar (Umwegrentabilität) bzw. gilt als weicher Standortfaktor (Abschnitt 4.3.3 / S. 141, vgl. *Rushton*, 2003, S. 86 ff.);
- *Kunstangebot und -nachfrage* sind meist *unausgeglichen*: Die Nachfrage ist fallweise Ausdruck einer Modeerscheinung, was wiederum zu einer Nachfrageumkehr führt, während das Angebot an Kunst die Nachfrage bei weitem übersteigt (vgl. *Kretschmer*, *Klimis* und *Choi*, 1999, S. 63);
- Kunst ist in ihren Eigenheiten den Charakteristika von *Dienstleistungen* ähnlich: Aus Management-Perspektive ist aus diesem Grund auch die spezielle Eigenart von DL (Immaterialität, Komplexität, Uno-actu-Prinzip usw.) zu berücksichtigen und muss als Erlebnis- oder Vertrauensgut bzw. als soziales Gut[1] klassifiziert werden (Abschnitt 3.1.2 / S. 57, *Fitzsimmons* und *Fitzsimmons*, 2008, S. 18 ff.).

---

1 nach *Millar* und *Choi* (2003, S. 271) kann der Wert sozialer Güter von Individuen gar nicht bestimmt werden, sondern wird vor oder nach dem Konsum von der Gesellschaft bzw. einer sozialen Gruppe (Gemeinschaft) bewertet.

Eine einseitige Reduktion auf Hochkultur und Kunst ist allerdings im Zusammenhang mit Kulturtourismus insofern bedauerlich, als dass es sich dabei um einen elitär besetzten Begriff handelt (*Kagelmann*, *Scherle* und *Schlaffke*, 2003, S. 166). Aus diesem Grund wurde dieses ursprüngliche Kulturverständnis sukzessive ausgeweitet und wich einem weiter gefassten Kulturbegriff.

### Weiter Kulturbegriff

Einem eng gesteckten Kulturverständnis steht eine weiter gefasste Sichtweise gegenüber, die Kultur aus einer ganzheitlichen Perspektive begreift und »*zu der alle Überhöhungen unseres menschlichen Daseins, unseres Alltags beim Wohnen, beim Genießen von Freizeit und nicht zuletzt beim Reisen und Urlaubmachen [gehören]*« (*Wagner*, 1990, S. 12).

Setzt man im Bereich Kulturtourismus auf einen weit gefassten Begriff, so muss jede andere Art/Form von Kultur inkludiert werden: Die Soziologie beispielsweise unterscheidet zwischen Volks-, Popular-, Massen- und Hochkultur. Neben diesen Teilkulturen gibt es zusätzlich noch unzählige Subkulturen, die in der Hierarchie der Klassifizierung ganz unten stehen und von der oftmals Trends auf die übrigen Teilkulturen übergehen (*Zembylas*, 2004, S. 59 ff.).

Eine weit gefasste Sichtweise der Kultur darf allerdings nicht als Massenkultur missverstanden werden, die in bestimmten Zusammenhängen durch den Beisatz »Masse« eine negative Konnotation erhält und eine Disqualifizierung auf allen Ebenen (intellektuell, sozial, ethisch, ästhetisch) ausdrückt (*Zembylas*, 2004, S. 50 ff.). Häufig werden – fälschlicherweise auch als Synonyme – die Bezeichnungen »Popkultur« oder »Volkskultur« zur Umschreibung von »Massenkultur« verwendet (*Real*, 2001, S. 168). Zwar handelt es sich bei beiden Ausdrücken für Kultur um Erscheinungsformen, die von einer breite(re)n Masse getragen werden, dennoch weisen sie in zwei grundlegend verschiedene Richtungen.

*Popkultur* leitet sich von »populärer Kultur« ab und stellt eine kulturelle Plattform der Gegenwart dar, die die mediale und ökonomisch freigesetzte Macht der Masse demonstriert und seinerseits der Ästhetisierung des Geldes in der allgegenwärtigen Werbung dient, für anglophone Internationalität steht und von der Sexualisierung aller Lebensbereiche profitiert und selbst dabei mitwirkt (*Steenblock*, 2004, S. 86 f.).

*Volkskultur* wiederum ist als der Ausdruck persönlicher Wechselspiele anonymer Künstler und einer Gemeinschaft innerhalb traditioneller oder stammeszugehöriger Kulturen zu verstehen (*Real*, 2001, S. 168). H. *Haid* (1996, S. 23) sieht in der Volkskultur die Summe aus Handwerk (inklusive Kunsthandwerk), Tradition, Riten, Sitten, Bräuchen, Musik, Religion und Kult, Regionalem in Küche und Kleidung (Tracht) und dem Bauen und Wohnen; Volkskultur ist allerdings in den seltensten Fällen als Kultur definiert oder benannt, sondern wird meist mit Begriffen wie »Bodenständigkeit« oder »traditionell« umschrieben.

In einem soziologisch-anthropoligischen Sinne kann »Kultur« wie in Definition 4.1 festgelegt werden. Es handelt sich dabei um eine freie Übersetzung der Begriffsbestimmung durch *Kluckhohn* (1951, S. 86), die aus der Analyse von 164 Definitionen für Kultur aus der anthropologischen Literatur entspringt und breite Verwendung in der wissenschaftlichen Literatur findet (vgl. dazu die Ausführungen von *Hofstede*, 2001, S. 9 ff. bzw. *Worsley*, 2005, S. 13 ff.).

**Definition 4.1 (Kultur)** *Kultur setzt sich aus einem Muster aus Denken, Fühlen und Handeln zusammen, das hauptsächlich durch Symbole erworben und übertragen wird; Symbole finden ihren Ausdruck in den unverkennbaren Handlungen von Individuen, einschließlich ihrer Darstellung in Artefakten. Der essentielle Kern einer Kultur besteht aus überlieferten (bspw. historisch gewachsenen und selektierten) Gedanken und – im Besonderen – aus den ihnen angehefteten Werten.*

Die Problematik bei einer weit gefassten Verwendung liegt nach *Bendixen* (2006, S. 126) in der Dehnbarkeit des Begriffes, weshalb eine Eingrenzung nur schwer möglich ist; letztlich kann alles das zur Kultur gezählt werden, was nicht von selbst passiert, sondern vom Menschen zur Gestaltung seiner eigenen Lebensverhältnisse verändert und geschaffen wird. Dazu gehört all das, »[...] was aus der Entwicklung, Pflege und Veredelung menschlicher Fähigkeiten entstanden ist und was für eine menschliche Gemeinschaft einer bestimmten Region typisch ist« (*Dreyer*, 2000, S. 47).

Ein solch weit gefasster Kulturbegriff, der aus einer holistischen Betrachtungsweise entspringt, »*besagt, dass Kultur als übersubjektive Ganzheit zu verstehen ist, in der Werte, Normen, Regeln und Handlungsstrategien solcherweise eingeschreiben sind, dass sie von den in dieser Gesellschaft lebenden Individuen zur Strukturierung von Gemeinschaftlichkeit und zur Bewältigung des Alltags genutzt werden können*« (*Schmid*, 2002, S. 41 f.).

Ein derartiges Kulturverständnis hängt stark mit dem Phänomen der *regionalen Identität* zusammen; diese kann als das »lebensweltliche Hintergrundwissen« umschrieben werden, das durch Familie, städtisches oder dörfliches Umfeld, Geschichte einer Sprachgruppe und einer Region, den erlebten Konfliktsituationen, wirtschaftlichen Rahmenbedingungen sowie der Eingebundenheit in Institutionen geprägt wird (*Vavti* und *Steinicke*, 2006, S. 15). Folgt man den Ausführungen von *Pernthaler* (2007, S. 26) gehört zur regionalen Identität auch ein sog. »Landesbewusstsein« (bzw. kollektiv Bewusstes und Unbewusstes), das als Phänomen die Bilder, Sagen, Mythen, Traditionen, Verhaltensweisen und Vorstellungen in sich vereint, welche von Generation zu Generation die Identität eines Volkes in seinem Land beeinflusst haben; folgende Kriterien bestimmen demnach die regionale Identität eines Volkes (*Pernthaler*, 2007, S. 5 f.)[2]: »*Eigene Sprache, besondere Kultur und*

---

2 zitiert nach *Breton* (1981, S. 14)

*Gesellschaftsordnung, eigene geschichtliche Tradition, besondere Wirtschafts- und Sozialordnung, ökologische Besonderheiten, siedlungsgeographische und infrastrukturelle Zusammenhänge, andere politgeographisch begründete Elemente.«*

Eine Kulturauffassung, die von einem ganzheitlichen Blickwinkel ausgeht, steht in engem Zusammenhang mit anderen Fachbereichen; beispielhaft wird an dieser Stelle das Bildungswesen (schulischer Ausbildung, wie auch Weiterbildung) genannt: Bildung und Kultur lassen sich nicht voneinander abgrenzen und dadurch muss »Kultur« auch die Wissenschaft mit all ihren verzweigten Sachgebieten und Institutionen ebenso einschließen, wie handwerkliche Arbeit (zusätzlich zum Kunsthandwerk) sowie die gesamte Wirtschaft. Bildungsinstitutionen sind für die allgemeine, spezifische sowie berufliche Formung und Qualifikation auf individueller Ebene verantwortlich, sodass nicht nur der Grundsatz »keine Bildung ohne Kultur« stimmt, sondern auch der Umkehrschluss »keine Kultur ohne Bildung« beachtet werden muss (*Bendixen*, 2006, S. 335 f.).

Bei einer holistischen Sichtweise ist die Grenze zwischen Kultur und Natur nicht immer klar ersichtlich; besonders in ländlichen Regionen resp. für Destinationen im Alpenraum muss deshalb auf diesen Punkt näher eingegangen werden, da die Verbindung beider Bereiche für solcherlei Gebiete von größerer Bedeutung ist, als für den urbanen Raum (Abschnitt 5.1.2 / S. 166).

### 4.1.2 Versuch einer Kulturtourismus-Definition

Kulturtourismus ist eine Tourismusform, die besonders in der jüngsten Berichterstattung oftmals als ein »boomender Markt« bezeichnet wird (*Opaschowski*, 2008, S. 429 f.) und auch von offizieller Seite als Wachstumsmarkt eingestuft wird (*Amtsblatt der Europäischen Union C 110/01*, 2006, S. 1 f.). Zwar hat es Kulturreisen in Form von Bildungsreisen schon immer gegeben – man denke dabei bspw. an die Reisen zu Kulturstätten aristokratischer und großbürgerlicher Jünglinge (Grand Tour) oder an die Italienreise Goethes – jedoch hat der Markt seit einigen Jahren besonders im Segment der kulturellen Ereignisse (Veranstaltungen, Festspiele, Festivals und dergleichen) einen Aufschwung erfahren (*Bendixen*, 2006, S. 324 f.).

Um dieses touristische Phänomen nun beschreiben zu können, müssen die Ausführungen der vorhergehenden Abschnitte (insbesondere jener der Tourismuslehre und jene zur Abgrenzung und Definition des Kulturbegriffes) berücksichtigt werden. Gemäß der unterschiedlichen Auffassung über den Kulturbegriff existieren somit auch verschiedene Vorstellungen darüber, wie weit Kulturtourismus reicht bzw. wie stark dieses Tourismussegment eingegrenzt werden muss. Aus diesem Grund ist es bis heute (und auch in Zukunft) nicht möglich, eine einheitliche Definition für den KT zu finden, womit es nicht immer klar ist, was mit dem Begriff »Kulturtourismus« überhaupt gemeint ist (*Hughes*, 2002; *Steinecke*, 2007, S. 3).

Da eine enge Auffassung über Kultur gerade im Zusammenhang mit Tourismus – wie in den vorhergehenden Abschnitten ausgeführt – nicht zielführend ist, muss auch für die vorliegende Arbeit der Schwerpunkt auf einen gesamtheitlichen Kulturbegriff im Kulturtourismus gelegt werden, was allerdings zu Abgrenzungsproblemen führt. *Lohmann* und *Mundt* (2002, S. 4) sind der Auffassung, dass »[...] *cultural tourism is not restricted to historical sites and art museums anymore, but includes also destinations of contemporary importance. The topics being dealt with on these trips also relate on social and political aspects of everyday life.*« Demnach umfasst Kulturtourismus jede Form menschlichen Handelns, das in einem sozialen Kontext eingebettet ist und ihren Ausdruck in spezifischen Gegenständen, Verhaltensweisen und Werten findet, und bedarf aus diesem Grund immer einer reflektierten Verwendung (*Steinecke*, 2007, S. 4).

Eine gängige Definition, die in der deutschsprachigen Literatur zum Fachbereich breite Anerkennung gefunden hat, liefert *Becker* (1993, S. 8): »*Der Kulturtourismus nutzt Bauten, Relikte und Bräuche in der Landschaft, in Orten und in Gebäuden, um dem Besucher die Kultur-, Sozial- und Wirtschaftsentwicklung des jeweiligen Gebietes durch Pauschalangebote, Führungen, Besichtigungsmöglichkeiten und spezifisches Informationsmaterial nahezubringen. Auch kulturelle Veranstaltungen dienen häufig dem Kulturtourismus.*«

Dies stellt eine *angebotsorientierte* Definition dar, die materielle und immaterielle Elemente der Kultur, die als Attraktionen für den Tourismus inwertgesetzt werden, in den Mittelpunkt stellt und den Kulturtourismus als eine Tourismusform versteht, der auf kulturelle Ressourcen aufbaut (*Kolland*, 2003; *McGettigan* und *Burns*, 2001; *Steinecke*, 2007, S. 11).

Im Gegensatz dazu gehen *nachfrageorientierte* Definitionen von der Motivation der Kulturtouristen aus und finden aufgrund der Eigenheiten der Tourismusindustrie (als eine von der Nachfrage getriebene Branche, vgl. *McKercher* und *Cros*, 2002, S. 30, Abschnitt 3.2.4 / S. 93) häufiger Verwendung als angebotsorientierte (*Kolland*, 2003, S. 11); aus dieser Sichtweise wird KT als »*[t]he movement of persons to cultural attractions away from their normal place of residence, with the intention to gather new information and experiences to satisfy their cultural needs*« begriffen (*Richards*, 2001, S. 24).

*Steinecke* (2007, S. 4 ff.) differenziert eine dritte Gruppe von Definitionsansätzen, die sich stark *an Werten* orientiert, bspw. an denkmalpflegerischen und didaktischen Zielsetzungen. Eine solche Begriffserklärung wird aufgrund der Formulierung und der Einbindung zentraler kulturtouristischer Themen und Aspekte (bspw. breite Kulturauffassung, Bedeutung der Informationsweitergabe, Erhalt und Schutz kultureller Ressourcen) auch für die vorliegende Arbeit verwendet (siehe Definition 4.2 nach *Eder*, 1993, S. 165 f.).

Es handelt sich hierbei um eine Begriffserläuterung, die einem holistischen Verständnis insbesondere ländlicher und alpiner Kultur am nächsten kommt und die die Eigenheiten und Rahmenbedingungen ebensolcher Regionen entsprechend berücksichtigt (bspw. Bedeutung der Soziokultur, Regionalität, nachhaltige Entwicklung; Abschnitt 5 / S. 163).

**Definition 4.2 (Kulturtourismus)** *Kulturtourismus ist die schonende Nutzung kulturhistorischer Monumente und Relikte und die sachgerechte Pflege traditioneller regionsspezifischer Wohn- und Lebensformen zur Hebung des Fremdenverkehrs in der jeweiligen Region, mit dem Ziel, das Verständnis für die Eigenart und den Eigenwert einer Region in dem weiten Rahmen einer europäischen Kultureinheit zu erweitern und zu vertiefen, und zwar durch eine verstärkte Kommunikation zwischen den Bewohnern des europäischen Kontinents und durch eine sachlich richtige, vergleichende und diskursive Information über die Zeugnisse aus Vergangenheit und Gegenwart.*

Analysiert man also nachfrage-, angebots- und wertorientierte Definitionen, so sind es vor allem drei grundsätzliche Merkmale, die den Kulturtourismus beschreiben (vgl. dazu auch *McKercher* und *Cros*, 2002; *Steinecke*, 2007, S. 5):

1. die unterschiedlich ausgeprägte *kulturelle Motivation* der Touristen (Abschnitt 4.2.1 / S. 104);
2. die Wichtigkeit *kultureller Ressourcen* (bspw. Veranstaltungen, kulturelle Einrichtungen; Abschnitt 4.2.2 / S. 113);
3. die Weitergabe *sachlich fundierter Informationen*.

»Neues lernen« resultiert als eine der wichtigsten Motivationen für Kulturtouristen *Richards* (2007, S. 16); KT wird durch diese starke Gewichtung der Informationsvermittlung auch ein Bildungsauftrag zugeschrieben, denn Touristen sind von multiplen Bedürfnissen geleitet, »*von denen das Unterhaltungsmotiv das stärkste und das Bildungs-Lern-Neugiermotiv ein recht starkes ist*« (*Kagelmann*, *Scherle* und *Schlaffke*, 2003, S. 167). Vor allem für sehr stark kulturell motivierte Touristen nimmt die Weiterbildung durch kulturelle Reisen eine wichtigere Rolle ein, als für sog. Auch-Kultururlauber (Abschnitt 4.2.1 / S. 106), weshalb es nicht nur auf die Fundiertheit der Fakten, sondern auch auf die Art und Weise ankommt, wie diese Fakten vermittelt werden (*Steinecke*, 2007, S. 42 ff.).

Kulturtourismus hebt demnach in einer pädagogischen Sichtweise die Kommunikation, Begegnung und Selbsreflexion im Sinne einer kulturellen Weiterbildung hervor (*Kolland*, 2003, S. 11). Noch deutlicher wird *Richards* (2001, S. 7), indem er konstatiert: »*[...] the distinction between cultural tourism and other forms of tourism is basically to be found in the learning function. Cultural tourists can learn about the culture of a destination and gain new experiences related to that culture in a number of ways, depending on the forms of culture they consume.*«

Allerdings spielt die »Atmosphäre« beim Konsum einer kulturellen Attraktion eine bedeutende Rolle, was darauf hindeutet, dass Kulturtourismus als ein *Erfahrungsgut* gedeutet werden muss, bei dem ein Besuch aufgrund einer Vielzahl an Attributen bewertet wird (*Richards*, 2007, S. 16).

Die Gefahr eines solch breiten Verständnisses von Kulturtourismus liegt vor allem darin, dass letztlich die Grenzen zwischen einem Kultur- und Weiterbildungs- bzw. Unterhaltungsangebot nicht mehr exakt bestimmt werden kann (*Steinecke*, 2007, S. 4). Kulturtourismus wird in dem Fall für eine breite Publikumsschicht geöffnet, was Auswirkungen ähnlich jenen eines Massentourismus erwarten lässt. Dies kann durch eine zu starke Betonung einer Erlebnis- oder Erholungskomponente erfolgen, die zu Lasten des Bildungsauftrages oder einer Informationsaufnahme von Seiten des Kulturtouristen geht. *Bendixen* (2006, S. 324 f.) konstatiert, dass Kulturreisen häufig die Gestalt von Massentourismus annehmen, vor allem dann, wenn mit Paketen und Pauschalangeboten für Reisen geworben wird, deren wesentlichster Bestandteil in einer belastungsfreien Erholung in landschaftlich und kulturell reizvollen Umgebungen liegt.

Dies entspricht einem allgemeinen Trend, wonach sich Kultur dadurch in Richtung »Integrationskultur« entwickelt, da E- (ernste) und U-Kultur (Unterhaltungskultur) aufgrund der Zusammengehörigkeit von Reflexion, Emotion, Bildung und Unterhaltung zusammenwachsen; kulturelle Angebote entwickeln sich somit zu einem »genießenden Lernen« (*Opaschowski*, 2008, S. 443): »*Natürlich wird die Kulturlandschaft der Zukunft manche E-Qualitäten verlieren, aber dafür neue U-Qualitäten hinzugewinnen. Traditionelle Schwellenängste und Kommunikationsbarrieren werden abgebaut. Ein breiteres, teilweise völlig neues Publikum wird erreicht.*«

## 4.2 Determinanten der Wettbewerbsfähigkeit im Kulturtourismus

»*Porter's framework postulates that success in international competition in a given industry depends on the relative strength of an economy in a set of business-related features or ›drivers‹ of competitiveness, namely ›factor conditions‹, ›demand conditions‹, ›related and supporting industries‹, and ›firm strategy, structure, and rivalry‹*« (*Enright* und *Newton*, 2004, S. 778 f.; Abschnitt 3.2.1 / S. 69). Aus diesem Grund kann das Modell auch zur Erklärung von Wettbewerbsvorteilen kulturtouristischer Destinationen herangezogen werden (*Enright* und *Newton*, 2004; *Evans*, *Campbell* und *Stonehouse*, 2003; *Haberberg* und *Rieple*, 2008, S. 184 ff.), das in Bild 4.1 vereinfacht dargestellt ist: Nachfragebedingungen, Faktorbedingungen, verwandte und unterstützende Branchen und die Firmenstruktur, Strategien und die Rivalität werden dabei einer detaillierten Beschreibung unterzogen.

### 4.2.1 Nachfragebedingungen: Die Kulturtouristen

Eine Vielzahl an Studien, die meist auf quantitativen Gästebefragungen beruhen, wurden bereits durchgeführt und zeichnen ein relativ klares Bild der Kulturtouristen (*Richards*, 2007, S. 336 ff.). Zwar kann ausgehend von einer Untersuchung

```
        ┌─────────────────────┐
        │   Marktstruktur;    │
        │   Strategie; Ziele  │
        └─────────────────────┘
                  ↕
┌──────────┐  ┌──────────────────┐  ┌──────────────┐
│ Faktor-  │↔ │ Kulturtouristische│↔ │ Nachfrage-   │
│bedingungen│ │   Destinationen  │  │ bedingungen  │
└──────────┘  └──────────────────┘  └──────────────┘
                     ↕
              ┌──────────────────┐
              │ Beteiligte Branchen│
              └──────────────────┘
```

Bild 4.1: Determinanten der Wettbewerbsfähigkeit (in Anlehnung an *Haberberg* und *Rieple*, 2008)

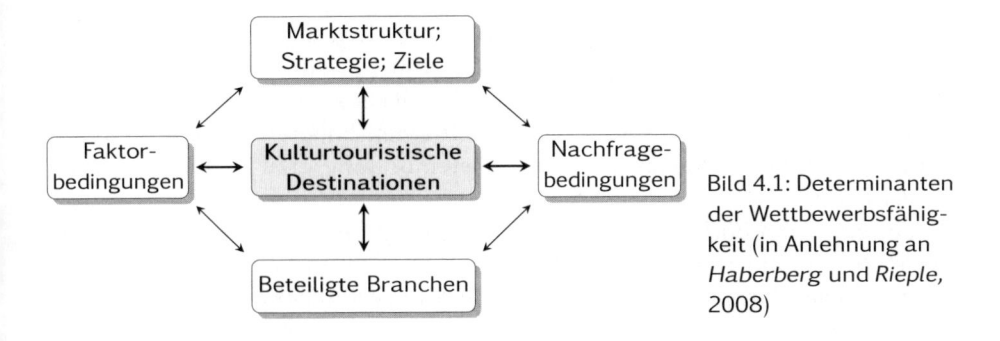

der Nachfrageseite eine genaue Beschreibung der Charakteristika von Kulturtouristen erfolgen, jedoch gibt es vor allem hinsichtlich ihrer Motivation und einer einheitlichen motivationsorientierten Segmentierung noch große Defizite.

### Charakteristika des Kulturtouristen

Das Profil eines »typischen« Kulturtouristen wurde vor allem durch die Gästebefragung von ATLAS[3] als der am häufigsten zitierten Studie geprägt; deren Ergebnisse konnten durch ähnliche Untersuchungen aber weitestgehend bestätigt werden (siehe bspw. *McKercher* und *Cros*, 2002, S. 135 ff.) und nicht zuletzt aufgrund des Umfanges der Studie wird diesen Erkenntnissen eine große Bedeutung beigemessen (*Richards*, 2001, S. 40 ff.). In diesem Zusammenhang wird allerdings mehrmals darauf hingewiesen, dass die befragten Besucher zu 40 % aus der Region stammten und sich das Sample zu 20 % aus Touristen zusammensetzte, weshalb die einheimische Bevölkerung einen bedeutenden Faktor für den Erfolg kultureller Attraktionen und Veranstaltungen darstellt.

Insgesamt hängt die Größe der kulturtouristischen Gesamtnachfrage aber von ihrer Definition ab und schwankt zwischen 4 % (Studienreisen) und 32 % (Urlauber, die häufig kulturelle Attraktionen besichtigen; *Steinecke*, 2007, S. 15 f.).

Hinsichtlich der sozio-demographischen Charakteristika von Kulturtouristen lassen sich folgende Rückschlüsse machen (*Richards*, 2001, 2007, S. 14 f.):

*Alter:* Kulturtouristen sind jünger als vermutet[4]. Ein Grund dafür könnte im Zusammenhang von kulturellem Konsum und Bildung gefunden werden, wonach höher gebildete Menschen dazu tendieren, mehr Kultur zu konsumieren (Hochkultur und Populärkultur). Allerdings kann darin auch ein Hinweis auf die »Verjüngung« kultureller Angebote gesehen werden (bspw. Festivals, *Nahrstedt*, 2000, S. 28);

---

3 Abkürzung für »Association for Tourism and Leisur Education«; das Institut beschäftigte über das *Cultural Tourism Research Project* insgesamt 85 Forscher in über 30 Ländern und 5 Kontinenten (*Richards*, 2007, xix f.)Association for Tourism and Leisure Education (ATLAS).
4 mehr als 35 % sind unter 30 Jahre, nur 26 % älter als 50 Jahre (*Richards*, 2001, S. 40).

*Geschlecht:* Zwar finden sich Hinweise, dass die Mehrheit der Kulturtouristen Frauen sind (52 % der Befragten, *Richards*, 2001, S. 40), doch lassen sich im Allgemeinen keine Rückschlüsse auf das Geschlecht ziehen;

*Bildung:* Kulturtouristen weisen tendenziell einen höheren Bildungsgrad auf (über 44 % der Befragten gaben einen höheren Bildungsgrad an; *Richards*, 2001, S. 40 f.);

*Beschäftigung und Einkommen:* Kulturtouristen gehen einem Beruf nach, der meist durch Führungsaufgaben in höheren Ebenen und einem besseren Einkommen charakterisiert ist[5]. Das durchschnittliche Einkommen beläuft sich auf 30 000 €, was 30 % mehr als im EU-Durchschnitt ausmacht; allerdings beläuft sich der Anteil an Studenten (16 %) und Pensionisten (14 %) auf einen relativ ebenso hohen Anteil.

Es kann also gesagt werden, dass »[...] *today's cultural tourist are generally well-educated people with high-status occupations and good incomes. What is often overlooked however is that not all cultural motivation varies greatly from one tourist to the next. They are often looking for a mixture of culture, entertainment, and relaxation, not just traditional ›high-culture‹ products*« (*Richards*, 2007, S. 18).

Weiterführende Studien belegen, dass Kulturtouristen tendenziell ohne Kinder, wohl aber mit einer Begleitperson verreisen, schon Erfahrungen mit Reisen in andere Länder gesammelt haben und die hohen Ausgaben auch durch die relativ komfortablen Unterkünfte und der guten Verpflegung zurückzuführen sind (*Steinecke*, 2007; *Tunbridge* und *Ashworth*, 1996, S. 63).

### Nachfrageseitige Segmentierungen

Auch wenn es ein relativ genaues Profil von Kulturtouristen gibt, kann der/die KulturtouristIn trotzdem nicht einfach wie beschrieben pauschalisiert dargestellt werden: Touristen sind dafür zu heterogen in ihren Interessen, Reisen im Allgemeinen zu unterschiedlich und die Auffassung davon, was Kunst und Kultur eigentlich ist, komplexer als oftmals dargestellt (*Tunbridge* und *Ashworth*, 1996, S. 63).

Betrachtet man den Kulturtouristen also mehr im Detail, so fällt auf, dass sie eine bestimmte Destination aufgrund der Kombination aus Atmosphäre, lokaler Kultur und Geschichte wählen (*Richards*, 2007, S. 16). Über die Motivation ist es somit möglich – wie im Tourismus als Industrie im Allgemeinen (Abschnitt 3.1.1 / S. 52) – unterschiedliche Kulturtouristen-Typen zu identifizieren.

Angesichts einer wirtschaftlich angespannten Lage, Tendenzen hin zu Sparmaßnahmen und eines gebremsten Konsums, ist es für touristische Orte mehr denn je wichtig, Angebote zielgruppengenau vermarkten zu können (*Dreyer*, 2006, S. 7). Die folgenden Unterkapitel widmen sich aus diesem Grund verschiedenen

---

[5] 32 % der Kulturtouristen sind Fachleute auf einem bestimmten Gebiet, 15 % haben eine geschäftsführende Positionen inne (*Richards*, 2001, S. 40).

Segmentierungsmöglichkeiten[6] für Kulturtourismus, die eine Klassifizierung der Kulturtouristen anhand unterschiedlicher kultureller Motivationsgrade vornehmen.

### Kultururlauber und Auch-Kultururlauber

Eine Einteilung in »general cultural tourists« und »specific cultural tourists« wird durch *Richards* (1996, 2001, S. 35 f.) empfohlen: Spezifische Kulturtouristen stellen demnach die kleinere Gruppe dar und setzen den Schwerpunkt ihrer Reise (ausschließlich) auf Kultur, während das Motiv genereller Kulturtouristen nicht hauptsächlich in der Kultur zu finden ist. Erstere (9 %) scheinen höher gebildet zu sein, öfter zu reisen und sehen sich in der Wahl ihrer Urlaubsdestination verstärkt durch das Angebot an kulturellen Attraktionen beeinflusst, konsumieren nicht nur häufiger »Kultur« als zweite, sondern buchen auch öfter Kurzurlaube. Spezifische Kulturtouristen nehmen weit häufiger einen Besuch von Museen, historischen Denkmälern und Sehenswürdigkeiten des kulturellen Erbes in Anspruch, als eine Besichtigung darstellender Kunst oder Kunstgalerien (*Richards*, 1996, S. 36).

Auch die Einteilung von *Lohmann* (1999, S. 63) sieht die zwei wesentlichen Unterschiede zwischen »Kultururlauber« und »Auch-Kultururlauber« darin, dass für das eine Segment Kultur das zentrale Reisemotiv ist, das zweite Segment zwar an den kulturellen Aspekten ihrer Ferienregion interessiert sind, Kultur aber nicht das zentrale, sondern ein nebensächliches Urlaubsmotiv darstellt; ihr wesentlicher Urlaubsinhalt ist somit nicht die Urlaubsumwelt, ihre Erwartungen sind vielmehr auf ihre eigene Person bezogen.

### Hochmotivierte und zufällige Kulturtouristen

Die Gesamtheit der Kulturtouristen kann anhand eines Kreismodells dargestellt werden (*Silberberg*, 1995, S. 362 ff.), bei dem vier ineinander verschachtelte Kreise den Grad der kulturellen Motivation wiedergeben (siehe Bild 4.2):

*»greatly motivated«:* Kulturtouristen, die sehr kulturell motiviert sind, befinden sich im Innenkreis und sind jene, die speziell für eine Theateraufführung, für Museen oder kulturelle Festivals in eine Stadt fahren (5 % einheimische Bevölkerung, 15 % Touristen).

*»motivated in part«:* Die zweite Schicht im Modell beschreibt jene Touristen, die nur teilweise in Kultur eine Motivation sehen, bspw. jene, die eine Reise antreten, um eine kulturelle Veranstaltung zu besuchen und gleichzeitig Bekanntenbesuche abstatten (15 % Einheimische, 30 % Touristen).

---

6 als Segmentierung wird eine Aufteilung eines Marktes in unterschiedliche Käufergruppen, die unterschiedliche Bedürfnisse, Eigenschaften und Verhaltensweisen demonstrieren und möglicherweise andere Produkte oder gesonderte Marketing-Strategien benötigen; innerhalb eines Segments befinden sich idealerweise Konsumenten mit ähnlichen Bedürfnissen (*Kotler* u. a., 2007, S. 117 f.).

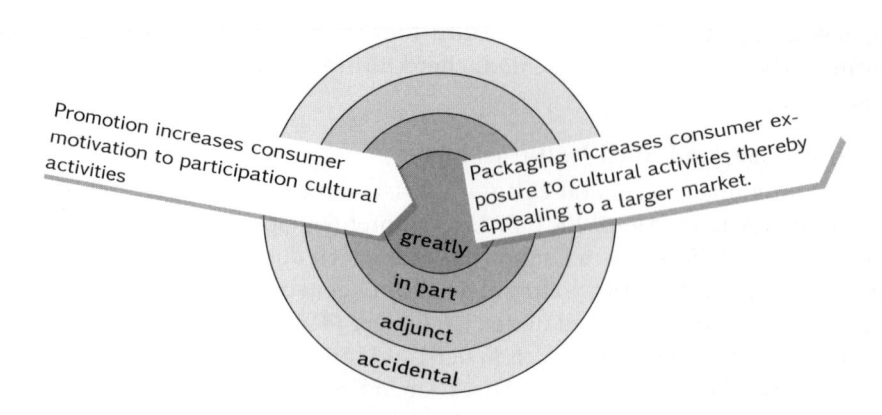

Bild 4.2: Segmentierung der Kulturtouristen nach dem Grad der kulturellen Motivation (*Silberberg*, 1995)

»adjunct motivated«: Jene Reisende, die Kultur als Attribut ansehen, finden sich im dritten Kreissegment. Ihr Hauptmotiv liegt nicht im Kulturellen, Kultur stellt ein reines Zusatzangebot dar (20 % Einheimische und 20 % Touristen).

»accidental cultural tourist«: Als »Zufalls-Kulturtouristen« werden jene bezeichnet, die einen Kulturkonsum nicht eingeplant haben und einen solchen unbeabsichtigt wahrnehmen (bspw. wegen schlechtem Wetter, Nähe zum Hotel –20 % Einheimische und Touristen).

Außerhalb des Kreises finden sich all jene (40 % Provinzansässige und 15 % Touristen), die unter keinen Umständen eine kulturelle Veranstaltung besuchen würden.

Das Modell von *Silberberg* (1995, S. 364) ist besonders für die Entwicklung kulturtouristischer Produkte und Pakete von Nutzen, denn je nach Segment, können die unterschiedlichen Angebote gestaltet und auf die jeweilige Zielgruppe zugeschnitten werden:

*Kulturelle Produkte desselben Typs:* Pakete enthalten entweder den Besuch einer Theateraufführung oder eines Museums, nicht aber eine Mischung aus beidem, was nur von wenigen in Anspruch genommen wird, da Abwechslung für den Großteil der Besucher wichtig ist (für den Kern der Kulturtouristen);

*Kulturelle Produkte verschiedenen Typs:* Kulturelle Attraktionen jeder Art werden genutzt, wobei der Markt nicht nur geografisch, sondern auch anhand der angesprochenen Segmente erweitert wird (für teilweise kulturell motivierte Touristen);

*Kulturelle und nicht-kulturelle Tourismusprodukte:* Das Angebotspaket für die äußeren Schichten (Kulturkonsum als Zusatz bzw. durch Zufall) beinhaltet jedwede Aktivität zur Entdeckung, Erholung und Unterhaltung.

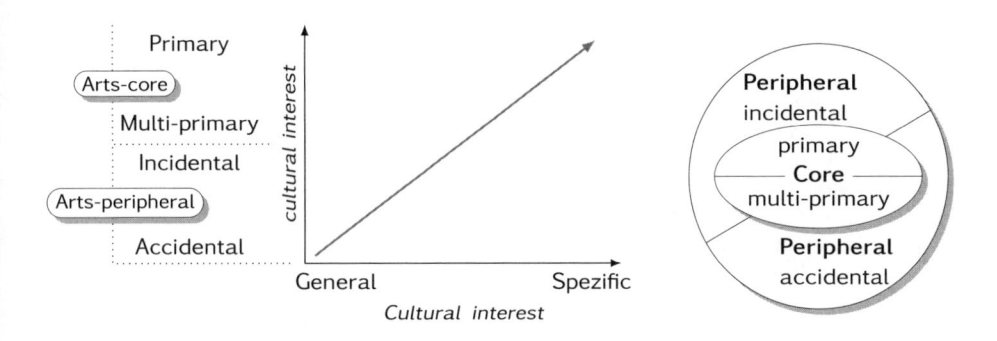

Bild 4.3: Periphere und Kern-Kulturtouristen (*Hughes*, 2000, 2002)

## Periphere und Kern-Kulturtouristen

Im Klassifikationsansatz von *Hughes* (2000, S. 54 ff.) wird der Kulturtourist als ein Konsument von Kunst (»arts«) definiert, was einem sehr engen Kulturverständnis gleich kommt.

Der Tourist wird von einer bestimmten Motivation angetrieben, was ähnlich der Einteilung von *Richards* (1996, S. 35 f.) und *Lohmann* (1999, S. 63) eine Unterscheidung in zwei Gruppen ermöglicht, welche sich in jeweils zwei Untergruppen unterteilen lassen (*Hughes*, 2002, S. 170 ff.; Bild 4.3):

»*arts-core*«-*Touristen*: Treffen ihren Reiseentschluss, um ein kulturelles Angebot zu besichtigen (stellt den Kern des Segmentes dar):

»*primary arts-related tourists*«: (hauptsächlich kulturell motiviert) Hauptmotiv der Reise stellt der Besuch einer Aufführung dar, die Entscheidung dafür wurde schon vor Antritt der Reise gefällt;

»*multi-primary arts-related tourists*«: (mehrfach hauptsächlich kulturell motiviert) Kunst als Motiv für den Reiseantritt ist gleichbedeutend mit anderen Gründen für den Antritt der Reise;

»*arts-peripheral*«-*Touristen*: Verreisen aus anderweitigen Gründen (Beruf, Verwandtenbesuch, oder um kulturelles Erbe, Strand und Sonne zu genießen – Kultur wird nur peripher wahrgenommen). Veranstaltungen werden als Teil eines Urlaubes besucht, der nicht aus kulturellen Gründen gebucht wurde:

»*incidental arts-related tourists*«: (beiläufig kulturell motiviert) Das Hauptmotiv für die Wahl einer Destination sind andere Gründe als die Kunst, obwohl die Entscheidung für einen Besuch bereits vor Antritt der Reise gefällt wurde – Kunst ist demnach nur ein sekundäres Motiv;

»*accidental arts-related tourists*«: (unbeabsichtigter Konsum von Kultur) Die Entscheidung für den Konsum einer Kulturaufführung wurde erst nach Ankunft in der Destination gefällt. Kunst ist somit kein Motiv für einen Reiseantritt.

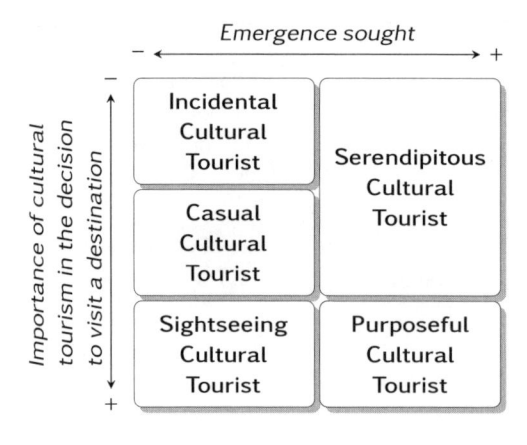

Bild 4.4: Einteilung der Kulturtouristen anhand kultureller Motivation und Tiefe des Erlebens (*McKercher* und *Cros*, 2002)

»Arts-core-Touristen« treffen ihre Entscheidung auf Basis derselben Motivation, wie die Besucher einer kulturellen Veranstaltung; ein Unterschied kann lediglich in der größeren zeitlichen und räumlichen Dimension gesehen werden. Da kleine Städte und Dörfer nicht das große kulturelle Angebot haben können, wie es in großen Städten mit einer hohen Konzentration an Theatern der Fall ist, ist es notwendig zu verreisen, um in den Genuss von Dramen, Komödien, Festspielen, Musicals, Opern und Ballett von einer gewissen Qualität zu kommen (Abschnitt 5.1.2 / S. 167 zur Eigenheit der Kultur im Alpenraum). Für einen peripheren Kulturtouristen hingegen stellt nicht eine Produktion den Hauptgrund für seine Reise dar, vielmehr ist es eine Fülle an anderen Faktoren, die zur Reiseentscheidung beitragen (*Hughes*, 2000, S. 55 f.).

### Kulturelle Motivation und Tiefe des Erlebens

Nach *McKercher* (2002, S. 30 f.) muss eine Segmentierung der Kulturtouristen anhand zweier Dimensionen erfolgen (siehe Bild 4.4):
- nach der *kulturellen Motivation*: Während Kultur für andere keine Rolle spielt, ist sie letztlich für die Entscheidung für eine Destination ausschlaggebend;
- nach der *Tiefe des Erlebens* (»depth of experience«): Hier handelt es sich um die Fachkenntnis, oder die Ebene der Bindung mit einem kulturellen Gut, denn verschiedene Menschen weisen auch verschiedene Fähigkeiten im Umgang mit Kultur auf. Diese Begabungen beruhen auf Faktoren, wie bspw. dem Bildungsgrad, den Vorkenntnissen zu einer besuchten Attraktion, vorgefassten Meinungen, verschiedenen Interessen, zeitlicher Verfügbarkeiten, etc. Ein Tourist, der über längere Zeit bei einer Sehenswürdigkeit ausharrt, wird wahrscheinlich einen qualitativ intensiveren Zugang dazu haben.

Stellt man die beiden Dimensionen in einem Koordinatensystem als Kontinuum dar, so können fünf unterschiedliche Typen von Kulturtouristen differenziert werden (*McKercher*, 2002; *McKercher* und *Cros*, 2002, S. 139 ff.):

- »*purposeful cultural tourists*« werden als »gezielt handelnde Kulturtouristen« bezeichnet, die der Kultur hohe Bedeutung beimessen und durch tiefes Erlebnis gekennzeichnet sind; sie wollen mehr über die Kultur des Anderen erfahren und kulturelles Erbe stellt demnach einen wichtigen Grund für ihre Reiseentscheidung dar.
- »*sightseeing cultural tourist*« sind »besichtigende Kulturtouristen« und messen den kulturellen Attraktionen nur eine mäßige Bedeutung zu bzw. empfinden ein nur flaches Erlebnis; sie wollen über die Kultur des Anderen mehr erfahren und kulturelles Erbe ist ein wichtiger Grund bei der Entscheidung für eine Destination, jedoch tretet bei dieser Art von Kulturtourist ein eher oberflächlicheres und unterhaltungsorientiertes Erleben hervor.
- »*casual cultural tourist*« werden »beiläufigen Kulturtouristen« gleichgestellt, mit einer für sie mäßigen Bedeutung und einem oberflächlichen Erleben des kulturellen Angebotes; Kultur nimmt eine nur beschränkte Rolle in der Destinationsauswahl ein.
- »*incidental cultural tourist*« sind »zufällige Kulturtouristen«, die sich durch eine niedrige Bedeutung sowie oberflächlichem Erleben auszeichnen; Kultur wird mit nur unbedeutender Relevanz in der Destinationsauswahl wahrgenommen, am Urlaubsort selbst werden kulturelle Angebote zwar genutzt, allerdings ist das Erlebnis nur ein oberflächliches Empfinden.
- »*serendipitous cultural tourist*« sind »zufriedengestellte Kulturtouristen«, die mit einer für sie niedrigen Bedeutung und tiefem Erlebnis charakterisiert werden; Kultur nimmt eine unbedeutende Rolle in der Destinationswahl ein, wobei die kulturellen Angebote am Urlaubsort mit einem tiefen Erleben wahrgenommen werden.

Reisende, die kulturell motiviert sind, weisen – mit Ausnahme von »zufrieden gestellten Kulturtouristen« – einen erwartungsgemäß tief empfundenen Erlebenswert auf. Ebenso erscheint erwähnenswert, dass an einer Destination der Mix an Kulturtouristen variiert und von mehreren Faktoren abhängt (bspw. Lage der Destination am Markt, Image als kulturelle Destination). Sind Destinationen für ihr kulturelles Angebot bekannt, ziehen sie eher Touristen der Kategorie eins und zwei an, Destinationen hingegen mit einem geringen Bekanntheitsgrad für ihre Kultur werden von Touristen der Kategorien zwei und drei gewählt (*McKercher*, 2002, S. 33).

### Motivation und die Rolle der Wahrnehmung

Zusätzliches Kriterium für eine Kategorisierung von Kulturtouristen wird neben der kulturellen Motivation auch in der Wahrnehmung (»perception«) der Kulturtouristen gesehen; während die kulturelle Motivation besonders vor dem Besuch eine übergeordnete Rolle für das Verhalten gespielt hat, ist während des Besuchs die Wahrnehmung der kulturellen Attraktion von größerer Bedeutung. Demzufolge lassen sich vier Gruppen von Kulturtouristen (siehe Bild 4.5) am Grad

# Kulturtourismus

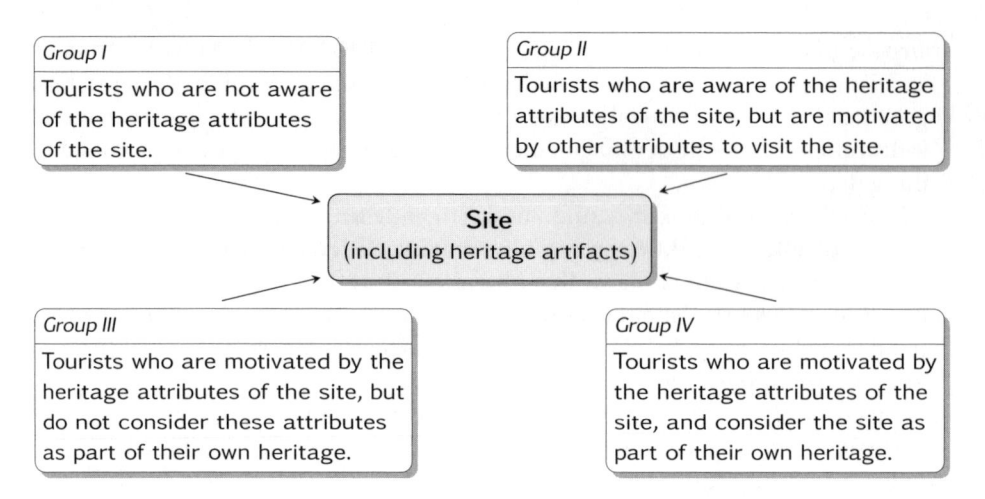

```
┌─────────────────────────────┐        ┌─────────────────────────────┐
│ Group I                     │        │ Group II                    │
│ Tourists who are not aware  │        │ Tourists who are aware of   │
│ of the heritage attributes  │        │ the heritage attributes of  │
│ of the site.                │        │ the site, but are motivated │
│                             │        │ by other attributes to      │
│                             │        │ visit the site.             │
└─────────────────────────────┘        └─────────────────────────────┘
                        ↘            ↙
                    ┌──────────────────────────┐
                    │          Site            │
                    │ (including heritage      │
                    │       artifacts)         │
                    └──────────────────────────┘
                        ↗            ↖
┌─────────────────────────────┐        ┌─────────────────────────────┐
│ Group III                   │        │ Group IV                    │
│ Tourists who are motivated  │        │ Tourists who are motivated  │
│ by the heritage attributes  │        │ by the heritage attributes  │
│ of the site, but do not     │        │ of the site, and consider   │
│ consider these attributes   │        │ the site as part of their   │
│ as part of their own        │        │ own heritage.               │
│ heritage.                   │        │                             │
└─────────────────────────────┘        └─────────────────────────────┘
```

Bild 4.5: Der Kern der Kulturerbe-Kulturtouristen (*Poria*, *Butler* und *Airey*, 2003)

ihrer Motivation und an der Zufriedenstellung ihrer Erwartungen unterscheiden (*Poria*, *Butler* und *Airey*, 2003, S. 241):

*Gruppe I-Touristen*   sind sich der Bedeutung eines Kulturgutes nicht bewusst und wenig kulturell motiviert;

*Gruppe II-Touristen*   sind sich der kulturellen Bedeutung einer Sehenswürdigkeit bewusst, sind aber durch andere Eigenschaften der Attraktion stärker motiviert;

*Gruppe III-Touristen*   sind durch die kulturelle Bedeutung einer Sehenswürdigkeit motiviert, sehen diese Eigenschaften aber nicht als Teil ihrer eigenen Kulturauffassung;

*Gruppe IV-Touristen*   sind durch die kulturelle Bedeutung einer Sehenswürdigkeit motiviert und bewerten diese Eigenschaften als Teil ihrer eigenen Kulturauffassung.

Motivationen und Verhalten der Kulturtouristen sind mit der Wahrnehmung der Sehenswürdigkeit verknüpft. Demzufolge genügt es für die Bezeichnung »Kulturtourist« nicht, eine Sehenswürdigkeit nur zu besuchen, oder vom Wunsch zu Lernen motiviert zu sein bzw. ein kulturelles Gut aus dem Grund zu besichtigen, weil es von »Experten« als solches definiert wurde; vielmehr muss bei der Abgrenzung der Kulturtouristen auf die Motivation für einen Besuch eines Ortes und der Wahrnehmung der kulturellen Attraktion von Seiten der Touristen selbst ausgegangen werden (*Poria*, *Butler* und *Airey*, 2003, S. 248 f.). Gruppe IV-Kulturtouristen stellen hier den eigentlichen Kulturtouristen dar (core of heritage), weshalb »Kulturtouristen« von »Touristen an Kulturstätten« unterschieden werden können: Während für die eine Gruppe ein Objekt aus dem Grund eine Attraktion darstellt, weil sich für diesen besondere Verbindungen auf einer persönlichen

Ebene manifestieren, stellt dasselbe Objekt für die andere Gruppe nicht mehr als eine beliebige Sehenswürdigkeit dar (*Poria, Butler* und *Airey*, 2003, S. 348 f.).

### 4.2.2 Faktorbedingungen: Die Ressourcen

Die Bedeutung kultureller Ressourcen ist vor allem für angebotsorientierte Strategien in Destinationen von großer Bedeutung (*Pechlaner*, 2003, S. 30 f.): Ein Verlust von kulturellen Objekten durch Verschleiß oder Vernachlässigung lässt nicht nur die Erinnerungen daran erlöschen, sondern entzieht dem Kulturtourismus – betrachtet man das Segment als Produkt – die Substanz; aus diesem Grunde liegt es im Geschäftsinteresse des Tourismus, sich für den Erhalt kultureller (aber auch natürlicher) Ressourcen einzusetzen, denn ähnlich wie die Landschaft durch touristische Bauten und Infrastruktur verbraucht wird, müssen auch kulturelle Ressourcen geschützt werden (*Bendixen*, 2006, S. 327).

Die Spannweite kultureller Ressourcen ist allerdings sehr breit, denn so wie sich der Kulturbegriff zu einer erweiterten Auffassung entwickelt hat, so wird auch im Kulturtourismus nicht mehr nur von der Wichtigkeit tangibler Ressourcen, wie dem kulturellen Erbe, gesprochen, sondern auch von den intangiblen und mobilen Ressourcen der Hoch-, Alltags-, Pop- sowie Volkskultur und der Subkulturen (*Richards*, 2007, S. 2).

#### Tangible und intangible kulturelle Ressourcen

Eine grobe Unterteilung von Ressourcen lässt sich vor allem durch eine Einteilung in tangible bzw. physische/materielle Kultur und in intangible resp. immaterielle Kultur treffen (*Klein*, 2007; *Weiermair* und *Pechlaner*, 2001, S. 109). Beide Arten von Ressourcen bilden allerdings eine Einheit und müssen auch als solche gemanagt werden (*McKercher* und *Cros*, 2002, S. 48): »*When most nonheritage management specialists think of conserving heritage, they tend to think of heritage places, routes, and objects such as old buildings, historic sites, archeological sites, and other physical remains. However, cultural heritage management involves more than just the conservation of tangible assets. It also recognizes that intangible heritage, cultural landscapes, and traditions embodie in such things as folklore, storytelling, customs associated with worship, festivals, and other expressions of cultural traditions must also be protected. Both tangible and intangible heritage assets form the base for many cultural tourism products.*« Somit ist es das Bündel aus tangiblen und intangiblen kulturellen Ressourcen, das einen Wettbewerbsfaktor darstellt (*Weiermair* und *Pechlaner*, 2001, S. 111).

Für die *UNESCO* (2009c) sind *tangible Kulturgüter* vor allem in Form von »Kulturerbe« vorzufinden und konkret durch die Zugehörigkeit zu einer der folgenden drei Gruppen gekennzeichnet:

*Denkmäler:* Werke der Architektur, Großplastik und Monumentalmalerei, Objekte oder Überreste archäologischer Art, Inschriften, Höhlen und jegliche Verbindungen dieser Erscheinungsformen, die aus geschichtlichen, künstlerischen oder wissenschaftlichen Gründen von außergewöhnlichem Wert für die Menschheit sind;

*Ensembles:* Gruppen einzelner oder miteinander verbundener Gebäude, die aufgrund ihrer Architektur, ihrer Geschlossenheit oder ihrer Stellung in der Landschaft aus geschichtlichen, künstlerischen oder wissenschaftlichen Gründen einen außergewöhnlichen universellen Wert besitzen;

*Stätten:* Werke aus Menschenhand oder gemeinsame Werke von Natur und Mensch sowie Gebiete einschließlich archäologischer Stätten, die aus geschichtlichen, ästhetischen, ethnologischen oder anthropologischen Gründen von außergewöhnlichem universellem Wert sind.

Diese tangiblen kulturellen Ressourcen sind es (v. a. gebaute Kulturobjekte wie bspw. Burgen, Kirchen, moderne Architektur und kulturelle Institutionen wie Opern, Theater, Museen), die bei der Erstellung von Kulturtourismuskonzepten die Grundlage bilden (*Heinze*, 1999a, S. 22). Sie stellen auch dann wertvolle kulturelle Ressourcen dar, wenn sie im Sinne eines kompetitiven Wettbewerbsvorteils zwar vorhanden, aber nicht genutzt werden (*Ritchie* und *Crouch*, 2003; *Weiermair* und *Pechlaner*, 2001, S. 20 f.).

*Intangible kulturelle Ressourcen* hingegen werden als mündlich überlieferte Traditionen und Ausdrucksformen, einschließlich der Sprache als Träger des immateriellen Kulturerbes (bspw. Sagen, Märchen, Regionalsprachen), darstellende Künste (bspw. Gesang, typische Tanzformen, Volkstheater), gesellschaftliche Praktiken, Rituale und Feste (bspw. Bräuche, Prozessionen, traditionelle Lebensweisen und Fertigkeiten), Wissen und Praktiken im Umgang mit der Natur und dem Universum (bspw. Wissen über Heilpflanzen und ihre Anwendung, Aussaatkalender) und dem Fachwissen über traditionelle Handwerkstechniken (bspw. Verarbeitung von Holz, Sticktechniken, Malerei) begriffen (*UNESCO*, 2003, 2 f.). Diese kulturellen Werte, Einstellungen, Verhaltensmuster und Normen einer Gruppe oder Gemeinschaft sind tief in der Region eingebunden und somit schwerer imitierbar, da sie auf das Wissen einer Gemeinschaft beruhen (*Weiermair* und *Pechlaner*, 2001, S. 111).

### Eigenschaften kulturtouristischer Ressourcen

Im Strategischen Management verstehen sich strategische Ressourcen nach *Barney* (1991, 2007, S. 138 ff.) als wertvolle, seltene, unimitierbare und organisierte Inputfaktoren, aufgrund derer eine Unternehmung einen Wettbewerbsvorteil generieren kann (Abschnitt 2.2.2 / S. 25).

Darüber, welche Eigenschaften kulturelle Ressourcen im Kulturtourismus aufweisen müssen, um zur Wettbewerbsfähigkeit einer Destination beitragen zu können, ist aus der Literatur nichts bekannt.

Allerdings wird Begriffen und Attributen wie *Einzigartigkeit, Authentizität* oder *Qualität* große Wichtigkeit beigemessen. Die *UNESCO* (2009d) bspw. bewertet kulturelle Ressourcen bei der Aufnahme in ihre Welterbeliste aufgrund ebendieser Kriterien: Einzigartigkeit, Authentizität (historische Echtheit) und Integrität (Unversehrtheit) in Verbindung mit einem oder mehreren von insgesamt zehn weiteren Kriterien entscheiden über den Wert einer kulturellen Attraktion . Durch die Authentizität, die in diesem Zusammenhang als Ursprünglichkeit verstanden wird, werden kulturelle Ressourcen nicht kopierbar oder reproduzierbar, da sie, durch ihre Entstehung im Laufe der Jahrhunderte, in der Destination eingebettet (lokal) sind (*Romeiss-Stracke*, 2000; *Weiermair* und *Pechlaner*, 2001, S. 104; Abschnitt 4.3.2 / S. 134). Die Kriterien strategischer kulturtouristischer Ressourcen, die sich durch Unimitierbarkeit bzw. Nicht-Substituierbarkeit äußern, entsprechen somit in diesen Belangen den VRIO-Kriterien nach *Barney* (1991, S. 105 f.); allerdings sind sie nur dann unimitierbar/unsubstituierbar, wenn durch die Einbettung in die Region (»embeddedness« in Kultur oder Landschaft) auch die Authentizität der kulturellen Attraktionen gewährleistet ist.

Auf der anderen Seite stellen Produktqualitäten wie der *Erlebnisfaktor* eine immer wichtiger werdende Eigenschaft für den Erfolg kultureller Attraktionen dar (*Brunner-Sperdin*, 2004; *Romeiss-Stracke*, 2000, S. 60 ff.); nach *Dreyer* (2006, S. 40 ff.) bspw. ist es wichtig sich durch Kundenorientierung mehr in Richtung Inszenierung von Erlebnissen zu bewegen, um dem Touristen ein Mix anbieten zu können, der einen Genuss mit allen Sinnen gewährleistet (Abschnitt 4.3.2 / S. 137).

### Angebotsseitige Segmentierungen

Wie bei einer nachfrageseitigen Segmentierung, die von der kulturellen Motivation der Kulturtouristen ausgeht, können auch unterschiedliche Kulturtourismus-Formen anhand des kulturellen Angebotes resp. der Ressourcen (Abschnitt 3.2.2 / S. 71) identifiziert werden. Die nun folgenden Abschnitte diskutieren die zentralen Klassifizierungsmodelle einer angebotsseitigen Segmentierung.

Es muss allerdings vermerkt werden, dass es aufgrund der Verwendung eines breiten Kulturbegriffes und einer fehlenden statistischen Erfassung nicht möglich ist, eine vollständig quantitative Erfassung des kulturtouristischen Angebotes zu machen; dasselbe Problem besteht zwar gleichsam bei nachfrageseitigen Klassifizierungen, dort kann jedoch auf repräsentative Untersuchungen zurückgegriffen werden (*Steinecke*, 2007, S. 9 f.).

### Kommerz- und Subventionskultur

Das Angebot kann einer groben Einteilung nach dadurch unterschieden werden, nach welcher Art sich die Kultur finanziert und vermarktet; zwei Typen von Kulturtouristen nutzen ein solches Angebot (*Opaschowski*, 2000, S. 56 f.):

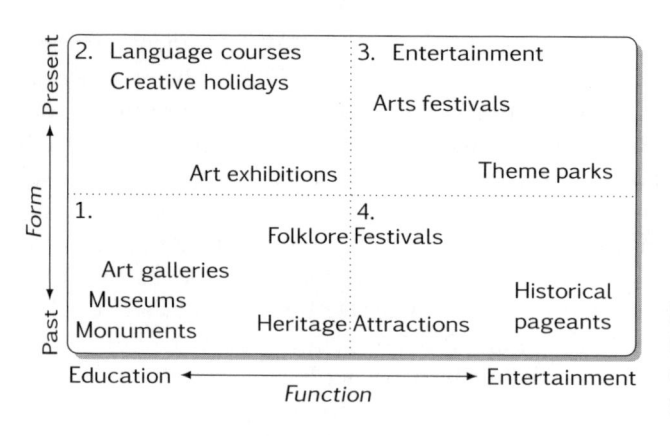

```
           2. Language courses      3. Entertainment
 Present      Creative holidays
                                      Arts festivals

              Art exhibitions         Theme parks
Form     1.                    4.
                          Folklore Festivals
         Art galleries
         Museums                      Historical
 Past    Monuments      Heritage Attractions  pageants

         Education ←——————————————→ Entertainment
                         Function
```

Bild 4.6: Typologien von kulturellen Attraktionen für den Tourismus (Richards, 2001)

*Kommerzkultur-Konsument:* Das Kulturangebot der heutigen Zeit ist durch zusätzliche Erlebnisvermittlung geprägt (bspw. Freizeit-, Unterhaltungs- und Eventkultur in Themenparks, Erlebniswelten und Einkaufszentren). Befürworter einer Kommerzkultur sehen darin Faszination und Geselligkeit, Kritiker hingegen eintägige, kurzlebige und unverbindliche Ereignisse;

*Subventionskultur-Konsument:* Das Gegenteil eines solch »erlebnisorientierten Kulturtourismus« ist auf die Unterstützung eines kleineren Publikums bzw. der finanziellen Hilfe des Staates angewiesen.

**Bildungs- vs. Unterhaltungsangebot aus Vergangenheit und Gegenwart**

Weiters können kulturelle Attraktionen durch die Zuordnung zu zwei Ebenen positioniert und in vier Quadranten gemäß ihrer Form und ihrer Funktion eingeteilt werden (siehe dazu Bild 4.6). Die Form wird dabei als ein Kontinuum aus Vergangenheit und Gegenwart beschrieben, womit Attraktionen aus der Geschichte und Attraktionen aus der neueren Zeit zugeordnet werden können; das Funktionskontinuum hingegen wird als ein Spannungsfeld zwischen Bildung und Unterhaltung verstanden (*Richards*, 2001, S. 24 f.).

Die daraus resultierenden Kulturtourismus-Typen ergeben sich gemäß der Zuordnung des Angebotes zu vier Quadranten (*Richards*, 2001, S. 25 f.):

1. Quadrant: Traditionelle Kulturattraktionen zeichnen sich vor allem durch einen hohen Bildungswert aus und sind meist Kulturrelikte aus der Vergangenheit (Denkmäler, Museen, Kunstgalerien);
2. Quadrant: Zeitgemäße Attraktionstypen mit Bildungscharakter sind bspw. als Sprachkurse und Kunstausstellungen bekannt;
3. Quadrant: Kunstfestivals und Themenparks zeichnen sich durch einen hohen Unterhaltungswert aus;
4. Quadrant: Historische Umzüge wiederum entspringen vergangenen Zeiten und dienen der Unterhaltung einer gewissen Besucherschicht.

## Die sechs Arten des Kulturtourismus

Eine im deutschen Sprachraum weit verbreitete Einteilung des kulturtouristischen Angebotes und der unterschiedlichen KT-Formen ist jene durch Jätzold (1993, S. 135 f.; siehe dazu Ausführungen in *Freyer*, 2003, S. 479 ff. *Steinecke*, 2007, S. 6 f., *Heinze*, 2008, S. 129 f. und *Dreyer*, 2006, S. 31 ff.): Dabei konstatiert der Autor, dass es zur Nutzung von kulturtouristischen Potentialen notwendig sei, über die Existenz der kulturtouristischen Angebotsformen in einer Region Bescheid zu wissen. Zudem wird die Meinung vertreten, dass der Vielseitigkeit des Kulturtourismus auch mit der nun folgenden Klassifikation nicht Rechnung getragen werden kann und dass KT nur selten in einer Reinform auftritt, sondern meist in Kombination mit der Nutzung anderer Angebote.

In Tabelle 4.1 auf der nächsten Seite werden die sechs unterschiedlichen Formen, die sich von der Nutzung der unterschiedlichen kulturellen Motive ableiten, aufgelistet und näher erläutert.

Zu den einzelnen Kategorien und Motiven finden sich eine Fülle an weiterführenden Veröffentlichungen, besonders zur Bedeutung von Einzelkulturobjekten (*Chhabra*, 2008, *Ashworth*, 2008; *Chhabra*, 2008; *Hughes*, 2000; *Nuryanti*, 1996; *Silberberg*, 1995; *Tighe*, 1986 bzw. *Gelf* und *Peters*, 2009), Burgen und Festungen (siehe den Sammelband von *Pechlaner*, 1999), historischen Stätten (*Barth-Scalmani*, 2004; *Poria*, *Butler* und *Airey*, 2003; *Timothy* und *Boyd*, 2003 oder *McKercher*, *Ho* und *Cros*, 2005), technischen Sehenswürdigkeiten und Industrieanlagen (*Soyez*, 1993, *Hinterhuber*, *Pechlaner* und *Matzler*, 2001), Stadt Tourismus (*Bachleitner* und *Kagelmann*, 2003; *Lazzeretti*, 2004 oder *Roodhouse*, 2006), dem Ereignis Kulturtourismus (*Getz*, 2008; *Peters* und *Pikkemaat*, 2004; *Yeomann* u. a., 2004 oder *Stokes*, 2008), oder dem Ethno-Kulturtourismus (*H. Haid*, 1996 und *Taylor*, 2001).

## Relikte, Räume, Organisations- und Vermittlungsformen

Eine letzte angebotsseitige Segmentierung des Kulturtourismus kombiniert die Einteilung durch *Jätzold* (1993, S. 135 f.) mit jener von *Dreyer* (2000, S. 41), der zwischen *Städtereisen* (bei denen kulturelle Aktivitäten einen wesentlichen Punkt des Programmes darstellen), *Studienreisen* (als Reise in einer Gruppen organisiert mit festem Programm, einem bestimmten Thema und qualifiziertem Reisebegleiter), *Sprachreisen* (zum Zweck der Erlernung bzw. Vertiefung einer Sprache im Ausland) und *Themenreisen* (mit einem Themenschwerpunkt im Bereich Kultur und Gastronomie) unterscheidet (*Steinecke*, 2007, S. 8 f.).

Durch diese Verschmelzung unterscheiden sich drei grundsätzliche Angebotsbereiche im Kulturtourismus, die in Tabelle 4.2 auf Seite 119 detailliert dargestellt werden (*Steinecke*, 2007, S. 9):

- kulturelle Relikte, Einrichtungen und Schauplätze;
- Räume als kulturtouristische Zielorte;
- unterschiedliche Organisations- und Vermittlungsformen.

| Reise- bzw. Ausflugsmotiv | | Untergruppe der Motive | Unterarten des KT |
|---|---|---|---|
| Objekt-KT | Einzelkulturobjekte im weitesten Sinne | Kirchen, Schlösser, Galerien, Museen, Ausstellungen<br>Burgen und Festungen<br>Historische Stätten<br>Literarische Stätten<br>Archäologische Stätten<br>Technische Sehenswürdigkeiten und Industrie | Kunst-Tourismus oder Museumstourismus<br>Burgentourismus<br>Geschichts-Tourismus<br>Literatur-Tourismus<br>Vorgeschichtstourismus<br>Industrie-Tourismus |
| Gebiets-KT | Kulturobjekthäufungen | Kulturlandschaftliche Sehenswürdigkeiten (Weinbau-Landschaften u. a.<br>Schlosshäufungen, »Straßen« kultureller Objekte | Kulturlandschaft-Tourismus<br>Kulturgebietstourismus |
| Ensemble-KT | Kulturensembles | Dorf-Ensembles<br>Städtische Ensembles | Dorf-Tourismus<br>Stadt-Tourismus |
| Ereignis-KT | Kulturelle Ereignisse im weitesten Sinne | Festspiele<br>Folkloristische Veranstaltungen von Musik u. a.<br>Kurse in Kunst, Musik, Volksmusik, Volkstanz, Volkskunst (Töpfern, Weben, Schnitzen u. a.), Sprachen | Festspiel-Tourismus<br>Veranstaltungstourismus<br>Kurs-Tourismus |
| Gastronomischer KT | Gastronomische Kultur (Wein, Spezialitäten) | Weinleseteilnahme u. a.<br>Weinproben, Weineinkauf<br>Gut essen | Erlebniskulturtourismus<br>Wein-Tourismus<br>Schlemmer-Tourismus |
| Fern-KT | Andere Kulturen | Naturnahe Kulturen<br>Spezifische ländliche/städtische Kulturen | Ethno-Kulturtourismus<br>Sozio-Kulturtourismus |

Tabelle 4.1: Gliederungsvorschlag für Kulturtourismus (*Jätzold*, 1993)

| Kulturelle Relikte, Einrichtungen und Schauplätze | Räume als kulturtouristische Attraktionen | Organisations- und Vermittlungsformen |
|---|---|---|
| - Burgen, Schlösser und Herrensitze<br>- Gartenanlagen<br>- Kirchen, Klöster, Moscheen, Tempel<br>- Museen und Ausstellungen<br>- Schlachtfelder und Militäranlagen<br>- Grabmäler und Friedhöfe<br>- Gefängnisse und Konzentrationslager | - Städte<br>- ländlicher Raum<br>- Industrieregionen | - Studienreisen (Reiseleitung, Gästeführung)<br>- Reiseführer und andere touristische Informationsmedien |
| - Veranstaltungen in Relikten, Einrichtungen und Schauplätzen | - Veranstaltungen in Städten, im ländlichen Raum und in Industrieregionen | |

Tabelle 4.2: Kulturtouristisches Angebot und Formen des Kulturtourismus (*Steinecke*, 2007)

Für eine Gesamtübersicht der Segmentierungsmöglichkeiten wird an dieser Stelle auf die Tabelle 4.6 auf Seite 158 verwiesen, in der die unterschiedlichen Gliederungs- und Segmentierungvorschläge einer angebots- wie auch nachfrageorientierten Perspektive gegenüber gestellt werden.

### 4.2.3 Marktstruktur, Strategien und Ziele

Kulturtourismus gilt als ein Wachstumsmarkt und gehört »*zu den Wirtschaftssektoren, denen für die kommenden Jahre überdurchschnittlich gute Entwicklungsperspektiven vorausgesagt werden: zwischen 2006 und 2015 dürfte seine Wachstumsrate im Jahresdurchschnitt schätzungsweise auf 3,1 % ansteigen*« (Amtsblatt der Europäischen Union C 110/01, 2006, S. 2). KT ist somit Hoffnungsträger für viele touristische Destinationen, deren Nachfrage bereits nahe der Sättigung liegt (*Dreyer*, 2006; *Swaarbrooke*, 2005, S. 7); allein in Italien konnte im Jahr 2007 ein Wachstumsplus an Ankünften von zwei Prozent verzeichnet werden, das laut Experten auf die stark gestiegene Nachfrage nach den kulturellen Reichtümern das Landes zurückzuführen ist (*Kratchmarova*, 2007, S. 12 f.).

#### Fünf Kräfte im Kulturtourismus

Dem Markt für Kulturtourismus wurde bereits Ende des 20. Jahrhunderts ein gewisser Sättigungsgrad diagnostiziert, dem hohe Wachstumsraten (Besucherzahlen und Anzahl kultureller Veranstaltungen) vorausgingen (*Heinze*, 1999b, S. 17). Bis heute ist dieses touristische Segment ein Wachstumsmarkt geblieben (*Amtsblatt der Europäischen Union C 110/01*, 2006, S. 1 f.), allerdings hat es sich durch das viel stärker wachsende Angebot von einem Käufer- hin zu einem Verkäufermarkt

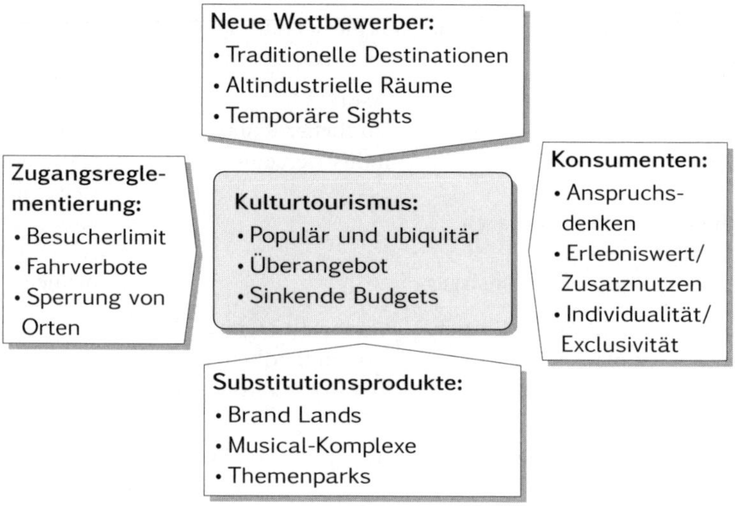

```
┌─────────────────────────────┐
│ Neue Wettbewerber:          │
│ • Traditionelle Destinationen│
│ • Altindustrielle Räume     │
│ • Temporäre Sights          │
└─────────────────────────────┘
```

```
┌──────────────┐  ┌─────────────────────┐  ┌──────────────────┐
│Zugangsregle- │  │ Kulturtourismus:    │  │ Konsumenten:     │
│mentierung:   │  │ • Populär und ubiquitär│ │ • Anspruchs-    │
│• Besucherlimit│ │ • Überangebot       │  │   denken         │
│• Fahrverbote │  │ • Sinkende Budgets  │  │ • Erlebniswert/  │
│• Sperrung von│  │                     │  │   Zusatznutzen   │
│  Orten       │  │                     │  │ • Individualität/│
│              │  │                     │  │   Exclusivität   │
└──────────────┘  └─────────────────────┘  └──────────────────┘
```

```
┌──────────────────────┐
│ Substitutionsprodukte:│
│ • Brand Lands        │
│ • Musical-Komplexe   │
│ • Themenparks        │
└──────────────────────┘
```

Bild 4.7: Die fünf Wettbewerbskräfte im Kulturtourismus (*Steinecke*, 2007)

entwickelt; durch den verstärkten Wettbewerb auf nationaler und internationaler Ebene ist somit eine Zunahme der *Rivalität am Markt* für Kulturtourismus zu erwarten, was die Attraktivität des Segmentes nachhaltig beeinträchtigt (*Steinecke*, 2007, S. 334).

Diese geänderte Wettbewerbssituation kann anhand der fünf Wettbewerbskräfte beispielhaft wie in Bild 4.7 dargestellt werden (vgl. Abschnitt 2.2.1 / S. 18).

**Abnehmer**

Die Berücksichtigung von Trends (Abschnitt 3.1.3 / S. 61) spielen im Kulturtourismus eine genauso entscheidende Rolle für den Erfolg wie für Tourismusdestinationen im Allgemeinen. Hinzu kommen eine Reihe von kulturtouristischer Trends, die es im Besonderen bei der Erstellung eines kulturellen Angebotes für den Tourismus zu berücksichtigen gilt; *Dreyer* (2006, S. 40 ff.) führt unter anderem folgende Punkte an:

– die *Erlebnisorientierung* wird weiter an Bedeutung zunehmen;
– die gezielte Ansprache von *qualitätsorientierten* bzw. *preisbewussten Touristen* wird im Kulturtourismus an Wichtigkeit gewinnen;
– *Events* und *»Shopping«* werden im kulturellen Angebot von Städten eine gewichtige Rolle spielen;
– *Cardsysteme* werden bei Kulturtouristen an Beliebtheit dazu gewinnen;
– die *Kundenorientierung* und *Benutzerfreundlichkeit* wird im Angebot in den Vordergrund treten.

Gleichzeitig kann allerdings auch eine Erstarkung von Regionalität, Einzigartigkeit und Authentizität beobachtet werden, die sich in Zeiten eines globalisierten und standardisierten Angebotes neuer Beliebtheit erfreuen (*Richards*, 2007; *UNESCO*, 2009d). Auch ist ein Trend in Richtung Sinnsuche zu vermerken, wodurch Kultureinrichtungen zu einem Ort der Ruhe und der Kontemplation werden (*Steinecke*, 2007, S. 341).

### Lieferanten
Von Seiten des kulturtouristischen Angebotes bzw. der Lieferanten für kulturtouristische Produkte, ist zu erwarten, dass es zu einer Reglementierung des Zuganges und der Nutzung der Attraktionen durch Kontingentierungen, Zugangs- und Zufahrtsbeschränkungen, Verkehrs- und Besucherlenkung sowie Geboten und Verboten kommen wird; dadurch wird erhofft, den negativen Auswirkungen eines Massentourismus' proaktiv entgegenzuwirken (*Kramer*, 1993; *Steinecke*, 2007, S. 51). Kulturelle Veranstaltungen sind besonders in der neuesten Entwicklung ein beliebtes Werkzeug, um die Attraktivität von Städten zu steigern; durch Events findet eine Ergänzung und Aktualisierung des Angebotes von Kultureinrichtungen und Kulturräumen statt (*Richards*, 2007; *Steinecke*, 2007, S. 15). Allerdings sind Veranstaltungen im Zuge der Globalisierung als austauschbare Angebote zu bewerten, was auch eine Gefahr für eine erfolgreiche kulturtouristische Destination darstellen kann (*Swaarbrooke*, 2005, S. 309 f.).

### Neue Konkurrenten
Immer mehr Einzelanbieter, Städte und Regionen treten in den Markt für Kulturtourismus ein und verschärfen den Wettbewerb; dies ist vielerorts eine gewünschte Entwicklung, denn durch Kulturtourismus erfolgt eine Imageverbesserung, eine Stärkung der Einkommenssituation und die Schaffung qualifizierter Arbeitsplätze (*Heinze*, 1999b; *Steinecke*, 2007; *Swaarbrooke*, 2005, S. 20 f.).

### Substitute
Gleichzeitig gibt es zahlreiche Substitutionsprodukte, wie bspw. Erlebnis- und Konsumeinrichtungen (Markenerlebniswelten, »Science Centers« und Musical-Komplexe); diese knüpfen an der Schnittstelle von Kultur, Erlebnis, Bildung und Unterhaltung an und wenden sich vor allem an die breite Masse bzw. an die sog. Auch-Kultururlauber. Bei einem knapper werdendem Zeitbudget und sinkenden Ausgaben für Reisezwecke treten diese in den direkten Wettbewerb mit kulturellen Einrichtungen, ohne allerdings deren Aufgaben (Sammeln, Bewahren, Forschen, Bilden) übernehmen zu können und zu wollen (*Richards*, 2001; *Steinecke*, 2007, S. 337 f.).

### Strategien auf Destinationsebene

Um auf die stetig ändernden Rahmenbedingungen reagieren zu können und um weiter erfolgreich sein zu können, bedarf es einer ausgewogenen strategischen Analyse und Planung, die in der Formulierung unterschiedlicher Strategien mündet und in letzter Konsequenz umgesetzt werden muss. Ausgangspunkt dafür bildet einmal mehr bspw. die Ausformulierung einer Vision, eines Leitbildes oder strategischer Ziele des Kulturmanagements (*McLoughlin*, *Kaminski* und *Sodagar*, 2007a, S. 11 f.). Aufgrund dieser Faktoren können – einem strategischen Managementprozess folgend (bspw. *Hitt*, *Hoskisson* und *Ireland*, 2007, S. 26 f.) – strategische Ziele ausformuliert werden, die als quantitative (Umsatz-, Nächtigungszahlen) oder qualitative Richtwerte (nachhaltige Regionalentwicklung, Qualität im Angebot) vorliegen können (Abschnitt 2.1 / S. 16 bzw. 3.2 / S. 66).

Die Zielsetzungen hängen somit stets von der strategischen Sichtweise des Kultur- und/oder Tourismusmanagements ab und auch im Falle des Kulturtourismus kann die Planung anhand einer nachfrage- bzw. angebotsorientierten Analyse durchgeführt werden: Einerseits gibt es Kulturstätten, die durch touristische Programme und auf berechenbare Weise auf einen Zuwachs an Publikum abzielen (marktorientierte Perspektive), andererseits gibt es touristische Pakete, die auf kulturellen Attraktionen aufbauen (ressourcenorientierte Perspektive, *Bendixen*, 2006, S. 325).

Die Kombination aus beiden Sichtweisen zur Generierung von Wettbewerbsvorteilen stellt für den Kulturtourismus einen dritten Weg dar (*Weiermair* und *Pechlaner*, 2001, S. 111 f.): Eine einseitige Betrachtung des Marktes führt zur Vermarktung von Angeboten, die sich der Kunde auf Rückfrage zwar wünscht, durch die aber eigene wertvolle Ressourcen und Kernkompetenzen nicht als solche erkannt und das Potential nicht genutzt wird; umgekehrt ist die reine Betrachtung der eigenen Ressourcen deshalb gefährlich, da Markt und touristische Trends sich stets zu Ungunsten der eigenen Ressourcenausstattung entwickeln kann.

Vergegenwärtigt man sich die Strategieformulierungsprozesse aus den Abschnitten 2.2.1 / S. 20 und 2.2.2 / S. 30, so wird ersichtlich, dass es auch in den Strategieformulierungsprozessen im Kulturtourismus starke Parallelen zu jenen einer MBV und RBV gibt.

### Marktorientierung

Tourismus ist nach der allgemein vorherrschenden Meinung stärker von der Nachfrage geleitet als andere Branchen und folgt damit der Ansicht, dass nur jene Produkte, die sich an den Kundenwünschen orientieren und nachfragespezifischen Merkmalen Rechnung tragen, beim Nachfrager auf Interesse stoßen und Absatz finden (*Heinze*, 2008, S. 124)[7]; aus diesem Grund ist auch eine Marktorientierung

---

[7] zitiert nach *Becker* und *Steinecke* (1997, S. 161).

im Management von kulturtouristischen Destinationen häufiger anzutreffen, als ressourcenorientierte Sichtweisen (*McKercher* und *Cros*, 2002, S. 30 f.).

Der Prozess zur Strategieformulierung erfolgt anhand der folgenden vier Schritte (siehe dazu bspw. *Haedrich*, 1999, S. 161 ff.; *Smeral*, 2000, S. 49 ff., sowie *Dreyer*, 2008, S. 100 ff.):

1. die kulturtouristische Nachfrage (besondere Berücksichtigung von Nachfragetrends) wird analysiert;
2. attraktive Zielgruppen treten in den Vordergrund und eine Strategie für den Erfolg im Segment wird entwickelt;
3. die dafür nötigen (kulturellen) Ressourcen und Fähigkeiten werden erworben;
4. die Strategie wird umgesetzt.

Einer MBV folgend sind jene Anbieter, die glauben, eine »gewünschte« Tourismusplanung durch ein entsprechendes Angebot, das nur die »gewünschten« Touristen anzieht, steuern zu können, meist von elitären Einstellungen getrieben (*McKercher* und *Cros*, 2002, S. 31): »*This person is usually an affluent experienced traveler who is aware of and sensitive to local cultures, will want to stay in local accomodations, eat locally produced food, and who will be satisfied with basic facilities, at the same time paying high tariffs. The problem is that this type of person represents a tiny portion of the traveling public.*«

**Ressourcenorientierung**

Trotzdem finden sich in der Literatur vermehrt Ansätze, die von den generischen kulturellen Ressourcen in einer Destination ausgehen, um ihre Strategien zu formulieren (*Heinze*, 2008; *Jätzold*, 1993, S. 126). *Weiermair* und *Pechlaner* (2001, S. 91 ff.) bspw. betrachten die Ressourcen als die eigentliche Quelle langfristigen Erfolges kulturtouristischer Destinationen, wobei die Herausforderung für Manager von Kulturgütern darin bestehen, sowohl tangible als auch intangible Ressourcen im Angebot enger zu verknüpfen (*McKercher* und *Cros*, 2002, S. 48).

In einer weiteren Konsequenz kann auch das Denkmodell der Kernkompetenzen in einer Macro-Ebene der Destination oder eines Dienstleistungsbündels auf den KT angewandt werden (*Pechlaner* und *Fischer*, 2006, S. 69). Fundamental für das Management einer kulturtouristischen Destination ist die Konzeption des Angebotes aus einer ganzheitlichen Sichtweise, bei dem physische Kulturobjekte mit intangiblen kulturellen Ressourcen verknüpft werden (*McKercher* und *Cros*, 2002) und mit den Fähigkeiten und Destinationsressourcen als ein Bündel entscheidend zur Wettbewerbsfähigkeit beitragen (*Pechlaner* und *Fischer*, 2006). Folgende vier Schritte gilt es für eine ressourcenorientierte Strategie im Kulturtourismus zu befolgen:

1. Kulturelle Ressourcen und die Fähigkeiten einer Destination müssen identifiziert werden (qualifizierte Bestandsaufnahme);

2. Stärken (Kernkompetenzen) und Schwächen treten auf diese Weise in den Vordergrund;
3. eine Analyse erfolgt, für welche Art kulturtouristischer Nachfrage das vorhandene Angebot passt;
4. die Strategie wird formuliert und umgesetzt.

Voraussetzung für ressourcenorientierte Strategien ist somit die Ausstattung einer Region mit kulturellen Objekten (Ressourcenausstattung), die sich allerdings nicht nur auf das historisch gewachsene, endogene und authentische Kulturangebot (bspw. Denkmäler, Schlösser, Traditionen), sondern auch auf das Angebot der Gegenwart stützen kann (z. B. Festivals und sonstige kulturelle Veranstaltungen; *Heinze*, 2008, S. 126).

Netzwerkgedanken

Die Gründe für die Notwendigkeit zur Verknüpfung der beiden Bereiche Kultur und Tourismus bzw. für ein Netzwerk im Kulturtourismus liegen auf der Hand, doch das Management von Kulturtourismus ist eine komplexe Aufgabe: Netzwerke müssen sich dabei nicht nur mit der Koordination und der touristischen Aufbereitung von kulturellen Objekten und Stätten auseinandersetzen, sondern meist auch eigenständige Organisationen und Institutionen integrieren, die nur zum Teil kommerziell interessiert sind (*Bendixen*, 2006; *Petrillo*, 2004, S. 328). Durch Kooperation kann die Wettbewerbsfähigkeit einer Destination nicht nur gesteigert, sondern auch die Bedeutung der Kultur stärker hervorgehoben und die Verwirklichung gemeinsamer Ziele oder die Ausarbeitung von Einzigartigkeit verfolgt werden (*Pechlaner* und *Raich*, 2004, S. 410 f.).

Generell entsprechen die Modelle zum Netzwerkgedanken in kulturtouristischen Destinationen somit jenen, die auch für das Destinationsmanagement im Allgemeinen gelten (Abschnitt 3.2.3 / S. 76).

Allerdings ergeben sich für die Bildung von Netzwerken im Kulturtourismus zusätzliche Schwierigkeiten, die in der Zusammenarbeit zwischen dem Kultur- und Tourismusbereich gefunden werden: Nach *Martelloni* (2007, S. 70 ff.) gelten die Vertreter der Kulturseite aus der Sicht des Tourismus als eine elitäre Gruppe, die Touristen als einen schnellen und unaufmerksamen Besucher ansehen, der in manchen Fällen kulturelle Attraktionen sogar verwüstet und Tourismusmanager als Subjekte, die rein am wirtschaftlichen Nutzen orientiert sind und wenig Sensibilität gegenüber Kultur aufweisen; auf der anderen Seite weiß der Tourismus von der Notwendigkeit von Kultur im Tourismus (vor allem auch deshalb, weil damit Qualitätstourismus betrieben wird), leistet allerdings zu wenig aktive Unterstützung.

Die Thematik dieser auftretenden Schwierigkeiten wird in Abschnitt 4.2.4 / S. 127 nochmals aufgegriffen; darin wird auch näher erläutert, zu welchen unterschiedlichen Beziehungsstadien es zwischen den beiden Hauptakteuren im Kulturtourismus kommen kann.

**Wettbewerbsstrategien**

Wenn sich kulturelle Attraktionen oder kleinere kulturtouristische Zieldestinationen in die Gesamtstrategie einer Destination einordnen, richten sie sich durch die Verfolgung von Wettbewerbsstrategien auf die übergeordneten Zielsetzungen aus. Ähnlich den generischen Wettbewerbsstrategien von *Porter* (1999, S. 71 f.), können diese als Geschäftseinheiten in den Wettbewerb treten.

Als Differenzierungsstrategien werden *Qualitäts-* und *Limitierungsstrategien*, *Filialisierungsstrategien* eher als Kostenführerschaftsstrategie verstanden; *Thematisierungs-*, *Vernetzungs-* und *Personalisierungsstrategien* sind je nach ihrer Ausrichtung hybride Wettbewerbsstrategien (sowohl zur Differenzierung als auch zur Senkung von Kosten); *Regionalisierungsstrategien* können ihren Einsatz tendenziell in Nischenmärkten finden. *Steinecke* (2007, S. 26 ff.) bezeichnet diese Wettbewerbsstrategien auch Strategien zur Profilierung, d. h. zur Schärfung des Profils eines Angebotes (Kultureinrichtung oder einer Destination) und zur Steigerung seiner Attraktivität; damit wird versucht, der Entwicklung vom knappen Käufermarkt hin zum gesättigten Käufermarkt entgegenzuwirken.

**Thematisierung**

Spezialisiert sich ein Angebot auf ein Thema, so stellt dieser Schwerpunkt, der aus der Hochkultur oder Alltagskultur stammen kann, einen besonderen Attraktionspunkt im Angebot einer Region dar. Eine Thematisierung kann nach *Steinecke* (2007, S. 27 f.) durch *berühmte Persönlichkeiten* (Geburtshäuser bzw. Lebens- und Wirkungsstätte bekannter Persönlichkeiten, Veranstaltungen und Ausstellungen zu berühmten Personen, Kampagnen zum Geburts- oder Todestag einer Person, Themenstraßen zu berühmten Personen), durch *historische Ereignisse bzw. kunstgeschichtlichen Epochen* (Veranstaltungen zur Erinnerung an historische Ereignisse, Ferien- und Themenstraßen zu kunstgeschichtlichen oder geschichtlichen Epochen), oder durch *lokale bzw. regionale Besonderheiten* erfolgen (Festspiele mit lokalem bzw. regionalem Bezug, regionale Kampagnen, Ferien- und Themenstraßen zu lokalen bzw. regionalen Besonderheiten).

**Vernetzung**

Grundprinzip einer Vernetzungsstrategie stellt die Bündelung der Angebote dar, weshalb von den endogenen kulturellen Ressourcen einer Destination ausgegangen und dem Wunsch der Gäste nach Individualität und Exklusivität nachgekommen wird; dies hat die Vermittlung von Einzigartigkeit und Einmaligkeit im Angebot zur Folge. Beispiele für Vernetzungsstrategien stellen *Destinationskarten-Systeme* bzw. *Netzwerke von Kultureinrichtung und Städten* (gemeinsame Kommunikationsmaßnahmen durch Homepages, Printmaterialien oder Messeauftritten), *Lehrpfade* oder *Ferien- und Themenstraßen* dar (*Steinecke*, 2007, S. 31 ff.). Netzwerke können jedoch auch durch klassische Marketingmaßnahmen wie bspw. gemeinsame Werbekampagnen, Kalender oder durch Broschüren ausgebaut werden (*Tighe*, 1986, S. 2 ff.).

### Limitierung

Erfolgt eine geplante Verknappung des Angebotes, so kann dadurch die Attraktivität gesteigert werden: *Zeitlich begrenzte Veranstaltungen* (bspw. Sonderausstellungen, Festspiele, Kampagnen) und die *räumliche Eingrenzung der Besucherzahl* (Museumsführungen mit einer Begegnung bekannter Personen, exklusive Öffnung von Räumen) hat dadurch zur Folge, dass Besucher das Angebot noch begehrenswerter finden, und dass der Bekanntheitsgrad, die Besucherzahlen und der Umsatz kurzfristig gesteigert werden können (*Steinecke*, 2007, S. 35 ff.).

### Filialisierung

Produkttransparenz und Produktsicherheit führen zu standardisierten Angeboten, die in Form von Marken am Markt erhältlich sind. Solche Strategien können vor allem im *Museums- und Ausstellungsbereich* beobachtet werden, da dort die Möglichkeit besteht, den Ankauf einer Sammlung durch Rotation in den Filialen einer breiteren Besucherschicht zu präsentieren und damit die Anschaffungskosten (Stückkosten) zu verringern; auch bei *internationalen Superstars* aus der Oper (bspw. Placido Domingo, Anna Netrebko, Rolando Villazon) findet eine Anwendung dieser Strategien statt, die sich bislang aufgrund mangelnder Marktorientierung und einem hohen Finanzbedarf in der Praxis nicht durchgesetzt haben und aus der Sicht der Kritiker weiter zu einer Kommerzialisierung und Globalisierung von Kultur beiträgt (*Steinecke*, 2007, S. 37 f.).

### Qualität

Als Reaktion auf die hohen Ansprüche von Kulturtouristen im Bezug auf die Qualität, findet eine Differenzierung des Angebotes auch durch eine stärkere *Kundenorientierung* statt, die durch Maßnahmen wie einer verbesserten Besucherforschung, Mitarbeiterschulung, Akkreditierungen und Gütesiegeln gefördert werden kann; *Steinecke* (2007, S. 38 ff.) sieht die Qualitätssicherung im Kulturtourismus auf der gesamten Ebene der Dienstleistungskette, konkret der Infrastruktur der Einrichtung, der Form der Informationsvermittlung, der Erlebnisorientierung, dem Niveau der Dienstleistungen und der Buchbarkeit ebendieser Leistungen.

Qualität im Kulturtourismus kann allerdings auch aus anderen Perspektiven als ausschließlich jener auf die Dienstleistungskette, defniert werden; Abschnitt 4.3.4 / S. 151 geht darauf vertiefend ein.

### 4.2.4 Verwandte und unterstützende Branchen

Tourismus im Allgemeinen und Kulturtourismus im Speziellen stellen stark vernetzte Systeme dar (Abschnitt 3.1.2 / S. 58), weshalb es der Interaktion vieler verschiedener Akteure (besonders Kulturschaffende, Touristiker und Medien als Mittler und Vermittler) bedarf, um ein kulturtouristisches Produkt anbieten zu können (*Dreyer*, 2006, S. 16 ff.). Hinzu kommt, dass eine gesamtheitliche Planung dann umso leichter ist, »*je homogener die Interessen in der Destination sind. Eine Badeferieninsel [...] mit praktisch nur einer Tourismusform [...], lässt sich einfacher planen als eine alpine Destination*«(*Bieger*, 2008, S. 283).

Die Wettbewerbsfähigkeit einer Destination hängt aus diesem Grund im Besonderen davon ab, wie gut es einer DMO bzw. einem Tourismussystem in einer Destination gelingt, Schlüssel-Stakeholder zur Zusammenarbeit zu bewegen (*Aas*, *Ladkin* und *Fletcher*, 2005, S. 30 ff.).

**Kulturtouristische Dienstleistungskette**

Kulturtourismus funktioniert dann am Besten, »*wenn Kulturschaffende und Touristiker eine Symbiose bilden, wenn sie sich gegenseitig verstehen, dieselbe ›Sprache‹ sprechen und gemeinsam handeln*« (*Dreyer*, 2006, S. 16). Im Falle von Kulturtourismus erklären sich zusätzliche Probleme für eine erfolgreiche Zusammenarbeit dadurch, dass die Kulturseite als eine Gruppe von Experten gesehen werden kann, die den wesentlichen Teil zur Erstellung des touristischen Produktes leistet, die aber den hauptsächlich ökonomischen Zielen der Wirtschaftsseite durch die Verfolgung nicht-monetärer Ziele nicht gerecht wird (*Bendixen*, 2006; *Martelloni*, 2007; *McKercher*, *Ho* und *Cros*, 2005, S. 328). Zum Großteil sind die Konflikte somit das Resultat von Zielunvereinbarkeiten und dem Aufeinanderprallen unterschiedlicher Werte (*McKercher*, *Ho* und *Cros*, 2005, S. 540), die sich bspw. in Kommunikations- und Koordinationsproblemen äußern (*Dreyer*, 2008, S. 101).

Tabelle 4.3 auf der nächsten Seite zeigt die möglichen Beziehungen in der Spannbreite zwischen einer guten und schlechten Kooperation im Bereich Kultur und Tourismus auf; diese reicht von einer guten und problemlosen Zusammenarbeit über die parallele Existenz beider Bereiche bis hin zu einem offenen Konflikt der beiden Partner (*McKercher* und *Cros*, 2002, S. 16).

Wenn die Zusammenarbeit zwischen Kulturschaffenden und Touristikern erfolgreich ist, gilt es, die Kooperation der restlichen an der Leistungserstellung beteiligten Akteure zu gewährleisten. Eine ausführliche Diskussion um die Chancen und Probleme durch die Zusammenarbeit von Stakeholdern finden sich in *Aas*, *Ladkin* und *Fletcher* (2005); *Flagestad* (2001); *Stokes* (2006); *Swaarbrooke* (2005); *Tighe* (1986) oder *d'Angella* und *Go* (2008). Eine kulturtouristische Dienstleistungskette, die ähnlich einer Netzwerkorganisation agiert, setzt sich aus folgenden Akteuren zusammen (*Steinecke*, 2007, S. 8):

|  | Merkmale |
|---|---|
| Full Cooperation | - True Partnership for the mutual benefit of both sectors<br>- Likely imposed or heavily managed<br>- Work to ensure that both interests are satisfied |
| Working Relationships | - Realization of common needs and interests<br>- Begin dialogue |
| Peaceful Co-Existence | - Sharing of the same resource<br>- Derive mutual benefits from its use, but still largely separate and independent<br>- Some dialogue, but little cooperation or recognition of need to cooperate |
| Parallel Existence/Blissful Ignorance | - Separate and independent<br>- Little or no contact<br>- Out of sight, out of mind |
| Mild Annoyance | - Goal interference attributable to one stakeholder<br>- Lessened satisfactions<br>- One stakeholder exerts adverse effects, but little real conflict<br>- Lack of understanding between stakeholders |
| Nascent Conflict | - Problems defying easy solutions emerge<br>- Changing power relationships with emergence of one dominant stakeholder whose needs are detrimental to the other established stakeholder |
| Full Conflict | - Open conflict between stakeholders |

Tabelle 4.3: Mögliche Beziehungsstadien zwischen Tourismus und Kultur (*McKercher* und *Cros*, 2002)

- *Transport-* und *Beherbergungsbetriebe*: Die Beherbergungsindustrie unterliegt durch ein Sternesystem einer Qualitätsbeurteilung, das Transparenz schafft und eine Entscheidungshilfe für den Touristen darstellt; Transportunternehmen sind Verkehrsträger, die den Personentransport innerhalb oder zu einer Destination hin gewährleisten (bspw. Taxi, Bahn, Schiff, Bus; *Dreyer*, 2006, S. 27 f.);
- *Kultureinrichtungen* (Museen, Burgen, Schlösser, etc.);
- *Event-* und *Festivalveranstalter*;
- *Reiseveranstalter* (Generalisten und Spezialreiseveranstalter) und *Reisemittler* (Reisebüro, -agenturen, etc.): Reiseveranstalter kombinieren und vermarkten Teilleistungen und machen dadurch touristische Einzelleistungen oft überhaupt erst konsumierbar; gemeinsam mit Reisemittlern übernehmen Reiseveranstalter auch die Rolle eines Vertriebsweges (*Dreyer*, 2006, S. 30);
- *Tourismusorganisationen*;

– *Reiseleiter* und *Gästeführer*.

Eine zunehmend bedeutende Rolle nehmen *Internetportale* ein: Diese bündeln Informationen und bieten Funktionen zur Suche und zur Information über touristische Dienstleistungen an (*Dreyer*, 2006, S. 30 f.). Da Buchungsplattformen die qualitative Bewertungen touristischer Leistungen wiedergeben, bedürfen sie als mächtige Akteure in der touristischen Dienstleistungskette einer stärkeren Berücksichtigung (*Fittkau* und *Jockwer*, 2008; *Opaschowski*, 2008, S. 368 f.).

**Sonstige Akteure und Stakeholder**

Orientiert man sich an den Schlüssel-Stakeholdern in einer Destination (siehe dazu Bild 4.11 / S. 144) so müssen in der Tourismusplanung die Ansichten der Gemeinschaft berücksichtigt werden: Jene, die durch den Tourismus betroffen sind, müssen – besonders für einen möglichst schonenden Tourismus – durch Kooperation zu Beteiligten gemacht werden (*Aas*, *Ladkin* und *Fletcher*, 2005; *Müller* und *Messerli*, 2006, S. 242). Dabei wird ersichtlich, dass es über die Akteure in der Dienstleistungskette hinaus noch eine Vielzahl weiterer Interessensgruppen zu berücksichtigen gilt. Einen besonderen Stellenwert im kulturtouristischen System nehmen deshalb auch folgende Gruppen ein, die zwar nicht immer unmittelbar an der Leistungserstellung beteiligt sind, das Angebot und den Markt für Kulturtourismus aber wesentlich unterstützen und mitprägen.

Einheimische Bevölkerung

*Einheimische* sind zum einen selbst Konsumenten des kulturellen Angebotes und Besucher von kulturellen Attraktionen und Veranstaltungen (*Dreyer*, 2006; *Richards*, 1996, S. 18 f.), zum anderen tragen sie aktiv und passiv zur Existenz von kulturellem Angebot in einer Destination bei: Sie sind Träger intangibler Kultur und somit bspw. Vermittler der Sub-, Volks- oder Alltagskultur (dadurch selbst Teil eines kulturtouristischen Angebotes), andererseits trägt sie durch die freiwillige Mitarbeit und die Ausübung von Ehrenämtern in Vereinen und Veranstaltungen wesentlich zur Produktion von Kultur bei.

Überdies tragen Einheimische zur kulturtouristischen Vermarktung bei, indem sie die Region durch ihr Verhalten in der Informationsweitergabe »verkaufen« und sollten deshalb auch in die Angebotsgestaltung mit einbezogen werden (*Heinze*, 2008, S. 126).

Außerdem sind die Einwohner einer Destination unmittelbar von den positiven und negativen Auswirkungen des Tourismus betroffen (bspw. *Bachleitner* und *Zins*, 1999; *Franquesa* und *Morell*, 2007; *Richards*, 2007, S. 336 ff.). Nach *Easterling* (2004, S. 49 ff.) sind diese in *ökonomischer* (bspw. Einkommen steigt, aber auch Lebenshaltungskosten steigen), *ökologischer* (z. B. starke Verschmutzung, natürliche Umwelt und Ruhe wird gestört), *politischer* (bspw. wird die Notwendigkeit der Einbindung der Bevölkerung spürbar), *sozialer* (z. B. Prostitution nimmt zu,

Verlust von Authentizität und Dialekten) und *soziokultureller* Hinsicht (Traditionen werden gestärkt, Nachfrage nach lokaler Kultur wird gestärkt, Beitrag zur Völkerverständigung wird geleistet) spürbar.

Öffentliche Hand und Kulturförderer

Kultur kann sich nur in seltenen Fällen selbst erhalten und ist auf die Fördermittel öffentlicher oder privater Geldgeber angewiesen. *Politik, Wirtschaft* und *private Unterstützer* treten dabei als Subventionsgeber und Sponsoren auf, was die Organisation gewisser Veranstaltungen (bspw. Festivals, Ausstellungen) erst ermöglicht, die Ausübung von Traditionen und Brauchtümern durch Vereine und Vereinigungen (bspw. Trachten, Umzüge) fördert und die Instandhaltung von kulturellen Objekten (bspw. Restaurierung von Burgen, Kirchen) garantiert. Ohne die Beteiligung dieser Akteure fände aus diesem Grund eine drastische Reduktion der kulturellen Angebotsvielfalt statt (*Autonome Provinz Bozen-Südtirol*, 2008a,b; *Bendixen*, 2006; *Heinze*, 2008, S. 61 ff.).

Insgesamt sollte eine Kulturpolitik eigenen strategischen Überlegungen folgend die Entwicklung zum Wissensaustausch im KT und die weitere Entfaltung von Kooperationen und Netzwerken fördern (*Pechlaner* und *Raich*, 2004, S. 411).

Andere Branchen

*Handel* und *Industrie* nehmen einerseits ihre Funktionen als Kulturförderer war, sind gleichsam aber auch als Ausdruck eines regionalen Wirtschaftssystems ein Teil der lokalen Kultur und werden somit selbst zum Objekt touristischer Begierde (*Soyez*, 1993; *Steinecke*, 2001, S. 85 ff.). Auch profitiert der Handel in ökonomischer Hinsicht direkt vom Tourismus.

In ländlichen Gebieten spielt zudem die lokale (v. a. traditionelle) *Berg-* und *Landwirtschaft* eine wichtige Rolle ein, da sie zum Erhalt der Kulturlandschaft beiträgt und auch selbst ein Attraktionspunkt ist; für ländliche und alpine Regionen stellt die Berg- und Landwirtschaft somit einen zentralen Faktor für die Aufrechterhaltung der Attraktivität einer Destination dar (*Arge Alp*, 2009; *Luger* und *Rest*, 2002b; *Raich*, 2006, S. 173 f.).

Sonstige Interessensgruppen

Nicht-gewinnorientierte Organisationen wie bspw. *Heimat-* und *Umweltverbände* leisten als »Wächter« über die touristische Nutzung kultureller und natürlicher Ressourcen zur positiven kulturellen und ökologischen Entwicklung einen wertvollen Beitrag, gelten gleichsam aber als »Bremser« einer wirtschaftlichen Weiterentwicklung, wenn dadurch Kultur und Natur in Mitleidenschaft gezogen werden (*Swaarbrooke*, 2005, S. 113 ff.).

Auch kommerzielle Medien müssen neben den touristischen als gewichtige Akteure in das KT-System einbezogen werden, da es durch die Art der Berichterstattung (zwischen Bildung und Unterhaltung) in ihrer Verantwortung liegt, eine Destination spektakulärer oder unattraktiver darzustellen, als sie es in Wirklichkeit ist; ob die Art der Berichterstattung für das Destinationsmanagement passt, hängt dabei von der touristischen Zielsetzung ab (*McKercher* und *Cros*, 2002, S. 163 f.).

## 4.3 Zentrale Konzepte und Aspekte

Eng in Verbindung mit dem kulturtouristischen Angebot stehen Themen wie Qualitätsempfinden und -management, Inszenierung (und Erlebnisinszenierung), Authentizität und Nachhaltigkeit. An diesem Punkt treffen unterschiedliche Ansätze aufeinander, die die Strategien eines Managements von kulturellen Gütern bzw. des Destinationsmanagements beeinflussen.

### 4.3.1 Paradigma im Management von kulturellem Erbe

Besonders im Zusammenhang mit kulturellem Erbe hängt die Entscheidung hinsichtlich seiner Nutzung vom Denkansatz des (Kultur-)Managements ab; insbesondere drei Paradigma , die aus der Literatur als Präservierungs-, Konservierungs- und Heritage-Ansatz bekannt sind, spielen dabei eine Rolle (*Ashworth*, 2008, S. 23 ff.).

**Kulturelles Erbe**

Kulturelles Erbe entspricht dem in der englischsprachigen Literatur verwendeten Begriff »heritage«, woran sich die Bezeichnung *heritage tourism* anlehnt: Gemeint ist damit eine Tourismusform, die den Besuch/die Besichtigung kulturellen Erbes zum Ziel hat und die rein sinngemäß eine spezielle Form von Kulturtourismus darstellt (*Amtsblatt der Europäischen Union C 110/01*, 2006; *Nuryanti*, 1996, S. 4).

Ähnlich wie Kunstgüter werden auch die Objekte des kulturellen Erbes als *unreine öffentliche Güter* bezeichnet, da ein Großteil zwar durch Nicht-Rivalität und Nicht-Ausschließbarkeit geprägt ist, allerdings Zugangsbeschränkungen bspw. durch den Eintritt in Museen bestehen können (*McLoughlin*, *Kaminski* und *Sodagar*, 2007b, S. 16).

Kulturelles Erbe, durch das kulturhistorische Entwicklungen »konserviert« werden, ist in drei Belangen für eine Region bedeutsam: Es verkörpert *Nostalgie* (ermöglicht Flucht aus dem Alltagsstress durch das Wandeln auf den Spuren der Vorfahren und dem Genuss einer Idylle), *kulturelle Identität* (Einzigartigkeit in der Kultur ist ein Ausdruck von kollektiver regionaler oder nationaler Zugehörigkeit) und (wahrgenommene) *Authentizität* (als ästhetische Ursprünglichkeit; *Weiermair* und *Pechlaner*, 2001, S. 91 ff.).

Die *UNESCO* (2009b) United Nations Educational, Scientific and Cultural Organization (UNESCO) unterscheidet zwischen materiellem und immateriellem kulturellen Erbe (cultural heritage) und sieht darin die »*Spur zur Geschichte, Symbol der Identität und Ausdruck der Lebensweise. Das kulturelle Erbe ist eine Brücke der Verständigung zwischen Vergangenheit und Zukunft und der Schlüssel zum Verstehen anderer Kulturen. Wo ein Dialog zwischen den Kulturen stattfindet, dort herrscht normalerweise Frieden zwischen den Völkern.*«

Als »kulturelles Erbe« können somit nicht nur klassische Einrichtungen wie Museen, Denkmäler, Kirchen, Schlösser und historische Paläste gezählt werden, es werden auch neue und sogar erst in der Gegenwart erbaute (Architektur-)Objekte dazu eingeordnet, besonders jene Bauwerke, in denen sich deutlich die Moderne widerspiegelt; auch sind in einzelnen Fällen sogar die Atmosphäre eines Stadtteils oder einer ganzen Stadt als kulturelles Erbe zu verstehen, wenn sie als touristisch reizvoll gelten (*Feßmann*, 1993, S. 14).

Wenn Kultur als Begriff also aus einem holistischen Verständnis heraus verwendet wird, kann auch das kulturelle Erbe als ein Ganzes, bestehend aus materiellen und immateriellen Gütern, verstanden werden (*Nuryanti*, 1996, S. 251), die durch ihren Bezug zu Geschichte, Kunst und ganz allgemein zur Kultur einer Gemeinschaft nicht nur die Bräuche und Traditionen eines Landes repräsentieren, sondern im besonderen Maße auch die geistigen Ursprünge vermitteln (*Kolland*, 2003, S. 10): »*So heritage tourism really means little more than tourism centered on what we have inherited, which can mean anything from historic buildings, to art works, to beautiful scenery*« (*Yale*, 1998, S. 32). »Heritage tourism« wird aus diesem Grund als synonymer Begriff für Kulturtourismus gebraucht.

### Zwischen Präservierung, Konservierung und Heritage

»*Heritage sites provide a tangible link between the past, the present and the future, and are often subject to the conflicting aspirations of conservation and tourism. It is therefore essential that heritage sites are well managed*« (*Timothy* und *Boyd*, 2003, S. 133). Wie mit kulturellem Erbe nun umgegangen wird, hängt nicht zuletzt von den Denk- und Sichtweisen seines Managements ab, das sich die Frage stellt, ob die kulturelle Attraktion durch zeitgemäße Vermarktung konsumierbar gemacht werden sollen, oder ob dem Wunsch nach Authentizität sogar durch Einfrieren des heutigen Erscheinungsbildes entsprochen werden soll (*Weiermair* und *Pechlaner*, 2001, S. 96).

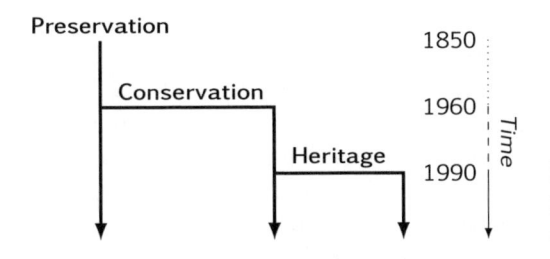

```
Preservation
    |
    └── Conservation          1850
             |
             └── Heritage     1960    Time
                              1990
```

Bild 4.8: Paradigmenwechsel im Management von kulturellem Erbe (Ashworth, 2008)

Dabei sind es vor allem die drei Paradigma der *Präservierung*[8], *Konservierung*[9] und der *Heritage-Ansatz*[10] (vgl. *Ashworth*, 2008; *Weiermair* und *Pechlaner*, 2001, S. 24 ff.). Bild 4.8 zeigt die zeitliche Einordnung und Entwicklung der drei Ansätze. Erwähnenswert erscheint in diesem Zusammenhang, dass Präservierung und Heritage-Ansatz bei einer Gegenüberstellung vollkommen konträre Positionen (in Bezug auf ihre Schwerpunkte, Zielsetzungen, der Zeitorientierung, ihrer Sicht auf die Vergangenheit, ihrer Produktion, Existenzberechtigung, gegenüber Wandel und der Bedeutung von Authentizität) einnehmen (*Ashworth*, 2008, S. 24 ff.):

*Präservierung* bezieht ihren Aufgabenschwerpunkt auf das Objekt selbst, mit dem Ziel es in ihrer Ursprünglichkeit zu bewahren, orientiert sich an der Vergangenheit, die anhand von Tatsachen beschrieben wird; die kulturellen Objekte sind von Experten geschaffen, die im Objekt selbst einen bestimmten Wert sehen und einem Wandel, der auf Kosten der Authentizität im Sinne ihrer Ursprünglichkeit geht, nicht entsprechen; der

*Heritage-Ansatz* hingegen setzt den Schwerpunkt auf die Nachricht, die ein Objekt vermittelt und zielt auf eine Nutzung der Objekte ab, ist gegenwarts- bzw. zukunftsorientiert und sieht in der Vergangenheit nur eine Vorstellung, die durch die Nutzer eines Objektes selbst geschaffen wird; die Nutzbarkeit der Objekte rechtfertigt auch eine Veränderung derselben, wodurch Authentizität durch das Erlebnis am Objekt selbst entsteht.

Während beim Präservieren also das kulturelle Objekt eingefroren wird und schlummerndes Potential für eine touristische Nutzung darstellt (vgl. komparativer Wettbewerbsvorteil), wird beim Heritage-Ansatz bzw. durch Konservierung Kultur

---

8   wird im deutschen Sprachgebrauch nicht oder in einem anderen Zusammenhang verwendet, bspw. bei der Restaurierung und Instandhaltung von Büchern; der Begriff stammt aus dem Englischen (»preservation«) und kann als vollkommene »Belassung« bzw. der Aufrechterhaltung eines status quo resp. durch die umfängliche Unter-Schutz-Stellung auch als eine Art »Käseglocke« für das zu schützende Objekt verstanden werden (vgl. *Ashworth*, 2008, S. 24 ff.).

9   ist die Summe von Maßnahmen, durch die ein kulturelles Objekt erhalten wird, ohne es dabei unwiderruflich und wesentlich zu verändern; eine eventuelle Nutzung wird dadurch erst möglich gemacht (vgl. *Ashworth*, 2008; *Weiermair* und *Pechlaner*, 2001, S. 24 ff.).

10  kann dem Sinn und den Ausführungen gemäß als die Aufrechterhaltung und eventuelle Umwandlung eines kulturellen Objektes zu Zwecken der Nutzung übersetzt werden (*Ashworth*, 2008, S. 24 ff.).

zugänglich (»nutzbar«) gemacht und im Falle von Konservierung auch zeitgemäß authentisch vermarktet (*Weiermair* und *Pechlaner*, 2001, S. 110).

Allerdings verhindert Präservierung eine Weiterentwicklung von Kultur, bspw. in Bezug auf einen bestimmten Baustil (*Swaarbrooke*, 2005, S. 308 f.) und es erscheint als erwiesen, dass ein nachhaltiges Kulturmanagement nicht in der Beibehaltung eines solchen »status quo« erreicht wird (*Garrod* und *Fyall*, 2000, S. 704); eine zu starke Öffnung im Sinne des Heritage-Ansatzes hingegen führt zu Veränderungen am Objekt resp. zu einer Aneignung fremder Kulturelemente (Akkulturation), was sich negativ auf ein authentisches Kulturerlebnis auswirkt (*Bieger*, 2008; *Thiem*, 1994, S. 42).

### 4.3.2 Authentizität und Inszenierung

Dem Wunsch nach Einzigartigkeit, Ursprünglichkeit und Authentiztität stehen Trends entgegen, die in der Inszenierung und in der Produktion von Erlebnissen für Touristen entscheidende Wettbewerbsvorteile sehen (vgl. dazu bspw. *Heinze*, 2008, S. 119 ff.): Dieses kulturtouristische Kernthema, der Entscheid zwischen einer authentischen und inszenierten Angebotsgestaltung, tritt besonders durch die fortschreitende Globalisierung immer mehr in den Vordergrund; Authentizität wird von Kulturtouristen als wichtig befunden, andererseits wird für eine breite Besucherzahl durch eine Inszenierung von Erlebnissen die Attraktivität von kulturellen Angeboten entscheidend erhöht (*Richards*, 2007, S. 3 ff.).

Ein Mittelweg zwischen authentischem und inszeniertem Erlebnis besteht darin, dass ein kulturelles Angebot sich den veränderten Konsumgewohnheiten zwar anpassen kann, dass der ideelle und substanzielle Wert allerdings nicht angerührt bzw. zerstört werden darf (*Bendixen*, 2006, S. 327 f.). Diese Herangehensweise ähnelt dem Konzept der Konservierung (wie im vorhergehenden Abschnitt 4.3.1 / S. 131 beschrieben) und stellt einen möglichen Lösungsansatz zwischen Präservierung und Heritage-Ansatz dar.

#### Authentizität im Angebot

Durch Globalisierung erfolgt eine Homogenisierung bzw. Standardisierung und Entwurzelung (»disembedding«) von Kultur (*Bieger*, 2008; *Swaarbrooke*, 2005, S. 309 f.); dies hat zur Folge, dass die Bedeutung des Lokalen zunimmt und regionale Identitäten und Unterschiede eine wichtige Grundlage für das touristische Angebot darstellen. Authentizität wird dabei zu einem wichtigen Kriterium für den Wert von kulturellen Ressourcen (*Richards*, 2007, S. 3 ff.).

Auch im wachsenden Europa wurde die Bedeutung eines neuen Regionalbewusstseins erkannt, besonders für ländliche Gebiete wird dem Kulturtourismus für diesen Zweck breite Unterstützung zugesichert (*Amtsblatt der Europäischen Union C 57/04*, 2007, S. 24): »*[D]er Kulturtourismus in den ländlichen Gebieten ist unbedingt zu fördern, indem die Kompetenzen der örtlichen Bevölkerung zur Entwicklung des Tourismussektors gestärkt und die einzigartigen touristischen Attraktionen in der gesamten EU bekannt gemacht werden.«.* Über eigene Kultur-Fonds wird aus diesem Grund empfohlen, die kulturelle Vielfalt und die Verschiedenheiten stärker zu fördern (*Amtsblatt der Europäischen Union C 110/01*, 2006; *Dumont* und *Teller*, 2007; *Pfeil*, 2008, S. 45 ff.) bzw. Regionen oder ethnische Minderheiten über stärker föderalistische Strukturen (bspw. Autonomien) zu schützen und zu stärken (*Zaffi*, 2008, S. 61 ff.).

In der Angebotsgestaltung gilt es aus diesem Grund Prinzipien zu beachten, um ein authentisches Kulturerlebnis bestmöglich vermitteln zu können; dafür ist allerdings ein hohes Maß an Sachkunde notwendig (*Becker*, 1993, S. 7 ff.), weshalb qualifiziertes Fachpersonal einen wichtigen Erfolgsfaktor darstellt. *Barth-Scalmani* (2004, S. 75 ff.) sieht bspw. besonders in der fachlichen Kompetenz von Historikern eine Chance und eine wertvolle Ressource zur sachgemäßen Vermittlung der Kultur alpiner Destinationen. Die »Qualität der Humanressourcen« und eine dementsprechende Ausbildung kann dabei aber nur gewährleistet werden, wenn es vor Ort die Zusammenarbeit mit Bildungseinrichtungen (Hochschulen, Universitäten, Weiterbildungsmöglichkeiten) gibt (*Russo* und *Borg*, 2002).

Gerade für den Bergtourismus und dem Fremdenverkehr in ländlichen Gebieten stellte das authentische Angebot, das allerdings durch Globalisierung, den uniformierten Angeboten und dem Verlust von Einzigartigkeit zunehmend an Bedeutung verloren hat, die Grundlage für touristische Pionierleistungen dar (*Müller* und *Messerli*, 2006, S. 243). Eine globalisierte Nachfrage beeinträchtigt somit nicht nur die Ordnung lokaler Wirtschaftssysteme, sondern wirkt sich durch den Verlust von Authentizität auch negativ auf die regionale Identität und somit negativ in soziokultureller Hinsicht aus (*Pernthaler*, 2007, S. 8).

Das Problem, das dem Thema der Authentizität angeheftet ist, liegt wiederum in der Begriffsbestimmung für »Authentizität« und dreht sich rund um die Frage, was ein »authentisches« Angebot eigentlich ist. Authentizität ist als Konzept in einem »*status of flux*« (siehe zum Wandel des Begriffes die Ausführungen in *Peterson*, 2005): Die etymologische Ableitung stammt aus dem Griechischen bzw. Römischen und bedeutet übersetzt etwas, was als echt, ehrlich oder als original bewertet werden kann (*McKercher* und *Cros*, 2002, S. 73). »*Authentizität meint im allgemeinen die Echtheit von Erfahrungen und Erlebnissen, im Kontext des Tourismus die Echtheit von touristischen Orten, Plätzen, Szenerien, Gegenständen (z. B. Souvenirs, Kunstwerke) und folkloristischen Darbietungen (z. B. Tänze) sowie von Interaktionen zwischen Touristen und der am Urlaubsort ansässigen Bevölkerung*« (*Vester*, 1993, S. 122).

Authentizität wird demnach als Echtheit oder Wirklichkeit interpretiert bzw. als eine menschliche Eigenschaft, die als »sein wahres Selbst« oder ehrlich zu seinem essentiellen Wesen zu sein verstanden wird (*Wang*, 1999, S. 358 f.). Auch *Gilmore* und *Pine* (2007, S. 115 ff.) sehen Authentizität dann als gegeben, wenn man erstens ehrlich zu sich selbst ist und man sich zweitens auch gegenüber anderen so gibt, wie man selbst vorgibt zu sein – diese Ausprägung von Authentizität wird im Kontext als *real-real*-Zustand tituliert.

Allerdings gilt es Vorsicht im Gebrauch mit den Begriffen walten zu lassen, denn die Bewertungen »echt« oder »wirklich« können für die unterschiedlichen Konsumenten auch eine unterschiedliche Bedeutung haben und ihr Verständnis hängt überdies stets vom Kontext ab, in dem ein Angebot eingebunden ist: Während für den einen Touristen eine regionale Spezialität nur dann echt ist, wenn sie in der Region selbst hergestellt und von Einwohnern der Region verzehrt wird, zählt für andere Konsumenten lediglich, ob es nach einem bestimmten Rezept nachgekocht wurde, unabhängig davon, wer die Speise zubereitet und isst (*Grayson* und *Martinec*, 2004, S. 297).

Museen wiederum bewerten die Authentizität der Objekte dadurch, wie und ob die Ausstellungsstücke die Vergangenheit darstellen und die Geschichte bzw. die Zeitgeschichte dokumentieren (*Chhabra*, 2008, S. 435): »*With regard to the authenticity definition, the highest ratings were offered to the items representation of the past, true to the original object, documented history, and from the actual period. On the other end, lowest rating was given to defining authenticity as modification to reflect globalized culture.*«

Besonders durch das Auftreten von Massenware in der Kunst wurde Authentizität in Verbindung mit Einzigartigkeit und Ursprünglichkeit assoziiert (*Peterson*, 2005, S. 1094): »*Thus only with the mass reproduction of symbols does the authenticity of an art work emerge as a quality to be prized.*« Authentische Kultur wird dadurch zu einem nicht kopierbaren oder reproduzierbaren Gut und ihre Imitierbarkeit nimmt ab. Ursprüngliche und originale Kultur ist gleichsam im Laufe der Zeit gewachsen und vor Ort (in der Landschaft bzw. der Region) eingebettet (*Weiermair* und *Pechlaner*, 2001, S. 104).

Auch gibt es Ansätze, wonach ein authentisches Angebot eng mit der Qualitätserwartung der Touristen in Zusammenhang steht und Authentizität somit zu einem Kriterium für ein hochwertiges kulturtouristisches Angebot wird (siehe dazu die Erläuterungen in *Chhabra*, *Healy* und *Sills*, 2003; *Cohen*, 1988b; *Sigala*, 2005, S. 183 f.) und auch den Erfordernissen eines Qualitätstourismus entgegenkommt (*Chhabra*, *Healy* und *Sills*, 2003, S. 715 ff.): »*All heritage tourism events can draw upon the results to recognize the importance of authenticity for economic benefits (higher expenditures associated with greater perceived authenticity) and culture sustainability (preservation of heritage).*«

»Authentizität« ist somit nicht nur für die Nachfrageseite zu einem wichtigen Kriterium geworden, sie hat sich auch zur Herausforderung für die Angebotsseite entwickelt: Die Suche nach Echtem kann aus diesem Grund als ein »Motor des Tourismus« angesehen werden (*Wöhler*, 2000, S. 105) und wird als ein »pull« Faktor für Destinationen bezeichnet (*Sedmak* und *Mihalic*, 2008, S. 1010).

Eine Konzentration auf Authentizität (und Qualität) ist dem entsprechend grundlegend für jede kulturtouristische Attraktion, denn »[c]ultural tourists are upscale, well-educated, well-traveled, and sophisticated visitors who are looking for a unique and interesting experience« (McKercher und Cros, 2002, S. 127).

Die Unstimmigkeiten bei der Definition des Begriffes führten allerdings immer stärker zur Ansicht, dass Authentizität letztendlich im Auge des Betrachters liegt und beim Touristen selbst zu suchen ist (Richards, 2007, S. 5): Was authentisch ist und was nicht, entscheidet in einer nachfrageorientierten Sichtweise der Kulturtourist (siehe dazu bspw. die Ausführungen in P. Pearce, 1988, S. 371 ff.). Authentizität wird dadurch als ein soziales Konstrukt gewertet, als ein Prozess der (Selbst-)Reflexivität, der in Gegenwart von Produzenten und Konsumenten von Kultur in Bewegung gesetzt wird (Cole, 2007; Peterson, 2005, S. 1090 ff.). Dazu vermerkt Knox (2008, S. 270), dass die Entwicklung und Weiterentwicklung bzw. Veränderung von Authentizität über ihrem Erzeuger, zum Vermittler, den Endkonsumenten und wieder zurück verläuft.

Die Authentizitätswahrnehmung von Seiten der Kunden wird durch zwei Kriterien beschränkt, die anhand von zehn Faktoren identifiziert werden können (Gilmore und Pine, 2007, S. 115 ff.) :

- dem *Bewusstsein über die eigene tatsächliche Identität*: Um die wahre Identität einer Organisation (oder eines Individuums) festzustellen, müssen ihr eigentliches Wesen (»*who you are at your core*«), die Natur ihrer Angebote (»*what you offer to others*«), ihre Entstehungsgeschichte (»*where and when you came to be who you are today*«), ihr Zweck (»*why you are in a business*«) und ihre Werte (»*how your identity is manifested*«) erkannt werden;
- der *Klarheit darüber, was man selbst vorgibt zu sein*: Darüber wird man sich bewusst, wenn man seine eigene Bezeichnung (»*who you call yourself*«), die Angaben über sich selbst (»*what you articulate you are*«), die Tätigkeitsgebiete (»*where and when you are encountered*«), die erklärten Beweggründe (»*why you say you are in business*«) und die Art und Weise, wie man sich selbst darstellt (»*how you show what you are*«) näher betrachtet.

### Künstliche Authentizität und Inszenierung

Die Wahrnehmungsgewohnheiten von »modernen« Kulturtouristen haben sich insofern verschoben, als dass sie sich nicht mehr mit fundiertem Vorwissen und aus eigenem Antrieb auf (beschwerliche) Reisen machen, sondern Reisen mit kulturellem Hintergrund, der vom Reiseveranstalter aufgearbeitet wird, pauschal buchen; durch gezieltes Marketing, das den Erlebnischarakter in den Vordergrund stellt, wird somit ein Publikum erreicht, das eine Reise auch mit einer gewissen Erlebniserwartung antritt, die allerdings – entgegen tatsächlicher Risiken und unvorhergesehener Ereignisse bei Abenteuerreisen – mit dramatisierten Effekten und Show-ähnlichen Programmen konfrontiert werden, wodurch ein authentisches Erlebnis unmöglich gemacht wird (*Bendixen*, 2006, S. 326 f.).

Zunehmend wichtiger für eine touristische Inwertsetzung ist somit die Inszenierung von Kulturobjekten, wobei Themen aufgegriffen, Geschichten erzählt werden und »[...] *für die Besucher ein Spannungsbogen erzeugt wird, wie wir ihn aus Theateraufführungen kennen*« (*Dreyer*, 2008, S. 101). Inszenierung wird dabei als eine Verlegung kultureller Elemente verstanden (*Chhabra*, *Healy* und *Sills*, 2003, S. 715): »*Staging involves displacement of cultural production from one place to another and modification to fit new conditions to time and place.*« Beim Versuch, Attraktionen aus der Vergangenheit in der Gegenwart zugänglich zu machen, geht dadurch allerdings häufig deren ursprüngliche Bedeutung verloren, weil tendenziell nur eine Vermittlung davon stattfindet, wofür es einen Markt gibt (*Weiermair* und *Pechlaner*, 2001, S. 96 f.).

Allerdings mündet Inszenierung nicht zwangsläufig in Oberflächlichkeit, solange Elemente der ursprünglichen Tradition beibehalten werden (*Chhabra*, *Healy* und *Sills*, 2003, S. 715), weshalb kulturtouristische Angebote auch weiterhin ihrem Bildungsauftrag treu bleiben können (Abschnitt 4.3.2 / S. 139). Auch verhält es sich bei Inszenierungen dergestalt, dass aus inauthentisch wirkenden Angeboten mit der Zeit Authentizität hervorgehen kann (*Peterson*, 2005, S. 1093 ff.), weshalb bspw. eine künstliche Attraktion wie »Disneyland« zu einem authentischen Ausdruck amerikanischer Kultur wird (*Vester*, 1993, S. 123)[11].

»Edutainment« (auch »Infotainment«) ist somit das Ergebnis eines sich wandelnden kulturellen Angebotes, das eine Funktion zwischen Information bzw. Weiterbildung und Inszenierung resp. Unterhaltung einnimmt; in Szene gesetzte Kultur wirkt dadurch weiterhin bildend auf die Konsumenten und wird um Faktoren wie Spaß, Genuss oder Erlebnis ergänzt (*Opaschowski*, 2008; *Pine* und *Gilmore*, 1999, S. 443 ff.).

Folklore
Inszenierung spielt insbesondere im Bereich der Volkskultur eine wichtige Rolle. Durch das wachsende Regionalbewusstsein erfolgte eine verstärkte Suche nach den historischen Wurzeln, sodass Tourismus zur Revitalisierung der regionalen Kultur beiträgt: Traditionen und lokale Lebensstile werden als Sehenswürdigkeiten aktiviert, was oftmals zu einem folkloristischen Angebot führt (*Nahrstedt*, 2000, S. 19 f.).

Kulturtouristen wollen einerseits zwar einen bestmöglich echten Eindruck einer Kultur vermittelt bekommen, andererseits suchen sie gerade die Inszenierung in der Folklore; am Beispiel von Musik im Alpenraum hat dies jedoch dazu geführt, dass Volksmusik nur noch die »*massenhafte Darbietung einer klingenden Ware [ist]*,

---

[11] zitiert nach *Cohen*, 1988a, S. 380.

*die – losgelöst aus allen ursprünglichen Zusammenhängen und reduziert auf einige Klischees – den Namen Volksmusik nicht mehr verdient«* (G. Haid, 1993, S. 131).

Andererseits ist es der erhaltenden Funktion von folkloristischen Inszenierungen zu verdanken, dass zahlreiche Traditionen und Brauchtümer nicht ausgestorben sind bzw. dass eine Rückbesinnung auf Ursprünglichkeit erfolgen konnte, denn es ist *»nicht zu übersehen, dass ohne den Tourismus zahlreiche dieser kulturellen Traditionen überhaupt vergessen wären. Die als inauthentisch kritisierte Wieder(er)findung von Kultur macht oft die Problematisierung ihrer Authentizität erst möglich«* (*Vester*, 1993, S. 194). Dies bewirkt für die einheimische Bevölkerung eine Stärkung der eigenen Identität und die Entwicklung von mehr Selbstbewusstsein und Stolz auf die eigene Kultur, was ein erster Schritt zu mehr Entscheidungsbefugnis darstellt (*Cole*, 2007, S. 953 f.).

### Erlebnisinszenierung

Als Gegenpol zu einem authentischen Kulturtourismus, wie er in der Definition 4.2 / S. 103 beschrieben wird, ist ein erlebnisorientierter Kulturtourismus (oder Eventtourismus) zu verstehen; ein Erlebnis wird dabei als ein Impuls von außen betrachtet, der ein Auslösen von Gefühlen zur Folge hat und einen bleibenden Erinnerungswert durch seine hervorgehobene Bedeutung hat (*Heinze*, 2008, S. 120). Die gegenwärtige Erlebnisgesellschaft ist von innenorientierten Lebensauffassungen geprägt, bei der Situationen zu Erlebniszwecken instrumentalisiert werden bzw. wo versucht wird, durch die Beeinflussung äußerer Bedingungen gewünschte subjektive Prozesse auszulösen (*Schulze*, 1992, S. 40).

Ein Erlebnis liegt dann vor, wenn Organisationen ihre Dienstleistung bewusst als eine Bühne nutzen und ihre Produkte als ein Instrument einsetzen, um ihren Kunden ein einprägsames Ereignis bieten zu können; nach *Pine* und *Gilmore* (1999, S. 30) kann die Einordnung von Erlebnissen anhand von vier Dimensionen erfolgen (siehe Bild 4.9).

Obwohl es in der Literatur kein Modell gibt, das die Erlebnisqualität im Tourismus darstellt, gilt ein Zusammenhang zwischen dem Grad der Erlebnisinszenierung und der Qualitätswahrnehmung der Touristen als gesichert (*Brunner-Sperdin* und *Peters*, 2009, S. 173): »*In this respect, entrepreneurs will have to stage their service products in order to create experiences and emotions that influence the perception of quality in a positive way and thus create customer satisfaction.*«

Ein Tourist kann je nach Art der Beteiligung (aktive oder passive Teilnahme) und je nach dem Grad seiner Verbindung zum Erlebnis (indem er ein Angebot absorbiert, bspw. im Theater, oder aber selbst eintaucht, bspw. bei einem Tauchurlaub; *Brunner-Sperdin*, 2004, S. 161) vier unterschiedlichen Erlebnisdimensionen zugeteilt werden, die es bestmöglich zu vereinen und zu kombinieren gilt (*Pine* und *Gilmore*, 1999, S. 31 ff.):

Kulturtourismus

```
              Aufnahme
        ┌─────────────────┐
        │ Unter-  │ Bildung│
        │ haltung │        │
Passive ├─────Optimale─────┤ Aktive
Beteiligung │  Einbindung  │ Beteiligung
        │         │Realitäts-│
        │ Ästhetik│ flucht  │
        └─────────────────┘
             Eintauchen
```

Bild 4.9: Die vier Erlebnis-sphären (*Pine* und *Gilmore*, 2000)

*Unterhaltung:* Erlebnisse werden passiv aufgenommen, der Kunde trägt selbst zur Produktion des Erlebnisses nichts bei (bspw. Theaterstück, Konzertbesuch);
*Bildung:* Aktive Teilnahme am Erlebnis ist erforderlich, um die lehrreichen Eindrücke absorbieren zu können (bspw. Kulturwanderungen, Lehrpfade);
*Ästhetik:* Der Tourist taucht vollkommen in die Umgebung und in das Geschehen ein, nimmt selbst allerdings keinen aktiven Einfluß darauf (bspw. Museumsbesuch, Erlebnispark)
*Realitätsflucht:* Der Kunde trägt aktiv zur Erstellung des Erlebnisses bei und taucht dabei vollkommen in die Inszenierung ein (bspw. Erlebniswelten, Freizeitpark).

Da vor allem das Fluchtmotiv beim Touristen zu den wichtigsten Motivationskräften der Reisenden zählt – der Tourist will dem Alltag entfliehen und sich durch die Einbindung in eine Traumwelt vom Alltag loskapseln – sollten touristische Leistungsanbieter versuchen, eine solche Inszenierung ähnlich einem Theaterstück durchzuführen (*Peters* und *Weiermair*, 2000, S. 24 ff.).

Mit der Orientierung am Erlebnis erhält auch das »Problem« der Authentizität eine neue Dimension, da sie an Bedeutung verliert. Aus dieser Perspektive betrachtet ist die bewusste Wahrnehmung von Attraktionen – auch von authentischen Angeboten – ohnehin stets erlebnisorientiert und virtuell (*Keller*, 2000, S. 25).

»Echtes« wird bei einer Erlebnisorientierung immer unbedeutender, je weiter sich eine kulturelle Attraktion in Richtung »Erlebnis« bewegt, wodurch die Inszenierung bzw. gezielte Aufarbeitung von Inhalten und Themen in den Vordergrund tritt (*Romeiss-Stracke*, 2000; *Weiermair* und *Pechlaner*, 2001, S. 105).

In Bild 4.10 sind die beiden Dimensionen von »echten« und »simulierten« Angeboten illustriert: *Romeiss-Stracke* (2000, S. 61 f.) sieht in der »vortouristischen Location« eine »unschuldige« Sehenswürdigkeit, die besonders für Tourismuskritiker jene Attraktion darstellt, für die es sich zu reisen lohnt, während in Richtung

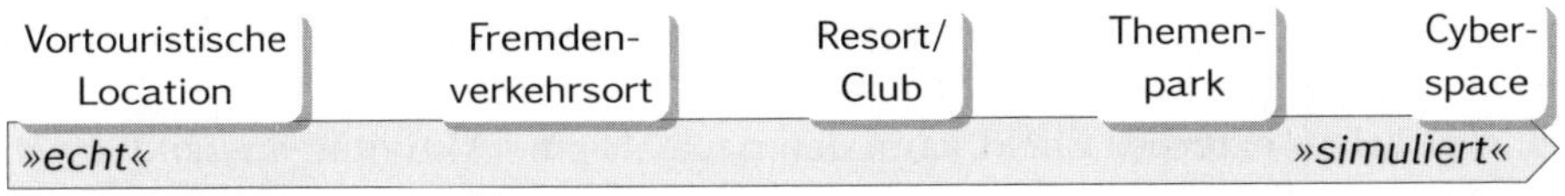

| Vortouristische Location | Fremden-verkehrsort | Resort/Club | Themen-park | Cyber-space |

»echt« ............................................................................................................ »simuliert«

Bild 4.10: Das Kontinuum von »echt« zu »künstlich« (*Romeiss-Stracke*, 2000)

Künstlichkeit die gezielte Aufbereitung kultureller Inhalte für das Erlebnis geschieht.

Im Zuge eines Booms der Erlebnisorientierung (*Opaschowski*, 2008, S. 69 f.) wurden zahlreiche Themenparks und Erlebniswelten erbaut, die mit dem Etikett von »Konsumwelten«, »künstlichen Welten«, »künstlichen Urlaubswelten«, »Kunstwelten«, »künstlichen Erlebniswelten« oder »virtuellen Welten« ausgestattet wurden (*Kagelmann*, 2001, S. 91 f.). Kulturangebote, denen ein solch breit gefasstes Verständnis von Kultur zu Grunde liegt, gelten somit nicht nur als rein statische Objekte sondern sind in diesem Sinne produzierbare Standardangebote (*Wöhler*, 2000, S. 106). Diese Entwicklung, in der sich Elemente fremder Kulturkreise (vielfach der amerikanischen) verselbständigen und sich abgetrennt von ihren Wurzeln als Exportgut ansiedeln (ähnlich einem folkloristischem Angebot), wurde in der Fachliteratur mit den Begriffen »McDonaldisierung« bzw. »McDisneyifizierung« bezeichnet (*Kirchberg*, 2000; *Weaver*, 2005, S. 350 f.).

### 4.3.3 Nachhaltigkeit und sanfter Tourismus

Kulturelles Angebot stellt für den Tourismus eine einzigartige und wertvolle Ressource dar, denn *»[d]as kulturelle Erbe ist auch für den Kulturtourismus eine unersetzliche, endliche Ressource – nicht viel anders als endliche Rohstoffe der Natur«* (*Bendixen*, 2006, S. 327). Aus diesem Grund muss dem Konzept der Nachhaltigkeit im Kulturtourismus, das auch die Nutzung natürlicher Ressourcen wie z. B. Landschaft, Luft und Wasser mit einbezieht (*Weiermair* und *Pechlaner*, 2001, S. 96), breiter Raum gewidmet werden.

#### Allgemeine positive und negative Auswirkungen

Die Tatsache, dass eine Investition in eine Aktivität einer touristischen Destination andere Aktivitäten in positiver oder negativer Art und Weise beeinflussen kann, wird als externer Effekt begriffen (*Flagestad* und *Hope*, 2001, S. 453). Bspw. ist es das kommerzielle Interesse bzw. die Fürsorge für eine positive wirtschaftliche Entwicklung eines Ortes oder einer Region, die die Entscheidungsträger dazu veranlasst, vermehrt auswärtiges Publikum anzuziehen, um auch fremde Kaufkraft in einer Region binden zu können; den positiven Auswirkungen auf eine Destination (bspw. Einnahmen in der Hotellerie, Einzelhandel oder mehr Budget zur

Instandhaltung kultureller Attraktionen), stehen dabei physische und kulturelle Probleme entgegen (*Bendixen*, 2006, S. 325 f.).

Ein positiver externer Effekt kann demnach als eine Aktivität verstanden werden, die mehr Besucher »als üblich« anzieht und somit für eine zweite Aktivität ebenfalls einen Besucherzuwachs erwarten lässt; ein negativer externer Effekt wird dann verzeichnet, wenn bspw. ein Hotel durch seine Aktivitäten einem anderen Hotel Gäste nimmt oder wenn dadurch negative Auswirkungen auf die Umwelt entstehen. Auch können externe Effekte nicht nur zwischen Geschäftseinheiten, sondern auch zwischen der Bevölkerung (Community-Modell) und Geschäftseinheiten auftreten (Investitionen in Infrastruktur, Schutz der Umwelt). Diese externen Effekte müssen bestmöglich ausgeglichen bzw. internalisiert werden, um ein Gleichgewicht herzustellen (*Flagestad* und *Hope*, 2001, S. 453 f.).

Tourismus prägt eine Destination also in *ökonomischer*, *ökologischer* und *sozialer* Hinsicht und dies gilt es in der Tourismusplanung zu berücksichtigen. Es ist eine essentielle politische Herausforderung einer Destination, die relevanten strategischen Aufgaben zu identifizieren und ein destinationsübergreifendes Management zu entwickeln, das die optimale Balance findet zwischen *(1)* der Aneignung von (positiven wie negativen) externen Effekten und *(2)* Freiheit im Tun in Gebieten, wo externe Effekte wenige Auswirkungen haben, sodass Innovation und damit die Entwicklung anhaltender Wettbewerbsvorteile gesichert werden können (*Flagestad* und *Hope*, 2001, S. 454). *Bieger* (2008, S. 32) fasst die allgemeinen positiven und negativen Auswirkungen des Tourismus in Tabelle 4.4 zusammen.

Nach *Flagestad* und *Hope* (2001, S. 458) wird der strategische Erfolg einer Destination gesteigert, wenn die Konfiguration des touristischen Produktes derart erfolgt, dass

- Investitionen und Aktivitäten, die positive externe Effekte zur Folge haben, unterstützt werden,
- Investitionen und Aktivitäten, die negative externe Auswirkungen zur Folge haben, vorgebeugt wird,
- Geschäftseinheiten/Investitionen/Aktivitäten unterstützt werden, die bei gleichzeitiger Beteiligung an den Wertschöpfungsaktivitäten auch auf anderen Ebenen wettbewerbsfähig bleiben (bspw. Innovation),
- ein Gleichgewicht zwischen dem Nutzen und den Kosten (Beitrag zur Wettbewerbsfähigkeit) zur Wertsteigerung der einzelnen Geschäftseinheiten gefunden wird,
- Produkte optimal auf den Markt angepasst werden, wodurch die positiven Auswirkungen auf alle Netzwerkpartner übertragen werden und die Destination im Vergleich zu den Wettbewerbern an Attraktivität gewinnt.

Damit die negativen Effekte nicht die positiven Auswirkungen übersteigen, muss eine Abstimmung unterschiedlicher Ziele erfolgen, was ein Gleichgewicht der verschiedenartigen Interessen der Bezugsgruppen voraussetzt (*Flagestad* und *Hope*,

## Zentrale Konzepte und Aspekte

|  | Nutzen | | Schaden | |
|---|---|---|---|---|
|  | Reisende | Bereiste/Destination | Reisende | Bereiste/Destination |
| ökonomisch | - Wiederherstellung der persönlichen Leistungsfähigkeit | - Arbeitsplätze<br>- Umsätze<br>- Einkommen<br>- Devisen<br>- Verbesserung der Infrastruktur<br>- Erschließung neuer Märkte für einheimische Produkte | - Kosten, Zeitbedarf | - Anstieg der Bodenpreise und der Lebenshaltungskosten |
| ökologisch | - Sensibilisierung für »schöne« Natur | - Nutzung von Brachland<br>- Schutz vor Verödung<br>- Finanzierung von Umweltschutzmaßnahmen<br>- Sensibilisierung für natürliche Schönheiten |  | - Beeinträchtigung der Umwelt (Schadstoffe durch Verkehr, Abwasser, Abfälle) |
| gesellschaftlich | - Erholung, Entspannung, Wiederherstellung der Leistungsfähigkeit<br>- Kulturelle Begegnung, Erweiterung des Wissens, Wiederherstellung der eigenen Identität | - Stop der Abwanderung, durch Tourismus finanzierte Kulturpflege (Denkmalschutz, kulturelle Anlässe)<br>- Neues Wissen und Technologietransfer<br>- Begegnung mit anderen Kulturen und damit Neudefinition der eigenen Identität | - Ferienkultur prägt Kultur der Quellregion | - Entfremdung, Entwurzelung<br>- Verlust der kulturellen Identität |

Tabelle 4.4: Wirkungen des Tourismus auf verschiedene Umweltbereiche im Überblick (*Bieger*, 2008)

2001; *Fürst*, 2003; *Murphy* und *Murphy*, 2004; *Ritchie* und *Crouch*, 2003, S. 61). Nachhaltige Entwicklung kann nur dann passieren, wenn »[...] *the practice of trading off one set of values for another ceases and, instead, tourism and cultural heritage management interests work toward the achievement of common goals*« (*McKercher* und *Cros*, 2002, S. 2 f.). Dieser Herausforderung werden die Akteure in vielen Fällen nicht gerecht, weil es kein Verständnis für die Rolle des jeweiligen anderen gibt und die Zielsetzungen zum Großteil zu unterschiedlich und inkompatibel sind (*Bendixen*, 2006; *Martelloni*, 2007, S. 328).

Die Einbindung sog. »Schlüssel-Stakeholder« (öffentlicher Sektor, Tourismus-Industrie, Freiwilligen-Organisationen, Interessensverbände, einheimischer Bevölkerung, Medien und Touristen) in die Entscheidungen für eine ausgewogene

## Sustainable Tourism — Schlüssel-Stakeholder

**Host community:**
- Those directly employed in tourism
- Those not directly employed in tourism
- Local business people

**Governmental bodies:**
- Supra-governmental, e.g. European Union
- National governments
- Regional councils
- Local government

**Tourism industry:**
- Tour operators
- Visitor attractions
- Transport operators
- Hospitality sector
- Retail travel

**Tourists:**
- Mass market
- Ecotourist

**Media:**
- Specialist travel
- News

**Voluntary sector:**
- Non-governmental organizations in developing countries
- Trusts and environmental charities in developed countries

**Experts:**
- Commercial consultants
- Academics

**Pressure groups:**
- Environmental
- Wildlife
- Human rights
- Workers rights

Bild 4.11: Schlüssel-Stakeholder für einen nachhaltigen Tourismus (*Swaarbrooke*, 2005)

Tourismuspolitik sind in Bild 4.11 dargestellt (*Müller* und *Messerli*, 2006; *Swaarbrooke*, 2005, S. 85 ff.).

In vielen Fällen wird bspw. eine Neubewertung ökonomischer Ziele erforderlich, denn »[p]ures Gewinnstreben ist kurzsichtig. Weitsicht verlangt eine Vernunft, die dem ökonomischen Rationalismus weitgehend fremd geblieben ist«[12] (*Bendixen*, 2006, S. 327). Aus diesem Grund gewinnt das Konzept der Nachhaltigkeit weiter an Bedeutung (Abschnitt 3.1.3 / S. 61 oder 3.2.3 / S. 76 bzw. *Flagestad* und *Hope*, 2001; *Fürst*, 2007; *Goeldner* und *Ritchie*, 2009; *Ritchie* und *Crouch*, 2003; *Ritchie* und *Ritchie*, 2002; *Swaarbrooke*, 2005).

### Nachhaltige Entwicklung durch Kulturtourismus

Kulturtourismus wird oftmals mit nachhaltigen Tourismusformen verglichen und als sanfter bzw. intelligenter Fremdenverkehr bezeichnet; dies trifft aber nicht automatisch zu, weshalb es gilt, einige Gefahren (bspw. zu starker Fokus auf Präservierung, Gefahr der Kommerzialisierung, Verlust von Authentizität, geringe Qualität) bei der Planung zu berücksichtigen (*Swaarbrooke*, 2005, S. 306 ff.). Das Management der Nachhaltigkeit kultureller, ökologischer und natürlicher Ressourcen mit dem Ziel, ihren Wert als unterstützende Faktoren beizubehalten und zu vergrößern, ist eng verknüpft mit – und eine Bedingung für – den strategischen Erfolg einer Destination; aus diesem Grund wird die nachhaltige Entwicklung

---

12 Erläuterungen dazu und weitere Punkte, die zur Förderung einer nachhaltigen Entwicklung im und durch den Tourismus in Berggebieten zu beachten gibt, sind in den Thesen der *Toblacher Gespräche* (2006, S. 235 f.) ausgeführt (Anhang 8.3 / S. 295).

einer Destination zu einer strategischen Zielsetzung (*Flagestad* und *Hope*, 2001, S. 458).

Somit ist es auch das Ziel einer nachhaltigen Entwicklung im Kulturtourismus, ökonomische, ökologische und sozio-kulturelle Interessen in ein Gleichgewicht zu bringen (*Freyer*, 2006, S. 382 ff.):

*ökonomische* Nachhaltigkeit kann sich auf die wirtschaftlichen Erträge, die möglichst gerecht verteilt werden sollen, auf die Förderung von kleinen und mittleren Betrieben, auf ein qualitatives Wachstum, eine ausgewogene Beschäftigungsstruktur und der Förderung von touristischer Vielfalt beziehen;

*sozio-kulturelle* Nachhaltigkeit entspricht einer Verträglichkeit des Tourismus mit Sitte, Moral, Traditionen, dem Schutz des kulturellen Erbes, einer Verträglichkeit mit der bestehenden Sozialstruktur und einer Einbindung der Bevölkerung;

*ökologische* Nachhaltigkeit beschäftigt sich mit dem Erhalt der natürlichen Umwelt und Kulturlandschaft, einer Ressourcenschonung, Abfallvermeidung und einem weiteren Festlegen von Belastungsgrenzen.

In bestimmten Destinationen (bspw. dem Alpenraum), die in besonderer Weise von den natürlichen Ressourcen abhängen (Abschnitt 5.1.1 / S. 163), ist eine Entwicklung einer nachhaltigen Tourismusform von ungleich größerer Bedeutung (*Schuckert, Möller* und *Weiermair*, 2007, S. 132). Um die Auswirkungen des KT in seiner Gesamtheit bewerten zu können, müssen wirtschaftliche Effekte wie auch ökologische und soziokulturelle Auswirkungen gegeneinander aufgerechnet werden (*Steinecke*, 2007, S. 14). Bild 4.12 stellt die gesamtheitlichen Effekte des KT auf eine Region grafisch dar.

### Umwegrentabilität und Kosten-Nutzen Analysen

Dass der Tourismus und insbesondere auch der KT stark zur Wertschöpfung in einer Region beitragen, wird stets durch sog. »Umwegrentabilitätsrechnungen« bzw. »Kosten-Nutzen-Analysen« unter Beweis gestellt; medienwirksam wird versucht, die wirtschaftlichen Auswirkungen kultureller Ereignisse (bspw. und besonders bei kulturellen Veranstaltungen, Festivals oder Festspiele) zu errechnen. Kulturtourismus hat z. B. für die Kulturhauptstadt Graz 2003 zusätzliche 156 000 Nächtigungen gebracht, 1580 mehr Arbeitsplätze und einen Wertschöpfungseffekt von 76 Mio. €, für Wien beträgt die jährliche Wertschöpfung bei 3,1 Milliarden € und die Region Tirol kann durch die zahlreichen Festivals mit einem Plus von rund 50 000 € rechnen, die alleine in der Probenzeit und durch die Mitarbeiter der Festival-Organisation entstehen (*Tiroler Tageszeitung*, 2006a,b). Darin ist ein langfristig zu erwartender Imagegewinn durch die Beherbergung eines Festivals noch gar nicht berücksichtigt (*Die Presse*, 2007), denn die Schwierigkeit bei der Messung eines gesamtheitlichen wirtschaftlichen Nutzens liegt vor allem darin, die oft nur

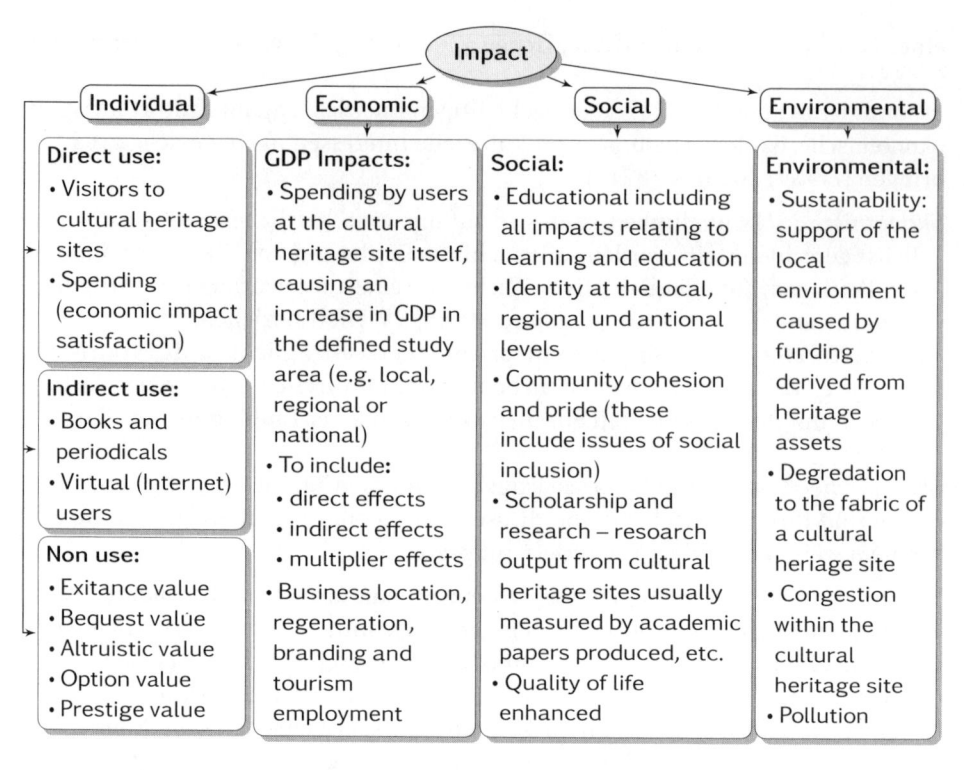

| Impact | | | |
|---|---|---|---|
| **Individual** | **Economic** | **Social** | **Environmental** |
| Direct use:<br>• Visitors to cultural heritage sites<br>• Spending (economic impact satisfaction)<br><br>Indirect use:<br>• Books and periodicals<br>• Virtual (Internet) users<br><br>Non use:<br>• Exitance value<br>• Bequest value<br>• Altruistic value<br>• Option value<br>• Prestige value | GDP Impacts:<br>• Spending by users at the cultural heritage site itself, causing an increase in GDP in the defined study area (e.g. local, regional or national)<br>• To include:<br>  • direct effects<br>  • indirect effects<br>  • multiplier effects<br>• Business location, regeneration, branding and tourism employment | Social:<br>• Educational including all impacts relating to learning and education<br>• Identity at the local, regional und antional levels<br>• Community cohesion and pride (these include issues of social inclusion)<br>• Scholarship and research – research output from cultural heritage sites usually measured by academic papers produced, etc.<br>• Quality of life enhanced | Environmental:<br>• Sustainability: support of the local environment caused by funding derived from heritage assets<br>• Degradation to the fabric of a cultural heriage site<br>• Congestion within the cultural heritage site<br>• Pollution |

Bild 4.12: Auswirkungen des Kulturtourismus (*McLoughlin*, *Kaminski* und *Sodagar*, 2007a)

langfristig sichtbaren Effekte zu messen (vgl. dazu die Ausführungen in *Brenke* und *Wagner*, 2007, S. 445 ff.).

Im Kulturtourismus manifestiert sich der ökonomische Nutzen auf drei Ebenen, die in Bild 4.12 (in der Kategorie »individual use« nach *McLoughlin*, *Kaminski* und *Sodagar*, 2007a,b, S. 17 f.) nochmals grafisch dargestellt werden (*Dreyer*, 2006, S. 9 ff.):

*direkte Wirkungen:* Die Erwirtschaftung von Umsätzen, Einkommen für die Beschäftigten und das Steueraufkommen für die Kommunen sind direkt berechenbar; hinzu kommen noch ein Kaufkraftzufluss für den Standort durch die Ausgaben der Kulturtouristen im Handel, Gastgewerbe und anderen Dienstleistern;

*indirekte Wirkungen:* Durch die Zulieferung von Waren und die Inanspruchnahme von Dienstleistungen profitieren eine Vielzahl von privaten und öffentlichen Betrieben;

*nichtmonetäre Wirkungen:* Der Bekanntheitsgrad wird gesteigert, das Image einer Destination gewinnt dazu und durch die Verbesserung des Wohn- und Freizeitraumes durch das kulturelle Angebot wird insgesamt die Attraktivität und wirtschaftliche Entwicklung einer Region gefördert; allerdings lassen sich indirekte und nichtmonetäre Wirkungen nicht oder nur erschwert quantifizieren.

Kultur leistet insgesamt also einen wesentlichen Beitrag zum staatlichen Sozialprodukt und sichert dadurch unzählige Arbeitsplätze im nationalen und regionalen Wirtschaftssystem (*Pöll*, 1983, S. 11 ff.). Insbesondere bei der Finanzierung und Subventionierung von kulturellen Veranstaltungen gibt es zusätzliche positive »intangiblen Effekte«, die in der Folge die wirtschaftlichen Ergebnisse einer Region auch langfristig beeinflussen (*Bieger*, 2001; *Scherer, Riklin* und *Bieger*, 2003, S. 99):

*Netzwerkeffekte:* Unternehmenskooperationen können durch ihr Weiterbestehen dadurch einen »Mehrwert« produzieren, indem Wissen und Know-How langfristig transferiert werden (Bsp. Unternehmenskooperation, Destinationsmarketing);

*Kompetenzeffekte:* Wissen und Fähigkeiten über bestimmte Prozesse und Produktionsabläufe kann weiterentwickelt und ausgebaut werden (z. B. Qualität der Dienstleistungen, DL-Cluster);

*Struktureffekte:* Investitionen in materielle Infrastrukturen (Errichtung von Anlagen und Neubauten) und immaterielle Infrastrukturen (Dienstleistungen in Verkehrs-, Kultur- und Bildungseinrichtungen) können nachhaltig genutzt werden;

*Image- und Markeneffekte:* Markenbildung und Bewusstsein für Standort und Destination wird insgesamt gefördert (bspw. Presseberichterstattung, Werbewert der Presseberichte – bei Misserfolg kann dies allerdings auch negative Auswirkungen haben).

Ökologisch nachhaltige Entwicklung

Zwar sind die ökologisch negativen Auswirkungen durch den KT relativ gering, da Natur und Landschaft kaum in Anspruch genommen werden, doch wenn sich die Nachfrage punktuell konzentriert, so kann es – vor allem durch die Veranstaltung kultureller Events, die massentouristische Ausprägungen haben – zur Schädigung natürlicher Ressourcen, Zerstörung historischer Bausubstanz (Vandalismus oder Diebstahl) oder zu massiven Verkehrsproblemen kommen (*Steinecke*, 2007, S. 17 ff.). Durch Übernutzung verursachte ökologische Schäden haben ihre Ursache in den fehlenden Fähigkeiten oder nicht vorhandenen finanziellen Ressourcen und sind somit die Folgen eines falschen/unsachgemäßen Managements (*Swaarbrooke*, 2005, S. 310).

Tritt Kulturtourismus also als ein Massenphänomen auf, so sind die negativen externen Effekte in ökologischer Hinsicht jene, die beim Tourismus im Allgemeinen auftreten: Umweltverschmutzung, Zerstörung intakter Natur, Ruhestörungen, Überfüllung (räumlich) und Übernutzung natürlicher Ressourcen, stärkeres Verkehrsaufkommen samt Ausreizung von Parkmöglichkeiten sind nur einige Folgen davon (*Easterling*, 2004, S. 49 ff.).

**Nachhaltigkeit in soziokultureller Hinsicht**

Zusätzlich zu den positiven und negativen soziokulturellen Auswirkungen des Tourismus, gilt es als eine besondere Herausforderung für das Management einer Destination die Verträglichkeit des Fremdenverkehrs mit der Kultur vor Ort zu gewährleisten, denn die »*Auseinandersetzung über Authentizität und verdinglichte Erlebniswelten, die Ausschöpfung der kulturellen Ressourcen, das kulturelle Bagage der Reisenden und die kulturelle Identität der Ortsansässigen, die nivellierte globale Servicekultur und die lokalen Eigenarten, die kulturelle Dimension der Nachhaltigkeit verlangen nach handlungsorientierten Lösungen, welche die Management-Wissenschaften bieten*« (*Keller*, 2000, S. 24 f.). Durch den Kontakt von Reisenden und Bereisten kommt es somit zu Wechselwirkungen, wodurch vier »Kulturen« (Bild 4.13), die sich gegenseitig mehr oder minder beeinflussen, miteinander in Berührung geraten (*Thiem*, 1994, S. 27 ff.):

1. die *Kultur der Quellregion* wird durch die Gäste importiert und ist das Pendant zur Kultur der Einheimischen;
2. eine *Ferienkultur* wird als der Lebensstil und die Summe der Normen beschrieben, die von den Gästen in der Ferienzeit ausgeht;
3. die *Kultur der Zielregion* ist die Kultur einer Region, die sich in all ihren Facetten ausdrücken kann und die einen Attraktionspunkt für die Gäste darstellt;
4. als *Dienstleistungskultur* wird der Lebensstil und die Normen der im Tourismus der Region beschäftigten angesehen.

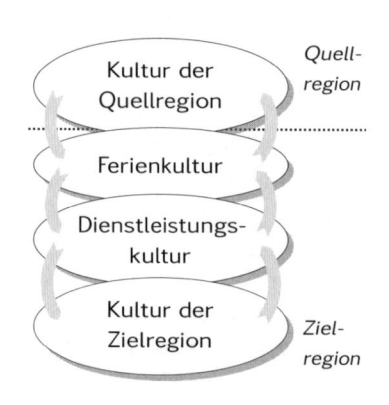

Bild 4.13: Vier Kulturen Schema (*Thiem*, 1994)

Die Kultur der Quellregion bewirkt dabei ein bestimmtes Reiseverhalten der Gäste, was sich auf die Ferienkultur auswirkt; die Ferienkultur wiederum wird von der Dienstleistungskultur geprägt, die ihrerseits mit der Kultur der Zielregion zusammen hängt (*Thiem*, 1994, S. 27 ff.). Diese gegenseitige Beeinflussung kann Chancen und Gefahren bergen: Bspw. kann es durch Identifikations- und Imitationseffekte einer mental offenen Gesellschaft in der Zielregion zur Akkulturation kommen, wodurch Bestandteile einer fremden Kultur aufgenommen werden; andererseits ist es möglich, dass es zu einer Stärkung der Kultur der Zielregion kommt bzw. Pluralismus gefördert wird (*Bieger*, 2008, S. 42).

Positive soziokulturelle Effekte sind durch den KT vor allem im Stolz auf die eigene Kultur und in der Würdigung fremder Kulturen zu erwarten, wodurch auch ein Beitrag zur Völkerverständigung und Vergangenheitsbewältigung geleistet wird (*Steinecke*, 2007, S. 20 ff.). Negative Auswirkungen sind allerdings eine Kommerzialisierung von Kultur oder eine Musealisierung historischer Zustände, wodurch ein authentisches Kulturerlebnis verhindert wird (*Steinecke*, 2007; *Swaarbrooke*, 2005, S. 310).

**Abschließende Anmerkungen**

Für eine Methodik der Umwegrentabilitätsrechnung im Kulturbereich wird auf die unterschiedlichen Typen zur Berechnung auf *Pöll* (1983, S. 25 ff.) verwiesen. Allerdings ist die Bewertung eines gesamtheitlichen wirtschaftlichen Nutzens von Veranstaltungen nahezu unmöglich; dies bestätigen Veröffentlichungen zu sportlichen Großveranstaltungen die größtenteils zu den unterschiedlichsten Ergebnissen kommen (vgl. dazu die Ausführungen in *Brenke* und *Wagner*, 2007, S. 445): »*Naturgemäß behandeln alle Studien zu den volkswirtschaftlichen Wirkungen nur Teilaspekte, da die gesamte ökonomische Bedeutung des Sportereignisses mit seiner Vielzahl an Wechselwirkungen nicht quantifizierbar ist. Überhaupt nicht messbar sind z. B. die längerfristig wirksamen Imageeffekte*«. Das Image einer Destination resp. einer Marke trägt bspw. direkt zur Kundenbindung bei, was sich am Beispiel von Skiresorts zeigt (*Faullant, Matzler* und *Füller*, 2008, S. 163 ff.).

Beispielhaft für eine mögliche ganzheitliche Darstellungen seien an dieser Stelle die Analyse der »Wertschöpfung, Nachhaltigkeit und Imagewirkungen« von Festivals (*Tirol Werbung*, 2001) sowie die Leistungsbilanz des regionalen und länderübergreifenden Kulturfestivals »XONG« (Bild A.1 / S. 297 im Anhang) angeführt, bei der vor allem auf die nicht-monetären Wirkungen eingegangen wird; es handelt sich bei beiden Veranstaltungen um zeitlich eingegrenzte kulturtouristische Attraktionen im Alpenraum (Nord- und Südtirol und der östlichen Schweiz).

**Kulturtourismus als Werkzeug zur Regionalentwicklung**

Unter der Voraussetzung einer Berücksichtigung potentieller Gefahren kulturtouristischer Angebote, eignet sich »Kulturtourismus« – angesichts der zahlreichen positiven Auswirkungen – in der Praxis als »Werkzeug« zur Regional- (*Bachleitner* und *Zins*, 1999; *Diller*, 2003; *Klein*, 2007; *Kulturmanagement Network*, 2006, S. 14) und Städteentwicklung (insbesondere durch eine holistische Planung von Events; *Peters* und *Pikkemaat*, 2004, S. 152 f.). Zusammenfassend lassen sich die Chancen und Risiken des KT aus ökonomischer, ökologischer und soziokultureller Sicht durch die Gegenüberstellung in Tabelle 4.5 auf der nächsten Seite darstellen.

In der Regionalentwicklung wird die Einbeziehung und Zusammenarbeit der unterschiedlichen Akteure als eine grundlegende Kondition erachtet (*Diller*, 2003;

Kulturtourismus

| Chancen | Risiken |
|---|---|
| Nutzung des vorhandenen endogenen Kulturpotentials (Bauten, Relikte, Brauchtum etc.) | Zerstörung des kulturellen Erbes durch eine massenhafte touristische Nachfrage |
| positiver Imagefaktor für Destinationen | Sättigung des Marktes durch Markteintritt neuer Wettbewerber |
| große Wertschöpfung für die Region aufgrund der hohen Kaufkraft der Kulturtouristen | hohe Investitions- und Ausbildungskosten aufgrund des ausgeprägten Anspruchsdenkens der Kulturtouristen |
| beschäftigungsintensiver Sektor für hoch qualifizierte Arbeitskräfte (Gästeführer, Reiseleiter) | überwiegend Saison- bzw. Teilzeitarbeitsplätze mit relativ geringer Vergütung und fehlender sozialer Absicherung |
| breite regionalwirtschaftliche Effekte durch eine räumliche Diversifizierung der Nachfrage | punktuelle Belastungserscheinungen aufgrund der unterschiedlichen Attraktivität kultureller Einrichtungen (ausgeprägte Hierarchie) |
| bessere Auslastung der Unterkunftskapazitäten aufgrund der zeitlichen Differenzierung der Nachfrage (Entzerrung der Saison) | fehlende Ruheperioden für die Bevölkerung und die Beschäftigten in zweisaisonalen Tourismusdestinationen |
| Bewusstwerden der eigenen Kultur und Entstehung eines neuen Regionalbewusstseins | Kommerzialisierung des kulturellen Erbes durch Anpassung an die Erwartungen der Touristen (Akkulturationseffekte) |
| Psychologische Stabilisierungseffekte in strukturschwachen Räumen (periphere Räume, Altindustrieregionen) | Musealisierung historischer Zustände und damit Verhinderung einer zukunftsorientierten Entwicklung von Regionen |
| Vermittlung eines globalen, pannationalen Denkens | Zerstörung des authentischen Kulturerlebnisses durch zunehmende Gleichförmigkeit des Angebotes (»Global Village«) |
| Beitrag zur Völkerverständigung und Vergangenheitsbewältigung | Vernachlässigung »dunkler« Perioden der Geschichte |

Tabelle 4.5: Chancen und Risiken durch den KT (*Steinecke*, 2007)

*Schottler*, 2006, S. 2 ff.); *Dax* und *Wiesinger* (2008, S. 1) konstatieren: »*Entscheidungsprozesse, soziale Fähigkeiten und Zusammenarbeit und besonders Netzwerkbildung gewinnen dabei für eine Erfolg versprechende Umsetzung von Entwicklungsvorhaben eine immer größere Bedeutung. Die Rolle von ›sozialer Nachhaltigkeit und von Netzwerken‹ in der Regionalentwicklung darf daher nicht unterschätzt werden.*« »Koopkurrenz« wird in der Regionalentwicklung als mögliches Mittel genannt, was regionale Netzwerke von Unternehmen beschreibt, die zwischen Kooperation und Konkurrenz (Zusammenarbeit und Wettbewerb) zueinander stehen (*Lang*, 1997, S. 43 ff.).

Der Herausforderung zur Entwicklung regionaler Netzwerke ist sich auch die Europäische Union bewusst, die durch Förderprogramme besonders nationale und transeuropäische Netzwerke und Routen in ihrer Entwicklung hin zu kulturtouristischen Attraktionen finanziell unterstützt (*Amtsblatt der Europäischen Union C 110/01*, 2006, S. 2).

Kultur tritt in diesem Zusammenhang allerdings nicht ausschließlich als eine touristische Kernressource in den Vordergrund, sondern trägt als weicher Standortfaktor maßgeblich zur Anziehungskraft einer Region für die Ansiedelung von Unternehmen und von Arbeitskräften bei (*Amtsblatt der Europäischen Union C 110/01*, 2006; *Martin*, *Kitson* und *Tyler*, 2006; *Opaschowski*, 2008, S. 431). Kulturelles Kapital wird als einer von sechs Basisfaktoren angeführt (neben Produktivkapital, Humankapital, institutionellem Kapital, infrastrukturellem Kapital, Wissenskapital), das zur regionalen Produktivität, Beschäftigung und Lebensqualität beiträgt und somit die Wettbewerbsfähigkeit einer Region stärkt (*Martin*, *Kitson* und *Tyler*, 2006, S. 1 ff.).

### 4.3.4 Qualitätskonzepte

Die »richtige« Qualität im Angebot stellt einen weiteren wichtigen Punkt für den Erfolg kulturtouristischer Destinationen dar, allerdings ist eine oft zu geringe Qualität die Realität im KT: Schlecht ausgebildete Führungen, Übernutzung und ein schlecht gemanagtes Besucherwachstum sowie eine zu geringe Qualität in Hinblick auf das Besuchererlebnis stellen Beispiele für die Qualitätsmängel dar (*Swaarbrooke*, 2005, S. 310).

Für (kultur-)touristische Dienstleistungen gibt es allerdings keine einheitlichen Kriterien dafür, wie Qualität definiert wird, vielmehr hängt die Qualitätswahrnehmung der Gäste zu einem Großen Teil von ihrer kulturellen Herkunft ab (*GDI Impuls*, 2007; *Pikkemaat* und *Weiermair*, 2001, S. 35).

Doch nicht nur die *Qualität der kulturellen Ressourcen* ist es, die es für die kulturtouristische Angebotsgestaltung zu beachten gilt; damit Qualität im Kulturtourismus aus einer ganzheitlichen Sichtweise verstanden werden kann, bedarf es auch einer Erläuterung von Begriffen wie *Dienstleistungsqualität* oder *Qualitätstourismus*.

Diese Orientierung an einer ganzheitlich verstandenen Qualität (»total quality management«) zeigt für Destinationen einen Erfolg versprechenden Weg auf, dessen Verlauf auf allen Ebenen gemessen werden kann (*Müller*, 2006, S. 13 ff.). Ein möglicher Ansatz zum ganzheitlichen Management von Qualität, der sowohl die Vorstellungen eines Qualitätstourismus, von Dienstleistungsqualität und von

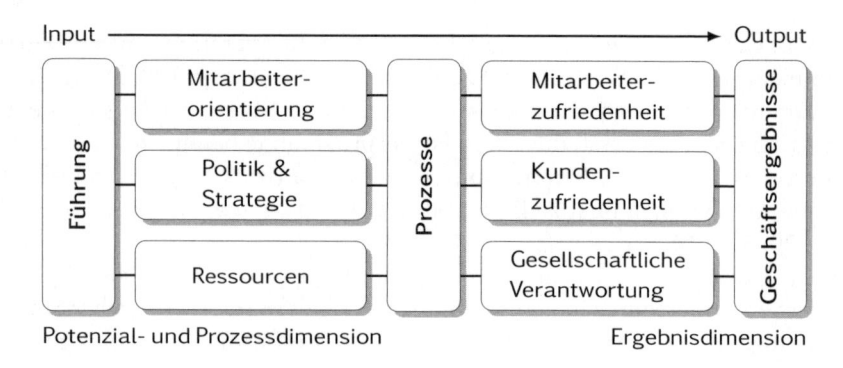

Bild 4.14: Das EFQM-Modell im Kulturtourismus (*Steinecke*, 2007)

einer Qualität kultureller Ressourcen behinhaltet, stellt das EFQM-Modell[13] in Bild 4.14 dar. Darin sind die neun Gestaltungsbereiche dargestellt, die durch detaillierte Kataloge einzelner Kriterien beschrieben werden; es soll dadurch möglich gemacht werden, Benchmarks durchzuführen und im Anschluss daran konkrete Verbesserungsvorschläge umzusetzen (*Müller-Stewens* und *Lechner*, 2005, S. 712).

Das Modell stellt somit ein praktisches Managementinstrument dar, durch das ein Führungssystem installiert werden kann, das Organisationen unabhängig von ihrer Größe, Branchenzugehörigkeit, Struktur und dem Grad der Reife zum Erfolg leitet, indem es aufzeigt, wo sie sich auf dem Weg zur Exzellenz befindet, das Qualitätslücken ermittelt und Lösungsvorschläge unterbreitet. Dazu müssen insgesamt neun Komponenten überprüft und aufeinander abgestimmt werden, wobei Führung, Mitarbeiterorientierung, Politik und Strategie, Ressourcen sowie Prozesse als Ursachen verstanden werden, woraus die Ergebnisse in Form von Mitarbeiter-, Kundenzufriedenheit, gesellschaftlicher Verantwortung sowie den Geschäftsergebnissen resultieren. Der Output einer Organisation bzw. einer Destination kann durch einen begleitenden Innovations- und Lernprozess, der die Leistungsfähigkeit der einzelnen Komponenten untersützt, verbessern (*Hinterhuber*, 2004a, S. 63 ff.).

Das EFQM-Modell gilt als umfassendstes Modell ganzheitlicher Sichtweise von Qualitätssystemen (*Müller*, 2000, S. 50 ff.) und eignet sich somit nicht nur für das Qualitätsmanagement kultureller Angebote (Institutionen), sondern auch einer (kultur-)touristischen Destination (*Steinecke*, 2007, S. 38 ff.).

### Dienstleistungsqualität im Tourismus

Mit Dienstleistungsqualität wird die Gesamtleistung eines touristischen Produktes beschrieben, die in einzelne Teilleistungen und -prozesse gegliedert werden kann, vom Kunden allerdings als einheitliches Produkt wahrgenommen und bewertet

---

[13] Abkürzung für *European Foundation for Quality Management*, einer nicht-gewinnorientierten Organisation, die Qualitätsmanagementsysteme entwickelt und verbreitet (*EFQM*, 2009).

wird (*Bieger*, 2008, S. 58). Dabei vergleichen die Kunden ihre erwartete Dienstleistungsqualität mit der tatsächlich erlebten Qualität (*Parasuraman, Zeithaml* und *Berry*, 1985; *Weiermair* und *Pechlaner*, 2001, S. 102 f.). Die Kundenzufriedenheit ist somit ein Gradmesser für die Qualität touristischer Leistungen (*Dreyer*, 2004, S. 29 ff.) und die Kundenorientierung ein geeignetes Werkzeug für die Qualitätssicherung in einer Destination (Abschnitt 3.1.2 / S. 58; *Benkenstein* und *Zielke*, 2003; *Bieger*, 2008, S. 411).

In der Qualitätswahrnehmung von Seiten der Touristen kann es dabei zu folgenden fünf Lücken kommen (Bild 4.15, *Parasuraman, Zeithaml* und *Berry*, 1985, S. 45 ff.):

1. Ein Unternehmen weiß nicht, welche Qualität bzw. welche Qualitätsdimension ein Kunde erwartet;
2. Ein Unternehmen kennt zwar die Erwartungen der Kunden, ist jedoch nicht in der Lage oder nicht gewillt, interne Strukturen und Prozesse so zu ändern, dass der Kunde zufrieden gestellt werden kann;
3. Einem Unternehmen stehen nicht die richtigen Mitarbeiter und Betriebsmittel zur Verfügung, um eine gewünschte Leistung zu erbringen;
4. Eine Unternehmung kommuniziert eine Qualität, die der Kunde vor Ort nicht vorfinden kann und setzt somit die Erwartungen der Kunden herab;
5. Ein Unternehmen kann die Lücken eins bis vier in Summe nicht schließen.

Weiters lassen sich fünf Ebenen von Dienstleistungsqualität im Tourismus unterscheiden, die auf den zehn Dimensionen der Servicequalität aufbauen (*Parasuraman, Zeithaml* und *Berry*, 1985, S. 45 ff., *Parasuraman, Zeithaml* und *Berry*, 1988, S. 12 ff., *Müller*, 2000, 2006, S. 15):

*Zuverlässigkeit (reliability) und Sicherheit (security)* beschreibt die Verlässlichkeit einer Organisation, Leistungen zeitlich und qualitativ wie versprochen zu erfüllen;

*Freundlichkeit und Entgegenkommen (responsiveness)* ist die Fähigkeit eines Betriebes, auf die Wünsche der Kunden einzugehen und diese zuvorkommend zu erfüllen;

*Leistungs- und Fachkompetenz (assurance)* wird als die Versicherung verstanden, eine in Aussicht gestellte Leistung auch fachgerecht (kompetent) zu erbringen;

*Einfühlungsvermögen (empathy)* befähigt die Mitarbeiter sich in die Kunden hinein zu fühlen und ihre Erwartungen und Bedürfnisse zu erkennen;

*Annehmlichkeit des materiellen Umfeldes (tangibles)* ist das Erscheinungsbild, die Atmosphäre und die Ausstattung eines Betriebes.

Kundenzufriedenheit wird als ein zentrales Kriterium für die Bindung von Kunden angesehen, was sich langfristig auch auf den ökonomischen Erfolg auswirkt (vgl. dazu die Ausführungen in *Bruhn*, 2008, S. 6 ff., *Fuchs* und *Weiermair*, 2004,

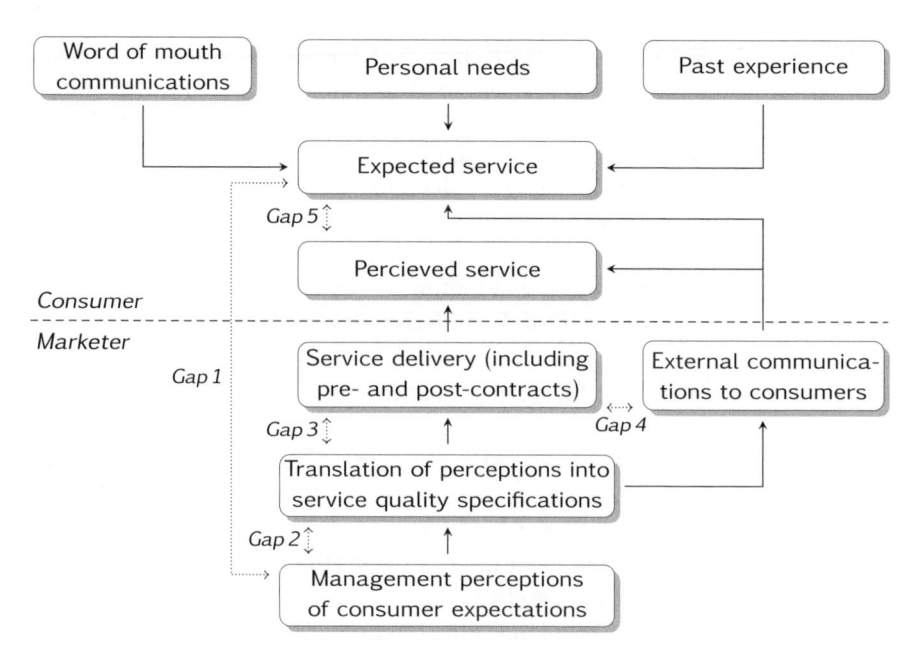

```
┌─────────────────┐      ┌─────────────────┐      ┌─────────────────┐
│  Word of mouth  │      │ Personal needs  │      │ Past experience │
│  communications │      │                 │      │                 │
└────────┬────────┘      └────────┬────────┘      └────────┬────────┘
         │                        ↓                        │
         │              ┌─────────────────┐                │
         └─────────────→│ Expected service│←───────────────┘
                        └─────────────────┘
                            Gap 5 ↕
                        ┌─────────────────┐
                        │ Percieved service│←──────────────┐
Consumer                └─────────────────┘                │
- - - - - - - - - - - - - - - -↑- - - - - - - - - - - - - -│- -
Marketer                                                   │
         Gap 1      ┌────────────────────┐   ┌─────────────────────┐
                    │Service delivery (including)│  │External communica-│
                    │ pre- and post-contracts)  │←⋯→│tions to consumers │
                    └────────────────────┘   └─────────────────────┘
                       Gap 3 ↕      ↑              Gap 4       ↑
                    ┌────────────────────┐
                    │Translation of perceptions into│
                    │ service quality specifications│
                    └────────────────────┘
                       Gap 2 ↕       ↑
                    ┌────────────────────┐
                    │Management perceptions│
                    │of consumer expectations│
                    └────────────────────┘
```

Bild 4.15: Modell zur Beurteilung der Dienstleistungsqualität (*Parasuraman, Zeithaml* und *Berry*, 1985)

S. 212 ff., oder *Faullant, Matzler* und *Füller*, 2008, S. 164 ff.). Ein häufig angewandtes Modell zur Darstellung von Kundenzufriedenheit ist das Kano-Modell (*Kano*, 1984), das auch die Gästezufriedenheit im Tourismus über drei Qualitätsattribute zu erklären bedarf (*Matzler, Pechlaner* und *Siller*, 2001, S. 447): *Basisfaktoren* sind jene Anforderungen an das DL-Produkt, die vom Kunden vorausgesetzt werden und rufen bei Nicht-Erfüllung Unzufriedenheit hervor, haben bei ihrer Erfüllung allerdings nicht Zufriedenheit zur Folge; *Leistungsfaktoren* führen bei einer positiv erbrachten Leistung zu Zufriedenheit, rufen bei negativ empfundener Leistung allerdings Unzufriedenheit hervor; *Begeisterungsfaktoren* leisten einen wesentlichen Beitrag zur Kundenzufriedenheit, haben bei Nicht-Erfüllung allerdings auch keine negativen Auswirkungen darauf.

Allerdings ist es äußerst problematisch, Qualitätsstandards gesamtheitlich zu definieren bzw. eine kontinuierliche Verbesserung garantieren zu können; Gründe dafür liegen bspw. in der Unfähigkeit der Unternehmen, (Kern-)Kompetenzen an das Netzwerk weiterzugeben. Als positiv wird wiederum die Möglichkeit erachtet, durch Kooperationen in Destinationen Netzwerk-Know-how zu generieren und somit bestimmte Qualitätsstandards in Kundennutzen zu transferieren (*Fuchs* und *Weiermair*, 2003, S. 434 ff.).

### Qualitätstourismus

Vergegenwärtigt man sich das Profil von Kulturtouristen (Abschnitt 4.2.1 / S. 105), so wird verständlich, weshalb im Zusammenhang mit KT oftmals auch von Qualitätstourismus gesprochen wird; *Kolland* (2003, S. 14) ist diesbezüglich der Auffassung, dass Kulturtourismus deswegen erwünscht sei, »[...] *weil es wenige sind, weil sie sich mehr für die lokale Kultur interessieren und weil sie mehr Geld ausgeben.*« Es handelt sich nämlich um einen Typus von Reisenden, die mit relativ hohem Bildungsgrad, hohem Einkommen und hoher Zahlungsbereitschaft meist nur geringe negative Auswirkungen auf eine Destination verursacht. Dafür sprechen auch die Zahlen einer Gästebefragung, wonach Kulturtouristen mit durchschnittlich 1400 € tendenziell mehr ausgeben, als bspw. ein Städte- oder Landtourist (1200 € bzw. 1030 €; *Richards*, 2007, S. 18).

KT tritt somit im eigentlichen Sinne nicht als massentouristisches Phänomen in Erscheinung, bei dem »*kurzärmlige, laute, ungebildete Touristen*« durch den einhergehenden Massenkonsum negative Einwirkungen auf das Gebiet vor Ort ausüben, oder ein Missbrauch und eine Übernutzung kultureller Substanz erfolgt (*Kolland*, 2003; *Kramer*, 1993; *Rutow* und *Wachowiak*, 2009, S. 14).

Nach *Bieger* (2008, S. 362) wird »qualitativer Tourismus« definiert als ein Tourismus, »*der auf ein Wachstum gerichtet ist, das die Lebensqualität der Bereisten und/oder der Reisenden (Wohlstand und immaterielle Faktoren wie natürliche oder kulturelle Qualität) erhöht, bei einem gleichbleibenden oder reduzierten Verzehr nicht erneuerbarer Ressourcen.*« Eine solche Definition ist sehr eng mit den Grundsätzen nachhaltiger Tourismusentwicklung verbunden, da ein Qualitätstourismus eine wirtschaftliche, ökologische und soziokulturelle Entwicklung unsertützt.

### Qualität kulturtouristischer Ressourcen

Qualität zu messen bzw. die Qualität eines kulturellen Angebotes zu messen, gestaltet sich als nahezu unmögliches Vorhaben, zumal einerseits keine einhellige Meinung darüber besteht, was Kultur ist bzw. wie Kultur definiert wird (Abschnitt 4.1.1 / S. 97) und andererseits die qualitative Wahrnehmung von Kultur durch Subjektivität geprägt ist (siehe bspw. in Bezug auf die Qualität in der Kunst die Ausführungen in *Kaufman*, 2002, S. 151 f.).

Eine Teilkomponente für eine gesamtheitliche Qualitätsbewertung stellt allerdings auch die Qualität der kulturellen Attraktion resp. der kulturellen Ressource dar, die als ein Glied in der touristischen DL-Kette zur gesamtheitlichen Qualitätswahrnehmung der in Anspruch genommenen DL beiträgt (*Müller*, 2006, S. 16 f.)[14]. Die Qualität kulturtouristischer Angebote kann von zwei Ebenen betrachtet werden (*McLoughlin, Kaminski* und *Sodagar*, 2007a, S. 13 f.):

---

14 zitiert nach *Romeiss-Stracke* (1995, S. 20); Qualität im Tourismus besteht demnach aus einer Hardware (Ausstattung, Funktion), ihrer Umwelt (Landschaftsbild, Kultur) und der Software (Service, Gastfreundlichkeit).

*Bedeutung:* Die Relevanz einer kulturellen Attraktion kann auf ästhetischer, lokaler, regionaler und nationaler Ebene unterschiedlich hoch sein und die Bedeutung der kulturellen Ressource kann sich im Laufe der Zeit ändern (aufgrund politischer oder technologischer Veränderungen, bspw. sind politische Denkmäler aus der Zeit des Kommunismus für die einen erhaltenswert, für andere nicht schützenswert);

*Produktqualität:* Darunter fallen Eigenschaften des Angebotes, das vom Management direkt beeinflusst werden kann, denn eine Attraktion wird nicht nur anhand ihrer Dienstleistungsorientierung bewertet, der für Kulturtouristen als Basisfaktor angesehen wird, sondern auch an Eigenschaften wie dem Grad der Präservierung, Restaurierung, oder der tatsächlichen oder erwarteten Authentizität, etc.

Hinsichtlich der Produktqualität kann das Qualitätsempfinden der Touristen somit auch von Eigenschaften des kulturellen Angebotes, wie bspw. von der *Authentizität* (vgl. *Chhabra*, *Healy* und *Sills*, 2003), dem *Erlebnisfaktor* (vgl. *Brunner-Sperdin* und *Peters*, 2009) oder seiner *Einzigartigkeit* (vgl. UNESCO, 2009d) abhängen (siehe dazu die Eigenschaften strategischer Ressourcen im Kulturtourismus, Abschnitt 4.2.2 / S. 114). Auch die *Umweltqualität*, die bspw. anhand der »Authentizität« eines bäuerlichen Landschaftsraumes gemessen werden kann, gilt zunehmend als Kompensation für das Leben in der Stadt und für schlechte frühere Erfahrungen im Urlaub (*Bieger*, 2000, S. 26).

Qualität hängt aus diesem Grund stets von den individuellen Präferenzen, Motivationen und Sichtweisen bzw. von der geographischen Herkunft der Gäste und ihrer Erwartungshaltung ab (*GDI Impuls*, 2007, S. 35): »*Gehört etwa für den polyglotten Italienreisenden bröckelnder Putz und ein schwach forciertes Pünktlichkeitsdenken im öffentlichen Verkehr zur sympathischen ›Italianità‹, wird sich der selbe Tourist in der Schweiz über solche Dinge massiv echauffieren. Hat ein mittelalterlicher Gast aus Westeuropa ein ausgeprägtes Interesse an Authentizität in Küche und Keller, kann gerade diese Qualität an den Wünschen eines Inders komplett vorbeigehen.*« Aus diesem Grund ist es – auch in Hinsicht auf die Servicequalität – wichtig, Wissen über die unterschiedlichen Kulturen bzw. interkulturelle Kompetenz aufzubauen, um die Kundenzufriedenheit zu erhöhen (*Pikkemaat* und *Weiermair*, 2001, S. 72 f.).

*Daidola* (2004, S. 48 ff.) verwendet in diesem Zusammenhang den Begriff der *emotionalen Qualität*, die mit der Empfindungsintensität und dem Erfahrungswert der Touristen verbunden ist; sie beschreibt die Intensität der Emotionen, die man bspw. »*[...] bei einem Sonnenuntergang in den Dolomiten empfindet*«. Als wesentliche Bestandteile emotionaler Qualität werden dabei die Lust zu lernen und dem Alltag zu entfliehen genannt, was nur durch Mühen, Vorbereitung, Hingabe, Verzicht und der Bereitschaft, unvorhergesehene Umstände und Risiken zu akzeptieren, möglich gemacht wird.

Während in den Ausführungen von *Daidola* (2004) also vom Erleben eines authentischen Angebotes für die Wahrnehmung emotionaler Qualität ausgeht, kann die emotionale Qualität auch durch die Inszenierung von Erlebnissen erhöht werden (*Brunner-Sperdin*, 2004, S. 15 ff., Abschnitt 4.3.2 / S. 137).

Auch die nachfrageseitigen Segementierungsmodelle von *McKercher* (2002); *McKercher* und *Cros* (2002, S. 30 f.), die die Tiefe des Erlebens mit einbeziehen (Abschnitt 4.2.1 / S. 110) und von *Poria, Butler* und *Airey* (2003, S. 241), die in der Wahrnehmung der kulturellen Attraktion von Seiten der Kulturtouristen ein Kriterium ausmachen (Abschnitt 4.2.1 / S. 111), können den Annahmen zum Konzept einer emotionalen Qualität zugeordnet werden.

Einen weiteren Qualitätsaspekt im KT stellt die *Informationsvermittlung* dar, die von Nachfragerseite erwünscht wird (*Calteux*, 1992, S. 39): »*Kulturtourismus ist somit nicht unbedingt ein Wettlauf zu den schon erwähnten sieben Weltwundern, die man gesehen haben muss, sondern ein Hinstreben zum Qualitätstourismus, der mit Bedacht und anhand einer guten Dokumentation versucht, sich mit den Denkmälern, welches auch immer ihre Tragweite sei, auseinanderzusetzen.*«

Besonders für den Kern der Kulturtouristen spielt die Weiterbildungs- und Lernfunktion eines Besuchs kultureller Attraktionen einen Qualitätsfaktor dar, der durch Informationstafeln und Broschüren, Besucherführungen oder elektronischen Informationsmedien verbessert werden kann (*Steinecke*, 2007, S. 43 ff.).

## 4.4 Abschließende Zusammenschau und Bemerkungen

Der Kulturtourismus kann – ähnlich der Einteilung von *Steinecke* (2007, S. 9) und *Dreyer* (2000, S. 41, Abschnitt 4.2.2 / S. 117) – auch anhand von Räumen, die durch das Medium Kultur vermittelt werden, eingeteilt werden; der Aufenthalt des Touristen in einer ungewohnten Umwelt, in neuen Wissensumgebungen, Institutionen oder Festen, konfrontiert ihn mit neuen touristischen Räumen, die nicht nur geographische, sondern auch kulturelle Unterschiedlichkeiten vermitteln können. Eine Gegenüberstellung führt deshalb zur Reflexion über die eigene Kultur und ein Mechanismus setzt ein, bei dem ein bekannter Raum in der Nähe und Ferne mit Typischem aus der Vergangenheit, Gegenwart oder Zukunft in Beziehung gesetzt, erzählbar und schlussendlich mit Bekanntem verglichen wird. Kulturtourismus wird dabei nicht mehr nur als eine Reise hin zu fremden Destinationen und neuen kulturellen Räumen verstanden, sondern auch hin zu Orten, die für den Gast bereits bekannt sind (*Wöhler*, 1997, S. 109 f.). Bild 4.16 zeigt davon ausgehend eine alternative Segmentierungsmöglichkeit, anhand der folgende vier Gruppen abgeleitet werden (*Wöhler*, 1997, S. 110 ff.):

*Geschichtstourismus/Histourismus:* Jeder Raum hat seine eigene Geschichte, die in den erzählten historischen »Geschichten« in einen kulturellen Bezug gesetzt

## Kulturtourismus

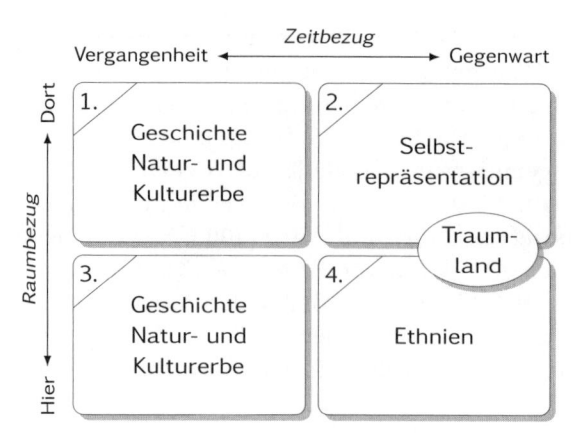

Bild 4.16: Raum-zeitbezogene Typen von Kulturtourismus (*Wöhler*, 1997)

Quadrant 1 (Dort/Vergangenheit): Geschichte Natur- und Kulturerbe
Quadrant 2 (Dort/Gegenwart): Selbstrepräsentation — Traumland
Quadrant 3 (Hier/Vergangenheit): Geschichte Natur- und Kulturerbe
Quadrant 4 (Hier/Gegenwart): Ethnien

werden müssen; wird das »Typische« hervorgehoben und Geschichte vergegenwärtigt, können Touristen und Einheimische dadurch aus dem Alltag in vergangene Zeiten fliehen;

*Selbstrepräsentations-Tourismus:* Die Nachfrage nach einem multioptionalen Angebot hat zur Folge, dass neue Kulturen entstehen; dies kann am Beispiel des Städtetourismus gezeigt werden, der touristisch inszeniert und präsentiert und dadurch auch touristisch konsumierbar wird (die Möglichkeiten des Konsums, bspw. bei einem Stadtbummel mit Einkaufsgelegenheiten oder beim Besuch von kulturellen Veranstaltungen, steigen). Für den Tourist wird die Stadt in der Folge zu einem Ort des Konsums, nicht aber bspw. zu einem Ort der Produktion, wodurch der Raum mit Überraschungsmomenten gefüllt und zum zentralen Reisemotiv wird;

*Naturerbe-/Kulturerbe-Tourismus:* Einzigartiger Raum, in dem die Kultur in einer möglichst intakten Naturlandschaft erlebbar wird, wird vom Gast gewünscht (bspw. Natur- oder Nationalparks). Tourismus hin zu Kulturerbe zielt eher auf die »kulturelle Tradition« ab, bei dem der Schwerpunkt auf »Konservierung« gelegt wird; historische Werte (Vermächtniswerte) werden dadurch in die Gegenwart herüber gerettet, um zukünftigen Generationen die historischen Wurzeln vermitteln zu können. Dies ist auch durch touristische Inszenierung (z. B. Bauerndörfer), durch Wege für Touristen, einen ermöglichten Zugang zu verborgenen Zeitzeugnissen oder Biographien, möglich (z. B. Fahrt mit einer Nostalgiebahn);

*Ethnien-Tourismus:* Internationalem Tourismus liegt das Motiv »Land und Leute« zu Grunde, was mit dem Wunsch verbunden ist, die Lebensweise anderer Völker und Volksgruppen real miterleben zu dürfen; kulturelle Identitäten werden dazu touristisch vermarktet.

Fasst man die nachfrage- und die angebotsseitigen Segmentierungsansätze aus den Abschnitten 4.2.1 / S. 106 und 4.2.2 / S. 115 sowie die letzte Klassifizierungs-

Abschließende Zusammenschau und Bemerkungen

| Modell | Kriterien | Typus des Kulturtourismus/-touristen |
|---|---|---|
| Lohmann (1999); Richards (1996) S. 107 | Grad der kulturellen Motivation | - spezifische Kulturtouristen<br>- Auch-Kulturtouristen |
| Silberberg (1995) S. 107 | Grad der kulturellen Motivation | - hochmotivierte Kulturtouristen<br>- teilweise kulturell motivierte Touristen<br>- zusätzlich kulturell motivierte Touristen<br>- Touristen mit zufälligem Kulturkonsum |
| Hughes (2000) S. 109 | Grad der kulturellen Motivation (kulturelles Interesse und Beabsichtigung eines Kulturkonsums) | - Kern-Kulturtouristen (hauptsächlich und mehrfach hauptsächlich kulturell motivierte Touristen)<br>- periphäre Kulturtouristen (beiläufig kulturell motivierte Touristen und Touristen mit zufälligem Kulturkonsum) |
| McKercher (2002); McKercher und Cros (2002) S. 110 | Grad der kulturellen Motivation und Tiefe des Erlebens | - gezielt handelnde Kulturtouristen<br>- besichtigende Kulturtouristen<br>- beiläufige Kulturtouristen<br>- zufällige Kulturtouristen |
| Poria, Butler und Airey (2003) S. 111 | Grad der Motivation und Wahrnehmung der Attraktion | - Kulturtouristen mit wenig kultureller Motivation und geringer Wahrnehmung der Attraktion<br>- Kulturtouristen mit wenig kultureller Motivation und starker Wahrnehmung einer Attraktion<br>- Kulturtouristen mit starker kultureller Motivation und geringer Wahrnehmung der Attraktion<br>- Kulturtouristen mit starker kultureller Motivation und starker Wahrnehmung der Attraktion |

Tabelle 4.6a: Nachfrage- und motivorientierte Klassifizierungen

möglichkeit durch *Wöhler* (1997) zusammen, so lassen sich wie in den Ausführungen von *Steckenbauer* (2002) drei Hauptstränge von KT-Typisierungen tätigen, denen die diskutierten Modelle in einer zusammenfassenden Übersicht (Tabelle 4.6) zugeordnet werden:

*motivorientierte* Typenbildungen (nachfrage- bzw. marktorientiert);

*angebots- und veranstaltungsorientierte* Typenbildungen (angebots- bzw. ressourcenorientiert);

| Modell | Kriterien | Typus des Kulturtourismus/-touristen |
|---|---|---|
| Richards (2001) S. 116 | Lernfunktion bzw. Unterhaltungswert, Angebot aus der Vergangenheit oder Gegenwart | - Angebot aus der Vergangenheit mit Lernfunktion<br>- Angebot aus der Gegenwart mit Lernfunktion<br>- Angebot aus der Vergangenheit mit Unterhaltungswert<br>- Angebot aus der Gegenwart mit Unterhaltungswert |
| Jätzold (1993) S. 117 | kulturtouristische Motive | - Objekt-Kulturtourismus<br>- Gebiets-Kulturtourismus<br>- Ensemble-Kulturtourismus<br>- Ereignis-Kulturtourismus<br>- Gastronomischer Kulturtourismus<br>- Fern-Kulturtourismus |
| Steinecke (2007) S. 117 | kulturelle Relikte, kulturelle Räume, Form der Organisation und Vermittlung | - Kulturelle Relikte, Einrichtungen und Schauplätze<br>- Räume als kulturtouristische Attraktionen<br>- Typen nach der Organisations- und Vermittlungsform |

Tabelle 4.6b: Angebots- und veranstaltungsorientierte Klassifizierungen

| Modell | Kriterien | Typus des Kulturtourismus/-touristen |
|---|---|---|
| Wöhler (1997) S. 157 | Zeitbezug vs. Raumbezug | - Geschichtstourist/Histourist<br>- Naturerbe-/Kulturerbe-Tourist<br>- Selbstrepräsentations-Tourist<br>- Ethnien-Tourist |

Tabelle 4.6c: Raum-Zeit-orientierte Klassifizierung

*raum-zeit-orientierte* Typenbildungen.

Die Modelle von *Jätzold* (1993) bzw. von *Silberberg* (1995) gelten als Segmentierungsmöglichkeiten, die aufgrund ihrer Eindimensionalität schlüssige Konzepte darstellen und deshalb einfach nachvollziehbar sind: Aus diesem Grund eignen sie sich auch für eine Operationalisierung von KT besser, als dies durch andere Segmentierungsmodelle möglich ist.

Es kann abschließend gesagt werden, dass die Abstimmung von Nachfrage und Angebot die wohl wichtigsten Determinanten sind, die beim Aufbau von Wettbewerbsvorteilen für kulturtouristische Destinationen berücksichtigt werden müssen; dadurch erklärt sich auch der breite Raum, der in diesem Kapitel den Segmentierungsmodellen gewidmet wurde.

Hinzu muss allerdings ein grundlegendes Verständnis über den Markt für KT und über das kulturtouristische Dienstleistungssystem kommen, damit – unter Berücksichtigung der für den KT zentralen Themen wie Authentizität, Erlebnisinszenierung, Nachhaltigkeit und Qualität – entsprechende Strategien ausformuliert und umgesetzt werden können.

# 5 Kultur und Tourismus im Alpenraum

Folgendes Kapitel befasst sich mit den Rahmenbedingungen und der Bedeutung des Tourismus in alpinen Regionen und befasst sich mit dem Kulturbegriff in dem speziellen Kontext. Am Beispiel der Destination »Südtirol«, auf der auch gegenständige Studie territorial eingegrenzt wurde, wird gezeigt, welche Rolle die Kultur in den Medien, der Tourismuswerbung und Politik einnimmt.

## 5.1 Alpine Destinationen

Die Alpen sind als geografischer Raum in Mitteleuropa gelegen und erstrecken sich von Frankreich, über die Schweiz, Monaco, Liechtenstein, Italien, Österreich, Deutschland und Slowenien (*Alpenkonvention*, 2009a,b, 2 ff.). Eine alpine Destination kann gemäß den Ausführungen zum Begriff der »Destination« (siehe Definition 3.2 in Abschnitt 3 / S. 51) entweder als der gesamte Alpenraum verstanden werden, oder aber – sofern man den Alpenraum in Regionen und in noch kleineren territorialen Einheiten wie bspw. Bezirken/Gemeinden aufteilt – als ein Zielgebiet/-ort innerhalb des Alpenraumes.

Der Tourismus spielt für die alpinen Regionen eine gewichtige wirtschaftliche Rolle, jedoch unterscheiden sich die Rahmenbedingungen des Gebietes grundsätzlich von anderen Urlaubs-Destinationen, weshalb es einer detaillierteren Beschreibung des Alpenraumes als Lebens-, Wirtschafts- und Kulturraumes bedarf.

### 5.1.1 Rahmenbedingungen für Regionen im Alpenraum

Die Alpen beginnen in einem weitverbreiteten Bild, das stark touristisch geprägt ist, oberhalb von 1000 Metern (*Bätzing*, 2002a, 175 f.); die tieferen Lagen sind mit den höheren jedoch durch die naturräumlichen Prozesse eng verflochten, und haben wichtige Gemeinsamkeiten in kulturgeschichtlicher, wirtschaftlicher, politischer Hinsicht, wie auch in Bezug auf die regionalen Identitäten.

Die europäische Alpenpolitik fasst aus dem Grund die Alpen mit ihren Vorläufern zu einer größeren Einheit zusammen, damit politische Strukturen nicht voneinander abgetrennt werden. Eine genaue Abgrenzung des Alpenraumes ist allerdings nicht möglich, da dies stets vom Blickwinkel auf das Gebiet abhängt (*Bätzing*, 2003, S. 21).

Was den Alpenraum von anderen Territorien unterscheidet ist der ökologische Artenreichtum (Flora und Fauna) sowie die Vielfalt der unterschiedlichen Kulturen und Ethnien, die sich nicht zuletzt in den verschiedenen Sprachen, Dialekten, Traditionen und Bräuchen äußern (*Alpenkonvention*, 2009a; *Dax* und *Wiesinger*, 2008; *Leimgruber*, 2002; *Schmid*, 2002, 3 f.); auf diese kulturelle Vielfalt baut auch die

Attraktiviät des Gebietes auf. Während Regionalität durch die Globalisierungstendenzen eine Chance für den Bergtourismus darstellt, gefährden andere touristische Trends und Entwicklungen diese Anziehungskraft: Durch den Wertewandel bspw. verlieren die Berge für das »biographische Standardprogramm« von jungen Menschen an Bedeutung und die Klimaänderung arbeitet langsam aber stetig an der Demontage des »Mythos Alpen« (*Müller* und *Messerli*, 2006, 237 f.). Ländliche Regionen sehen sich somit zunehmend mit Veränderungsprozessen konfrontiert, die sich nicht zuletzt auch in einer sinkenden Zahl der landwirtschaftlichen Betriebe und der Beschäftigten in der Landwirtschaft, der Abwanderung der Bevölkerung, dem Verlust der traditionellen Wirtschafts- und Handelsstruktur, oder dem Wandel von einem Wirtschafts- zu einem Pendlerraum bemerkbar macht (*Dax* und *Wiesinger*, 2008; *Steinecke*, 2007, 4 ff.).

Zusätzlich ist im Gegensatz zum Flach- oder Hügelland die Größe des verfügbaren Raumes durch die Topographie (Gebirge und Talschaften) stark eingeschränkt, zahlreiche Ortschaften liegen verstreut, sind von den Hauptverkehrsadern weiter entfernt und somit schwer zugänglich. Die natürlichen Gegebenheiten prägen auch in entscheidender Weise den Charakter der Alpenbevölkerung, die sich den spezifischen Bedingungen des Alpenraumes angepasst haben: Dadurch entwickelte sich die große Vielfalt in ethnischer und kultureller, gesellschaftlich-politischer sowie wirtschaftlicher Hinsicht (*Arge Alp*, 2009).

Die unternehmerische Struktur ist vor allem durch zahlreiche kleine und mittlere Unternehmen geprägt, während es wenig bis gar keine Industrie gibt: Bspw. waren in der Alpenregion »Südtirol« allein im Jahr 2006 65 % der eingetragenen Unternehmen von der Rechtsform her Einzelunternehmen, deren durchschnittliche Firmengröße vier Beschäftigte beträgt (*Lechner* und *Moroder*, 2006). Hinzu kommt, dass Bergregionen als ländliche Gebiete mit folgenden Problemen – besonders auch in Hinsicht auf den Tourismus – konfrontiert sind (*Mitchell* und *Hall*, 2005, S. 4):

– es gibt große Lücken im Wissen über die Nachfragefaktoren im Tourismus;
– Fähigkeiten zur Präsentation von Produkten sind nur schwach entwickelt;
– das Wissen über die Gesetzmäßigkeiten der Märkte, in denen man tätig ist, ist nur schwach entwickelt;
– es gibt nur eine beschränkte Entwicklung von Kooperationen und Marketing-Netzwerken.

Alpine Regionen bzw. Destinationen und die alpine Wirtschaft sind somit in Rahmenbedingungen eingebettet, die sich von jenen in nicht-alpinen Regionen grundlegend unterscheiden; als sensible Gebiete müssen die politischen Instrumente, Strategien und Maßnahmen deshalb diese regionsspezifischen Bedingungen sowie die kulturelle und ökologische Vielfalt berücksichtigen (*Dax* und *Wiesinger*, 2008, 3 f. zu einem ausführlichen Bericht über den Alpenraum, deren Rahmenbedingungen und die Veränderungen siehe auch *Bätzing*, 2002b).

Andererseits stellen genau diese Rahmenbedingungen beste Voraussetzungen bzw. Standortvorteile für bestimmte Branchen wie bspw. den Tourismus dar (*Arge Alp*, 2009), denn die Wettbewerbsfähigkeit alpiner Destinationen hängt stark mit den natürlichen und kulturellen Attraktionspunkten zusammen, die in ihren Eigenschaften und ihren Kombinationen zur Einzigartigkeit einer Destination beitragen (*Hall* und *Mitchell*, 2005; *Schuckert*, *Möller* und *Weiermair*, 2007, S. 132); dies macht einen bedachten Umgang mit den (Kern-)Ressourcen erforderlich.

Um diese Einzigartigkeit zu schützen, wurde vor allem durch die Unterstützung von NGOs die Alpenkonvention etabliert, die ein Übereinkommen zum Schutz des Alpenraumes darstellt und wodurch die Besonderheiten des Gebietes eine entsprechende Berücksichtigung und Schutz erfahren sollen; während die Rahmenkonvention von allen Mitgliedsstaaten genehmigt wurde, sind die einzelnen Fachprotokolle[1] erst von einem Teil der Alpenanrainerstaaten (Deutschland, Liechtenstein, Österreich, Slowenien und Frankreich) ratifiziert worden – Monaco hat bis dato nur für einen Teil, die EU, Italien und die Schweiz noch keine Unterschriften geleistet (*Alpenkonvention*, 2009a,b, 2 ff.).

Die Wichtigkeit »alpiner Ressourcen« wird somit von offizieller Stelle zwar anerkannt, jedoch wird die Umsetzung der Protokolle zu deren Schutz nur in Etappen realisiert. Die Forderung nach einer nachhaltigen Nutzung vorhandener Ressourcen, nach mehr Regionalität und einer Stärkung regionaler (Wirtschafts-)Netzwerke wird aus diesem Grund immer lauter und zwingender (*Dax* und *Wiesinger*, 2008, 3 f.) und erfährt besonders in turbulenten Zeiten zunehmende Befürworter (*Petrillo*, 2004, 5 ff.). Diese Forderungen lassen sich zusammenfassend mit dem Auszug aus *Luger* und *Rest* (2002b, 173 f.) verdeutlichen:

»*Zur gleichen Zeit werden immerhin aber auch ganz andere Wege diskutiert und beschritten, die aufbauend auf den Stärken des klassischen Alpentourismus eine integrierte und umfassende nachhaltige Entwicklung regionaler Lebenswelten propagieren, in denen Tourismus nur ein Faktor neben vielen in einem Konzept eigenständiger Regionalpolitik ist; in denen Lokalität und Modernität zusammengeführt werden sollen. Regionsspezifisch vernetztes Wirtschaften unter verstärkter Einbeziehung der Landwirtschaft, des Gewerbes und des Dienstleistungssektors sieht ein Leben mit und nicht für den Tourismus vor, unter aktiven Beteiligungsmöglichkeiten der lokalen Bevölkerung. Dieses Konzept einer sowohl ökonomisch als auch ökologisch nachhaltigen Entwicklung von multioptionalen Regionen, in denen die Verbesserung der Lebens- und Arbeitsbedingungen und des sozialen Umfeldes sowie lokale Kulturtraditionen mit dem jeweiligen touristischen Angebot von Destinationen enger verknüpft werden können, stellt sich als mögliches Alternativkonzept*

---

1 bspw. in der Deklaration »Bevölkerung und Kultur«, das zum »*Ziel der Achtung, Erhaltung und Förderung der kulturellen und gesellschaftlichen Eigenständigkeit der ansässigen Bevölkerung und der Sicherstellung ihrer Lebensgrundlagen*« etabliert wurde (*Alpenkonvention*, 2009b, 2 f.).

*dar. Diese Strategie des ›Bewahrenden Fortschritts‹ verlangt eine ökonomisch nachhaltige Basis aus der heraus soziale und ökologische Nachhaltigkeitsziele gesichert werden können.«*

### 5.1.2 Alpine Kultur und ihre Spannweite

Als Gegenbegriff zu Kultur wird allgemeinhin die Natur betrachtet; Kultur wird durch diese Abgrenzung als all das verstanden, »*was nicht von selber geschieht, sondern vom Menschen in seinem Sinne und Verständnis und zur Gestaltung seiner Lebensverhältnisse verändert und geschaffen wird*« (Bendixen, 2006, S. 126). Im Kontext einer alpinen Destination muss dieses Verhältnis resp. die Trennung, allerdings neu bewertet werden, denn Natur ist für eine Deutung der Kultur sehr aufschlussreich und muss gleichsam als Grenze wie auch als Basis der Kultur interpretiert werden (*Steenblock*, 2004, 45 ff.):

– Natur ist eine ermöglichende Grundlage für die Kultur, wodurch das Bild von Natur entsteht, die die Kultur trägt;
– Natur grenzt die Kultur dadurch ab, indem Kultur als ihr Produkt verstanden wird;
– Natur und Kultur sind nicht zwingend Antonyme, da immer wieder Zusammenspiele und Wechselwirkungen stattfinden.

Die Geschichte der Kultur ist somit unzweifelhaft mit der Natur verbunden, denn schon der Ursprung des Begriffes »Kultur« (lat. *colere*) liegt in der dauerhaften »Bezwingung« von Natur mit dem Ziel, den Lebensraum des Menschen zu sichern; die daraus resultierende »Verwandtschaft« der (besonders ländlichen) Kultur mit der Natur, erinnert somit daran, dass der Mensch nur ein Teil der Natur ist (*Bendixen*, 2006, S. 330). Zudem war und ist die Natur für die Kunst eine fortwährende Muse, da der »*geistig und physisch unverbaute und ungestörte Zugang zur Sinnlichkeit von Naturerfahrung eine Quelle künstlerischen Schaffens sein kann*«; der urbane Raum bspw. in Ländern der Dritten Welt gilt in extremen Anschauungen sogar als Ort der Dekultivierung oder Desozialisierung (*Bendixen*, 2006, 329 f.).

### Kulturlandschaft

Natur wird unter dem Gesichtspunkt von Kulturlandschaft zu einem Teil der Kultur; während Kulturlandschaft in einer älteren Bedeutung Kultur bzw. Kulturdenkmäler in einer Landschaft bezeichnet, wird Landschaft im heutigen Gebrauch selbst als ein Teil des kulturellen Erbes betrachtet (*Amtsblatt der Europäischen Union C 57/04*, 2007; *Winiwarter*, 2000, S. 22). Damit wird vor allem auf die vom Menschen bearbeitete Naturlandschaft verwiesen, die stets auch ihren Bezug zur Kulturgeschichte eines Landes hat (*Winiwarter*, 2000, S. 29).

Generell wird »Landschaft« zur *Typisierung bzw. Regionalisierung* der Umwelt gebraucht, vor allem dann, wenn sich der Begriff aus mehreren Ausdrücken zusammensetzt (Agrarlandschaft, Flusslandschaft, Idustrielandschaft); damit wird auch eine *sinnliche Wahrnehmung* verknüpft, die ein »Zurechtfinden«, ein »Wohlfühlen« oder ein »Wiedererkennen« von Symbolen, Emotionen und Ästhetiken beschreibt. Landschaft als *Lebensraum* wiederum wird als Referenzort für die täglichen Routinen sozialen, ökonomischen und politischen Handelns verstanden. Diese Sichtweisen stehen den *ökologisch orientierten Ansätzen*, in der die Landschaft nicht in einem historischen oder visuellen Kontext betrachtet wird, gegenüber und während erstere Ansätze Landschaft als Teil der Kultur einordnen, verwendet der letztere Ansatz Landschaft als einen anderen Terminus für Umwelt bzw. Natur. Der Verlust von »Landschaft«, der ökologischen Vielfalt und somit alltäglicher Erlebnismöglichkeiten wird als Landschaftsverbrauch und -zerschneidung beklagt und die Landschaftsplanung wird dazu aufgefordert, Landschaft als Trägerin von Geschichte zu erhalten (*Meier*, 2000, 39 f.).

### Ländliche und alpine Kultur

Landschaft und Natur sind aus touristischer Sicht wichtige Kernressourcen (*Goeldner* und *Ritchie*, 2009; *Ritchie* und *Crouch*, 2003, S. 441), spielen aber für Gebiete, die als ländlich oder alpin in unmittelbarer Wechselwirkung mit der Umwelt stehen, auch in kultureller Hinsicht eine größere Rolle, als für urbane Gebiete. Somit stellen Landschaft-, Natur- und Umweltschutz für alpine Regionen nicht nur Bindungen bzw. Einschränkungen dar (bspw. durch völker- oder europarechtliche Verträge wie der Alpenschutzkonvention, vgl. *Alpenkonvention*, 2009b), sondern tragen auch zum Schutz und zur Entwicklung von regionaler Identität bei, die stark von den natürlichen und relativ stabilen Voraussetzungen der Landschaft abhängt. Diese sollten aber als Eigenheit nicht nur bewahrend konserviert werden, sondern müssen auch dynamisch weiterentwickelt werden, um einen sozialen, kulturellen, technischen und wirtschaftlichen Fortschritt gewährleisten zu können (*Pernthaler*, 2007, 6 ff.).

Zwar sehen sich ländliche und alpine Regionen, die durch zahlreiche Kleinstädte, Dörfer und Einsiedeleien/Weiler charakterisiert sind, an den Rand- bzw. Schattenbereich des Kulturgeschehens urbaner Gebiete gedrängt, festzustellen ist allerdings, dass der Unterschied zwischen ländlicher und städtischer Kultur nicht darin liegt, dass vorwiegend niedere oder hohe Kultur vorzufinden ist, sondern dass eine unterschiedlich starke Betonung des kulturellen Angebotes vorliegt (*Bendixen*, 2006, 329 f.).

*Steinecke* (2007, 223 ff.) vermerkt in diesem Zusammenhang, dass durch die zunehmende Standardisierung und Globalisierung von Wirtschaft und Kultur ein wachsendes Interesse nach Traditionen, Brauchtum, alten Handwerkstechniken, ländlicher Architektur und regionaltypischen Produkten zu vermerken sei. Diese endogenen kulturellen Ressourcen – oder komparativen Wettbewerbsvorteile, wie sie von *Ritchie* und *Crouch* (2003, 21 f.) bezeichnet werden – stellen dabei eine Möglichkeit dar, das Profil einer Destination zu schärfen und sich durch eine derartige Differenzierungsstrategie auf dem internationalen Tourismusmarkt abzugrenzen, wodurch die Volkskultur auch für den Tourismus im ländlichen und alpinen Raum zunehmend an Bedeutung gewinnt (*Steinecke*, 2007, S. 225).

### 5.1.3 Bedeutung des Tourismus für Bergregionen

Im Allgemeinen war der Tourismus in den letzten sechs Jahrzehnten starkem Wachstum[2] und Diversifizierungen ausgesetzt und ist zum größten und am schnellsten wachsenden Wirschaftssektor aus globaler Sicht geworden; betrachtet man den Weltmarkt für Tourismus so entfielen im Jahr 2007 rund 20,4 % auf Asien und dem Pazifik, 15,8 % auf Amerika, 4,9 % auf Afrika, 5,3 % auf den Mittleren Osten und 53,6 % der gesamten Ankünfte auf Europa – davon knapp $\frac{3}{4}$ auf West- und Südeuropa (*WTO*, 2008, S. 1). Spanien gilt dabei als Hauptreiseziel, gefolgt von Frankreich und Italien, während auf Deutschland und das Vereinigte Königreich insgesamt 45 % der gesamten Ausgaben für den Tourismus in Europa entfallen (*Spörel* und *Wiesbaden*, 2007, 667 f.).

Aus globaler Sicht gehören auch die Alpen zu einer der größten Tourismusregionen; als gemeinsamen Indikator zur Bedeutung des Fremdenverkehrs für alpine Regionen muss aufgrund unterschiedlicher quantitativer Erhebungen die »Bettenzahl« herangezogen werden, die mit 1,5 Mio. Hotelbetten beziffert wird (*Bätzing*, 2002a, S. 176).

Von ähnlicher Größenordnung sind die Zahlen einer Untersuchung aus dem Jahr 2007 im Alpenraum – die Studie wurde in alpinen Regionen der Schweiz (Kantone Tessin, Graubünden, St. Gallen), Deutschlands (Arge Alp Gebiet in Bayern), Österreichs (Vorarlberg, Tirol, Land Salzburg) und Italiens (Südtirol, Trentino, Sondrio, Belluno) durchgeführt – , bei der das Beherbergungsangebot mit 21 000 gastgewerblichen Beherbergungsbetrieben beziffert wird, die in Summe 806 818 Betten bereitstellen und eine durchschnittliche Bettenanzahl pro Betrieb von 38,4 aufweisen; die Nachfrage im Tourismus wurde laut derselben Analyse mit 27 Mio. Ankünften und 110 Mio.Million Übernachtungen angegeben, wobei die mittlere Aufenthaltsdauer der Gäste in gastgewerblichen Beherbergungsbetrieben 4,1 Tage betrug (*ASTAT*, 2008a, 1 f.).

Die vorherrschenden Tourismusformen in alpinen Destinationen sind Sommer- wie Winter-Urlaube, die auf Aktivität basieren, Skitourismus und Wandertourismus stellen dabei die wichtigste (*Bätzing*, 2002a, 177 ff.). Angesichts einer wachsenden Schneeunsicherheit durch die Folgen des Klimawandels ist es Aufgabe der

---

[2] von 1950 bis 2007, sind die internationalen Ankünfte von 25 Mio. auf 903 Mio. angestiegen (*WTO*, 2008, S. 1).

führenden Tourismusorganisationen, neue Geschäftsfelder zu erkunden (*SPIEGEL*, 2008).

Wirtschaftliche Auswirkungen des Tourismus lassen sich bestens anhand von Kennzahlen messen (siehe Abschnitt 3.2 / S. 64). Auf weitere positive Auswirkungen des Tourismus im ökologisch und sozialen Sinn sowie auf die möglichen negativen Auswirkungen des Tourismus wurde bereits in Abschnitt 4.3.3 / S. 141 tiefer eingegangen.

## 5.2 Exkurs: Die alpine Destination Südtirol

Eine Region kann nicht nur ein geographischer Standort sein, sondern setzt sich aus Traditionen, Institutionen sowie räumlichen Kooperations- und Interaktionsformen zusammen (*Raich*, 2006, 96 ff.). Eine solche Region stellt Südtirol dar: Historisch betrachtet ist das Gebiet ein Teil von Tirol (was wiederum für das Verständnis der regionalen Identität als wichtig erachtet werden muss), das sich aus den in Österreich gelegenen nördlichen und östlichen Landesteilen und dem in Italien gelegenen südlichen Territorium zusammensetzt (*Pernthaler*, 2007, 4 ff.).

Andererseits stellt Südtirol durch die Zugehörigkeit zu Italien die nördlichste und größte Provinz des Staates dar (Provinz Bozen/Südtirol) und gilt als eine territoriale Einheit, die aus verwaltungstechnischer Sicht in 116 Gemeinden eingeteilt wird und deren Autonomie verfassungsrechtlich verankert ist; diese Gemeinden sind insgesamt acht Bezirksgemeinschaften zugeordnet, die vor allem Kompetenzen zur Beteiligung der Bevölkerung in wirtschaftlichen, sozialen, kulturellen und ökologischen Belangen inne hat und als Planungs- und Interessengemeinschaft die einzelnen Maßnahmen der Gemeinden koordiniert (*Autonome Provinz Bozen-Südtirol*, 2007; *Pernthaler*, 2007, 196 f.).

### 5.2.1 Tourismus in Südtirol

Der Tourismus gilt auch für Südtirol bzw. Destinationen in Südtirol zu den wichtigsten Wirtschaftsfaktoren, seitdem er sich seit 1830 – erst aus wissenschaftlichem Interesse zur Natur – auch zum Erholungsurlaub weiterentwickelt hat (erstmals rund um das Kurzentrum Meran, dann folgten Gries bei Bozen, Brixen und Toblach); nach dem Ende der beiden Weltkriege und durch die wachsende Popularität des Bergsteigertourismus, erlangte der Fremdenverkehr in den 70er bis 90er Jahren einen regelrechten Boom, was allgemeinen Wohlstand in die Alpen und auch nach Südtirol brachte (*Schuckert*, *Möller* und *Weiermair*, 2007; WIFO, 2008d, 121 f.).

#### Bedeutung des Tourismus für Südtirol

In Südtirol werden 4300 gastgewerbliche (Hotels, Pensionen), 6000 nichtgastgewerbliche Beherbergungsbetriebe (Privatzimmervermieter, Campings) mit insgesamt 217 000 Betten gezählt (*WIFO*, 2008d). Die aktuellste Studie zu den sozio-ökonomischen Indikatoren aus dem Jahr 2004 des *WIFO* (2008c) gibt bspw. an, dass auf tausend Einwohner in der Provinz Bozen 448,1 Betten vorzufinden sind, was einem Verhältnis von Einheimischen zu Touristen von 2 : 1 entspricht. In vielen Tourismushochburgen liegt die Bettenzahl um ein Vielfaches höher bzw. ist gleich hoch wie die Einwohnerzahl, wie bspw. in Wolkenstein (3117,8 Betten auf tausend Einwohner), Schenna (1980,8 Betten auf tausend Einwohner), oder Olang (1048,4 Betten auf tausend Einwohner). Welche kulturellen und gesellschaftlichen Folgen ein solch ungleiches Verhältnis in diesen Gemeinden hat, lässt sich bis dato nur erahnen.

Allerdings resultiert ein enormer wirtschaftlicher Nutzen, die der Region durch die Ausgaben der Gäste zu Gute kommt; während im Sommer durchschnittlich 82 € für die Unterkunftskosten, für Speise und Trank, in Almhütten und beim Einkaufen ausgegeben werden, erhöhen sich diese Ausgaben im Winter aufgrund der Nutzung der Aufstiegsanlagen auf 117 € pro Tag und Person (*SMG*, 2008a, S. 35).

Im Jahr 2007 wurden insgesamt 5 283 043 Nächtigungen in gastgewerblichen und nichtgastgewerblichen Betrieben verzeichnet (*WIFO*, 2008a), was im Vergleich zu den Vorjahren ein Wachstum von 2,7 % bei den Ankünften und von 1,8 % bei den Übernachtungen bedeutet (*ASTAT*, 2008a, 3 f.). Es konnte festgestellt werden, dass es eine prozentuelle Veränderung der Ankünfte gibt, die jene der Nächtigungen übertreffen, was auf eine Verminderungstendenz der Aufenthaltsdauer hinweist (*ASTAT*, 2008a).

Auch geht aus Studien hervor, dass der Großteil der Touristen aus Italien (37 %) kommt, aus dem Ausland vor allem Deutsche Urlauber nach Südtirol kommen und Südtirol-Urlauber – gemessen an den Nächtigungen – vorwiegend im Sommer zu Gast sind (*WIFO*, 2008d). In alpinen Destinationen ist der Unterschied in den Übernachtungszahlen somit stark saisonabhängig, was auch Folgen für die Entwicklung unterschiedlicher »Destinationsprodukte« hat (*Schuckert*, *Möller* und *Weiermair*, 2007, 128 ff.). Die durchschnittliche Bettenauslastung in Südtirol ist in den letzten Jahren somit auf 40 % angestiegen und insgesamt sind es 30 000 Personen, die im Tourismus beschäftigt sind, wobei die ausländischen Saisons-Hilfskräfte in diesem Bereich einen großen Teil stellen (*WIFO*, 2008d).

### Organisationsstruktur der Destination

Aus touristischer Sicht kann Südtirol als eine Geschäftseinheit der nationalen italienischen Tourismusorganisation angesehen werden, die von der Südtirol Marketing Gesellschaft (SMG) als Destinationsmanagement-Organisation geführt wird. Diese versteht sich als die »Dachorganisation« der TourismusVerbände, die sich um die touristische Vermarktung der einzelnen Bezirke (Destinationen) bzw. Teilbezirken und Ferienregionen kümmert. Es gibt elf eigenständige Tourismusverbände,

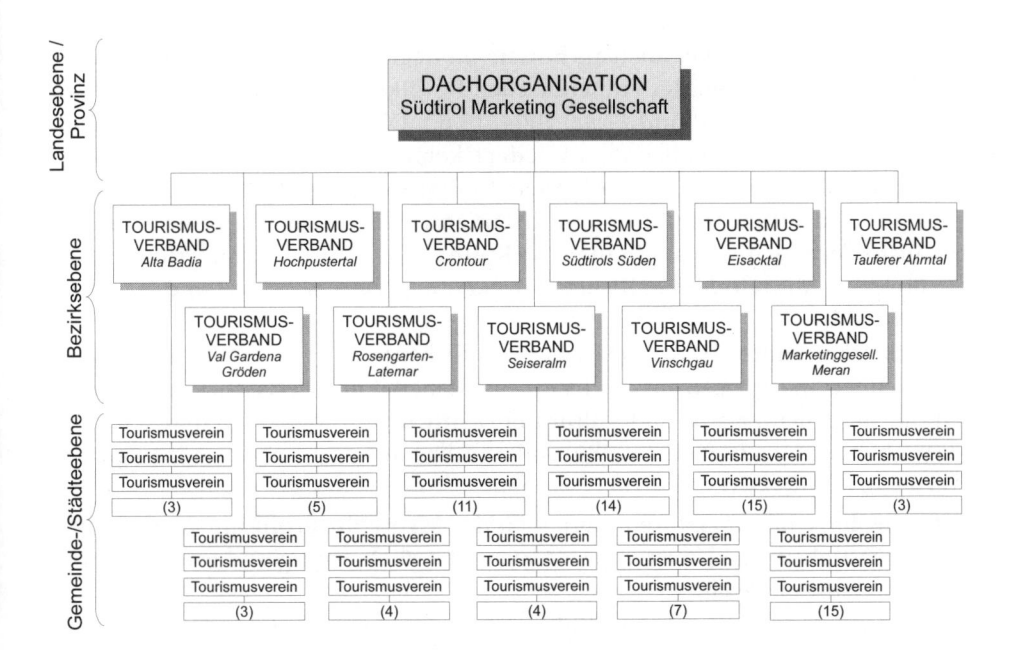

Bild 5.1: Die »Tourismusorganisation Südtirol«

namentlich jene von Alta Badia, Hochpustertal, Crontour, Südtirols Süden, Eisacktal, Tauferer Ahrntal, Val Gardena-Gröden, Antholzertal, Rosengarten-Latemar, Seiseralm, Vinschgau sowie der Marketinggesellschaft Meran. Darunter befinden sich eine Vielzahl – insgesamt 84 – an Tourismusvereinen, -organisationen und Kurverwaltungen, die den Tourismus auf der Ebene von Städten und Gemeinden unterstützt.

Bild 5.1 verbildlicht die einzelnen Ebenen und die hierarchische Struktur (touristische Organisationsstruktur) der »Tourismusorganisation Südtirol«.

Jede einzelne der in diesem Abschnitt angeführten Tourismusorganisationen ist in die touristische Dienstleistungskette der Gemeinden, Bezirke und des Landes mehr oder weniger eingebunden und dadurch mit einer Vielzahl von weiteren Akteuren verknüpft, bspw. mit den 10 304 Beherbergungsbetrieben, die insgesamt 217 912 Betten zählen, wovon 42 % auf gastgewerbliche Betriebe und 56 % auf private Unterkünfte sowie auf Urlaub auf dem Bauernhof entfallen; die restlichen 2 % sind Campingbetreiber, Schutzhütten und Jugendherbergen zuzurechnen (*SMG*, 2008a, S. 35).

### Dachmarke Südtirol

Durch die Entwicklung einer »Marke« für die Destination Südtirol wurde ein erster Schritt zur Bewerbung und Vermarktung der Region auf dem internationalen Tourismusmarkt, aber auch als Einsatz im Regionalmarketing zur Bewerbung von Investoren und bei der einheimischen Bevölkerung, gemacht (*Handelsblatt*, 2008; *Morgan, Pritchard* und *Pride*, 2004, 13 ff.). Die Entwicklung von Destinationsmarken wirkt sich neben dem Wiedererkennungseffekt auf Kundenseite bei den Stakeholdern einer Destination identitätsstiftend aus und dient aus diesem Grund auch als Werkzeug für internes Marketing; allerdings ist es eine besondere Herausforderung, die Intangibilität von Kultur in der Marke zu integrieren (bspw. die Bodenständigkeit der ländlichen Bevölkerung, *Peters, Schuckert* und *Weiermair*, 2008, S. 307).

Die Marke »Südtirol« soll die Region als die kontrastreiche Symbiose aus alpin und mediterran (bezogen auf das Land), Spontaneität und Verlässlichkeit (bezogen auf die Menschen), Natur und Kultur (hinsichtlich der Produkte) darstellen (*SMG*, 2008a,b, S. 30). Laut *SMG* (2008b) soll Südtirol auf drei Ebenen mit folgenden Werten bzw. Adjektiven assoziiert werden:

- Ebene der *Differenziatoren* (verleihen der Marke ihr Profil hinsichtlich ihrer Einzigartigkeit und Unverwechselbarkeit): herzlich, kantig und warm, kontrastreich, traditionsreich;
- Ebene der *Kernwerte* (sind als Kultur tief in der Marke verankert): »Knödel und Spaghetti«, Zeit haben, genießen, glaubwürdig, unverfälscht, selbstbewusst;
- Ebene der *Substanzwerte* (sind die Basis und dienen als Grundlage für Kernwerte und Differenziatoren): wertig, zuverlässig, kraftvoll, authentisch, Halt.

Aus der Destinationsmarke wurde eine Dachmarke weiterentwickelt, die für »Qualität in Südtirol« bei Lebensmitteln und als ein Standortzeichen »Ein Unternehmen aus Südtirol«, durch das Unternehmen in ihrer Firmenkommunikation auf ihren Südtiroler Standort hinweisen, steht (*SMG*, 2008a,b, S. 30). Diese Dachmarke wird von 1800 eingetragenen Nutzern angewandt, wodurch die Marke eine Vernetzung zwischen qualitätsvollen Produkten (ein Fachbeirat entscheidet über die Vergabe von Nutzungsrechten) und der Tourismusdestination Südtirol schafft (*SMG*, 2008a, 30 f.), und als Best-Practice-Beispiel zum Vorbild für andere Regionen herangezogen wird; die Destinationsmarke »Südtirol« wird so zur Marke für unterschiedliche Branchen in der Region, nach der Devise: »*Wem in Deutschland ein Südtiroler Apfel schmeckt, der bekommt vielleicht Lust, auch seinen nächsten Urlaub dort zu verbringen*« und wem der Urlaub in Südtirol gefällt, wird zurück am Heimatort mit Unternehmen aus Südtirol in Kontakt treten (*Handelsblatt*, 2008).

### 5.2.2 Bestandsaufnahme: Kultur und Tourismus in Südtirol

Touristische Destinationen sind in der Regel stark davon abhängig, wie Medien im Allgemeinen und die Tourismuswerbung im Speziellen das Land vermitteln (*McKercher* und *Cros*, 2002, 165 f.). In den nächsten Abschnitten folgt aus diesem Grund eine Beschreibung davon, wie die Destination durch die Medien vermittelt wird bzw. das Ergebnis einer Sichtung von touristischem Werbematerial.

Auch wurde in kultureller Hinsicht anhand aktueller Studien, Statistiken und Berichten die Anzahl und die Form der kulturellen Ressourcen quantifiziert und es wurde ermittelt, welche Rahmenbedingungen für »Kultur« von Seiten der (Kultur-)Politik gelten.

### Bild der Medien

Versucht man das Bild, das Medien durch Reportagen, Reiseberichte, und in Sonderheften und dergleichen von der Region zeichnen, zu umreißen, so ergibt sich ein – auch wenn unvollständiges – Südtirol, das anhand folgender beispielhaften (und vielfach klischeehaften) Beschreibung vermittelt wird (*GEO Saison*, 2008; *Löbert*, 2007; *Merian*, 2008; *Müller*, 2007a,b; *Tiroler Tageszeitung*, 2008; *Wenderoth*, 2008):

Unterschiedliche Höhenlagen und beste klimatische Verhältnisse favorisieren die Ansiedlung einer artenreichen Pflanzen- und Tierwelt, natürliche Ressourcen wie Wasser und Luft sind weitestgehend von ausgezeichneter Qualität und die Bergwelt mit den Dolomiten als besonderes Juwel stellt einen der wichtigsten Anziehungspunkte dar; die Natur und das vorherrschende Klima haben in den Jahrhunderten die Lebensweise der ansässigen Bevölkerung unverwechselbar geprägt, was sich in den zahlreichen und besonders im ländlichen Gebiet noch heute gelebten Bräuchen und Traditionen niederschlägt; durch den unmittelbaren Bezug zur Berg- und Landwirtschaft ist auch die Gastronomie durch die regionalen Nahrungsmittel, Getränke und Weine erlebbar. Hinzu kommen bedeutende prähistorische Funde und Ausgrabungen, eine überdurchschnittlich hohe Anzahl mittelalterlicher Burgen, Schlösser und Ansitze, die oftmals einzigartige Ensembles bilden, und zahlreiche historische und sakrale Bauten, die eine bis heute bedeutsame Rolle der Religion suggerieren. Als geschichtsträchtiges Gebiet, das durch zahlreiche Kämpfe und Schlachten mehrmals unter dem Einfluss unterschiedlicher Regentschaften und Staaten stand und durch die unmittelbaren Auswirkungen der neueren Zeitgeschichte, ist die Region heute ein an kultureller Vielfalt kaum zu übertreffender Lebensraum, der besonders durch die italienische Lebenswelt einen südländischen Flair erlangt hat. Die drei ethnischen Sprachgruppen (deutsche, italienische und ladinische Sprachgruppe) tragen ebenso zur Sprachenvielfalt bei, wie die zahlreichen gesprochenen Dialekte der einzelnen Talschaften, deren Einwohner als freundliches, naturverbundenes und bodenständiges Volk in den Bergen beschrieben werden, deren auffälligste charakterlichen Eigenschaften in ihrer Gastfreundschaft bzw. einem gewissen Maß an Sturheit liegt. Während die wenigen, dafür aber qualitativ hochwertigen kulturellen Veranstaltungen vorwiegend dem Bereich der Hochkultur zugeordnet werden können, ist es vor allem die Volkskultur, die sich besonders in der typischen Kleidung, Musik und Handwerkskunst der Landbevölkerung äußert.

Um zu überprüfen, wie dieses (subjektiv) wiedergegebene Bild der Medien jenem aus der Tourismuswerbung entspricht, wurden die Werbebroschüren der Tourismusverbände und insbesondere die Verwendung kultureller Motive genauer analysiert.

### Kulturtouristische Vermarktung

Um objektiver bewerten zu können, wie sich die Ist-Situation in der Tourismuswerbung darstellt bzw. ob und wie mit bestimmten (kulturellen) Motiven geworben wird, wurden die Broschüren der Südtiroler Tourismusverbände aus der Sommersaison 2008[3] analysiert und die einzelnen Motive – es handelt sich um Bildmaterial, das zu Werbezwecken verwendet wurde – quantifiziert und den KT-Typen von *Jätzold* (1993) zugeordnet. Setzt man die Anzahl der verwendeten Motive in ein Verhältnis zur Seitenanzahl der Werbemittel, so ergibt sich eine Kennzahl aus der ersichtlich wird, wie häufig mit den unterschiedlichen (kulturellen) Motiven geworben wurde.

Zwar liegt die Schwierigkeit bei dieser Erhebung darin, die einzelnen Motive stets eindeutig den Kategorien zuzuordnen – vor allem konnte im Bezug auf Natur/Kultur und Natur/Sport nicht immer eine klare Zuordnung getroffen werden –, anhand der resultierenden Zusammenschau (siehe Tabelle A.2 im Anhang) lässt sich allerdings ein objektiver Vergleich anstellen, wie mit dem kulturtouristischen Angebot geworben wird bzw. welche touristischen Zielgruppen in verstärktem Maße angesprochen werden.

Aufgrund der Gegenüberstellung der zehn Tourismusverbände[4] und durch das erhobene Verhältnis der Anzahl verwendeter Motive zur Seitenzahl der Werbeunterlagen (insgesamt 678 Seiten), wird ersichtlich, dass kulturelle Motive im Sommer (mit einem Wert von ‚66[5]), neben den Natur- und Sportmotiven (in Summe ‚73), zu den am häufigsten verwendeten Motiven in der Südtiroler Tourismuswerbung gezählt werden können. Andere Motive wie Familie (‚11), Wellness (‚07) oder Einkaufstourismus (‚01) treten dafür weiter im hinteren Feld auf; in Summe kommen diese sonstigen Tourismusformen auf einen Wert von ‚92.

Weiters kann abgeleitet werden, dass es KT-Arten gibt, die für die Tourismuswerbung im Vergleich eine übergeordnete Rolle einnehmen: Motive zum Objekt-KT (‚16), Ensemble-KT (‚15), Fern-KT (‚12) und Gastronomie (‚14) finden häufiger Einzug in die Werbebroschüren, als jene zum Gebiets- (‚02) oder Ereignis-KT (‚02). Auch wird ersichtlich, dass bestimmte Untermotive nicht vorzufinden sind

---

3 Kulturtourismus findet hauptsächlich (und in alpinen Destinationen fast ausschließlich) im Sommer statt (*Conrady* und *Bakan*, 2008; *Richards*, 2007; *Steinecke*, 2007, 31 f.).
4 ein Verband wollte aus unbekannten Gründen keine Unterlagen für diesen Zweck bereitstellen.
5 der Wert ‚66 kann interpretiert werden, als die Häufigkeit, mit denen ein kulturtouristisches Motiv auf einer Seite der Werbebroschüre verwendet wird; im konkreten Fall gibt es auf 100 Seiten Tourismuswerbung mindestens 66 kulturelle Motive (bzw. finden sich auf fünf Seiten im Durchschnitt drei Kulturmotive).

(bspw. finden sich keine Motive zum Industrie-KT oder zum Literatur-KT) und aus diesem Grund wahrscheinlich auch einen niedrigeren Stellenwert im Kulturgeschehen besitzen oder (noch) nicht als »wertvoll« erachtet wurden. Entgegen der ursprünglichen Einteilung durch *Jätzold* (1993) kann und muss hingegen der Fern-KT (,12) in weitere Untergruppen eingeteilt werden: Aufgrund der Charakteristika ländlicher bzw. alpiner Kultur treten nämlich Motive wie Traditionen und Bräuche (,02), typische Kleidung (,03), Religion (,01), Land und Leute (,03), berühmte Persönlichkeiten (,03) oder das Kunsthandwerk (,02) häufiger oft auf und können dadurch einzeln gewertet werden.

Es ist auch ersichtlich, dass bestimmte Destinationen mit unterschiedlichen Motiven versuchen Touristen anzuziehen. So fällt zum Beispiel auf, dass jene Verbände, die näher an den Landesgrenzen liegen, stärker mit kulturellen Motiven werben (Südtirols Süden – ,97, Hochpustertal – ,87, Eisacktal – 1,00). Andererseits muss erwähnt werden, dass es vereinzelt Verbände gibt, die deutlich mehr Text im Werbematerial verwenden als andere; jene greifen auffallend oft auf das Thema der *kulturellen Vielfalt* zurück, die sich durch Fotomotive nicht oder nur erschwert darstellen lässt.

### Kulturangebot und -politik

Aus dem Bericht über »Kulturschaffende« des *ASTAT* (2008b, 1 ff.) geht hervor, dass es in Südtirol über 700 Kulturträger gibt, die zum Kulturgeschehen der Region beitragen und deshalb auch durch Subventionen finanziell unterstützt werden. Der Großteil davon (95,7 %) sind Vereine (Musikkapellen und Pfarrchöre), wobei am häufigsten Musikveranstaltungen organisiert werden (77 %), gefolgt vom Theater (13,2 %), Kino (6,3 %) und Tanzaufführungen (2,9 %)[6]. Es fällt auf, dass besonders in den Städten Bozen, Meran, Brixen, Bruneck und Sterzing die höchste Zahl an angebotenen Veranstaltungen, Aufführungen und Besuchern zu verzeichnen ist[7]. Einen großen Stellenwert nimmt die Kulturarbeit als Ehrenamt ein, die mit 84,1 % des Personals den größten Anteil der Kulturschaffenden ausmacht. Mit Einkünften von 40 Millionen € (davon 43 % öffentliche Beiträge, 21 % Einnahmen und 18 % Schenkungen und Spenden) stellt auch die Kulturwirtschaft einen nicht unbedeutenden Wirtschaftszweig dar.

Von Seiten der Kulturpolitik wird mit öffentlichen Beiträgen das breite Spektrum des kulturellen Angebotes finanziell unterstützt; hierfür treten einerseits private Stiftungen (bspw. jene einer Bank), vor allem aber das *Amt für Kultur* der Provinz Bozen ein, das sich in die drei Abteilungen für deutsche, italienische und ladinische

---

6 Veranstaltungen der darstellenden Kunst wurden nicht erfasst, da Ausstellungen nicht als allgemeine kulturelle Veranstaltungen gezählt werden können und häufig über sehr lange Zeiträume für ein bestimmtes Publikum zugänglich sind (*ASTAT*, 2008b, S. 3).

7 den höchsten Index des Veranstaltungsangebotes (Verhältnis zwischen kulturellem Angebot zur Einwohnerzahl) findet sich im Bezirk Wipptal, gefolgt vom Bezirk Pustertal und dem Bezirk Vinschgau *ASTAT* (2008b, S. 6 f.).

Kultur aufteilt. Das *Amt für deutsche Kultur und Familie*[8] gibt an, folgende Fördersummen für kulturelle Tätigkeiten zugeteilt zu haben (*Autonome Provinz Bozen-Südtirol*, 2008b, 4 ff.):
- Förderung kultureller Tätigkeiten – 6 720 247 € (40 % davon flossen in den Bereich Theater, 27 % in die Musik, 16 % in die Bildende Kunst, Architektur, Fotografie und Ausstellung, 10 % in die Volkskunde und Heimatpflege);
- Förderung kultureller Investitionen – 1 775 092 € (die Hälfte ging an Musikkapellen zum Ankauf von Instrumenten und Trachten sowie zur Einrichtung von Probelokalen, 15 % an Organisationen im Bereich Volkskunde und Heimatpflege, 13 % an Kulturhäuser und 13 % zur Einrichtung von Bühnen);
- Förderung von Künstlerinnen und Künstler – 415 660 €;
- Förderung aller drei Sprachgruppe – 1 205 690 € (davon wurden 47 % dem Bereich Musik, 29 % dem Bereich Theater, 15 % den Bereichen Bildende Kunst, Architektur, Fotografie und Ausstellungen und 5 % den Bereichen Film und Tanz zugewiesen);
- Förderung der Bildungstätigkeit – 1 794 777 €;
- der Museumsförderung – 2 731 527 €.

Organisationen im Kulturbereich wurden in einer Gesamthöhe von 8 483 000 € unterstützt, wobei Organisationen im Bereich Theater, Musik und Bildender Kunst mit Beträgen von 2,8 Mio. €, 1,9 Mio. € bzw. 1,1 Mio. € am stärksten gefördert wurden; dies entspricht Prozentsätzen von 33 %, 23 % bzw. 13 %. Gefolgt wird die Rangliste der Geförderten von Organisationen in den Bereichen Volkskunde (0,7 Mio. €, 8 %) und Trachten und Instrumente (0,7 Mio. €, 8 %). Die restliche Fördersumme teilt sich auf Organisationen im Bereich Kulturhäuser/Mehrzwecksäle (6 %), Probelokale (3 %), Literatur (2 %), Tanz (< 1 %), Film (< 1 %) und diverse andere (2 %) auf (*Autonome Provinz Bozen-Südtirol*, 2008a, 10 f.).

### Abschließende Anmerkungen

Durch Studien wird belegt, dass bspw. italienische Familien die Region Südtirol zu über 99 % Prozent mit schöner Landschaft, 90 % mit gastronomischen Spezialitäten, 83 % mit Kultur und Tradition, 80 % mit angenehmen Klima und 73 % mit Freizeitangeboten in Verbindung bringen (*WIFO*, 2008b, S. 12). Diese Assoziationen entsprechen im Vergleich eher dem Bild, das durch Medien und Tourismuswerbung vermittelt wird, als jenem, das aus dem statistisch erhobenen Kulturangebot bzw. den Förderbereichen der Kulturpolitik entstammt.

Dadurch erhärtet sich eine erste Annahme, dass Tourismus- und Kulturpolitik grundsätzlich in zwei unterschiedliche Richtungen tendieren: Während der Tourismus eher auf die Motive eines besonders weit gefassten Kulturtourismus setzt,

---

8 Zahlen zur Kulturförderung liegen aus dem Jahr 2007 nur von den einzelnen Abteilungen, nicht aber für den gesamten Kulturbereich vor.

geht das Kulturangebot tendenziell in eine Richtung, die als Grundlage für ein eher engeres Verständnis von Kulturtourismus gilt.

Die Subventionspolitik erstreckt sich zwar in alle Richtungen des kulturellen Geschehens, doch erfahren vor allem die kulturellen Tätigkeiten im Bereich der Hochkultur eine Förderung (Theatereinrichtungen, Musik, bildende Kunst, Architektur, Fotografie und Ausstellungen). Auffallend ist auch, dass besonders das Vereinswesen finanzielle Unterstützung findet (traditionelle Musik) und dass die Förderung der Bildungstätigkeit im Vergleich zu den anderen Bereichen im Mittelfeld aufzufinden ist.

# Teil II

# Empirische Studie

# 6 Vorgehensweise und Methodik

Das Kapitel erläutert die Grundlagen zur qualitativen Sozialforschung und befasst sich im Speziellen mit dem Forschungsstil der Grounded Theory. Im Anschluss daran wird die verwendete Methode sowie das Forschungsdesign beschrieben.

## 6.1 Qualitative Sozialforschung

Qualitative Forschung erfährt zwar einen Aufschwung in den unterschiedlichsten Wissenschaften, befindet sich gegenüber quantitativer Forschung allerdings unter einem andauernden Legitimationsdruck; dies gründet vor allem in einer Diskussion, die sich mit der Frage von Qualitätsstandards qualitativer Forschung auseinandersetzt, wobei die Frage der Reliabilität, Validität und Objektivität der Ergebnisse im Vordergrund steht (*Flick*, 2004, 43 ff.).

Während Ergebnisse qualitativer Forschung zwar nicht als reliabel[1] angesehen werden können, hängen die Validität[2] und Objektivität[3] aber stark von der verwendeten Methode und der Vorgangsweise in der Erhebung und Auswertung der Daten ab.

Das vorliegende Vorhaben sieht eine qualitative Methode als geeignet zur Erforschung des Gegenstandes an, um einerseits Forschungslücken schließen zu können und weil sich andererseits stets auch die Methode dem zu erforschenden Gegenstand anpassen muss (Abschnitt 6.2.1 / S. 188), weshalb *Holzmüller* und *Buber* (2007, 7 f.) konstatieren, dass qualitative Methoden dazu geeignet sind,

- bisher nicht analysierte Forschungsfelder zu untersuchen[4];
- private Gedanken und Gefühle, vorbewusste Faktoren (intuitive Assoziationen) und Emotionen in einem definierten Bezugsrahmen festzustellen[5];
- Einsichten und Erkenntnisse im Rahmen komplexer psychischer, physischer und sozialer Bedingungslagen zu erfassen[6].

Auch *Maxwell* (2008, 219 ff.) geht davon aus, dass die Erforschung jener Phänomene zu qualitativen Forschungsmethoden tendieren, die mit persönlichen Erfahrungen und der Bedeutung, die Menschen Ereignissen, Situationen und

---

1 im traditionellen Sinne bedeutet dies, dass Daten und Ergebnisse auch bei mehrmaligen Erhebungen als stabil bzw. zuverlässig gelten (*Flick*, 2004, 47 ff.).
2 wird nach *Lamnek* (2005, S. 720) als das »*Maß für die Übereinstimmung des durch ein Messverfahren erfassten mit dem theoretisch gemeinten Objektbereich*« verstanden.
3 die Unabhängigkeit von der Subjektivität des Forschers wird in Bezug auf der Durchführung der Studie, der Auswertung der Daten und der Interpretation der Ergebnisse unterschieden; Objektivität wird als eine Vorstufe zur Reliabilität und Validität angesehen (*Lamnek*, 2005, S. 720).
4 zitiert nach *Sherry* (2004).
5 zitiert nach *Ereaut*, *Imms* und *Callingham* (2002).
6 zitiert nach *Arnould* und *Thompson* (2005).

Aktionen beimessen, zusammenhängen. In der Marktforschung bspw. werden qualitative Forschungsmethoden dazu eingesetzt, die Regeln des Marktes und die Erfahrungen der Akteure zu erfassen, was auch eine Zielsetzung der vorliegenden Arbeit darstellt. In diesem Zusammenhang stellt *Holzmüller* und *Buber* (2007, S. 8) fest, dass »[...] *einschlägige Methoden helfen zu verstehen, wie Unternehmen ihre Märkte definieren [...] und wie sich die Marktkonstruktion des Managements in der Folge auf die Implementierung von Marktnormen und Marktpositionierung [...] auswirkt. Im Hinblick auf die KonsumentInnenforschung könnte der zentralen Frage nachgegangen werden, wie KäuferInnen Märkte abgrenzen und kognitiv konfigurieren [...] und entsprechend den damit verbundenen Erfahrungen und daraus entwickelten Handlungsschemata auf diesen Märkten navigieren.*«

Zwar können aus der Studie Hypothesen und Modelle abgeleitet werden, die in weiteren qualitativen oder quantitativen Studien auf ihren allgemein gültigen Wahrheitsgehalt *überprüft* werden können, doch ist es ein übergeordnetes Ziel dieses Forschungsvorhabens,

- die gewonnenen Erkenntnisse mit den Ergebnissen vergleichbarer Studien (bezogen auf das Forschungsobjekt) zu überprüfen und abzugleichen, um bestehende Theorien entweder zu bestätigen oder zu erweitern, vielmehr aber noch
- Modelle zu generieren, die als Vorstufe eigener Theorien gelten und davon
- Handlungsempfehlungen und Maßnahmen abzuleiten, die für Praktiker im Tourismus- und Kulturbereich relevant sind.

Damit schließt die vorliegende Arbeit an eine *induktive Vorgehensweise* an, wodurch ausgehend von speziellen Sachverhalten und Einzelbeobachtungen auf allgemeine Regeln geschlossen wird, die diese Sachverhalte erklären sollen (*Lamnek*, 2005, 118 ff.). Auch folgt die Arbeit dem Ansatz der »Grounded Theory« um neue theoretische Grundlagen zu entdecken und zu entwickeln (*Glaser* und *Strauss*, 1967).

### 6.1.1 Grounded-Theory-Ansatz

Der Ansatz der »datenbegründeten Theorie« von *Glaser* und *Strauss* (1967) versucht die elementaren Fragen der Soziologie zu beantworten, nämlich der Art und Weise, wie Theorien gefunden und gewonnen werden können (*Lamnek*, 2005, S. 100).

Ausgangspunkt darf idealerweise nur geringes Vorwissen zum untersuchenden Gegenstand und möglicher Zusammenhänge von Variablen sein, wodurch relative Unvoreingenommenheit ermöglicht wird (*Lueger*, 2007, 162 ff.); *Eisenhardt* (1989, S. 536) konstatiert in diesem Zusammenhang: »*Finally and most importantly, theory-building research is begun as close as possible to the ideal of no theory under consideration and no hypotheses to test. Admittedly, it is impossible to achieve this ideal of a clean theoretical slate. Nonetheless, attempting to approach this ideal is important because preordined theoretical perspecitves or propositions may bias and limit the findings. Thus, investigators should formulate a research problem and possibly specify*

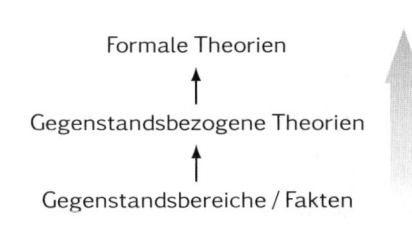

```
    Formale Theorien              Zunehmende Generalisierung
           ↑
Gegenstandsbezogene Theorien      Verallgemeinerung (induktiv)
           ↑
 Gegenstandsbereiche / Fakten     Durchgehende Methode: Vergleichende Analyse
```

Bild 6.1: Genese formaler Theorien nach *Glaser* und *Strauss* (1967) (*Lamnek*, 2005)

*some potentially important variables, with some reference to extant literature. However, they should avoid thinking about specific relationships between variables and theories as much as possible, especially at the outset of the process.«*

Zwar leitet und prägt das Vorwissen die Wahrnehmung der Realität, doch gilt eine vollkommene Ausblendung von Vorwissen als nicht haltbar (*Srnka*, 2007, S. 164)[7]. Wie viel oder wenig an Vorwissen beim Grounded-Theory-Ansatz angeeignet werden darf, kann allerdings nicht vollends ergründet werden. Ein Forscher hat stets soziologische Perspektiven oder angesammeltes Wissen im Kopf, von dem sich zu lösen nicht möglich ist; mit diesem Bewusstsein muss versucht werden, unvoreingenommen die Daten zu sammeln und auszuwerten (*Lamnek*, 2005, 106 ff.).

Dem Grounded-Theory-Ansatz folgend, werden die Hypothesen aus dem empirischen Datenmaterial gewonnen und bilden die Basis eines dadurch entstehenden analytischen Bezugsrahmens (*Lamnek*, 2005, 112 f.). Im Gegensatz zur quantitativen Sozialforschung, bei der von einer Theorie bzw. einer Hypothese ausgegangen wird, um die Realität zu untersuchen, wird bei qualitativer Forschung die Realität als Grundlage zur Theorie- bzw. Hypothesenbildung herangezogen (*Lamnek*, 2005, 117 f.). Diese Hypothesen (beruhend auf Fakten), die sich im Forschungsprozess verdeutlichen und entwickeln, werden zur Formulierung datenbasierter Theorien verwendet, die sich zuerst als gegenstandsbezogene Theorien und schließlich zu formalen Theorien weiterentwickeln (*Glaser* und *Strauss*, 1967; *Lamnek*, 2005, 112 f.). Bild 6.1 stellt den Prozess der formalen Theoriebildung grafisch dar.

Eine »formale Theorie« (*Glaser* und *Strauss*, 1967, 32 ff.) kann als ein deduktives System von Aussagen angesehen werden, in dem kein deskriptives Symbol gedeutet vorkommt; durch die Zuordnung von Begriffen zu deskriptiven Symbolen wird eine interpretierte Theorie generiert. Zwar kann es unendlich viele verschiedene Interpretationen einer Theorie geben, doch kann durch die Einhaltung von Interpretationsregeln (bspw. müssen die Regeln die Annahmen der Theorie für einen Anwendungsbereich bewahrheiten) jede Interpretation als Code zur Entzifferung formaler Theorien angesehen werden (*Zelger*, 2003, 12 f.).

---
7  zitiert nach *Habermas* (1970) und *Hopf* (1983).

Ziel der Forschung nach dem Grounded-Theory-Ansatz ist es somit, Theorien zu entwickeln, die der Realität möglichst nahe kommen und somit die Lücke zwischen Theorie und Praxis zu schließen versuchen; demnach ist zur Beurteilung einer wissenschaftlichen Theorie (neben ihrer zugrunde liegenden Widerspruchsfreiheit) die Anwendung in der Praxis ausschlaggebend, weshalb Praktiker wie auch Forscher nach einem interpretativen Prozess entscheiden müssen, ob und wie viel die Theorie für sie taugt (*Strübing*, 2008, S. 90). Theorien behaupten nach *Zelger* (2003, 14 f.) nämlich immer mehr, als eigentlich empirisch bestätigt wurde (auch auf nicht beobachtete Phänomene oder auf Sachverhalte, die gar nicht beobachtet werden können); gleichzeitig sagen Theorien weniger aus, als beobachtet wurde, da nicht jede Empirie durch eine Theorie systematisiert werden kann.

Im vorliegenden Forschungsprojekt entwickelt sich die Theorie aus den gesammelten Daten, die durch Experteninterviews erhoben und mit Hilfe von GABEK® entwickelt wurden.

### 6.1.2 GABEK als Methode

Die Interviews wurden mit GABEK® und der Analysesoftware WinRelan® ausgewertet; GABEK steht als Abkürzung für eine »Ganzheitliche Bewältigung von Komplexität«, während WinRelan die Windows-basierte Software-Applikation zur Analyse des erhobenen Datenmaterials und zur Darstellungen textlicher Beziehungen ist.

Vorliegendes Forschungsvorhaben bedient sich vornehmlich deshalb des Werkzeuges GABEK/WinRelan, weil damit eine Vorgehensweise ermöglicht wird, die der Sichtweise des Grounded-Theory-Ansatzes sehr ähnlich ist und sich zur Darstellung von implizitem Wissen besonders eignet (*Zelger*, 2000; *Zelger*, *Fink* und *Strickner*, 2008, 157 f.): »*GABEK-Projekten liegt die Überzeugung zugrunde, dass die Erfahrung und das Wissen der betroffenen Personen in soziale und politische Entscheidungen einbezogen werden sollen. [...] Die Wissenskompetenz und die Erfahrungen der Organisationsmitglieder sollen erfasst und mitberücksichtigt werden.*«

Durch das Arbeiten mit GABEK wird es möglich, unstrukturierte Antworten und Texte in transparente Netzwerke von Meinungen, Beurteilungen, Kenntnissen über Ursachen und Auswirkungen, Wertungen und emotionalen Haltungen in Form von Kausalnetzwerken darzustellen (*Zelger*, 2000, 205 f.). Auch ist es möglich sprachliche Gestalten, die als soziologische Theorien verstanden werden können (*Zelger*, 2003), zu generieren, die auf die Wahrnehmungsgestalten von *Stumpf* (1939) zurückzuführen sind.

Die Texte werden in einem ersten Schritt in Sinneinheiten getrennt und in WinRelan eingespeist; als Sinneinheiten werden (sinnvolle) in sich abgeschlossene Gedanken definiert, die eine verständliche semantische Einheit eines Textes bilden und wenigstens drei und höchstens neun relevante lexikalische Begriffe enthält. Diese Schlüsselbegriffe werden in der Analyse der einzelnen Sinneinheit indexiert.

|    | Arbeitsschritte | Ergebnisse |
|----|-----------------|------------|
| 1. | Definition der Texteinheiten (Sätze) | ◇ Sätze auf Indexkarten |
| 2. | Codierung | |
|    | a) Codierung von Schlüsselausdrücken | ◇ Ausdrucksliste |
|    | b) Codierung von Bewertungen | ◇ Bewertungsliste |
|    | c) Kausalcodierung | ◇ Kausalliste |
|    | | ◇ Beziehungsliste |
|    | d) Kriterien festlegen (z. B. Alter) | ◇ Klassifikation der Daten |
| 3. | Relevanzanalyse | ◇ Relevanzliste mit |
|    | | a) Grundwerten |
|    | | b) Zielen |
|    | | c) Maßnahmen |
|    | | d) Rahmenbedingungen |
| 4. | Kausalanalyse | ◇ Kausalnetzgraphik |
| 5. | Interpretation der Ergebnisse, Feedback & Umsetzung | |

Tabelle 6.1: Arbeitsschritte und Ergebnisse der Text-Analyse mit GABEK und WinRelan(*Buber* und *Kraler*, 2000)

Besondere Berücksichtigung erfahren dabei jene Begriffe, die von den Interviewern als Synonyme bzw. als Homonyme verwendet wurden – die Ausdrucksliste muss nach Beendigung des Indexierungsvorganges von diesen Begriffen durch Zusammenfassung oder Trennung bereinigt werden (*Zelger*, 2002, 22 ff.). Darauf kann die Bewertung der einzelnen Begriffe, die Kausalzusammenhänge zwischen den Variablen sowie die Farbcodierung der Ziele und Maßnahmen erfolgen.

Auf die Gestaltenbildung wurde aufgrund der überdurchschnittlich großen Datenmenge verzichtet[8]. Tabelle 6.1 zeigt die einzelnen Arbeitsschritte und die Resultate in WinRelan.

Als Ergebnisse werden vor allem die *Netzwerk*- und *Kausalnetzgraphen* sowie Bewertungslisten und die Relevanzanalyse herangezogen. Wichtig erscheint in diesem Zusammenhang der Hinweis, dass es auch nach Analyse des zusammenhängenden Textes durch GABEK möglich ist, die Ergebnisse immer noch auf die ihnen zugrunde liegenden Originaltexte zurück verfolgen zu können (*Zelger*, 2002, 32 ff.).

---

8  *Zelger* (2002, S. 18) sieht in einer Mindestanzahl von zehn Leitfadeninterviews zu 60–90 Minuten die Gegebenheit, klare Erfahrungsbilder und Wissensbestände zu erfassen; die vorliegende Arbeit hat sich 38 Interviews bedient, die in transkribierter Form und bei gängiger Formatierung 450 Seiten an Datenmaterial ergeben.

### Netzwerkgraphiken

Begriffs- oder Ausdrucksnetze sind keine Aussagen, sondern reine Mengen von Begriffen und Ausdrücken (*Zelger*, 2003, 21 f.). Anhand von Netzwerkgraphen werden die Assoziationen bestimmter Begriffe dargestellt, die häufiger als andere mit einem gewählten Thema in Verbindung gebracht werden. Diese zeigen an, welche Fragestellungen mit berücksichtigt werden müssen, wenn über ein Thema diskutiert wird; dabei geht es um immer wiederkehrende Zusammenhänge zwischen Wissenselementen, die nach Meinung der Interviewpersonen zusammen gehören (*Zelger, Fink* und *Strickner*, 2008, S. 153): »*Wenn ein Begriff immer im Zusammenhang mit einem bestimmten Begriff genannt wird, dann ist das ein Anzeichen dafür, dass diese zwei Begriffe in einer engen Verbindung stehen und erfahrungsgemäß auch zusammen gedacht werden sollen.*«

Die Knoten einer Netzwerkgraphik sind die Begriffe, deren Verbindungslinien die immer wiederkehrenden Assoziationen zwischen den Begriffen sind; die sprachlichen Netze können als eine Landkarte angesehen werden, die zur Orientierung in einer komplexen und unüberschaubaren Meinungslandschaft dient (*Zelger*, 2007, S. 510).

### Netzwerkgraphiken als regionale Ontologien

Eine spezielle Form von Netzwerkgraphiken stellen regionale Ontologien dar; der Begriff Ontologie wird dabei im Sinne der Wissensorganisation verstanden, nach der ein allgemeines begriffliches Modell über einen begrenzten Objektbereich gemeint ist (*Zelger*, 2007, S. 509): »*Eine regionale Ontologie zeigt, was die befragten Personen in einer Region weitgehend übereinstimmend für wahr halten. Ontologien drücken stabile Vorstellungen und Überzeugungen über einen begrenzten Bereich der Welt aus, die in einer bestimmten regionalen Gruppe herrschen.*«

Auf der Grundlage von Ontologien werden somit nicht nur die Erfahrungen von Kunden, aufgrund der Lösungen für ihre Probleme entwickelt werden können, verstanden (bspw. in der Marktforschung; *Zelger*, 2007, S. 509), sondern können auch dazu dienen, die Erfahrungen der Anbieterseite im Tourismus zu erfassen und deren Vorstellungen und Problemlösungsansätze graphisch darzustellen (wie es in diesem Vorhaben realisiert wurde).

### Bewertungskodierung

Nachdem Äußerungen auch stets präskriptive Urteile (Werturteile) und Normen enthalten, bedarf es einer Bewertungskodierung, bei der Merkmale, Zustände, Situationen, Handlungen und Prozesse in einer Liste je nach positiver oder negativer Bewertung durch die Personen dargestellt werden. Es wird dabei unterschieden, ob die Bewertung für ein tatsächlich bestehendes (Ist-Situation) oder nicht real bestehendes Merkmal (Soll-Situation) angelegt wird (*Buber* und *Zelger*, 2000, S. 110). Bei diesem Schritt geht es darum zu identifizieren, was für die Personen als wünschenswert erachtet wird und was vermieden werden soll; diese Einzelbewertungen werden aufsummiert und im Bewertungsprofil als eine Liste aller bewerteten Merkmale angezeigt (*Raich*, 2006, S. 73). Bewertungen spiegeln sich in den Netzwerkgraphiken als Minus- und Plus-Symbole und der dazugehörigen Bewertungsanzahl wider.

Aufgrund der Fülle an Daten (Abschnitt 7.1.1 / S. 195) musste das Sample über eine Trendanalyse reduziert werden, weshalb die Bewertungskodierung nur auf einen Teilbereich der Daten angewandt wurde. Bei der Trendanalyse handelt es sich um die Beurteilung inhaltlicher Tendenzen, die über die Häufigkeit der Nennungen bestimmter Themen und über die Anzahl der Verbindungen manuell durchgeführt wurde (*Zelger*, 2002, 97 ff.). Dadurch konnten für die Bewertungskodierung nur die zentralsten Aussagen mit den immer wiederkehrenden Inhalten und Schlüsselbegriffen herangezogen werden.

Relevanzanalyse

Auch die Relevanzanalyse ermöglicht es, die wichtigsten Ergebnisse eines Datensatzes herauszufiltern und jene Themen zu vernachlässigen, die weniger wichtig sind. Variablen, die in einem Wirkungsgefüge dicht eingebunden sind, können nämlich als Kernvariablen angesehen werden (*Zelger*, 2000); die Relevanz unterschiedlicher Begriffe und Themen wird über drei Kriterien bestimmt:

1. anhand der Häufigkeit der Nennungen im Datensatz (was allerdings nur eine statistische Angabe darstellt);
2. anhand der Anzahl der Bewertungen in der *Bewertungskodierung*: wenn viele Personen einen Begriff als positiv oder negativ bewerten, dann kann das als Hinweis auf die Wichtigkeit gedeutet werden;
3. anhand der *Kausalannahmen*: wenn ein Begriff viele Auswirkungen oder Einwirkungen nach sich zieht, so ist dieses Merkmal als wichtig einzustufen.

Kausalnetzgraphiken

GABEK verfügt über die Funktion, kausale Zusammenhänge zu erkunden; das entspricht einer der großen Vorzüge von qualitativer Forschung (*Maxwell*, 2008, S. 221). Bei der Kausalanalyse muss von Fragestellungen ausgegangen werden, die bspw. wie folgt gestellt werden müssen (*Zelger*, 2002): Glaubt der Interviewpartner, dass der Zuwachs der Variable A zu einem Wachstum oder zur Abnahme der Variable B führt? Glaubt die Person P13, dass durch die Abnahme der Variable C die Variable D zu- oder abnimmt?

Im Unterschied zu vergleichbaren Software-Applikationen für qualitative Forschungsvorhaben ist es mit WinRelan möglich, diese kausalen Wirkungen auch graphisch darzustellen: Dabei handelt es sich um Pfeildiagramme, die die Wir-

## Vorgehensweise und Methodik

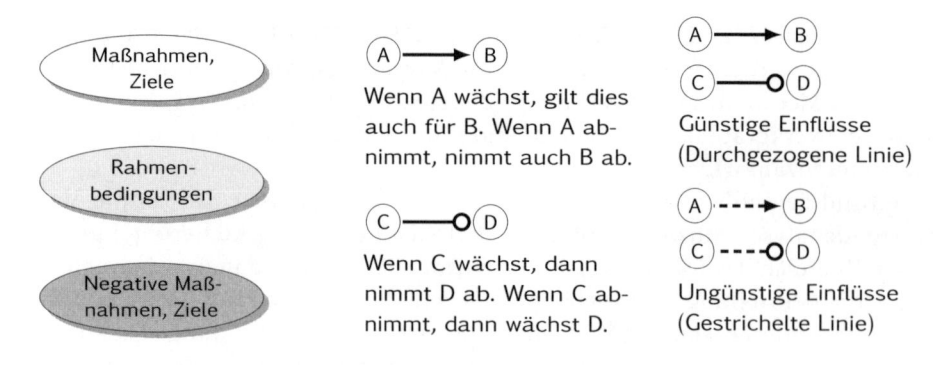

Bild 6.2: Legende zur Interpretation der Ergebnisse (*Zelger*, 2002)

kungszusammenhänge zwischen positiven Zielen und Maßnahmen (weiß)[9], negativen Zielen und Maßnahmen (dunkelgrau) und Rahmenbedingungen (hellgrau) darstellen; günstige und neutrale Wirkungen sind durch schwarze, negative Wirkungen hingegen als gestrichelte Linien gekennzeichnet (*Zelger*, *Fink* und *Strickner*, 2008, S. 151).

Die Legende in Bild 6.2 stellt die Farbcodierung der Grafiken und Modelle sowie die Bedeutung der Verbindungslinien dar.

Auch sind die Netzwerkgraphen, regionale Ontologien und Kausalnetzgraphen für die Ableitung der Theoreme bzw. Hypothesen von übergeordneter Bedeutung (*Zelger*, 2003, 23 f.). Jedem Kausalnetz wie auch jeder Netzwerkgraphik folgt aus diesem Grund eine eigene Interpretationen und repräsentative Aussagen der Befragten, sodass die Ableitungen von Theorien nachvollziehbar ist.

## 6.2 Forschungsdesign

In den folgenden Unterabschnitten wird darauf eingegangen, was den Gegenstand der Untersuchung bildet, wer dazu befragt wurde, wie bei der Auswahl der Experten verfahren und wie die Befragung durchgeführt wurde.

### 6.2.1 Gegenstand der Untersuchung

Als Gegenstand des Forschungsvorhabens werden die Strategien der Angebotsseite im Kulturtourismus alpiner Destinationen angesehen. Nachdem es sich einem Grounded-Theory-Ansatz folgend empfiehlt, mit geringem Vorwissen in das Feld zu gehen, um neue Theorien entwickeln zu können, wurde die bestehende Theorie vor allem auf Forschungslücken hin gesichtet:

---

9 jene Variablen, die weder als Maßnahme, noch als Ziele oder Rahmenbedingungen kategorisiert werden können, werden ebenfalls farblos/weiß dargestellt.

**Strategisches Management**
◇ für die RBV bedarf es weiterer Anwendungsfelder, um sie als Theorie weiter zu verfestigen (*Newbert*, 2007, 141 f.);
◇ in der noch relativ jungen Sichtweise des Netzwerkgedankens bedarf es weiterführender Studien (*Duschek*, 2001; *Sydow*, 2006b, S. 434);

**Management von Destinationen**
◇ insbesondere die Perspektiven aus dem Strategischen Management (Ressourcen-, Markt- oder Netzwerkperspektive) sind in ihrer Anwendung und ihren Implikationen für den Tourismus noch weitestgehend unerforscht;
◇ Tourismusdestinationen sind vor allem durch die klassische Netzwerksicht als Dienstleistungskette geprägt, wobei seit Kurzem auch andere Sichtweisen und Modelle in der Forschung abgehandelt werden (bspw. *Flagestad* und *Hope*, 2001; *Pechlaner* und *Fischer*, 2007, S. 312);

**Kulturtourismus:**
◇ es liegt ein noch ungenutztes Potential im wachsenden Segment des Kulturtourismus;
◇ die Gründe, weshalb Kooperationen zwischen Kultur und Tourismus nicht bestehen oder nur schlecht funktionieren, müssen genauer untersucht werden;
◇ bestehende Studien sind meist quantitativer Natur und stützen sich zum Großteil auf der Befragung von Gästen/Kulturtouristen, weshalb mehr qualitative Studien im Bereich des Kulturtourismus benötigt werden (*Richards*, 2007, 336 ff.);
◇ wichtige Interessensgruppen sind in der Befragung oftmals ausgeklammert worden und bedürfen deshalb einer stärkeren Berücksichtigung (*Richards*, 2007; *Swaarbrooke*, 2005, 85 ff.);
◇ die Bedeutung kultureller Ressourcen und der Anbieterseite im Kulturtourismus sind noch wenig erforscht (*McKercher*, *Ho* und *Cros*, 2005; *Richards*, 2007, 336 ff.).

Der Kulturtourismus alpiner Destinationen erweist sich dadurch als ideales Forschungsobjekt und Anwendungsgebiet: Die Kombination aus Forschungsfrage, qualitativem Forschungsdesign und der geografischen Eingrenzung wird als Forschungslücke erachtet, die als Grundlagenforschung qualitativer Methoden – unter denen sich GABEK/WinRelan als ein geeignetes Werkzeug erwiesen hat – bedarf.

### 6.2.2 Auswahl der Experten

Im Zeitraum von Juli bis September 2007 wurden die Interviews mit 38 Experten aus den Bereichen Kultur und Kunst, Tourismus und Wirtschaft sowie Vertretern der Wissenschaft, Medien, Politik und Personen öffentlicher Institutionen oder von NGO's (nicht gewinnorientierte Organisationen) durchgeführt. Zudem wurden Personen in der Befragung eingebunden, die durch ihre Tätigkeiten und Erfahrungen in einem internationalen Kontext auch ihren Blick auf die Region von außen wiedergeben konnten (Autoren, Journalisten und Politiker mit Bezug oder den Wurzeln in der Region) bzw. die durch visionäre Ideen oder Projekte als »Vordenker« auf sich aufmerksam gemacht haben (bspw. Hoteliere mit innovativen Geschäftsmodellen, Extremsportler mit Bezug zum Kulturbereich). Aus Gründen des Datenschutzes werden die Namen der Personen und Institutionen nicht bekannt gegeben, jedoch sollen nachstehende Abschnitte die Zusammensetzung der Expertengruppe näher beschreiben; bei der Bearbeitung des Datensatzes wurden die Interviewpartner mit den Bezeichnungen »P1« bis »P38« ausgewiesen, ihre Aussagen mit alphanumerischen Kennungen von »Aa1« bis »Si8« versehen.

Die Auswahl der Experten erfolgte nach bestehenden Klassifizierungsmodellen von Bezugsgruppen einer Destination: Ein derartiges Modell ist jenes der Schlüssel-Stakeholder nach Swarbrooke (2005, 85 ff. Abschnitt 3.1.2 / S. 59).

Da die einzelnen Experten sich oftmals nicht eindeutig einer Gruppe von Stakeholdern im KT zuordnen lassen und somit das Fachwissen und die Erfahrungen aus mehreren Bereichen wiedergeben können, war es nicht möglich eine eindeutige Angabe darüber zu machen, ob jede einzelne Gruppe in der Befragung gleichmäßig vertreten war bzw. ob die Meinungen mancher Stakeholdergruppen vergleichsweise weniger oft in die Ergebnisse eingeflossen sind; bspw. gibt ein Autor sein Expertenwissen als aktiver Künstler und als Einheimischer und Beobachter des Tourismus- und Kulturgeschehens wieder, ein politisch aktiver Hotelier spricht über seine Meinung zur Tourismusindustrie und zur Kultur- und Tourismuspolitik des Landes, und der Geschäftsführer eines Unternehmens, der gleichzeitig kulturelle Veranstaltungen organisiert, erzählt aus den Bereichen Eventmanagement, Kultursponsoring und der Verbindung verschiedener Branchen mit dem Tourismus. Dennoch wird in folgender Tabelle 6.2 eine ungefähre Zuordnung der befragten Akteure vorgenommen.

Es wurde somit versucht, die gesamte Palette der Interessensgruppen im Tourismus einer Region einzubeziehen und den Anweisungen in *Zelger* (2000, S. 205) zu folgen: »*Wenn man soziale Organisationen verbessern will, so muss man zuerst deren Mitglieder fragen, was dazu etwas beiträgt. Eine GABEK-Untersuchung sollte möglichst breit angelegt werden: Jede Personengruppe, die mit der Problemsituation in irgendeiner Weise zu tun hat, sollte in die verbale Datenerhebung einbezogen werden.*«

Die Befragten sprachen auch nicht nur aus den Erfahrungen ihrer beruflichen Tätigkeiten, sondern ließen in ihren Antworten stets die Ansichten und Eindrücke als allgemeine Kulturtouristen bzw. als Einheimische einfließen: Der Großteil der Befragten bezeichnete sich somit selbst als kulturell motivierte Touristen (bzw. als Kulturtouristen in der zu untersuchenden Region) und ist selbst wohnhaft in der Region bzw. zählt zur einheimischen Bevölkerung. Auch wurden Kulturtouristen nicht explizit in die Befragung mit aufgenommen, da zahlreiche quantitative Studien bereits ein aufschlussreiches Bild der Nachfrageseite bieten (*Richards*, 2007, 336 ff.).

| Bezugsgruppe | Untergruppe | Anzahl der Experten |
|---|---|---|
| Tourismusindustrie (5): | Hotellerie | 1 |
| | Reiseveranstalter | 1 |
| | Regionales Marketing | 1 |
| | Tourismusverband | 1 |
| | Tourismusverein | 1 |
| Öffentlicher Sektor (7): | Politik überregionale Ebene | 1 |
| | Politik regionale Ebene | 1 |
| | Verwaltung | 2 |
| | Bildungs-/Forschungseinrichtungen | 3 |
| Nicht gewinnorientierte Organisationen (15): | Kultureinrichtung | 12 |
| | NGO | 2 |
| | Interessensverbände | 1 |
| Wirtschaft (4): | Lokale Unternehmen | 3 |
| | Unternehmen im Kulturbereich | 1 |
| Medien (2): | Lokales Magazin | 1 |
| | Internationale Wochenzeitschrift | 1 |
| Einheimische Bevölkerung und Kulturtouristen: | Der Großteil der Befragten hat den Wohnsitz in der Region und ordnet sich selbst dem Segment kulturell motivierter Touristen zu! | |
| Sonstige (5) | Einzelpersonen mit Expertenwissen im Bereich Kunst und Kultur | 5 |
| | *Gesamtanzahl*: | 38 |

Tabelle 6.2: Zuordnung der Experten gemäß Gruppen von Schlüssel-Stakeholdern

Die höhere Gewichtung von Stakeholdern, die in Kultureinrichtungen tätig sind bzw. von kulturell aktiven Einzelpersonen, resultiert aus dem Forschungsvorhaben heraus, die Angebotsseite im Kulturtourismus näher zu betrachten. Zur Auswahl der Experten der kulturtouristischen Angebotsseite wurde die Einteilung von *Jätzold* (1993) aus Abschnitt 4.2.2 / S. 117 als Raster verwendet. Da auch hier die Experten zu den unterschiedlichsten Arten von KT Auskunft gaben, ist eine eindeutige Zuordnung der Experten wiederum nicht möglich; jedoch wurde versucht, eine zahlenmäßig möglichst ausgeglichene Expertengruppe zur Datenerhebung auszuwählen. In Tabelle 6.3 werden die Interviewpartner ihrem spezifischen Fachwissen nach in eine erste (Spalte *Primäre Zuordnung*) und – falls ihr Expertenwissen auch einer zweiten Kulturtourismus-Art zugeteilt werden kann – zweite Instanz (Spalte *Sekundäre Zuordnung*) eingeordnet.

| Art des Kultur-tourismus | Untergruppe der Motive | Primäre Zuordnung | Sekundäre Zuordnung |
|---|---|---|---|
| Objekt-KT (10/10) | Kunst-Tourismus, Museumstourismus | 7 | 4 |
| | Burgentourismus | 2 | 3 |
| | Geschichts-Tourismus | 1 | 1 |
| | Literatur-Tourismus | | |
| | Vorgeschichtstourismus | | 2 |
| | Industrie-Tourismus | | |
| Gebiets-KT (2/1) | Kulturlandschaft-Tourismus | 2 | |
| | Kulturgebietstourismus | | 1 |
| Ensemble-KT (0/5) | Dorf-Tourismus | | 3 |
| | Stadt-Tourismus | | 2 |
| Ereignis-KT (8/4) | Festspiel-Tourismus | 2 | 2 |
| | Veranstaltungstourismus | 5 | 2 |
| | Kurs-Tourismus | 1 | |
| Gastronomischer KT (2/0) | Erlebniskulturtourismus | | |
| | Wein-Tourismus | 1 | |
| | Schlemmer-Tourismus | 1 | |
| Fern-KT (6/6) | Ethno-Kulturtourismus | 3 | 2 |
| | Sozio-Kulturtourismus | 3 | 4 |
| Allgemeine Auskünfte zum kulturellen Angebot, Kulturgeschehen, bzw. zur Alltagskultur durch persönliches Interesse und Engagement: | | 10 | 5 |
| Gesamtanzahl: | | 38 | 31 |

Tabelle 6.3: Zuordnung der Experten nach Art des KT

Einige Arten von KT (bspw. Literatur-, Industrie- oder gastronomischer Erlebniskulturtourismus) konnten durch Experten nicht abgedeckt werden; dies lag entweder daran, dass diese KT-Formen in der Region nicht existent, als eher unbedeutend, oder als noch nicht etabliert eingestuft werden können (Abschnitt 5.2.2 / S. 172).

### 6.2.3 Durchführung der Leitfadeninterviews

Für Forschungsvorhaben mit GABEK sollten Empfehlungen befolgt werden, die dem Ansatz der Grounded Theory sehr nahe kommen; bspw. ist es anhand möglichst offener Fragen für die Interviewpartner möglich, auf persönliche Erfahrungen, Vorlieben und Wünsche einzugehen, was dazu führt, dass die verbalen Daten – im Vergleich zu wohldefinierten geschlossenen Fragebögen – für Problemlösungen in einem hohen Ausmaß relevant sind (*Zelger*, 2003, S. 3). So schreibt *Zelger*

(2003, S. 3), dass der Forscher über ein gewisses Vorwissen verfügen müsste, dass dadurch allerdings eine Fokussierung auf nur wenige Zusammenhänge zwischen einigen Faktoren geschieht und dadurch die Komplexität der sozialen Wirklichkeit auf einen sehr engen Ausschnitt eingeschränkt wird (siehe dazu auch *Walle*, 1998, 69 ff.): »*Die Befragten werden durch die offene Fragestellung nicht gezwungen, sich für spezifische Alternativen zu entscheiden, wenn sie in den entsprechenden Bereichen wenig Erfahrung, kaum ein Wissen oder keine klaren Präferenzen oder Meinungen haben. Bei offenen Fragen kann der Befragte sofort auf ein Thema übergehen, das ihm persönlich bedeutsam erscheint. Daher werden die Ergebnisse auch umfassender und in höherem Ausmaß relevant sein als es Ergebnisse auf geschlossene Fragen sind.*«

Einem halbstandardisierten Leitfadeninterview gemäß wurden die Personen befragt, die Gespräche mittels eines Aufnahmegerätes aufgezeichnet und im Anschluss transkribiert. Die 38 Interviews hatten eine durchschnittliche Dauer von 30 bis 90 Minuten, wodurch versucht wurde, die Wissensbestände in einer deskriptiven Form zu erfassen (*Lamnek*, 2005, S. 725). Das Regelwissen der Experten, deren »Handlungskompetenz« aus unterschiedlichen Bereichen und Institutionen stammt (bspw. Tourismusverbände, Organisatoren kultureller Ereignisse, Museumswesen, Kultur- sowie Tourismuswissenschaftler im deutschsprachigen Raum), wurde in einem narrativen Gespräch ermittelt, das mündlich, persönlich und anhand des folgenden Fragenkataloges, der im Gespräch durch weitere Fragen ergänzt wurde, erfolgte:

**Einstiegsfragen:**
◇ Was tun Sie in ihrer Tätigkeit? Beschreiben Sie die Aufgaben Ihrer Einrichtung?
◇ Was tun Sie in Richtung »Kulturtourismus«?

**Fragen zu kulturellen Ressourcen/zum Markt für Kulturtourismus:**
◇ Was fällt Ihnen zum Thema »Kulturtourismus« ein?
 – An was denken Sie beim Begriff »Kulturtourismus«? Was assoziieren Sie damit noch?
◇ Gibt es so etwas wie den »Kulturtouristen«?
 – Wenn ja, beschreiben Sie ihn bitte aus Ihrer Sicht?
◇ Was lockt einen Kulturtouristen an?
 – Warum lockt das einen Kulturtouristen an? Was lockt einen Kulturtouristen nicht an?

**Fragen zu den Problemfeldern/zur Weiterentwicklung:**
◇ Kann man das (Angebot) besser machen?
 – Was kann man besser machen? Was sind die Probleme?
◇ Was würden Sie tun, wenn Sie entscheiden könnten?
 – Warum würden Sie das tun? Wie würden Sie dabei vorgehen?
◇ Wie sehen Sie den Kulturtourismus in zehn Jahren?
 – Auf was muss man aufpassen? Welches sind die Gefahren/Stolpersteine?

**Fragen zu Netzwerken im Bereich Kultur und Tourismus:**
◇ Gibt es eine Zusammenarbeit?

> – Mit wem gibt es eine Zusammenarbeit? Was ist das Problem? Was kann man verbessern?
>
> **Abschlussfrage:**
> ◊ Möchten Sie noch etwas hinzufügen?

Zugleich wurden *statistische Daten* erhoben, die vor allem dann relevant sind, wenn unterschiedliche Gruppen miteinander verglichen werden sollen:

*Geschlecht:*  weiblich oder männlich;
*Alter:*  < 30 Jahre, 30–60 Jahre, > 60 Jahre;
*Tätigkeitsfeld:*  Tourismusorganisation, Kulturbereich, Wissenschaft, Politik, öffentliche Einrichtungen, Medien, Kunst, anderes

Aufgrund der Zuordnung zu einem bestimmten Tätigkeitsfeld und vor allem aufgrund der getätigten Aussagen, ließen sich der Großteil der Interviewpartner in zwei weitere Gruppen zuordnen: Einerseits konnte für die Auswertung ein *markt-/ nachfrageorientierter Cluster* gebildet werden, bei dem tendenziell Touristiker und Vertreter der Wirtschaft vorzufinden sind, andererseits konnte eine *ressourcen-/ angebotsorientierte Expertengruppe* identifiziert werden, bei der eher die Vertreter der Kulturseite und anderer nicht gewinnorientierter Organisationen vertreten sind.

Die Assoziationen der beiden Gruppen wurden im Hinblick auf die Kernaspekte im Kulturtourismus (bspw. Authentizität, Inszenierung, Nachhaltigkeit oder Qualität; Abschnitt 4.3 / S. 131) analysiert, wodurch unterschiedlichste Ableitungen möglich gemacht und die verschiedenartigen Implikationen der Strategiesichtweisen deutlich gemacht werden sollen.

Weitere Hinweise über die Anwendungsmöglichkeiten der Methode GABEK finden sich in *Zelger* (2000, 205 ff.) sowie dem Handbuch des Analysetools WinRelan.

# 7 Ergebnisse der qualitativen Analyse

In den nun folgenden Abschnitten werden die Ergebnisse der Expertenbefragung dargestellt und interpretiert. Hierbei finden sich die wichtigsten Assoziationen und kausalen Zusammenhänge zu den zentralen Themenkreisen aus der Sicht der Experten im alpinen Kulturtourismus wieder.

## 7.1 Statistik und terminologische Assoziationen

Nachdem die wichtigsten statistischen Angaben zum Datensatz angeführt und erläutert wurden, dienen die ersten Assoziationsgraphen als eine Orientierung dafür, von welchem Verständnis die befragten Experten in der Thematik ausgehen. Die Ergebnisse werden zum Großteil als regionale Ontologien (Assoziationsnetze) verstanden und interpretiert sowie als Kausalnetzgraphen dargestellt (Abschnitte 6.1.2 bis 6.1.2 / S. 186).

Zum Zwecke der Übersichtlichkeit der Abbildungen musste oftmals auf Querverbindungen zwischen Knotenpunkten verzichtet sowie Begriffe wie Kultur, Tourismus oder Kulturtourismus aus den Grafiken entfernt werden, da diese als Schlüsselwörter mit einer Vielzahl von Knotenpunkten verbunden sind und dadurch die Aussagekraft der Graphiken vermindern. Zusätzlich zu den Interpretationen werden in den jeweils folgenden Textboxen repräsentative Zitate zur Dokumentation der Abbildungen angeführt.

### 7.1.1 Statistische Angaben zum Datenmaterial

Den Netzwerkgraphiken liegt das Gesamtsample zugrunde, das sich aus 4159 Aussagen und 6105 indexierten Begriffen zusammensetzt; sowohl für die Bewertungsals auch für die Kausalanalyse dienten durch die Trendanalyse hingegen 949 Sätze mit 2121 Schlüsselbegriffen.

Aus den statistischen Angaben zum ausgewerteten Datenmaterial, anhand der Häufigkeiten der indexierten Begriffe sowie deren Bewertungen, lassen sich gemäß den Ausführungen in Abschnitt 6.1.2 / S. 184 erste Rückschlüsse auf die Relevanz gewisser Themenfelder machen.

#### Ausdrucksliste

In der Ausdrucksliste in Tabelle 7.1 finden sich jene Begriffe mit den häufigsten Nennungen wieder. Aufgrund der Länge der Liste werden in der nachstehenden Tabelle nur die Häufigkeiten von 99 der insgesamt 6105 Begriffen angeführt.

Ergebnisse der qualitativen Analyse

| Anz. | Begriff | Anz. | Begriff | Anz. | Begriff |
|---|---|---|---|---|---|
| 487 | Kultur | 72 | Landesverwaltung | 52 | Bauern |
| 296 | Kulturtourismus | 71 | Kommunikation | 51 | verbessern |
| 248 | Tourismus | 69 | Bauten historische | 51 | nutzbar machen |
| 243 | Südtirol | 69 | Vermittlung | 50 | Veranstaltungen |
| 193 | Touristen | 67 | Region | 50 | Traditionen |
| 192 | Probleme | 67 | Stadt | 49 | Sinneswahrnehmung |
| 189 | Zusammenarbeit | 67 | Wipptal | 49 | Festivals |
| 166 | Gäste | 66 | Meran | 49 | Tirol |
| 164 | Burgen und Schlösser | 66 | Kulturtouristen | 48 | Kunst & Kultur moderne |
| 164 | Einheimische | 66 | Bewusstsein kulturelles | 48 | Mittel finanzielle |
| 152 | Museen | 62 | Touristiker | 47 | Potentiale |
| 150 | Qualität hohe | 62 | Musik | 47 | Dorf |
| 130 | Landschaft | 62 | Lokales | 46 | Besucher |
| 105 | wichtig sein | 61 | wertvoll sein | 46 | Theater |
| 104 | Angebot | 61 | kulturell interessiert sein | 46 | Südtirol Marketing Gesellschaft |
| 102 | Sterzing | 60 | Gemeinden | 46 | Wirtschaft |
| 102 | Geld verdienen | 60 | Angebot kulturelles | 45 | Produkte |
| 101 | Weiterentwicklung | 59 | Erhaltung | 45 | Politik |
| 99 | anziehend sein | 57 | Tourismusvereine | 45 | Massen |
| 94 | Werbung machen | 57 | notwendig sein | 45 | Projekte |
| 93 | Bozen | 57 | Authentizität | 44 | Konzerte |
| 92 | Besucherzahlen hohe | 57 | Menschen | 44 | Typisches |
| 90 | Netzwerk | 56 | informieren | 43 | Einbindung |
| 88 | Geschichte | 55 | Vermarktung | 43 | Identität |
| 86 | Subventionen | 55 | international | 42 | Vinschgau |
| 85 | Natur | 55 | Bauernhöfe | 42 | Institutionen |
| 85 | Gastronomie | 54 | Zielgruppen | 42 | organisieren |
| 85 | Ereignisse kulturelle | 54 | einzigartig sein | 42 | auseinandersetzen sich |
| 77 | hier her kommen | 53 | langfristig | 42 | Kunst |
| 74 | Verbindung | 53 | Besucherzahlen niedrige | 42 | Menschen junge |
| 73 | Ausstellung | 53 | Angebot großes | 41 | Feste |
| 73 | Hotels | 53 | hierherkommen extra | 41 | bauen |
| 73 | Erlebnis | 53 | interessant sein | 41 | erfolgreich sein |

Tabelle 7.1: Ausdrucksliste: Top 99 von 6105

Schon allein die Anzahl der Nennungen von bestimmten Begriffen lässt erste Rückschlüsse auf den Stellenwert gewisser Themen zu; die Wichtigkeit der einzelnen Themenfelder wird durch die Häufigkeit der Bewertungen nochmals unterstrichen.

### Bewertungslisten

Der Datensatz musste aufgrund der Datenmenge reduziert werden (Absatz 6.1.2 / S. 186). In Tabelle 7.2 und den folgenden Tabellen finden sich aus diesem Grund nicht die Bewertungen des gesamten Datensatzes, sondern nur jene Aussagen wieder, die auch durch die Trendanalyse ausgewählt wurden.

## Statistik und terminologische Assoziationen

| Anz. | Begriff | Anz. | Begriff | Anz. | Begriff |
|---|---|---|---|---|---|
| 40 | anziehend sein | 7 | Verbindung | 3 | Ereignisse kulturelle |
| 30 | Landschaft | 6 | Qualitätstourismus | 3 | Freude haben |
| 25 | wertvoll sein | 6 | Jazz | 3 | bewusst machen |
| 22 | Lokales | 6 | Ursprünglichkeit | 3 | Schloss Sigmundskron |
| 22 | Kultur | 6 | Landwirtschaft | 3 | gezielt machen |
| 17 | Erhaltung | 6 | Ensemble | 3 | EURAC |
| 16 | Einheimische | 6 | Unter Schutz Stellung | 3 | Ausbildung |
| 15 | Burgen & Schlösser | 6 | glaubwürdig sein | 3 | Liebe zu |
| 15 | einzigartig sein | 5 | Besucherzahlen steigende | 3 | Highlights |
| 14 | Erlebnis | 5 | Kulturlandschaft | 3 | inszenieren |
| 14 | nutzbar machen | 5 | Ressourcen eigene | 3 | Ideen entwickeln |
| 13 | Bauten historische | 5 | Lage gute | 3 | Begeisterung |
| 13 | Werbung machen | 4 | Universität | 3 | etwas Besonderes |
| 12 | Traditionen | 4 | Bedürfnisse | 3 | Pakete schnüren |
| 11 | verbessern | 4 | Kunst & Kultur moderne | 3 | kulturell interessiert sein |
| 11 | Sinneswahrnehmung | 4 | intakt sein | 3 | kreativ sein |
| 10 | Ruhe | 4 | offen sein | 3 | Schönwetter |
| 10 | hierherkommen extra | 4 | lebendig sein | 3 | Hochkultur |
| 9 | Geschichte | 4 | Menschen junge | 3 | Schloss Runkelstein |
| 9 | langfristig | 4 | Zusatzangebot | 3 | hier her kommen |
| 9 | Tourcard | 4 | Vielfalt | 3 | pflegen |
| 9 | Gastfreundschaft | 4 | noch ein Mal kommen | 3 | Archäologiemuseum |
| 8 | Bauernhöfe | 4 | Hintergrundinformationen | 3 | Bescheid wissen |
| 8 | Museen | 4 | Bündelung | 3 | verwurzelt sein |
| 8 | Ressourcen kulturelle | 4 | Kirchen | 3 | Bergwerk |
| 8 | Typisches | 4 | Fachleute | 3 | Werte |

Tabelle 7.2: Ist-Situation: positive Bewertungen

Hieraus lässt sich erkennen, dass in der Ist-Situation (Gegenwart) bspw. Anziehungskraft, Landschaft, Lokales und Kultur stets in einem positiven Kontext beurteilt wurden; allerdings muss erwähnt werden, dass Begriffe wie z. B. »wertvoll sein« a priori positiv konnotiert sind.

Tabelle 7.3 zeigt analog dazu die negativen Konnotationen zu den genannten Begriffen.

Vor allem Begriffe wie »bauen«, »Zerstörung« oder »Hotelarchitektur« werden als negativ bewertet; der Grund hierfür wird aus den Erläuterungen der nachstehenden Abschnitte nochmals genauer beschrieben.

Tabelle 7.4 gibt eine Übersicht darüber, welche Begriffe in der Soll-Situation (gewünschte Situation) überwiegend positiv bzw. negativ bewertet werden.

Während demnach eine Verbesserung bspw. in der Zusammenarbeit, in der Qualität des Angebotes und in der Kommunikation angestrebt werden sollte, werden für den Kulturtourismus Themen wie die Bautätigkeit oder das Verkehrsaufkommen weiterhin als negativ eingestuft.

Ergebnisse der qualitativen Analyse

| Anz. | Begriff | Anz. | Begriff | Anz. | Begriff |
|---|---|---|---|---|---|
| 17 | bauen | 5 | Personalmangel | 3 | Bettenanzahl |
| 16 | Zusammenarbeit keine | 5 | verloren gegangen sein | 3 | Technologie moderne |
| 12 | Zerstörung | 5 | Touristiker | 3 | billig sein |
| 8 | unecht sein | 5 | Hotelarchitektur | 3 | an die Grenzen kommen |
| 8 | abreißen | 4 | kurzfristig | 3 | Straßen |
| 7 | Probleme | 4 | Verkehr | 3 | Streitigkeiten |
| 7 | Qualität schlechte | 4 | Wandel | 3 | Angebot fehlendes |
| 7 | Massentourismus | 4 | Lärm | 3 | Strategie fehlende |
| 6 | Subventionen keine | 4 | Zeit haben keine | 3 | Feste |
| 6 | überall dasselbe anbieten | 4 | Hotels | 3 | Kitsch |
| 6 | geschlossen sein | 4 | Brennerbasistunnel | 3 | Quantität |
| 6 | Erweiterung | 3 | Stress haben | 3 | Saufen |
| 5 | Verschandelung | 3 | Gießkannenprinzip | | |

Tabelle 7.3: Ist-Situation: negative Bewertungen

| ± | Anz. | Begriff | ± | Anz. | Begriff |
|---|---|---|---|---|---|
| + | 28 | Zusammenarbeit | + | 3 | Angebot welches |
| + | 20 | Qualität hohe | + | 3 | anziehend sein |
| + | 13 | Lokales | − | 3 | bauen |
| + | 11 | Kommunikation | + | 3 | Bewusstsein kulturelles |
| + | 10 | Typisches | + | 3 | etwas Besonderes |
| + | 9 | informieren | + | 3 | Fähigkeiten eigene |
| + | 7 | bewusst machen | + | 2 | Geschichte |
| + | 6 | Authentizität | − | 1 | Geschichte |
| + | 6 | Vermittlung | + | 3 | innovativ sein |
| + | 6 | Werbung machen | + | 3 | inszenieren |
| + | 5 | Bündelung | + | 2 | Kulturtourismus |
| + | 5 | Kultur | − | 1 | Kulturtourismus |
| + | 4 | Subventionen | + | 3 | Landschaft |
| − | 1 | Subventionen | + | 2 | Marketing |
| + | 4 | Bauten historische | − | 1 | Marketing |
| + | 4 | Kunst & Kultur moderne | − | 3 | Massen |
| + | 4 | nutzbar machen | + | 3 | nachhaltig sein |
| + | 4 | Plattform | + | 3 | Natur |
| + | 4 | verbessern | + | 3 | Sinneswahrnehmung |
| + | 4 | Weiterbildung | + | 1 | Verkehr |
| + | 3 | Abstimmung | − | 3 | Verkehr |

Tabelle 7.4: Soll-Situation: positive und negative Bewertungen

## Relevanzanalyse

Aus der Relevanzanalyse in Tabelle 7.5 wird ersichtlich, dass es gewisse Themenfelder im Kulturtourismus der Destination gibt, denen ein wichtigerer Stellenwert beigemessen werden muss als anderen.

| Ausdruck | Relev. Zahl | Ist-Wert + | Ist-Wert − | Soll-Wert + | Soll-Wert − | Bew. Ges. | Kausalbeziehungen Einw. | Kausalbeziehungen Ausw. | Ges. |
|---|---|---|---|---|---|---|---|---|---|
| Zusammenarbeit | 100 | 70 | 12 | 28 | | 110 | 38 | 97 | 135 |
| Qualität hohe | 73 | 64 | 1 | 20 | | 85 | 37 | 55 | 92 |
| anziehend sein | 54 | 40 | | 3 | | 43 | 73 | 19 | 92 |
| Kultur | 52 | 22 | | 5 | | 27 | 91 | 17 | 108 |
| Kulturtourismus | 38 | 10 | 3 | 2 | 1 | 16 | 76 | 7 | 83 |
| Landschaft | 32 | 30 | | 3 | | 33 | 29 | 16 | 45 |
| Authentizität | 31 | 30 | 1 | 6 | | 37 | 13 | 25 | 38 |
| Kommunikation | 31 | 21 | 5 | 11 | | 37 | 15 | 24 | 39 |
| Gäste | 29 | 1 | | | | 1 | 74 | 2 | 76 |
| Natur | 28 | 20 | 2 | 3 | | 25 | 29 | 16 | 45 |
| Lokales | 27 | 22 | | 13 | | 35 | 2 | 27 | 29 |
| Tourismus | 26 | 5 | 6 | 1 | | 12 | 49 | 6 | 55 |
| Touristen | 25 | 1 | 1 | 1 | | 3 | 65 | | 65 |
| Besucherzahlen hohe | 24 | 11 | 5 | 1 | | 17 | 33 | 12 | 45 |
| wertvoll sein | 24 | 25 | | 3 | | 28 | 14 | 17 | 31 |
| Angebot | 23 | 4 | 1 | 2 | | 7 | 48 | 5 | 53 |
| Einheimische | 22 | 16 | | 2 | | 18 | 25 | 11 | 36 |
| Erhaltung | 22 | 17 | | 2 | | 19 | 10 | 25 | 35 |
| einzigartig sein | 21 | 15 | | 1 | | 16 | 22 | 14 | 36 |
| Subventionen | 20 | 9 | 5 | 4 | 1 | 19 | 8 | 22 | 30 |
| Vermittlung | 20 | 10 | 2 | 6 | | 18 | 15 | 16 | 31 |
| bauen | 19 | | 17 | | 3 | 20 | | 26 | 26 |
| nutzbar machen | 19 | 14 | | 4 | | 18 | 16 | 13 | 29 |
| Bauten historische | 18 | 13 | | 4 | | 17 | 21 | 6 | 27 |
| Zusammenarbeit keine | 18 | | 16 | | 1 | 17 | 3 | 25 | 28 |
| Südtirol | 17 | 4 | 1 | | | 5 | 39 | 2 | 41 |
| Weiterentwicklung | 17 | 4 | 1 | 2 | | 7 | 36 | 1 | 37 |
| Burgen & Schlösser | 16 | 15 | | | | 15 | 17 | 8 | 25 |
| Kulturtouristen | 16 | 2 | | | | 2 | 40 | | 40 |
| nachhaltig sein | 16 | 13 | 1 | 3 | | 17 | 10 | 12 | 22 |
| Werbung machen | 16 | 13 | | 6 | | 19 | 6 | 13 | 19 |
| Zerstörung | 16 | | 12 | | 2 | 14 | 12 | 15 | 27 |
| Erlebnis | 15 | 14 | | 2 | | 16 | 10 | 11 | 21 |
| informieren | 15 | 9 | 2 | 9 | | 20 | 2 | 15 | 17 |

Tabelle 7.5: Relevanzanalyse (Relevanzzahl ≥ 8; Top 68 von 1075)

## Ergebnisse der qualitativen Analyse

| Ausdruck | Relev. Zahl | Ist-Wert + | Ist-Wert − | Soll-Wert + | Soll-Wert − | Bew. Ges. | Einw. | Ausw. | Ges. |
|---|---|---|---|---|---|---|---|---|---|
| Museen | 15 | 8 | | | | 8 | 23 | 9 | 32 |
| Identität | 14 | 9 | 3 | 2 | | 14 | 8 | 12 | 20 |
| Typisches | 14 | 8 | | 10 | | 18 | | 16 | 16 |
| Bewusstsein kulturelles | 13 | 8 | 2 | 3 | | 13 | 6 | 12 | 18 |
| Geld verdienen | 13 | 2 | 10 | | | 12 | 14 | 6 | 20 |
| Angebot großes | 12 | 5 | 1 | | | 6 | 10 | 14 | 24 |
| Gastronomie | 12 | 8 | 1 | 1 | | 10 | 12 | 8 | 20 |
| hierherkommen extra | 12 | 10 | | 2 | | 12 | 19 | | 19 |
| Traditionen | 12 | 12 | | 2 | | 14 | 3 | 12 | 15 |
| Card-Systeme | 11 | 12 | 1 | 1 | | 14 | 2 | 10 | 12 |
| Ressourcen kulturelle | 11 | 8 | | 1 | | 9 | 13 | 6 | 19 |
| Ruhe | 11 | 10 | | | | 10 | 10 | 7 | 17 |
| Sinneswahrnehmung | 11 | 11 | | 3 | | 14 | 5 | 7 | 12 |
| Geschichte | 10 | 9 | | 2 | 1 | 12 | 3 | 9 | 12 |
| langfristig | 10 | 9 | | 2 | | 11 | 5 | 8 | 13 |
| Massen | 10 | 1 | 8 | | 3 | 12 | 1 | 11 | 12 |
| Abstimmung | 9 | 4 | 1 | 3 | | 8 | 4 | 10 | 14 |
| Angebot kulturelles | 9 | 1 | | | | 1 | 18 | 6 | 24 |
| Besucherzahlen niedrige | 9 | 4 | 5 | | | 9 | 4 | 8 | 12 |
| Bündelung | 9 | 4 | | 5 | | 9 | 1 | 11 | 12 |
| Qualitätstourismus | 9 | 6 | | | | 6 | 11 | 7 | 18 |
| verbessern | 9 | 11 | | 4 | | 15 | | 5 | 5 |
| bewusst machen | 8 | 3 | | 7 | | 10 | 1 | 8 | 9 |
| Erscheinungsbild | 8 | 6 | 2 | | | 8 | 10 | 3 | 13 |
| Gastfreundschaft | 8 | 9 | | | | 9 | 2 | 8 | 10 |
| Gemeinden | 8 | | 1 | | | 1 | 19 | 1 | 20 |
| Kulturlandschaft | 8 | 5 | | 2 | | 7 | 9 | 3 | 12 |
| Massentourismus | 8 | | 7 | | 1 | 8 | 1 | 10 | 11 |
| Menschen junge | 8 | 4 | | 2 | | 6 | 13 | 2 | 15 |
| Planung zeitliche | 8 | 2 | 4 | 1 | | 7 | 9 | 4 | 13 |
| Probleme | 8 | | 7 | | 1 | 8 | 9 | 4 | 13 |
| Professionalität | 8 | 5 | 3 | | | 8 | 2 | 11 | 13 |
| Tourcard | 8 | 9 | | | | 9 | 1 | 10 | 11 |
| unecht sein | 8 | | 8 | | | 8 | 8 | 5 | 13 |

Tabelle 7.5: Relevanzanalyse (Relevanzzahl ≥ 8; Top 68 von 1075)

Geordnet nach der Relevanzzahl, die sich aus der Summe der Bewertungen (Ist- und Soll-Bewertungen) und aus der Summe der Kausalbeziehungen ergibt, wird somit ersichtlich, dass bspw. Zusammenarbeit, Qualität, Anziehungskraft, Landschaft oder Authentizität für die Thematik einen höheren Stellenwert besitzen und deshalb auch im Detail analysiert werden müssen.

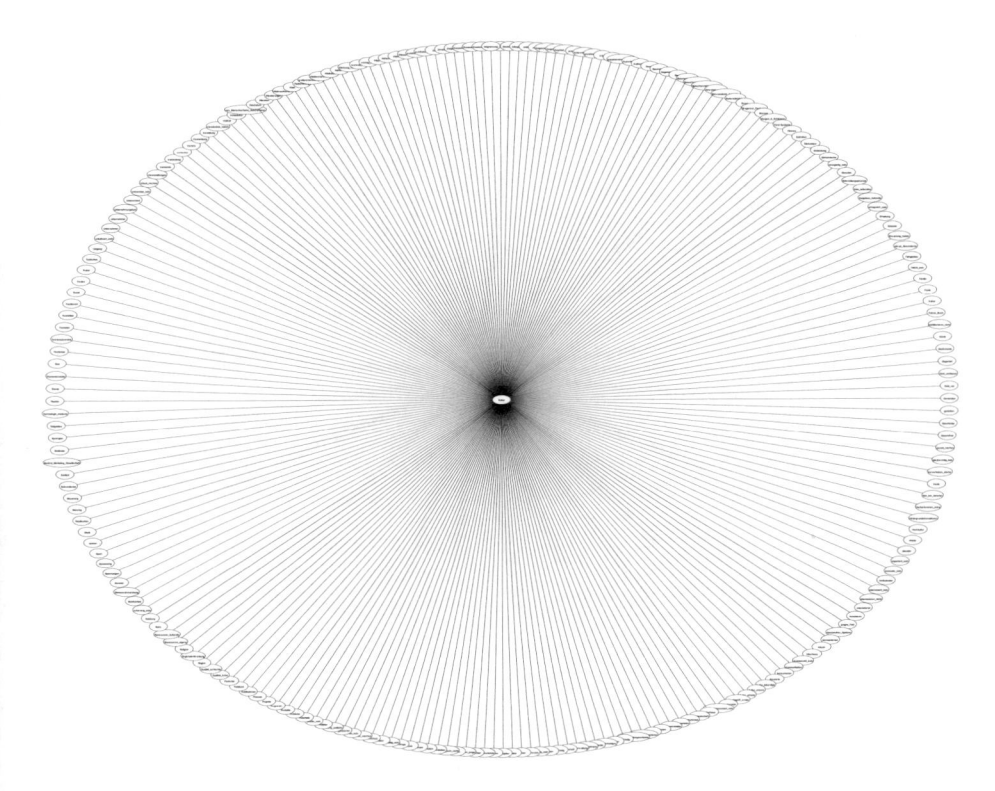

Bild 7.1: Netzwerkgraphik »Kultur«, Verbindungen ≥ 3

Gleichzeitig sind jene Themen, die eine niedrigere Relevanzzahl aufweisen, von geringerer Bedeutung; in der Tabelle 7.5 auf Seite 199 wurde die Auswahl auf die Begriffe mit einer Relevanzzahl ≥ 8 gelegt, was allerdings aufgrund der Datenmenge aus Platzgründen erfolgen musste.

### 7.1.2 Kulturbegriff

Für die Darstellung und Relevanz von Assoziationsgraphen wird die Mindestanzahl der Verbindungen mit drei beziffert. Dass dieses Vorgehen nicht immer zielführend ist, zeigt sich anhand der folgenden Bild 7.1. »Kultur« wurde als meistgenannter Begriff im Datensatz 487 Mal genannt, weshalb es 233 dreifachverbundene Assoziationen dazu gibt.

Das beschränkt die Aussagekraft der Netzwerkgraphen dergestalt, dass Interpretationen dazu nahezu unmöglich sind. Aus diesem Grund muss die Anzahl der Verbindungen bei den am häufigsten genannten Begriffen erhöht werden, um die Komplexität zu reduzieren. Im Falle von »Kultur« erwirken zwölffach verbundene Assoziationen wie in Bild 7.2 die erwartete Übersichtlichkeit.

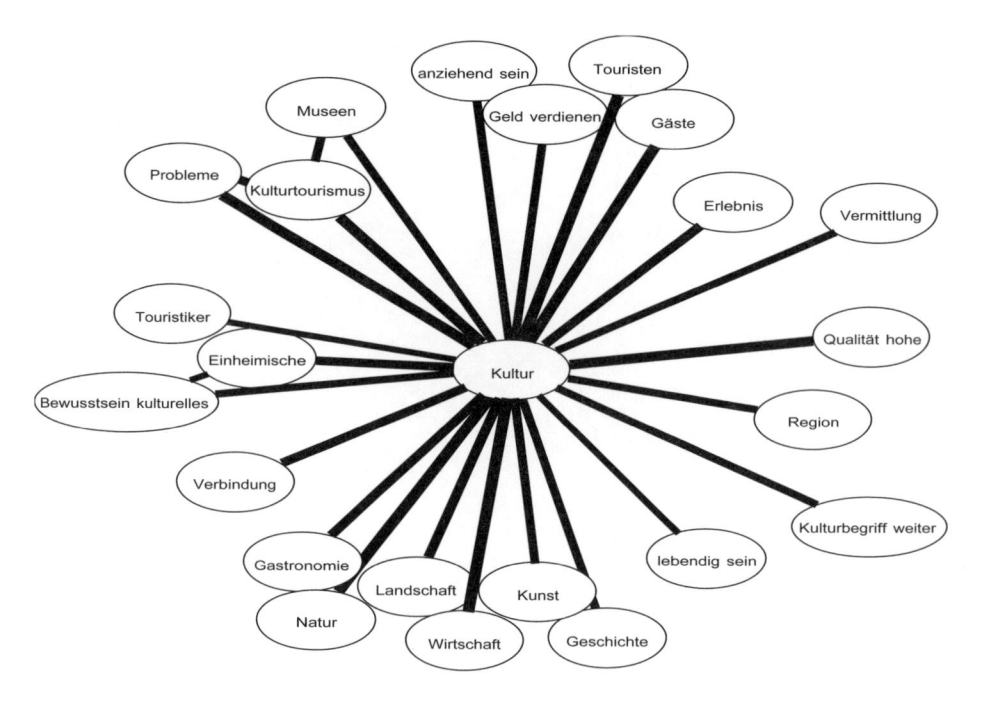

Bild 7.2: Netzwerkgraphik »Kultur«, Verbindungen ≥ 12

Kultur wird grundsätzlich als eine wichtige Kernressource für den Kulturtourismus gewertet (*Rc5*); zu ihr gehören die Geschichte der Region, die Kunst, Museen, die Gastronomie, die Landschaft und die Natur im Sinne eines weiter gefassten Kulturbegriffes (*Sb3*).

Lebendiger Kultur bzw. dem Erlebniswert bei der Vermittlung des Angebotes wird dabei Wichtigkeit zugeschrieben (*Kv5*). Allerdings gibt es im Bereich »Kultur und Tourismus« auch einige Probleme, die es zu lösen gilt (Abschnitt 7.5.5 / S. 254) bspw. jene, dass das kulturelle Bewusstsein sowohl bei den Einheimischen als auch bei den Gästen zu wenig stark ausgeprägt ist (*Pr3*), dass es zu wenig Verständnis zwischen Kulturtreibenden und Touristikern gibt (*Cw1*) oder dass die Qualität im Angebot nicht immer die gewünschte ist (*Nb4*).

Auch wird das Spannungsverhältnis zwischen Wirtschaft und Kultur ersichtlich, das vor allem dann in Erscheinung tritt, wenn es um ökonomische Zielsetzungen geht (*Bs8*): Der Grad zwischen der Kommerzialisierung von Kultur und Kultur als einem Wirtschaftszweig wird als ein schmaler dargestellt, andererseits wird die Notwendigkeit einer Zusammenarbeit eindringlich unterstrichen (*Fe7*).

> **Bs8:** Aber wenn man eine Partnerschaft eingeht, natürlich will man früher oder später Geld verdienen, als Wirtschaftsdenkender, ist ja ganz klar. Ich muss aber auch schauen, dass ich als Wirtschaft die Kultur nicht überfahre und nur als Vehikel hernehme. Das ist falsch.
> **Cw1:** Es gibt keine Einsicht in die Rolle von Kultur, das hängt damit zusammen, dass die meisten Touristiker, die meisten Verbandstreibenden, Kulturereignisse nur am Rande zur Kenntnis nehmen, kein Feeling haben für Kultur und keine Liebe zur Kultur.
> **Fe7:** Tourismus und Kultur oder Tourismusämter und Kulturträger, das muss Hand in Hand gehen. Das ist einmal ganz klar. Das ist einmal sicher.
> **Kv5:** Ich bin Bergmann diesen Tag oder für die zweieinhalb Stunden. Ich höre den Kompressor, ich spüre den Geruch von der übel riechenden Chemie in der Spaltanlage. Das ist für mich Kulturerlebnis, es soll auf mich wirken.
> **Nb4:** Ich glaube, Südtirol muss auch im Tourismus wieder mehr auf Qualität achten. Qualität bei allen Dingen. Auch im Erkennen der Kultur der kleinen Räume.
> **Pr3:** Das, was wir vermeintlich als Kultur oder als Kulturgut bezeichnen, wird vermutlich weder vom Kunden noch von uns, den Einheimischen, als Kultur gesehen.
> **Rc5:** Die Attraktivität hängt mit mehreren Komponenten zusammen. Einmal ist es die Kombination Tradition und Kultur (Traditionslandschaft und Kulturlandschaft), die die Touristen anlockt.
> **Sb3:** Zum anderen ist gerade im Sommer der kulturelle Aspekt ein vordergründiger, weil auch das Wandern immer auch mit dem Verstehen der Natur, der Umwelt und der Geschichte zu tun hat.

### Breites vs. enges Kulturverständnis

Bild 7.3 stellt grafisch dar, von welchem Kulturverständnis die interviewten Experten ausgehen. Zum Großteil wird dabei für einen weit gesteckten Kulturbegriff im Zusammenhang mit Kulturtourismus plädiert. Dies wird durch die höhere Verbindungszahl der Assoziationen mit den Ausdrücken »Kulturbegriff weit« bzw. »Kulturbegriff eng« ersichtlich.

Ein enger Kulturbegriff schließt vielfach »nur« jene Art des kulturellen Angebotes ein, das in den Kulturseiten von Zeitungen bzw. in den Kultursendungen in Fernsehberichten propagiert wird (*Mi4*). Da dieses Verständnis für die alpine Destination zu kurz greift, erweist sich die Abgrenzung einer weit gefassten Kulturdefinition als schwieriger, wird jedoch als grundlegende Voraussetzung für Tätigkeiten in diesem Bereich erachtet (*Dg5*). Kulturtourismus in seinem weitesten Sinn umfasst demnach sowohl Angebote der Hochkultur (Kunst und Musik) als auch die Natur (*Bd9*). Kultur wird von den Experten für den Kulturtourismus eher in einem ethnologisch-anthropologischen Sinn definiert, der alles »von Menschenhand Geschaffene« einschließt (*Rn2*). Die Notwendigkeit, Kultur überhaupt bewusst zu machen, spielt allerdings eine zentrale Rolle (*Jp5*).

Ergebnisse der qualitativen Analyse

Bild 7.3: Netzwerkgraphik »Kulturbegriff weiter«, Verbindungen ≥ 2

> **Bd9:** Ob es den Kulturtourismus in Südtirol gibt? Ich glaube, das ist eine Definitionssache, ich glaube, in Südtirol, so wie ich es schon vorhin angedeutet habe, geht das nur in Kombination mit der Natur, Natur mit Kultur.
> **Dg5:** Kulturtourismus bei uns gibt es natürlich, denn das ist ein umfassender Begriff: Wo fängt Kultur an und wo hört sie auf?
> **Jp5:** Das wäre eine große Chance für junge Leute und eine tolle Beschäftigungsmöglichkeit. Viel gezielter diese Kultur vor Ort – im weitesten Sinne des Wortes, Natur und Kultur – bewusst zu machen. Einmal für die Einheimischen bewusst machen und dann für die Touristen, die kommen.
> **Mi4:** Dem ethnologisch-anthropoligischen Kulturbegriff steht natürlich ein stärkerer ästhetisch determinierter Kulturbegriff gegenüber, der nach wie vor die Kulturseiten der Zeitungen, die Fernsehkultursendungen bestimmt.
> **Rn2:** Das Kulturverständnis ist sehr breit gefasst. Also alles, was vom Menschen geschaffen und gleichzeitig auch schön ist, wäre Grundlage für den Kulturtourismus. Muss ja so sein.

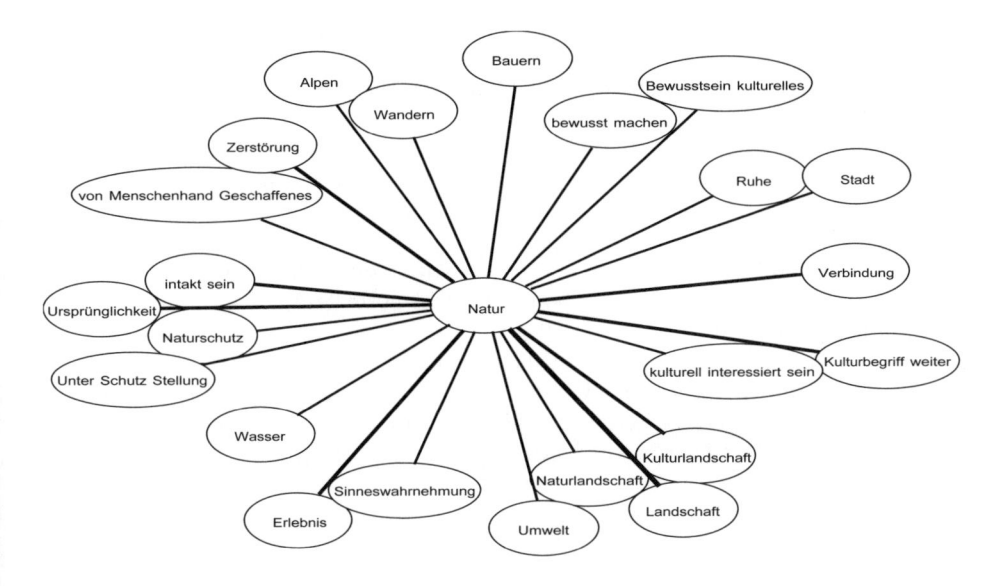

Bild 7.4: Netzwerkgraph »Natur«, Verbindungen ≥ 3

## Natur und Kultur

Kulturtourismus wird in alpinen Destinationen demnach stets mit den natürlichen Ressourcen in Verbindung gebracht, weshalb das kulturtouristische Angebot auch als untrennbar von der Natur betrachtet werden muss (*Mi9*). Bild 7.4 stellt das Begriffsnetz »Natur und Kultur« grafisch dar.

Die Unversehrtheit und Ursprünglichkeit der Umwelt, die Ruhe der Naturlandschaft und Bergwelt sowie die Qualität des Wassers werden demnach als besondere Attraktionspunkte für die Destination bewertet; sie sind allerdings der Gefahr der Zerstörung ausgesetzt (*Rs8*). Natur und Kultur sind für eine ganzheitliche Sinneswahrnehmung von großer Bedeutung, da sie nur in einer Einheit konsumiert werden können (*Jk1*); kulturell Interessierte stehen aus diesem Grund nicht nur einer schonenden Nutzung von Kultur, sondern auch dem Schutz natürlicher Ressourcen positiv gegenüber (*Qz5*). Umgekehrt bildet auch das kulturelle Bewusstsein (der Einheimischen wie auch der Touristen) ein Interesse an einer nachhaltigen ökologischen Entwicklung in der Region (*As3*).

> As3: Alles, was wir glauben, schon gemacht zu haben, das ist eigentlich schon von der Natur erfunden worden. Glaube ich. Also müssen wir da einfach anfangen zu denken, dass wenn wir die Natur zerstören, zerstören wir einfach uns selbst. Das hat natürlich schon mit Kultur zu tun.

> **Jk1:** In Kultur sehe ich ja immer eine Verbindung zwischen Natur und Kultur. Also ich habe da einen sehr komplexen Kulturbegriff. Das bewusst nehmen, wahrnehmen, aufmerksam machen.
> **Mi9:** Wenn man unter Landschaft Natur versteht, die vom Menschen geformt ist. Alle Wiesen, bis auf die Almen hinauf, die meisten Wälder sind ja nicht unberührte Natur, sondern die werden bewirtschaftet und die sind ja kulturell überformt, oder kulturell geprägte Natur.
> **Qz5:** Kultur und Natur lassen sich schwer abgrenzen. Ich stelle fest, dass die Leute, die Interesse haben, die Natur zu schonen, dass die normalerweise auch offener der Kultur gegenüber sind.
> **Rs8:** Was so ein Gebirgsland wie Südtirol zu bieten hat, ist ja vor allem Natur und Stille. Die Natur wir oft verschandelt und es wird Raubbau getrieben und die Stille wird immer weniger als die Reserveenergie verstanden, das ist fast eine der wichtigsten, die wir haben, und wird nicht beachtet.

### 7.1.3 Kulturtourismus

Bei mindestens sechsfach verbundenen Assoziationen mit Kulturtourismus finden sich in Bild 7.5 sowohl die wesentlichsten kulturellen Ressourcen wie auch die zentralen Themen wieder.

Als die am häufigsten genannten Ressourcen der Angebotsseite im Tourismus werden kulturelle Veranstaltungen, die Gastronomie, Landschaft, Museen, Natur, Geschichte, Burgen und Schlösser sowie Hotels genannt; auch Städte wie Bozen und Meran oder Sehenswürdigkeiten wie die Franzensfeste werden damit assoziiert (Abschnitt 7.3.2 / S. 219). Auffallend ist auch die Nennung eines typischen Angebotes, das zur Anziehungskraft einer Destination beiträgt (*Md1*).

Kulturtourismus wird als ein Trend angesehen, der hohe Besucherzahlen und Renditen zur Folge hat (*Dh3*). Die Problemfelder im kulturtouristischen Segment sind dabei verschiedenster Natur, allerdings wird vor allem vor der Gefahr einer Entwicklung in Richtung Massentourismus gewarnt (*Bn1*). Negative Auswirkungen auf die Destination sind durch das hohe Wachstum zu erwarten, die der Natur des Kulturtourismus nicht entsprechen (*Fu8*). Durch das richtige Management bzw. der »richtigen« Tourismuspolitik kann Kulturtourismus langfristig zur nachhaltigen Entwicklung der Destination beitragen (*Br6*).

Probleme liegen auch in der Zusammenarbeit der einzelnen Akteure im Bereich KT: Der Bildung von Netzwerken wird zwar besondere Wichtigkeit beigemessen, allerdings funktioniert die Kooperation der einzelnen Partner nicht, obwohl der Wunsch zu einer verbesserten Vernetzung oftmals zum Ausdruck kommt (*Eu2*).

Authentizität und Inszenierung sind auch im Kulturtourismus alpiner Destinationen ein zentrales Thema. Einerseits wird von Authentizität als einem Attraktionspunkt gesprochen, andererseits wird der Inszenierung eine gewichtige Rolle beigemessen (*Rr5*). Qualität im KT bezieht sich vielfach auf die Größe des

Bild 7.5: Netzwerkgraph »Kulturtourismus«, Verbindungen ≥ 8

Angebotes und auf die Subventionspolitik, die ein Werkzeug zur Steuerung des Angebotes in qualitativer Hinsicht darstellt (*Ga5*).

Auch die einheimische Bevölkerung wird in Zusammenhang mit dem Kulturtourismus gebracht, da sie selbst einen direkten Nutzen (ökonomischen Nutzen und Freizeitangebot) aus dem touristischen Kulturangebot zieht (*Lf6*). Für die Erschließung internationaler Besucherschichten und ungenutzter Potentiale liegen große Hoffnungen auf einer verbesserten Vermarktung, die auch zielgruppenspezifisch durchgeführt wird (*Da2*).

> **Bn1:** Die große Gefahr von Kulturtourismus ist, dass man den Grad findet zwischen Masse und zwischen Klasse. Wenn ich etwas mit zehn Leuten organisiere, dann habe ich eine super Kulturveranstaltung, aber die ist nicht ertragreich.
> **Br6:** Aber ich glaube, dass der Kulturtourismus, wenn er gut gemacht ist, sicher langfristig anhalten kann. Wenn er gut gemacht ist. Wenn du ein Event machst, um morgen ein Geld zu verdienen, dann ist es für mich kein Kulturtourismus.
> **Da2:** Die Stolpersteine sind aus meiner Sicht nach wie vor eben die Tendenz, weiterhin Südtirol in eine andere Richtung zu vermarkten als Natur- und Genussland, als Wanderland Südtirol und den Kulturtourismus links liegen zu lassen. Das ist aus meiner Sicht einer der größten Stolpersteine.

> Dh3: Und die Kulturgüter ziehen vermehrt an – ich glaube, der Kulturtourismus hat Zukunft.
> Eu2: Es fehlt also eine Stelle, wo Zusammenarbeit koordiniert wird. Ich denke, vielleicht bräuchte es überhaupt für Kulturtourismus eine eigene Stelle. Das wäre eine Idee. Mit geschultem Personal, das dann für die jeweiligen Initiativen sich Partner und Vernetzungen sucht.
> Fu8: Der Trend wird dahin gehen, immer mehr, mehr, mehr. Unter dem Label Kultur auch mehr. Wenn das so ist, werden wir irgendwann darauf kommen, dass Kulturtourismus das Land auch kaputt macht. Tendenziell kaputt wie der Massentourismus. Aber wenn wir die Kultur ausgegeben haben als Ressource, als Wort, dann stimmt es mir danach noch. Es ist das, was ich meine.
> Ga5: Man sollte versuchen, auch in der Förderung, den Qualitätsstandard hoch anzusetzen. Lieber weniger, aber besser. Im Kulturtourismus zählt das sehr, die Masse kann's da nicht sein.
> Lf6: Deshalb glaube ich, dass Kulturtourismus deshalb bei uns und für mich positiv ist, weil ich mir dasselbe anschaue wie der Mailänder, der Münchner, der hierher kommt.
> Md1: Der Kulturtourismus müsste regionale Eigenheiten unterstreichen, müsste durch die regionalen Eigenheiten ein eigenes Profil bekommen.
> Rr5: Einerseits braucht es das Inszenierte, um alte Traditionen und Brauchtümer, die für den Kulturtourismus ja auch wichtig sind, um das nicht in Vergessenheit geraten zu lassen. Anderseits ist das Wichtige immer noch das Authentische, das bleiben sollte. Inszenierung und Authentizität, das ist immer im Zwiespalt, auch im Kulturtourismus.

## 7.2 Nachfrage- und marktrelevante Faktoren

Relativ wenig lässt sich von Seiten der Experten über die Annahmen und Erfahrungen zur Nachfrageseite im Kulturtourismus im alpinen Raum erfahren. Die Themen diesbezüglich (bspw. fünf Kräfte im alpinen Kulturtourismus) sind im gesamten Datensatz zu wenig miteinander verknüpft, als dass hochgradig verbundene Assoziationsgraphen modelliert werden könnten.

Zur Motivation der Kulturtouristen finden sich somit nur allgemeine Aussagen, die durch einzelne Äußerungen belegt werden können. Diese lassen darauf schließen, dass die Annahmen über die Motivation der Touristen einem Schema folgen, das grob in zwei Gruppen gegliedert werden kann: einerseits kulturell stärker (*Pl5*) und anderseits kulturell schwächer motivierte Touristen (*Mh1*). Ausgeprägt sind die Behauptungen zur Notwendigkeit einer zielgruppenspezifischen Vermarktung bzw. zur Wichtigkeit von Kundenorientierung aufgrund der (Qualitäts-)Ansprüche der Kulturtouristen (*Oz4*).

Bild 7.6: Netzwerkgraph »Kulturtouristen«, Verbindungen ≥ 3

> **Mh1:** Ich glaube, dass es einfach die Realität ist, dass mit Schwerpunkten, aber dass einfach sich in einer Person viele Interessen treffen. Dass man die auch wecken könnte.
> **Oz4:** Viele Sachen sind schon gesagt worden. Aber einige Museen funktionieren sehr gut, weil sie sich anpassen an die Bedürfnisse des Kunden. Andere weniger. Wenn ich heute nur zu einer gewissen Zeit aufmache, dann habe ich auch nur die gewisse Zeit Leute und das ist noch schlechter, weil dort habe ich noch weniger. D.h. wenn nur die gewisse Zeit offen ist und ich als Kunde oder ich als Gast im Urlaub bin, möchte ich eher hingehen, wenn ich will und nicht wenn der andere will.
> **Pl5:** Da ist klar, dass auch einige motivierte dabei sind, das ist ein kleiner Markt. Die Interessierten, das ist ja auch der Markt für uns und hauptsächlich der Schlechtwetter-Markt, d. h. der kommt nicht primär für die Kultur.

## 7.2.1 Kulturtouristen

Die Annahmen über die »typischen« Kulturtouristen, die als Zieldestination die Region Südtirol wählen, ergeben ein insgesamt detailliertes Profil. In Bild 7.6 wird das kulturell motivierte Touristensegment skizziert.

Während ein Segment von Kulturtouristen vor allem mit den Konsumenten von Hochkultur bzw. Besuchern renommierter Festivals in Verbindung gebracht werden, stellt für andere Schichten die Einzigartigkeit der Verbindung von kulturellen Angeboten (bspw. zwischen Natur und Kultur) und der Vielfalt der Kultur die wesentliche Anziehungskraft der Destination dar (*Ag2*). Häufige Nennungen im Zusammenhang mit »Kulturtouristen« sind einzelne Festivals, wie bspw. »XONG«[1], die Burgen und Schlösser, Bauernhöfe, Traditionen und die (Kultur-)Landschaft (*Be4*).

In der Kultur wird in oftmaligen Nennungen allerdings auch nur ein reines Zusatzangebot gesehen, das für die multioptionalen Interessen erlebnisorientierter Touristen nur einen Teil ausmacht (*Je2*). »Echte« Kulturtouristen sind durch ihren hohen Grad an kultureller Motivation gekennzeichnet und sehen somit im kulturellen Angebot den Hauptgrund für den Besuch einer Destination (*Dv4*). Ihnen ist gemeinsam, dass sie einen hohen Bildungsgrad aufweisen bzw. kulturelles Hintergrundwissen besitzen, hohe Erwartungen und Ansprüche an den Urlaub stellen und dementsprechende Qualität einfordern (*Fz1*).

> **Ag2:** Ich glaube, was den Kulturtouristen an Südtirol anlockt, ist wohl also die Verbindung eben von Landschaft mit dem kulturellen Erbe, das sich also in den Städten, in den Altstädten, in den Burgen aber auch in den Höfen, in den Kirchen usw. niederschlägt.
> **Be4:** Ich glaube, die Kulturtouristen, wenn man so will, erleben, dass es noch ursprüngliche Bauernhöfe gibt, dass es ein Brauchtum gibt, das gelebt wird, dass wir mehr Musikkapellen haben, als die meisten. Dass wir noch genau so viele Bauernhöfe haben wie Hotels, sozusagen.
> **Dv4:** Ich tue mich ein wenig schwer, ob ich dann diesen Typ von Besucher als Kulturtouristen bezeichnen will, weil das ist Fachpublikum, das kommt. Die kommen von weit her, weil die eine Uraufführung hören wollen, die es nur bei uns gibt, oder einen speziellen programmatischen Zuschnitt.
> **Fz1:** Kulturtouristen sind Touristen, die auf einem höheren Niveau sind, das sind Reisende, die gewisse Ansprüche haben und sich nicht das billigste Angebot suchen.
> **Je2:** Die Urlaube werden bekannterweise immer kürzer und auch immer vielseitiger, das Angebot wird immer breiter. Südtirol lockt den Kulturtouristen mit seiner Vielfältigkeit. Das Erleben mit allen Sinnen. Nur ein Bereich wird in Zukunft zu wenig sein.

### 7.2.2 Vermarktung und Anziehungskraft

Wie die Destination von Seiten der Kulturtouristen bzw. des Marktes wahrgenommen wird, hängt vorwiegend von der Art und Weise der Vermarktung ab. Die Kommunikation nach außen hat somit direkten Einfluss auf die Nachfrage, die sich

---

[1] ein Musikfestival, das traditionelle Musikdarbietungen, -werkstätten und Kulturwanderungen anbietet; siehe dazu auch Abschnitt 7.5.5 / S. 261 bzw. Bild A.1.

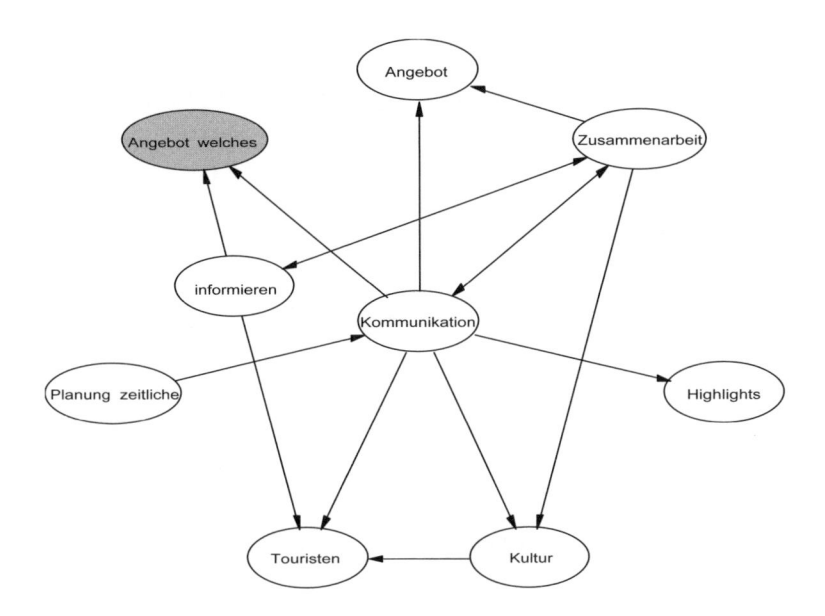

Bild 7.7: Kausalnetzgraphik »Kommunikation«, Verbindungen ≥ 2

durch hohe Besucherzahlen und externen Effekten wieder negativ auf die Attraktivität der Destination auswirken kann. Die folgenden zwei Abschnitte beschreiben diese Zusammenhänge detaillierter.

**Kommunikation nach außen**

Kommunikation nach außen wird als eine Maßnahme verstanden, die gemeinsam mit den Maßnahmen Zusammenarbeit, Information und zeitliche Planung positive Auswirkungen auf das kulturelle Angebot und die Gästezahl bzw. Kundenzufriedenheit hat (siehe Bild 7.7).

Eine verbesserte Zusammenarbeit zwischen den Akteuren ermöglicht somit eine bessere Vermarktung des Angebotes: Die Fülle an Informationen zum ohnehin schon übergroßen Angebot kann dadurch gebündelt an die Touristen weitergegeben werden (*Bj5*). Stärkere Aktivitäten in der Kommunikation nach außen sollten vor allem auch zu Gunsten einiger Highlights erfolgen, die durch eine starke Vermarktung für den Tourismus mehr exponiert werden müssten (*Re6*). Ein wichtiger Faktor zur Verbesserung in der Kommunikation ist in der zeitlichen Planung der kulturellen Ereignisse bzw. der Kulturseite zu sehen (*Bq8*). Tritt in diesem Punkt eine Verbesserung ein, so wird umgekehrt auch insgesamt die Zusammenarbeit zwischen den Akteuren gefördert, da es zu einem Nutzen für das gesamte Netzwerk führt (*Qk6*).

Ergebnisse der qualitativen Analyse

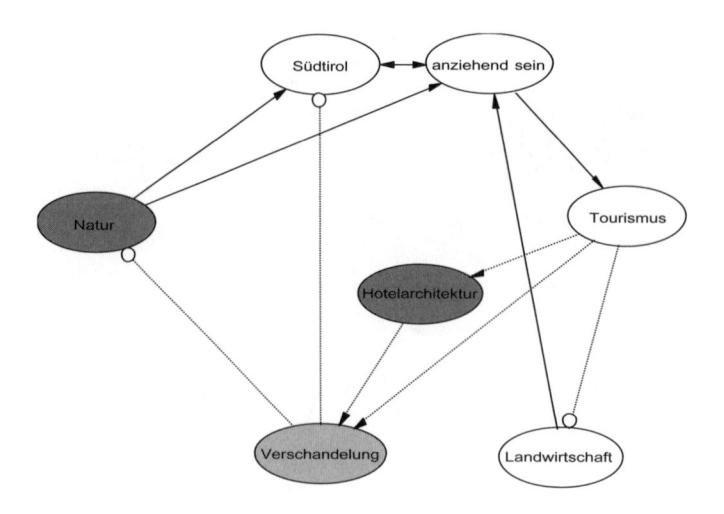

Bild 7.8: Zyklische Beziehung »anziehend sein«, Verbindungen ≥ 2

> Bj5: Wenn man das alles in einer Kommunikation preisgibt, die Information, dann hat man natürlich mehr Erfolg, als wenn man da immer wieder Stückchen losgeschickt werden. Das ist natürlich wie geballte Kraft. Aber ansonsten kann ich sagen, die Netzwerke bestehen noch nicht sehr bewusst, die sind erst in der Aufbauphase.
> Bq8: Die Leute wollen ein konkretes Programm. Hier ist erstmals die Kommunikation zu verbessern, dass man weiß, wo was passiert. Und nicht erst ein Monat im Voraus, sondern... Sondern die Planung muss besser gemacht werden, im Vorfeld.
> Qk6: Das ist ein komplexer Bereich, wo ich mich auch nicht auskenne, aber ich glaube, ich kann das recht gut, Leute finden, die eine Partnerschaft eingehen und ein Konzept entwickeln. Das geht dann weit darüber hinaus, als einfach nur eine Werbung schalten, da entstehen Netzwerke und Kommunikation.
> Re6: Nicht, dass alles verschwinden muss, aber dass man die anderen [Highlights] ein bisschen mehr profiliert mit Qualität und einer entsprechenden Kommunikation und Vermarktung.

### Attraktivität

Die Attraktivität der Urlaubsregion hängt von einer Vielzahl von Faktoren ab, die anhand eines Assoziationsnetzes nicht übersichtlich dargestellt werden können. Der Regelkreis in Bild 7.8 zeigt die kausalen Zusammenhänge zwischen den Variablen, die die Attraktivität und die Nachfrage beeinflussen, als ein rückgekoppeltes Wirkungsgefüge.

Demnach wird die Attraktivität Südtirols maßgeblich von der Natur und der Landwirtschaft (Kulturlandschaft) bestimmt (Jo3). Dies wirkt sich insgesamt positiv auf den Tourismus aus bzw. die Gästezahl steigt. Durch die negativen Folgen des Tourismus gibt es unmittelbare Einwirkungen auf die Kulturlandschaft der Region: Eine unästhetische Hotelarchitektur und eine allgemeine Verschandelung der Umwelt sind die Folge, was wiederum die Anziehungskraft des Zielortes schmälert (*Rs7*).

> **Jo3:** Ich glaube auch, die Kulturlandschaft ist ein großer Anziehungspunkt, dass es eben auch noch ländliche Siedlungen gibt, wo die Natur auch noch einen Platz hat. Wo man nicht alles verbaut bis zum letzten Quadratmeter und wo nicht alles zersiedelt wird.
> **Rs7:** Wenn schon, ist es die leichter betrügbare massentouristische Publikumsseite. Und für die kann ein Drei-Sterne-Hotel mit Zuckerbäcker-Romantik wirksam sein. Wird auch wirksam sein. Nur verschandelt es unsere Heimat. Gleichzeitig enttäuscht es aber tatsächlich anspruchsvolle, denken könnende Qualitätstouristen. Das mag auch idealistisch dumm sein von mir und für Praktiker, die einfach die harten Dollarnoten zählen wollen und nichts anderes.

### 7.2.3 Marktorientierte Verknüpfungen

Analysiert man die Assoziationen der »nachfrageorientierten Expertengruppe« mit dem Begriff »Kulturtourismus«, so fällt auf, dass die Netzwerkgraphik in Bild 7.9 aus gänzlich anderen Begriffen und Themen aufgebaut ist, als jene der »angebotsorientieren Gruppe« (Abschnitt 7.3.3 / S. 229).

Kulturtourismus wird hierbei als ein ubiquitärer Trend beschrieben (*Jd7*), mit dem verstärkte Werbetätigkeiten für kulturelle Veranstaltungen verbunden werden; dabei wird versucht, durch intensive, zielgruppenspezifische Bewerbung der sog. »Highlights« (*Fc1*), die durch ihre Strahlkraft eine zusätzliche Werbewirkung erzielen, ein internationales Publikum nach Südtirol zu holen (*Cc3*). Internationalität wird mit moderner Kunst und Kultur bzw. einem auch außerhalb der Region bekannten Festival klassischer Musik (Gustav-Mahler-Wochen) in Verbindung gebracht; beide Kulturangebote stellen durch ihre hohe Qualität besondere Attraktionspunkte dar.

Qualität schließt allerdings hohe Besucherzahlen eher aus, denn das Kulturangebot wird immer noch als ein Nischenprodukt verstanden, das in jedem Fall (sei es bei Festen, in der Gastronomie, in der Hochkultur, bei Festivals und im musikalischen Angebot) von gehobenem Niveau sein sollte (*Dy7*). Die Erwartungen der Touristen (Kundenorientierung) werden dabei genauso mit der Qualitätswahrnehmung in Verbindung gebracht (*Ir2*) wie die Inszenierung von Erlebnissen (Abschnitt 7.5.3 / S. 249).

> **Cc3:** Wir haben internationale Kontakte, wo man z. B. Wanderausstellungen nach Australien oder Amerika bringt, zum Thema Ötzi, um auf die Ausstellung vor Ort aufmerksam zu machen.

Ergebnisse der qualitativen Analyse

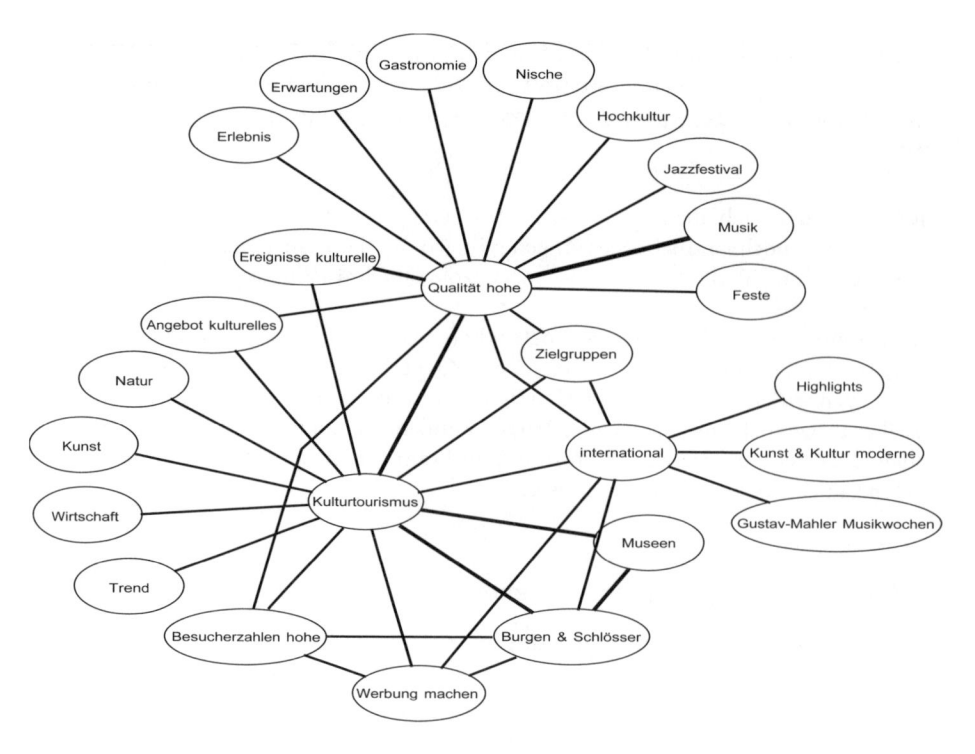

Bild 7.9: Netzwerkgraphik »Kulturtourismus«, nachfrageorientierte Expertengruppe, Verbindungen ≥ 3

> **Dy7:** Das hat auch mit meiner Arbeit, Position und meinem Begriff der Hochkultur zu tun, es ist vielleicht eine elitäre Position, aber ich glaube, dass die Touristiker noch mehr auf hochqualitative Nischenprodukte setzen können, um Spitzenleistung zu generieren. Es ist dann Wurst, ob am Ende vielleicht nur 30 Leute zusätzlich nach Tirol kommen, aber international habe ich das Land anders aufgestellt.
> **Fc1:** So wie in Wattens die Kristallwelten. Die sind auf weiter Flur konkurrenzlos. Dadurch ist dieses Wattens ein großer Magnet, also Anziehungsfeld. Und ich glaube, so kann man internationalen Kulturtourismus betreiben.
> **Ir2:** Ich denke, es gibt unterschiedliche Niveaus. Es gibt ganz hohe Niveaus, es gibt mittlere und niedere Niveaus. Also niedere Niveaus haben wir gerade vorhin angesprochen, vom qualitativen, von ihren Erwartungen her.
> **Jd7:** Den Kulturtourismus in Südtirol gibt es, den gibt es überall, den gibt es in der ganzen Welt, der wird verstärkt. Ich glaube, wenn ich mich mit dem Leben eines Bergbauern beschäftige, dann ist das auch Kulturtourismus.

## 7.3 Angebotsseitige Analyse der Ressourcen

Die Angebotsseite im KT wird hinsichtlich ihrer Ressourcen analysiert, die im gegenständlichen Vorhaben grob in Destinationsressourcen und kulturtouristischen Ressourcen eingeteilt wurden. Die Akteure in der Angebotsgestaltung bzw. der touristischen Dienstleistungskette werden im darauffolgenden Abschnitt 7.4 / S. 230 näher betrachtet, wenn es um die Analysen in Bezug auf die Zusammenarbeit und Netzwerke geht.

### 7.3.1 Destinationsressourcen

Als die Destinationsressourcen einer (alpinen) Destination können die Humanressourcen, finanziellen Ressourcen, Wissensressourcen und Fähigkeiten sowie die touristische Suprastruktur bezeichnet werden. Da das Datenmaterial keine stabilen Aussagen über das Management von Wissen und den speziellen Fähigkeiten einer Region zulässt, werden diese für die Analyse ausgeklammert bzw. wird die Fragestellung in Zusammenhang mit den Humanressourcen angeschnitten.

Auch die Bedeutung der natürlichen Ressourcen – Natur und alpine Kultur stehen in einer ständigen Wechselbeziehung zueinander – wurde bereits in den vorhergehenden Abschnitten (Abschnitt 7.1.2 / S. 205) erläutert, erfolgt in den Interpretationen der regionalen Ontologien kulturtouristischer Ressourcen ein weiteres Mal.

#### Humanressourcen

Während die »Ressource Mensch« im Dienstleistungssektor im Allgemeinen und im Tourismus im Speziellen von großer Bedeutung ist, herrscht im Falle des Kulturtourismus ein besonderer Bedarf an ausgebildeten Fachkräften (siehe Bild 7.10).

Die Verfügbarkeit von fachlich qualifiziertem Personal wird im alpinen Kulturtourismus sowohl wegen des allgemeinen Personalmangels als auch aufgrund der Ausbildung der Arbeitskräfte als mangelhaft bewertet (*Jo9*). Das Problem kann durch mehr Zusammenarbeit der Institutionen gelöst werden (*Cc6*), wobei vor allem die Kooperation mit Ausbildungs- und Weiterbildungsinstitutionen in den Vordergrund tritt. Der Bedarf an ausgebildeten Fremdenführern kann durch Kurse abgedeckt werden (*La3*), für Spezialisierungen bspw. in kultur- oder betriebswissenschaftlichen Fachbereichen wird die Wichtigkeit lokaler Bildungs- und Forschungseinrichtungen herausgestrichen (*Ex1*): Schulen und Universität sollen, auch durch die Unterstützung von Seiten der Politik, dazu angehalten werden, gemeinsam mit Kulturinstitutionen (bspw. Museen) die Aus- und Weiterbildung zu garantieren (*Kc7*).

Ergebnisse der qualitativen Analyse

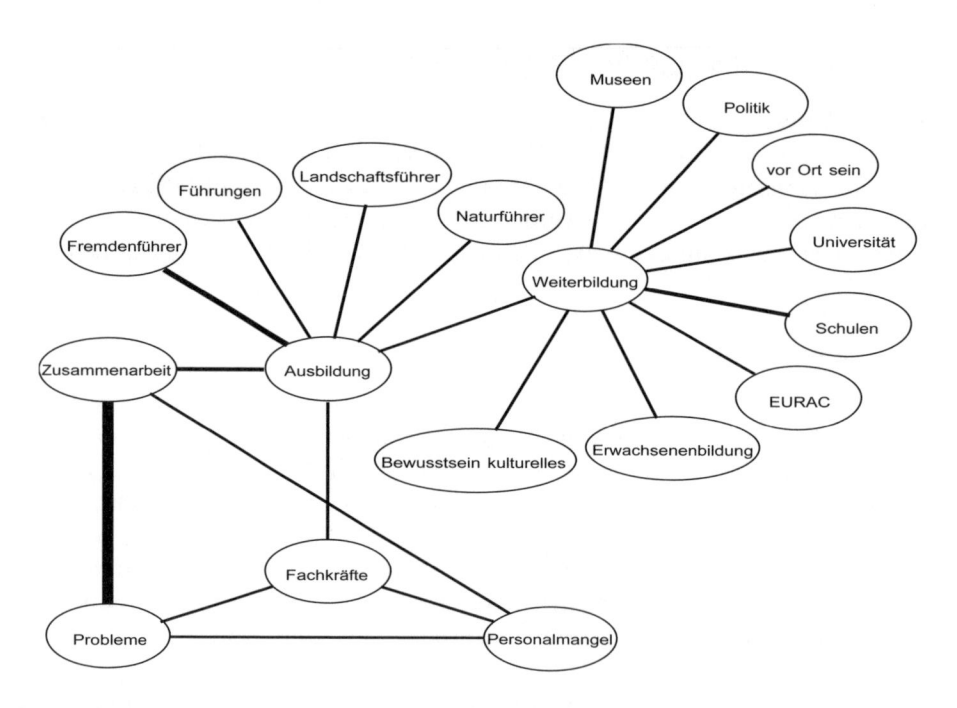

Bild 7.10: Netzwerkgraphik »Fachkräfte«, Verbindungen ≥ 3

---

Cc6: Durch dieses Netzwerk kann man sicherlich die Personalstruktur des Museums verbessern, damit einfach mehr Kapazität vorhanden ist, sodass man ein Vorhaben intensiver betreuen könnte.
Ex1: Also einmal als Kulturmanager, dort habe ich auch eine Ausbildung gemacht über die EU für das Kulturmanagement. Und habe jetzt die Ausbildung zum Fremdenführer gemacht, um eben auch Führungen, kulturelle Highlights, kulturelle Dinge wie Kunst u.s.w einem fremden Publikum vorzustellen.
Jo9: Nur fehlt es bei uns einfach noch an Menschen, die ausgebildet sind; das muss man sich bewusst machen. Auch fehlt es an den Initiativen, wie man die Leute an die Dinge heranführt.
Kc7: Da müsste einfach eine viel bessere Zusammenarbeit herrschen. Gerade wir als Tourismusland Nummer eins sollten auf eine viel bessere und bewusstere Zusammenarbeit zwischen der Politik, Gemeinde und Land, zwischen den Behörden und auch zwischen den Bildungsinstitutionen auf breiter Ebene, von der Schule bis zur Erwachsenenbildung, pochen.
La3: Kurse werden konkret auch mit dem Kloster Neustift, dem Bildungshaus, organisiert wo eine gemeinsame Ausbildungen zum Natur- und Landschaftsführer, Pilger, Begleiter erfolgt.

Angebotsseitige Analyse der Ressourcen

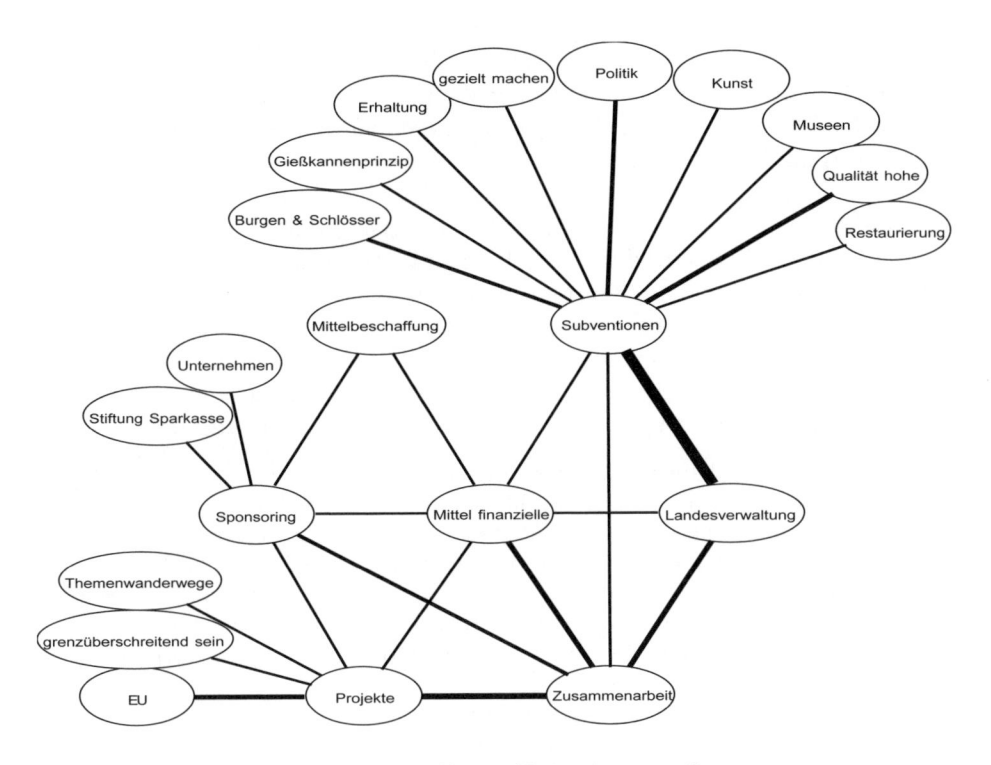

Bild 7.11: Netzwerkgraphik »finanzielle Mittel«, Verbindungen ≥ 3

**Finanzielle Ressourcen**

Die Beschaffung finanzieller Mittel stellt im Kulturbereich eine besondere Herausforderung dar: Wie aus Bild 7.11 ersichtlich, stehen für den Kulturtourismus die Subventionen der öffentlichen Hand, die Sponsoringbeträge privater Geldgeber sowie Geldmittel von Strukturförderungsprogrammen der Europäischen Union zur Verfügung.

Grundsätzlich gestaltet sich die Akquirierung von Geldmitteln einfacher durch den Auftritt in einem Netzwerk bzw. durch Kooperationen, als durch den Versuch einzelner Akteure (Sh7): Ein gemeinsamer Förderantrag erhöht die Chance auf größere Fördermittel, sei es bei privaten wie öffentlichen Geldgebern.

Projekte der EU stellen im Kulturbereich eine wichtige Säule der Finanzierung dar, vor allem grenzüberschreitende Kooperationen konnten dabei bspw. in Form gemeinsamer Themenwanderwege verwirklicht werden. Als positiv wird die Tatsache gesehen, dass diese Art der Förderung auch einen Entwicklungsprozess für die gesamte Region in Bewegung setzt und somit als Werkzeug für die Regionalentwicklung eingesetzt werden kann (Ry3).

Das private Sponsoring summiert sich durch die Beträge einer Banken-Stiftung (zusätzlich zu anderen Banken) und einer Vielzahl einzelner Unternehmungen unterschiedlicher Art und Größe. Hierbei wird besonders auf ein stärkeres Netzwerk gesetzt, was die Mittelbeschaffung professionalisieren würde (*Kp4*).

Öffentliche Fördermittel werden vor allem zur Erhaltung und Restaurierung kultureller Objekte (historische Bauten wie Burgen und Schlösser) oder mit Förderungen im Museums- und im Kunstbereich in Zusammenhang gebracht. Subventionen werden dabei als Steuerungsmittel für die Qualitätssicherung beschrieben, wobei die Wichtigkeit einer gezielten Unterstützung – im Gegensatz zum »Gießkannenprinzip« – zum Vorschein kommt (*Qf5*). Diese und weitere kausale Zusammenhänge, die es in der Subventionspolitik von kulturellen Objekten zu beachten gilt, werden in Abschnitt 7.5.5 nochmals vertiefend aufgegriffen.

> Kp4: Das sind so Initiativen, wo man sich schon in Vergangenheit mit dem Filmfestival gefragt hat, beim Kultursponsoring: Wie kommt die Kultur zu Geld?
> Ry3: Wir haben uns spezialisiert auf Interreg-Projekte und grenzüberschreitende Projekte im Bereich der Regionalentwicklung und der kulturellen Entwicklung.
> Sh7: So was müsste man fragen, ob es möglich ist, wenn man individuell bekannte Festivals wie Meran, Bozen, Toblach, Brixen usw., wenn man ein gemeinsames Marketing macht, dass man dann auch eine gemeinsame Akquise von privaten Sponsorgeldern erreicht.
> Qf5: Ich würde mir einmal Gedanken machen, was streben wir mit der Förderungspolitik an. Bei uns war in der Vergangenheit ein Gießkannenprinzip, jeder hat alles gekriegt, das war politisch angenehm, weil man viele Stimmen bekommt.

**Touristische Suprastruktur**

Vor allem zum Hotel- und Gastgewerbe finden sich verstärkt Aussagen in Verbindung mit Problemen. Bild 7.12 zeigt diese unterschiedlichen Zusammenhänge, wobei Abschnitt 7.5.5 / S. 254 die Hotelarchitektur nochmals gesondert analysiert.

Die Betreiber der Hotels und Pensionen nehmen als Mittler zwischen dem Gast und dem Angebot eine wichtige Rolle ein, da Informationen zum kulturellen Angebot weitergegeben werden sollten, was in vielen Fällen allerdings nicht zutrifft (*Ou1*). Kulturtouristen, die Veranstaltungen besuchen, zeichnen sich durch eine hohe Zahlungsbereitschaft aus, die nicht zuletzt für die hohen Renditen in der Hotelerie ausschlaggebend sind und auch insgesamt der Region zugute kommen (*Eb8*).

Neue Investitionen werden allerdings in die Erweiterung der Hotelanlagen getätigt, was als ein Fehler betrachtet wird. Um die Bettenzahlen nicht noch weiter in die Höhe zu treiben, wird aus diesem Grund ein Baustopp verlangt (*Ax3*). Auch tritt die Empfehlung nach mehr Differenzierung in den Vordergrund, da dem Gast nichts Eigenständiges mehr geboten wird; Wellnessanlagen können hierfür als ein Beispiel angeführt werden (*Bg2*).

## Angebotsseitige Analyse der Ressourcen

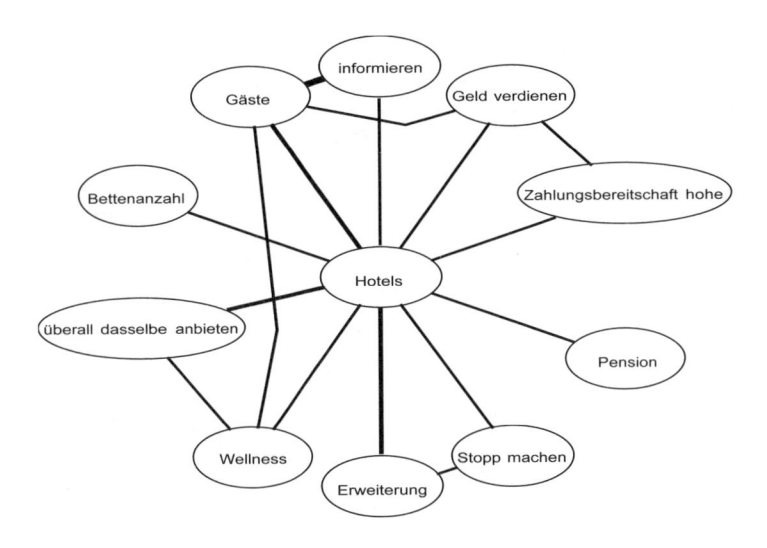

Bild 7.12: Netzwerkgraphik »Hotels«, Verbindungen ≥ 3

> Ax3: Wir können nicht mehr die Hotels ausbauen, genug jetzt. Und endlich einmal ein gescheites Raumordnungsgesetz her. Das, was wir jetzt haben, ist ja kein Raumordnungsgesetz. Da findet man ja wiederum 1000 Möglichkeiten. Ich weiß es auch nicht, wie der Kulturtourismus ausschauen müsste, aber da beginnt es.
> Bg2: Es gibt viele Wellnesshotels, bei uns natürlich wie überall, aber ich glaube, es macht wenig Sinn, wenn wir Gästen eine komplette exotische Palmenlandschaft bieten.
> Eb8: Wenn ich auf der anderen Seite Kultur-Höchstleistungen fordere, mit den größten Dirigenten und Pianisten usw., dann muss ich auch im Stande sein, jene Leute, die bereit sind, für die Eintrittskarte 50 € auszugeben, ein Hotelzimmer zu 200 € anzubieten und dementsprechendes bieten. Diese Strukturen sehe ich nicht.
> Ou1: Aber da muss noch mehr getan werden, damit der Gast weiß, welche Möglichkeiten er hat. Viele Gäste kommen von ihren vier Wänden gar nicht heraus. Weil der Gastwirt sagt: »Bleibt bei mir.« Und dort trinken sie dann mehr und gehen nicht hinaus. Aber das ist kleinkariert und kurzfristig gedacht.

### 7.3.2 Kulturtouristische Ressourcen

Kulturtouristische Ressourcen werden den unterschiedlichen Formen des Kulturtourismus gemäß analysiert. Auffallend dabei ist, dass der sog. »Gebiets-Kulturtourismus« so gut wie keine Rolle im kulturtouristischen Angebot spielt, da es mit wenigen Ausnahmen (bspw. Weinstraße) keine Straßen kultureller Objekte gibt bzw. zwar Weinbau-Landschaften vorzufinden sind, diese allerdings nicht als bedeutende kulturlandschaftliche Sehenswürdigkeiten erachtet werden.

Ergebnisse der qualitativen Analyse

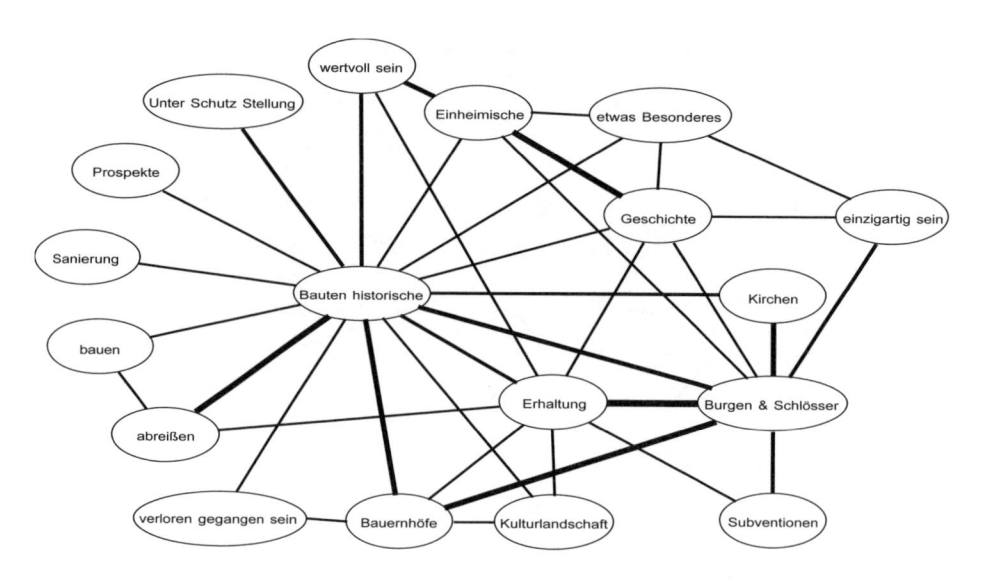

Bild 7.13: Netzwerkgraphik »historische Bauten«, Verbindungen ≥ 3

## Objekt-Kulturtourismus

Kulturelle Objekte sind bedingt durch ihre Einbettung in die Landschaft stark mit ihrer Umwelt verknüpft und sind durch ihre Entwicklungsgeschichte mit den intangiblen Facetten von Kultur verbunden. Subventionierung wird hierfür als eine Möglichkeit zum Erhalt dieser Ressourcen betrachtet und garantiert die weitere Nutzung bzw. die Aufrechterhaltung des Betriebes.

### Historische Bauten

Vor allem die Verknüpfung von historischen Bauten wie Burgen und Schlösser, Bauernhöfe und Kirchen mit der Geschichte wird aus Bild 7.13 ersichtlich.

Als physische Manifestation von Geschichte haben historische Bauten nicht nur für die einheimische Bevölkerung einen besonderen Stellenwert (*Qw1*), sondern werden auch für die Tourismuswerbung – insbesondere als Motive für Werbeprospekte – als besonders wertvoll erachtet (*Dj7*). Aus diesem Grund ist der Schutz und die Erhaltung (Sanierung in Form einer Restaurierung) der Objekte ein wichtiges Thema (*Ok1*) und ihre Subventionierung aus diesem Grund eine wichtige Maßnahme (*Hp6*). Die Einzigartigkeit der Objekte, die nicht zuletzt auch durch die Verbindung mit der Geschichte gegeben ist, wird als ein Erfolgsfaktor für den Tourismus angesehen (*In3*). Gefahren für die Vernichtung des beschriebenen Wertes werden vor allem in der regen Bautätigkeit ausgemacht, wodurch viele kulturtouristische Ressourcen abgerissen wurden und einmalige Werte somit verloren gegangen sind (*Jn5*).

> Dj7: In einem Prospekt von 30 Seiten habe ich 25 alte Bauwerke gesehen. Da denke ich mir, die Gemeinden und Fremdenverkehrseinrichtungen sollten mal mit den Handwerkerzonen werben, dann weiß ich nicht, ob so viele Leute kommen würden.
> Hp6: Die privaten Kulturdenkmäler gehören mehr gefördert und das glaube ich wäre sehr wichtig. So wie es bei der Lamprechtsburg der Fall ist: Da kommen heute noch Leute, die in der Landeskunde oder in einem alten Buch gelesen haben, wie schön es früher gewesen ist im Garten unter den Nussbäumen.
> In3: Wir haben im Vinschgau oben die Churburg, die hat die größte Rüstungssammlung der Welt, eine sehr schöne Rüstungssammlung und die ist natürlich auch schön und die prägt. Die prägt sich selber und die Leute fahren eigens zum Teil da her, um diese einzigartige Burg anzusehen.
> Jn5: Wenn ich denke, wie viel an historischer Bausubstanz, wenn ich jetzt hinweise auf Brixen, Meran, auf Gröden, in den letzten Jahren wirklich verschwunden ist. Abbruch und Wiederaufbau. Wir haben enorm viel verloren.
> Ok1: Da würde ich fast auf der Linie dieser UNESCO sein, wo man ganze Gebäude und Regionen schützt, Stadtbilder schützt, die einen wertvollen Charakter haben.
> Qw1: Kulturtourismus hat für mich garantiert wenig mit Technik zu tun, Landschaften anschauen, Bevölkerung kennenlernen, in Gegenden wo historische Bauten sind, dort hinfahren. Zurückschauen, wie die Entwicklung in dem Gebiet war. Das nenne ich Kulturtourismus.

## Museen

Die Museenlandschaft in der Region zeigt sich als sehr facettenreich, wobei neben allgemeinen Ausstellungen, den Burgen und Schlössern bzw. den Bauernhöfen, die besichtigt werden können, die Landesmuseen, das Museum für moderne Kunst, das Bergmuseum, das Bergwerksmuseum sowie das Archäologiemuseum die häufigsten Nennungen verzeichnen (Bild 7.14).

Museen werden für den Tourismus einerseits als ein Zusatzangebot gewertet, das vor allem bei schlechtem Wetter für Gäste eine Alternative darstellt, andererseits bspw. im Falle des Archäologie- oder Bergmuseums als ein Hauptmotiv gesehen, wo hohe Besucherzahlen verzeichnet werden (*Oq1*). Das Angebot an Museen richtet sich allerdings nicht nur an Touristen, sondern auch an Fachleute und Einheimische. Einerseits werden Museen somit gemeinsam mit wissenschaftlichen Einrichtungen und Forschungsstätten bzw. den Schulen als Weiterbildungsinstitutionen angesehen. Neben ihrer Bildungsfunktion werden Museen allerdings vermehrt auch mit der Erlebnisorientierung der Besucher konfrontiert, die deswegen in der Gestaltung des Angebotes berücksichtigt werden sollten (*Pp2*).

Für Landesmuseen und kleinere Einrichtungen stellen öffentliche Gelder zur Finanzierung eine zentrale Stütze dar, wobei das dadurch entstehende Spannungsverhältnis zu privat geführten Einrichtungen als negativ angemerkt wird (*Im6*). Zunehmende Bedeutung wird im Museumswesen Card-Systemen (bspw. Landesmuseen bzw. regionale Destinations- bzw. Städtekarten) beigemessen, durch denen

## Ergebnisse der qualitativen Analyse

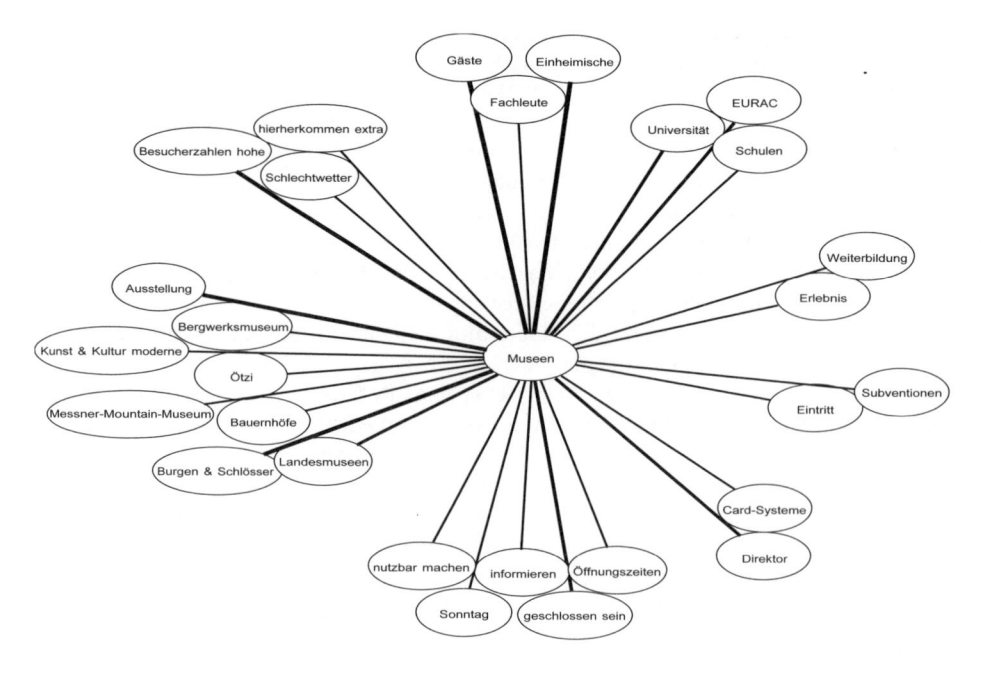

Bild 7.14: Netzwerkgraphik »Museen«, Verbindungen ≥ 3

ein Zuwachs an Besucher und Umsätze verzeichnet werden kann (*Mr3*). Netzwerke stellen in diesem Fall einen wichtigen Erfolgsfaktor dar, die allerdings auch und nicht zuletzt durch das Engagement der Museumsdirektoren initiiert werden (*Lr8*). Als Problemfeld werden die Öffnungszeiten und das diesbezügliche Informationsmanagement angesehen: Museen können durch uneinheitliche Öffnungszeiten bzw. den sonntäglichen Ruhetagen und einer ungenügenden Information nur erschwert von den Touristen genutzt werden (*Hi7*).

> Hi7: Was mir aufgefallen ist: Ich verstehe schon, dass das immer Personalprobleme sind, aber manche Museen haben z. B. sonntags geschlossen. Also das ist genau das, was meines Erachtens die Leute am meisten ärgert.
> Im6: Deshalb machen wir auch keine Gratiseintritte. Die anderen Museen lassen immer wieder Unmengen von Leuten hinein, weil sie vom Staat oder vom Land subventioniert sind und nur große Zahlen aufweisen wollen.
> Lr8: Weil wir sind ja verbunden mit all den anderen Museen. Es gibt ja die Körperschaft der Landesmuseen und da tauschen wir uns schon auch aus. Es ist einerseits eine Zwangsehe, die uns von außen aufgezwungen worden ist, die aber gar nicht mal so schlecht ist, die unsere Buchhaltung macht. Man hat dann irgendwann mal einen Direktor, mit dem man besser auskommt und zusammenarbeitet, den man dann auch anruft und etwas fragt.

Angebotsseitige Analyse der Ressourcen

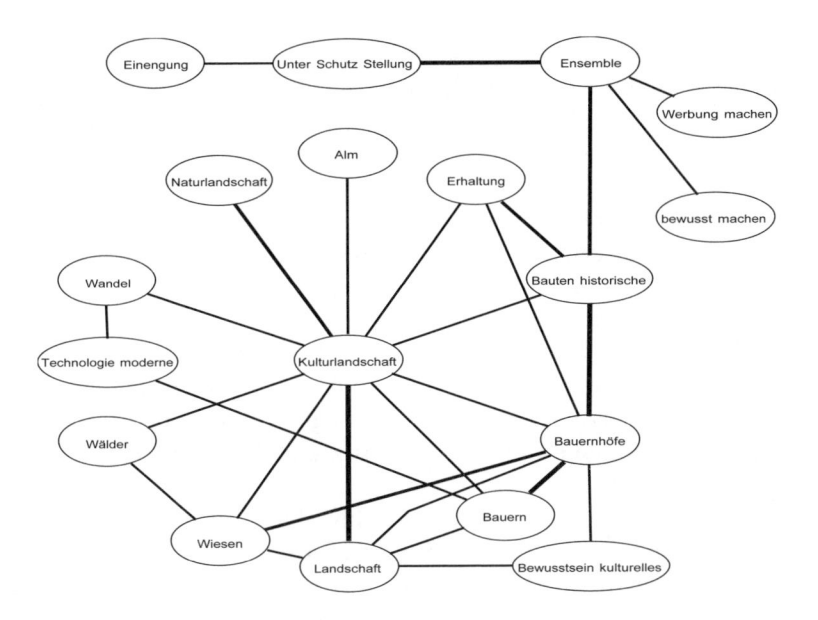

Bild 7.15: Netzwerkgraphik »Kulturlandschaft und Ensemble«, Verbindungen ≥ 3

> **Mr3:** Angefangen bei den Tickets: Wenn ich jetzt vom Praktischen ausgehe, wieder von mir ausgehe und ich irgendwo bin und es gibt drei Museen, dann gehe ich wahrscheinlich nicht in alle drei. Wenn es jetzt aber eine gemeinsame Karte gibt, wo alle drei dabei sind, dann ist der Anreiz, doch in alle drei zu gehen, größer.
> **Oq1:** Sicher gibt es einige Museen, für die man extra herkommt. Aber die Gäste kommen nicht nur wegen des Ötzimuseums, sondern sie kommen wegen des Ötzimuseum, weil es in Südtirol ist. Weil da das Rahmenprogramm stimmt. Das kulturtouristische Angebot gibt es schon zum Teil.
> **Pp2:** Das ist so, dass die Kunstelite, die Kulturbeflissenen, gesagt haben, so etwas, dass die Leute in die Museen gehen, das wollen wir ja gar nicht, wir wollen die Kunst. Das ist nicht gegangen, weil der Kunde rebelliert hat. Dann hat die Regierung gesagt, wir haben kein Geld mehr, ihr müsst euch selber den Markt erobern und müsst eine Mischung machen zwischen Erlebnis und Abenteuer.

### Ensemble- und Landschafts-Kulturtourismus

Gruppen von historischen Bauten müssen vor allem als eine Einheit mit der Kulturlandschaft begriffen werden, in der sie eingebettet sind. Natur und kulturelle Objekte stellen im Verbund somit einen weiteren Attraktionspunkt für den Kulturtourismus in Südtirol dar. Diese Untrennbarkeit von kulturellen und natürlichen Ressourcen wird in Bild 7.15 skizziert.

Die Tourismuswerbung nutzt besonders historische Bauten, die als Häufung auftreten bzw. die in der umgebenden Landschaft ein malerisches Bild ergeben (Jy2). Diese touristischen Motive sind jedoch wie die historischen Bauten in ihrer Existenz bedroht, da die Bautätigkeit im Land in diese einheitliche Strukturen eingegriffen hat (El8).

Hierfür gilt der Ensembleschutz als wichtige Maßnahme, um die Attraktivität von Landstücken, Dörfern und Innenstädten aufrechtzuerhalten. Dies wird vielfach aber als weitere Einschränkung von Entwicklungsmöglichkeiten gesehen und ist aus diesem Grund auch negativ behaftet (Pg7).

Wiesen, Almen und Wälder werden in ihrer Gesamtheit als Kulturlandschaft (oftmals auch rein als Landschaft) bezeichnet; sie gelangt allerdings erst durch die landwirtschaftliche Nutzung der Bauern zu ihrem wahren Wert (Hf6). Bauernhöfe bzw. Höfegruppen bilden durch ihre Einbettung in die alpine Kulturlandschaft Kultur-Natur-Ensemble.

Als problematisch wird in diesem Zusammenhang ein fehlendes kulturelles Bewusstsein gesehen, das den Entscheidungsträgern bzw. der einheimischen Bevölkerung diagnostiziert wird: Aus diesem Grund wird es als grundlegend erachtet, auf die Wichtigkeit dieser Ressourcen aufmerksam zu machen, um das kulturelle Bewusstsein zu stärken (Qv8). Des weiteren wird ein Wandel der Kulturlandschaft verzeichnet, der auch durch den technologischen Fortschritt und der damit einhergehenden Veränderung in der Landwirtschaft bedingt sein kann. Ein Wandel der Kulturlandschaft kann allerdings negative Auswirkungen auf die Attraktivität der Destination und auf die Qualitätswahrnehmung der Touristen haben (Hr2).

> El8: Und ich glaube, unsere Arbeit kann man auch kulturtouristisch nutzen. Aber es geht natürlich nicht an, wenn die Tourismuswerbung z. B. mit Objekten wirbt oder mit Landschaftsbildern oder mit Ensembles, die es nicht mehr gibt. Das passiert.
> Hf6: Und wenn ich höre, gerade jetzt hat der deutsche Bundespräsident gesagt: »Das wunderschöne Land Südtirol.« Da denken die Leute nicht in erster Linie an Kulturdenkmäler, auch nicht an die Kulturlandschaft. Die bäuerliche Siedlungslandschaft wird, glaube ich, nicht so sehr als Kulturlandschaft betrachtet, sondern mehr als eine naturnahe Landschaft, die von Bauern bearbeitet wird.
> Hr2: Da wird die Südtiroler Kulturlandschaft so verändert und in meinen Augen negativ verändert, dass das für den Kulturtourismus und für den Tourismus auf die Dauer sehr schlecht ist, weil die Leute, wenn sie nach Hause gehen, sagen: »Das ist nicht das Südtirol wie ich es erwartet habe.«
> Jy2: Mit Ensembles in einem Dorf kann man auch Werbung betreiben. Das sind Highlights des Dorfes.
> Pg7: Jetzt fängt man an, auf den Ensembleschutz Wert zu legen, aber erst seit ein paar Jahren und jetzt wehren sich die Leute auch dagegen. Was ich auch verstehe, wenn ich ein solches Gebäude selber besitzen würde. Das [Ensembleschutz] kommt aber alles sehr spät und da ist viel verloren gegangen.

## Angebotsseitige Analyse der Ressourcen

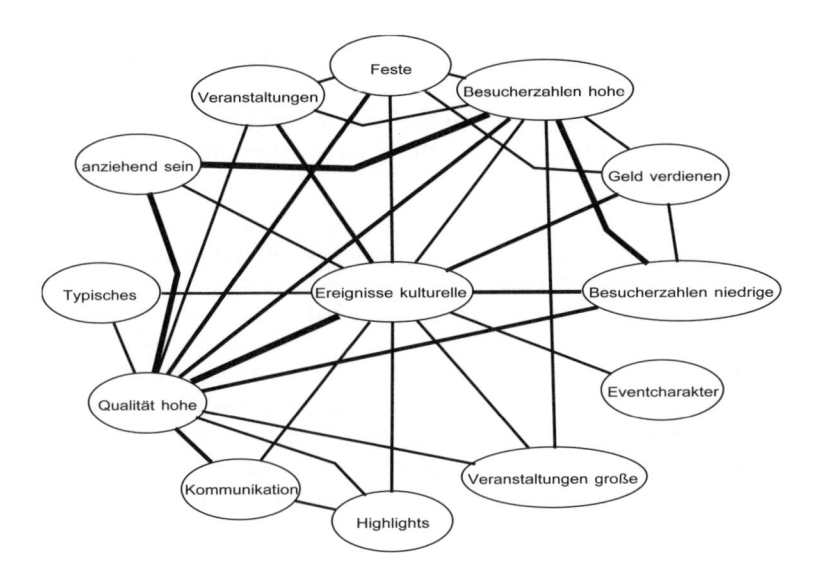

Bild 7.16: Netzwerkgraphik »kulturelle Veranstaltungen«, Verbindungen ≥ 3

> **Qv8:** Aber Kulturtourismus wird noch sehr lang keine große Rolle spielen, weil wir noch viel zu wenig Kultur in uns haben. Das ist sehr schwer, das dauert mehrere Generationen, dass wir uns wieder unserer Kultur bewusst werden. Weil das kann man ja nicht erzwingen, dieses Bewusstsein über die Kultur. Das muss einem ja Freude machen.
> **Rv6:** Alles wird noch raffinierter, die Elektronik usw. Aber die Kultur wird eher immer mehr zurückfallen. Man sieht ja mit allen technischen Entwicklungen, Verbesserungen hat der Mensch ja nicht mehr kulturelle Qualität erreicht.

### Ereignis-Kulturtourismus

Kulturelle Veranstaltungen stellen eine zunehmend wichtigere Ressource für den Kulturtourismus dar. Aus Bild 7.16 wird das zentrale Thema, das vorwiegend in der Qualität des Angebotes zu suchen ist, ersichtlich.

Kulturelle Veranstaltungen werden als lukrative Einnahmequellen beschrieben, die sich durch eine hohe Besucherzahl auszeichnen (*Ho1*). Bei großen Veranstaltungen leidet allerdings oftmals die Qualität des Angebotes, das vor allem mit kleinen Veranstaltungen und einer dementsprechenden Besucherzahl in Verbindung gebracht wird (*Ds5*). Sog. »Highlights« bzw. Veranstaltungen mit Eventcharakter seien zwar ein Attraktionspunkt für den Tourismus jedoch sollte die Qualität immer gewahrt werden. Feste, wie sie vor allem in Dörfern, Städten und Talschaften stattfinden, gelten dabei als besonders verbesserungswürdig. Der Eventcharakter kultureller Veranstaltungen ist für einen qualitativ hochstehenden Kulturtourismus dabei nicht förderlich (*Ix3*).

Eine Verbesserung der Qualität bietet bessere Möglichkeiten für die Kommunikation nach außen und wirkt sich auf die Wahrnehmung einer Destination aus (Abschnitt 7.2.2 / S. 211).

> Ds5: Weil wir haben oft gute Veranstaltungen auf den Burgen, die aber dann auch begrenzt sind, da kommen nur bis zu hundert, hundertfünfzig ausgewählte Leute, die sehr gute Multiplikatoren für ein zweiten Besuch haben.
> Ho1: Es muss nicht alles, meines Erachtens, das große Geld bringen. Es muss meines Erachtens nicht alles mit Events und was weiß ich was, verbunden werden.
> Ix3: Also die Gefahr besteht schon, dass man in Richtung Eventkultur geht und da muss man unbedingt auf Qualität achten. Also schon Event, für eine gewisse Schiene, aber jetzt nicht nur mehr Hüpfburgen vor Museen und solche Dingen. Das ist für mich schon sehr eventmässig. Oder Speckfest oder solche Dinge, was ja auch Kulturtourismus ist.

### Gastronomischer Kulturtourismus

Die Stärken des kulinarischen Angebotes sind vor allem in der regionalen Produktion zu suchen. Ob in der Weinerzeugung oder in der Zubereitung regionaler Gerichte, die Bedeutung typisch lokaler Produkte für die Gastronomie wird aus der Bild 7.17 ersichtlich.

Die landschaftliche Schönheit stellt gemeinsam mit dem gastronomischen Angebot ein Hauptmotiv für den Besuch von Südtirol dar (*Sd2*). Regionalität und typische lokale Gerichte sind demnach eine Möglichkeit, sich im Angebot zu differenzieren (*Ew1*). Einzigartigkeit und Qualität der lokalen Produkte stellen ein wichtiges Kriterium in der Gastronomie dar; gastronomische Qualität wird auch mit Authentizität im Angebot in Verbindung gebracht, die als ehrliche Gastfreundschaft aufgefasst wird (*Nj5*).

Regionale Gerichte (bspw. Knödel) und lokale Weine sind einerseits ein Genussfaktor für Urlaubsreisende, tragen andererseits aber auch zum »Erleben« einer Region bei: Als Beispiel werden hierbei Fleischgerichte genannt (bspw. Rind bzw »Kuh«), deren Zubereitung von der Aufzucht bis zur fertigen Speise für einen Touristen verfolgt werden kann (*Gx8*).

> Ew1: Sondern das äußert sich auch in unsichtbaren Dingen wie echte Gastfreundschaft, nicht das Allerweltsessen, nicht das Allerweltsangebot, sondern etwas, was auch hier lokal verwurzelt ist. Das heißt nicht, dass es überall nur Knödel und Speckbretteln geben soll.

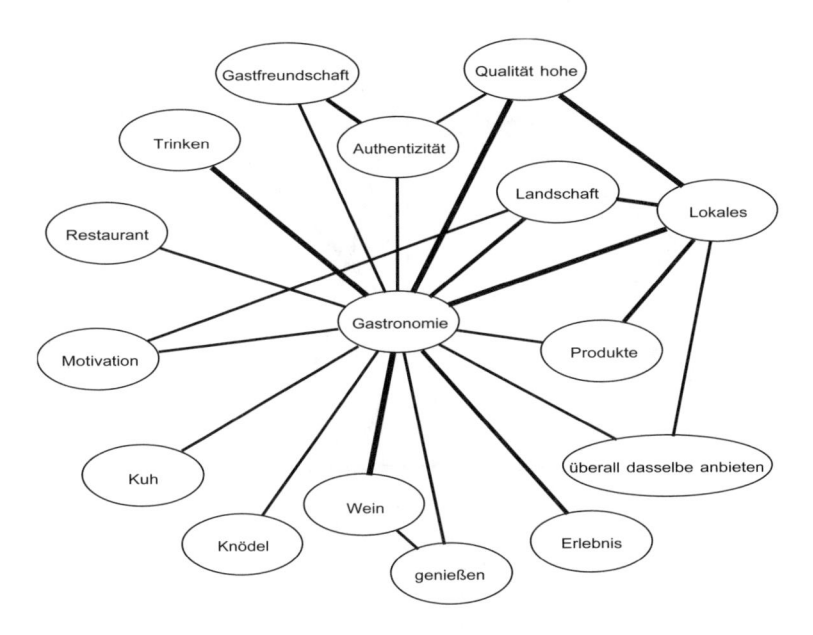

Bild 7.17: Netzwerkgraphik »Gastronomie«, Verbindungen ≥ 3

> Gx8: Ich bin einmal so extrem gewesen, dass ich meinte, ich mache ein Angebot, wo ich sage: »Kommt hierher, wir schlachten mit euch eine Kuh und das Fleisch essen wir.« Mein Gott, wenn du Fleisch isst, dann musst du doch auch irgendwann einmal bereit sein, zuzusehen, wie eine Kuh geschlachtet wird.
> Nj5: Wir haben ja schon vieles, wir sind eigentlich eine glückliche Region. Wir haben das Wetter hier besser als andere Regionen, bei uns kann man gut essen und die Leute sind freundlich, sind bis zu einem gewissen Punkt auch noch authentisch. Das Angebot passt.
> Po1: Man müsste schauen, was die Erfolgsfaktoren sind. Wenn man von Kultur und Gastronomie spricht, das ja ein Erlebnis ist, dann muss man schauen, was der Erfolgsfaktor davon ist.
> Sd2: Ins Hochpustertal kommen die Gäste der Berge, des Ambientes, der Qualität, die in Hotellerie und Landschaft angeboten wird, der Qualität des Essens, auch der emotionalen Verbindung als zweites Zuhause wegen.

### Soziokulturtourismus

Die Bedeutung intangibler kultureller Ressourcen für den Kulturtourismus wurde bereits im Fall von »Geschichte« beschrieben. Darüber hinaus zählen auch Traditionen und Brauchtümer zur Soziokultur einer Destination. Eine Interpretation

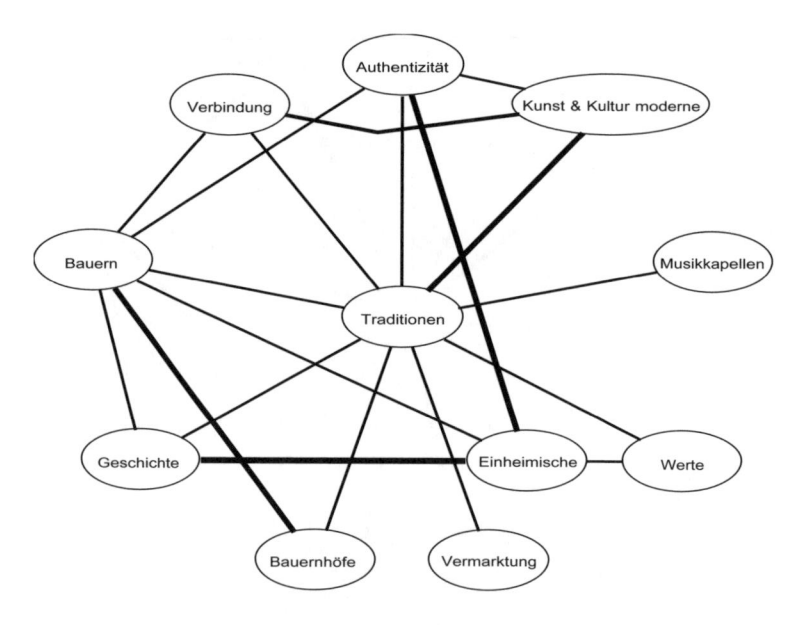

Bild 7.18: Netzwerkgraphik »Traditionen«, Verbindungen ≥ 3

der dazugehörigen Bild 7.18 gibt weitere Aufschlüsse über die Wichtigkeit des intangiblen Angebotes.

Geschichte, die bäuerliche Kultur und Musikkapellen werden in Verbindung mit den Traditionen gebracht (*Lz7*). Der einheimischen Bevölkerung kommt als Träger traditioneller Werte eine besondere Rolle zu: Die Authentizität von Brauchtümern wird nämlich als ein entscheidender Punkt betrachtet, wobei authentische Darbietungen stets durch Einheimische erfolgt, die diese Traditionen ungekünstelt leben (*Ei2*). Gefahren bei der touristischen Nutzung und Vermarktung von Volkskultur wird dabei in einem folkloristischen Angebot gesehen, bei dem einzelne Elemente einer durch Erzählungen überlieferten Kulturgeschichte für kommerzielle Zwecke genutzt werden (*Mt8*).

Die traditionellen Werte werden einerseits als ein Alleinstellungsmerkmal für den Tourismus in alpinen Destinationen betrachtet (*Ki4*). Zum anderen wird allerdings gerade die Verbindung von Brauchtum mit der Moderne als erfolgskritisch bewertet, wodurch etwas Regionaltypisches und somit Einzigartiges auch in anderen Kulturbereichen entsteht (*Ga3*).

> Ei2: Ich bin auch sehr interessiert an lokalen Traditionen. Aber ich bin der Meinung, das merkt man sofort, ob das authentisch ist, ob das eine gestellte Zeremonie ist oder ob da noch ein Bedürfnis, ein Geist, ein Mythos dahinter ist.

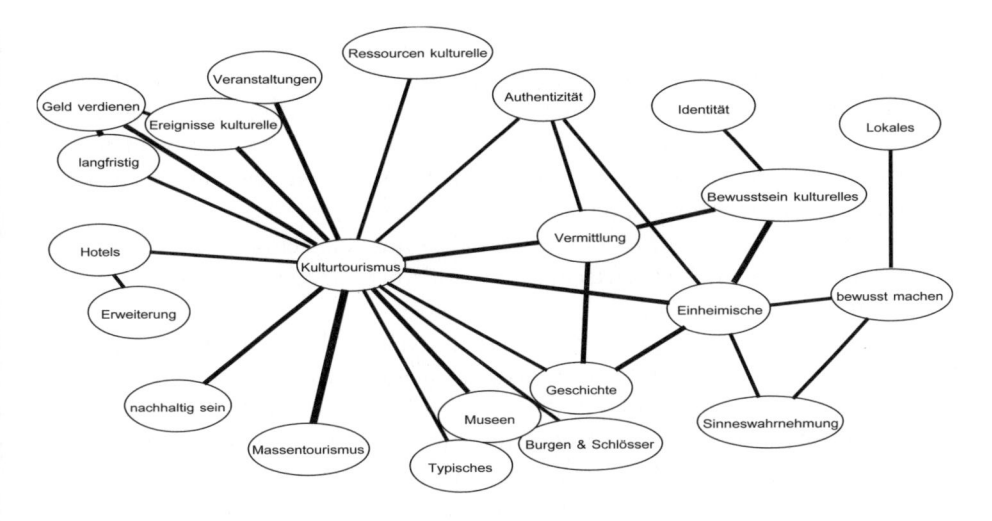

Bild 7.19: Netzwerkgraphik »Kulturtourismus«, angebotsorientierte Expertengruppe, Verbindungen ≥ 5

> Ga3: Wir von der zeitgenössischen Kunst werden sicher versuchen, das Internationale mit dem Lokalen zu verschmelzen und zu befruchten. Das ist sicher dann auch interessant für den außenstehenden Besucher, der von außen kommt, etwas sehr Typisches zu finden, auf hohem Niveau.
> Ki4: Das andere haben sie daheim, das Moderne. Da haben sie das Traditionelle, wo die Leute noch richtig die steilen Höfe bearbeiten, wo Fleiß zu Hause ist. Die Landschaftspflege und die Liebe zur Heimat.
> Lz7: Bei uns hier speziell lockt einen Kulturtouristen sicher der ganze Bereich Brauchtum, Folklore, alles was mit Musik und Blaskapellen zu tun hat, an. Es zieht alles das an, das früher vom deutschen Touristen, jetzt auch zunehmend beim Italiener in die Kategorie »Tiroler Brauchtum« eingeordnet wurde, an.
> Mt8: Ich habe Bauchweh, wenn ich da dabei bin. Als Privatperson und als Wissenschaftler ist es mir als Außenstehender egal, wenn da Volkskultur vermarktet wird. Aber wenn man selbst da involviert ist, dann kann es einem nicht mehr egal sein. Weil da die Erzählüberlieferung auch als ein Teil der Volkskultur vermarktet wird.

### 7.3.3 Ressourcenorientierte Assoziationen

Die »angebotsorientierte Expertengruppe« lässt durch die Assoziationen mit dem Begriff »Kulturtourismus« im Unterschied zur »nachfrageorientieren Gruppe« (Abschnitt 7.2.3 / S. 213) ein Begriffsnetz mit fünffachen Assoziationen wie in Bild 7.19 entstehen.

Als ein erster Aspekt tritt das Thema der Nachhaltigkeit in den Mittelpunkt: Zwar wird eingeräumt, dass durch kulturelle Veranstaltungen hohe Renditen möglich sind, dass die Gefahren eines dadurch favorisierten Massentourismus' allerdings mit einberechnet werden müssen. Kulturtourismus nimmt mancherorts die Auswirkungen eines massentouristischen Phänomens an, gerade in Bezug auf touristische Hochburgen oder die touristische Suprastruktur (*Jv3*); bei einer bewussten Planung wird das Segment aber als »Dauereinrichtung« bezeichnet, die, langfristig gesehen, neben wirtschaftlichem Erfolg auch einen sanften Umgang mit den natürlichen Ressourcen erwarten lässt (*Bn7*).

Hierbei tritt die Wichtigkeit der Authentizität in den Vordergrund und die Bedeutung intangibler kultureller Ressourcen (Geschichte, Typisches) tritt zum Vorschein (*Aq1*). Besonderes Augenmerk gilt der Vermittlung des Authentischen und Intangiblen, die mit der Identität der einheimischen Bevölkerung in Verbindung gesetzt wird (*Ln9*). Für Einheimische, die in das kulturtouristische System stärker eingebunden werden, soll durch Bewusstseinsbildung der eigenen Kultur und durch die Ansprache einer emotionalen Ebene wieder Regionalität spürbar werden (*Kc1*).

> **Aq1:** Ich glaube, das sind ganz kleine, aber einfache Sachen, die wir in der Vermittlung berücksichtigen müssen. Also einfach unsere Geschichte kennen und einfach authentisch sein.
> **Bn7:** Man muss sich im Klaren sein, was will man mit Kulturtourismus erreichen. Will man schnellen wirtschaftlichen Erfolg haben? Oder will man etwas, was nachhaltiger ist?
> **Jv3:** Und mit dieser quantitativen Erweiterung der Hotelbetriebe, die als qualitativ getarnt ist, erhalten wir immer mehr Betten. Dieser Weg ist meiner Meinung nach total falsch. Wir müssen einfach wieder einen Qualitätstourismus betreiben. Gerade im Sinne von Kulturtourismus.
> **Kc1:** Wichtig wäre, dass man sich Zeit nehmen müsste, im Sinne eines Qualitätstourismus, eines Kulturtourismus, diese brachliegenden Potentiale offen zu legen. Zu erforschen, zu begründen, bewusst zu machen, wahrzunehmen.
> **Ln9:** Ich glaube dieses Verinnerlichen der Werte ist sehr wichtig. Der Schnalser Hotelier muss wissen, was die Ladiner sind. Der Schnalser Hotelier muss wissen von den 60er Jahren, von den Bomben. Er muss im Stande sein, eine wertfreie Auskunft zu geben, einem Italiener wie einem Deutschen. Die dürfen nicht unterschiedlich sein.

## 7.4 Zusammenarbeit und Netzwerke

Als Analyse zur Netzwerkperspektive können all jene Assoziationen und Kausalitäten aus dem Datensatz verwendet werden, die mit dem Begriff der »Zusammenarbeit« verbunden sind. Zusammenarbeit wird dabei als ein synonymer Begriff zu Kooperationen oder Netzwerke betrachtet. Das Datenmaterial wird in den folgenden Abschnitten auf die relevantesten Themenbereiche des Netzwerkgedankens hin analysiert und erste Zusammenhänge im Bereich der Netzwerkbildung in einem Ursache-Wirkungs-Graph dargestellt.

### 7.4.1 Netzwerkgedanke

Das Erfahrungswissen zu den Netzwerken im Bereich Kultur und Tourismus wird besonders hinsichtlich der beteiligten Akteure, der Netzwerktypen, ihrer positiven und negativen Auswirkungen und hinsichtlich des Managements untersucht.

**Partner und Akteure**

Eine Vielzahl an (potentiellen) Partnern und Akteuren müssen für die Bildung von Netzwerke berücksichtigt werden. Aus Bild 7.20 wird ersichtlich, dass es bei Kooperationen einer Einbindung verschiedenster Institutionen und Organisationen aus der Politik, Wirtschaft, Landwirtschaft, Kultur und Tourismus sowie unterschiedlicher Branchen (bspw. Hotel- und Gastgewerbe) und Bereichen (bspw. der Landschaft und Traditionen durch Natur-, Umwelt- und Traditionsverbände) bedarf (*Ax4*).

Für ein funktionierendes Fremdenverkehrssystem wird die Zusammenarbeit der Akteure in der *touristischen Dienstleistungskette* – der Gastronomie, Hotellerie, der Tourismusverbände, Tourismusvereine und der Dachorganisation – als eine allgemeine Grundlage angesehen, die als Voraussetzung gelten (*Gy5*). Im Bezug auf Netzwerke im Kulturtourismus wird vor allem auf die Notwendigkeit einer guten Kooperation zwischen der Kultur- und der Tourismusseite verwiesen (*Kl4*).

Auch finden sich zahlreiche Hinweise auf die Zusammenarbeit mit *kulturellen Veranstaltungen*, Eigentümern und Verwaltern von *kulturellen Objekten* wie Burgen und Schlössern oder Museen und auch einer stärkeren Verbindung mit Aus- und Weiterbildungseinrichtungen wie Universitäten und Schulen (*Dg1*). Auf *individueller Ebene* hängt die Zusammenarbeit stets vom Engagement einzelner Persönlichkeiten, Künstlern, Kulturveranstaltern, Fachleuten, Bürgermeistern und Vertretern von Vereinen ab (*Pz2*). Partnerschaften zur Bewerbung der kulturellen und touristischen Angebote werden auch in Verlagen von Fachzeitschriften gesehen, die sich an ein spezialisiertes Publikum richten (*Bh7*).

Des weiteren sind *öffentliche Einrichtungen* wie die Landesverwaltung oder das Landesamt für Kultur besonders in Hinblick auf die Vergabe von Fördermittel wichtige Knotenpunkte. Die *lokale Verwaltung* (Gemeinde- und Stadtverwaltung) und *politischen Vertreter* sind ebenfalls Ansprechpartner zum Aufbau von Netzwerken, da sie als Befähiger und Initiatoren kooperativer Initiativen angesehen werden (*Sg6*).

Auch der Einbindung weiterer Stakeholder in Kulturtourismus-Netzwerken wie bspw. Gäste und Einheimische wird verstärkt Bedeutung beigemessen. Hierbei wird eine Zusammenarbeit mit den beiden genannten Gruppen nicht direkt angesprochen; vielmehr handelt es sich um Interessensgruppen, die durch den

## Ergebnisse der qualitativen Analyse

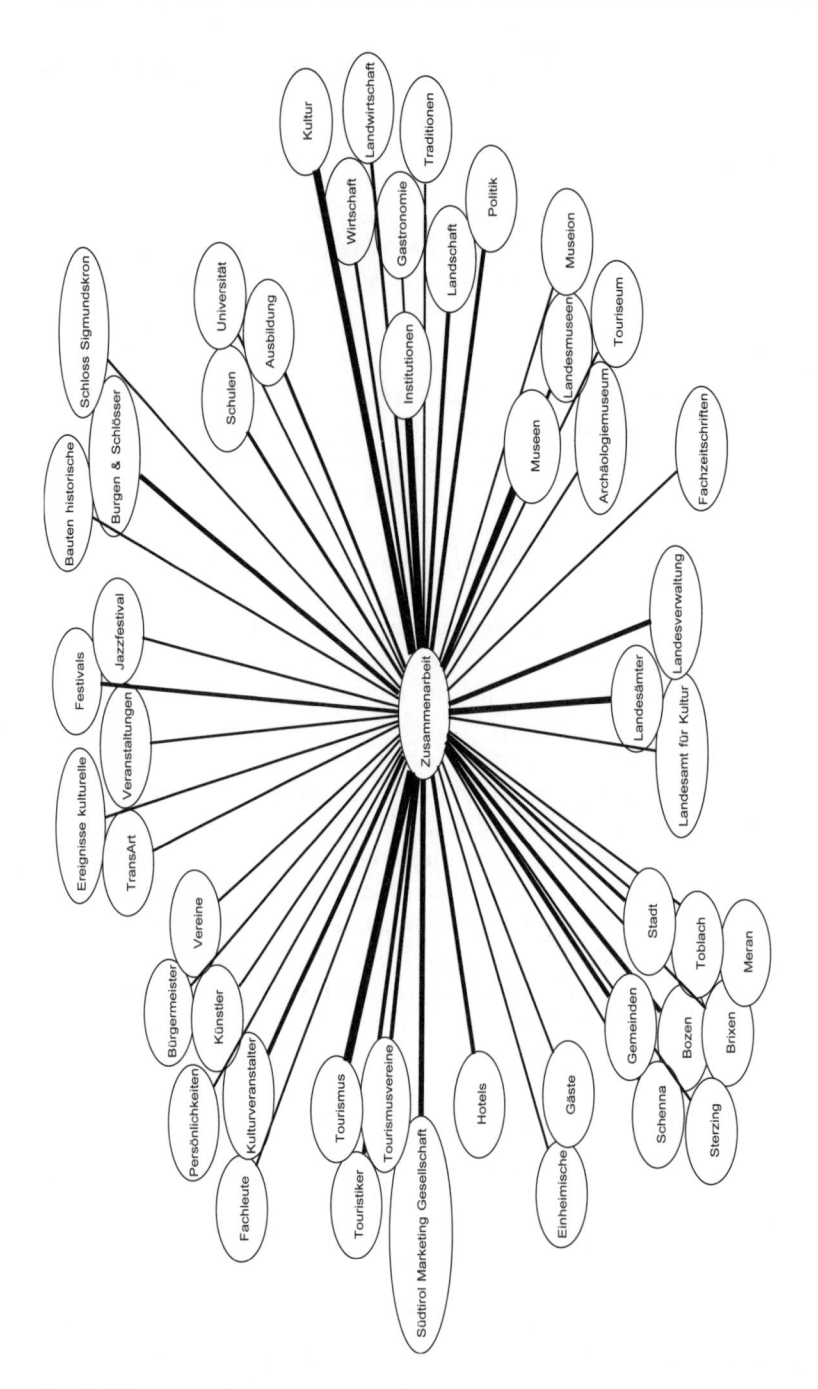

Bild 7.20: Netzwerkgraphik »Zusammenarbeit (Akteure)«, Verbindungen ≥ 3

Fremdenverkehr direkt in das DL-System involviert werden bzw. dadurch betroffen sind und somit stets in Verbindung mit dem Begriff »Zusammenarbeit« assoziiert werden (*Gx4*).

> **Ax4:** Es sollte ein Netzwerk geschaffen werden. Man kann dort aber nicht nur die Politiker hernehmen oder diejenigen, die in der Wirtschaft das Sagen haben. Aber man müsste Menschen hernehmen, die einfach die Sensibilität dazu haben.
> **Bh7:** Andererseits arbeiten wir auch sehr mit Zeitschriften und Magazinverlagen zusammen. Weg von dieser reinen Werbebranche, dass man auch sagt: »Wir arbeiten mit Journalisten zusammen und versuchen diese für Themen zu begeistern.« Für unsere Geschichte, für unsere Kultur, für Menschen, die da arbeiten und leben. Und dass sie diese einfach redaktionell aufarbeiten. Damit kriegt man natürlich eine größere Glaubwürdigkeit und auch eine größere Breite der Auflage.
> **Cc1:** Wir arbeiten sehr eng mit der SMG zusammen, die uns natürlich als Thema mittransportiert, wenn sie sich irgendwo im europäischen Ausland oder auch weiter weg präsentieren.
> **Dg1:** Das College nimmt in der Brunnenburg zwei Mal im Jahr einen Aufenthalt von Studenten wahr, ein Dutzend von Studenten. Das ist ein Beispiel, wo auf touristischer und wissenschaftlicher Ebene zusammengearbeitet wird.
> **Gx4:** Da gibt es noch viele, viele andere Beteiligte. Und plötzlich bin ich als Gast in der Landschaft und merke, ich bin zwar da, aber ich kann da und da und dort Angebote gemeinsam nutzen. Jetzt reden wir immer noch von Kooperationspotential innerhalb des Tourismus.
> **Gy5:** Zurück zur Kooperation. Die Koordinationsnetzwerke, die funktionieren. Bereichsintern, im Tourismus.
> **Kl4:** Wichtig ist, dass Kultur und Tourismus gut zusammenarbeiten und unter dem Motto »Gemeinsam sind wir stark« auftreten. Über verschiedene Probleme sollte ganz einfach offen und ehrlich gesprochen werden.
> **Pz2:** Als Präsident des Jazz Vereins mache ich so ziemlich alles, das geht von der Ideation des Festivals, in welche Richtung es gehen soll, welche Identität es haben soll, Sponsoren suchen, Netzwerke schaffen, Lobbying, wenn man es so will, musikalische Überaufsicht.
> **Sg6:** Da wäre auch die Politik gefordert, damit sie dieses Zusammengehen auch fordert von den Veranstaltenden.

**Themenfelder bei kulturtouristischen Netzwerken**

Netzwerken im Kulturtourismus werden besonders mit der Vermarktung (Marketing, Kommunikation, Werbung) und Koordination (zeitliche Planung, Abstimmung, Programmgestaltung) des Angebotes assoziiert. Diese Vorteile (wie auch mögliche andere Nachteile und Gefahren) sowie die Bestimmungsfaktoren, welche auf die Organisation im Netzwerk einwirken, werden in Abschnitt 7.4.2 durch Ursache-Wirkungs-Zusammenhänge vertiefend diskutiert und werden aus diesem Grund im Bild 7.21 auf der nächsten Seite ausgeklammert.

Ergebnisse der qualitativen Analyse

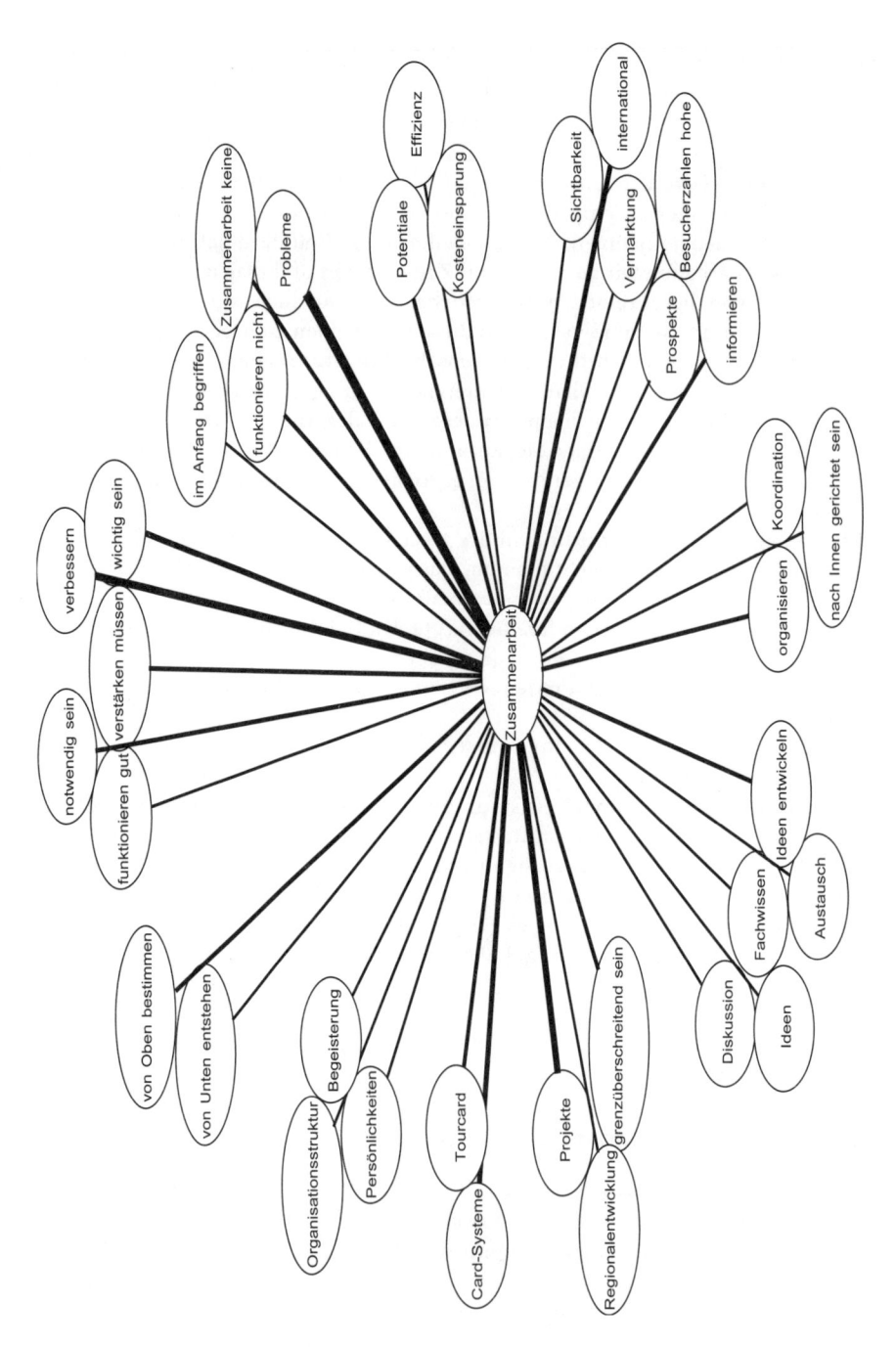

Bild 7.21: Netzwerkgraphik »Zusammenarbeit (Themenfelder)«, Verbindungen ≥ 3

Dabei treten Themenfelder in den Vordergrund, die ein Netzwerk und seine Charakteristika näher beschreiben. Einigkeit herrscht bspw. darüber, dass Kooperationen wichtig und notwendig sind und weiter ausgebaut werden müssen, da hierzu die Steigerung der Effizienz, Kosteneinsparungen, Synergieeffekte am häufigsten assoziiert werden (*Fx8*).

Vielfach wird allerdings auch ersichtlich, dass die bestehende Situation im Spannungsfeld zwischen Kultur und Tourismus verbesserungswürdig ist, dass Kooperationen in manchen Fällen zwar funktionieren, in anderen konkreten Fällen allerdings erst im Anfangsstadion sind; Zusammenarbeiten sind aus diesem Grund problembehaftet, bieten aber ein ungenutztes Potential (*Da3*).

> **Da3:** Der zweite Stolperstein ist der, dass die Zusammenarbeit zwischen den federführenden Verbänden und Stellen der Landesverwaltung nicht klappen wird.
> **Fx8:** Fahren Sie einmal nach Schenna. Schenna hat eine unglaubliche touristische Entwicklung. Das ist mir oft ein Rätsel, aber es ist so. Das funktioniert, weil sie eben sehr effizient zusammenarbeiten.

Netzwerke nach innen und nach außen

In Bezug auf die *Wirkungsrichtung* von Kooperationen lassen sich nach außen (außerhalb der Destination) und nach innen gerichtete Netzwerke (innerhalb der Destination, zwischen beteiligten Partnern) unterscheiden. *Netzwerke nach außen* werden mit internationalen Angeboten bzw. Besuchern verbunden (*Se8*), allerdings finden sich keine stabilen Ursache-Wirkungs-Zusammenhänge (resp. zyklische Beziehungen, siehe nächster Abschnitt) hierfür wieder; trotzdem wird in diesem Zusammenhang auf die Erschließung neuer Märkte hingewiesen – eine ausgeweitete Vermarktung, größere Sichtbarkeit oder ein vergrößertes Einzugsgebiet der Gäste weisen darauf hin –, wodurch Kooperationen auch mit wachsenden Besucherzahlen genannt werden (*Kz4*).

Durch Zusammenarbeit erfolgt auch ein Austausch an Informationen, Knowhow und Fachwissen innerhalb der Partnerschaft, wodurch der Wissenstransfer angeregt wird. *Nach innen gerichtete Netzwerke* werden dadurch tendenziell mit der Organisation und Koordination der Veranstaltungen genannt, wodurch die Prozesse zur Angebotsgestaltung effizienter durchgeführt werden könnten (*Dz7* bzw. siehe auch Abschnitt 7.4.2 / S. 242). Sie werden allerdings auch dazu verwendet, um kulturtouristische Produkte zu entwickeln: Bereichsübergreifende Kompetenzen und Fachwissen können somit zur Qualität eines Angebotes beitragen (*Eo5*). Ein Punkt dabei ist, dass Kooperationen neue Ideen aufgreifen oder entwickeln und als Diskussionsplattformen fungieren; Innovationen in Form alternativer Lösungen zu Problemen kann dadurch gefördert werden (*Gw8*).

> Dz7: Wenn man denkt, dass das bestehende Angebot von den Gästen genutzt wird, dann müssen sich beide Partner, Kultur und Tourismus gegenseitig helfen, ein koordiniertes Angebot zu erstellen.
> Eo5: Ich finde das einfach nicht richtig, weil wir könnten oder auch andere kulturelle Institutionen, Organisationen, die haben ja ein Potential an Wissen und Fachkompetenz, wenn es da mehr Vernetzungen gibt, dann gibt es ja einen gegenseitigen Zufluss, der enorm wäre.
> Gw8: In der Landwirtschaft hat auch jeder Bauer seinen Traktor, vielleicht 2 Maschinen, die er gar nicht brauchen täte, wenn man einfach bereit wäre uns über Zusammenarbeit grundsätzlich mal zu unterhalten. Da kann eine neue Idee in der Landschaft stehen, die man bespricht und diskutiert.
> Kz4: Was mir im Netzwerk fehlt, ist die Klarheit. Das die Grundsatzfrage ist: »Bin ich daran interessiert, dass eine Tourismusorganisation mir Leute bringt? Oder mir die Buchungsabwicklung leichter macht? Ja, ich will mehr Gäste oder mehr Eintritte.«
> Se8: Oder man macht ein Projekt, das Lied von der Erde, da braucht man natürlich hochkarätige Künstler und einer allein kann es sich nicht leisten, aber im Verbund mit fünf bis sechs Europäischen Aufführungsorten ist alles möglich – das ist meine Vision. Und dann bin ich der Meinung, dann kommt auch ein Mehrwert touristischer Natur zustande, weil es größere Aufmerksamkeit in der Presse produziert.

### Kultur- und Kultur-Tourismus-Netzwerke

Auch wird von Netzwerken gesprochen, die sich als Kompetenznetzwerke an der Entwicklung neuer Angebote beteiligen. Einerseits können diese auf eine spezielle Sparte im kulturellen Angebot begrenzt sein (bspw. als ein Netzwerk von Museen oder Veranstaltungen klassischer Konzerte, *If4*) andererseits sind diese auch in der Verbindung unterschiedlicher Kulturtourismus-Arten vorzufinden (bspw. in der Vernetzung zwischen kulturellen Objekten und Musikfestivals, siehe *Db9*).

Kooperationen werden auch zwischen touristischen Organisationen bzw. Einrichtungen und touristischen Attraktionspunkten eingegangen. Letzteres geschieht bspw. durch Destinationskarten-Systeme, bei denen Tourismusverbände mit den Hotel-/Gastbetrieben und (touristischen) Attraktionen aus den unterschiedlichsten Bereichen (wie im vorhergehenden Abschnitt 7.4.1 beschrieben) Kooperationen eingehen und das Angebot dadurch erweitern (*Ow5*). Verknüpfungen werden vielfach sogar auf andere Branchen ausgeweitet und können somit auch Partnerschaften mit bspw. dem Handel umfassen (*Oy1*).

> Db9: Beispiel, wenn eben in Schloss Sigmundskron draußen ein Jazzfestival stattfindet, so ist das eine sehr interessante und spannende Beziehung zwischen einem kulturellen und hochgradig aufgeladenen, malerischen Gebäude und einer Musikform, die in einem anderen Kontext entstanden ist, aber auf dieses Umfeld reagiert.
> If4: Eine gemeinsame Museumskarte, da bin ich sehr skeptisch. Das können die acht Landesmuseen machen, die tun das, finde ich gut. Wie es funktioniert, weiß ich nicht.

> Ow5: Sonst sind alle Schwimmbäder dabei, es sind die Museen fast alle dabei. Es sind auch Bonuspartner dabei, wenn ich z. B. in eine Pizzeria gehe, die da mitspielt, erhalte ich einen Aperitif. Oder ich bekomme bei einem Hotel einen Dessertteller, wenn ich diese Karte vorweise. Das ist ein bisschen was dazu.
>
> Oy1: Jetzt haben wir das als Aufhänger genommen und haben zwei/drei andere Veranstaltungen dazugepackt. Sprich Shoppingführer, wo der Kaufmann angeführt ist, wo er vernetzt ist auf unserer Homepage, wo er unter Shopping Sterzing verlinkt ist. Plus noch Weihnachtsmarkt dazu, wo er inseriert.

**Organisationsstruktur**

Die Frage, an welchen Typ von Netzwerken sich Kooperationen im Kulturtourismus-Bereich orientieren sollten, wird von den befragten Experten selbst aufgeworfen (*Rh4*). Allerdings gibt es nur spärliche Angaben über die Netzwerke selber. Ein Grund hierfür kann in den nicht existenten Kooperationen und somit mangelnden Erfahrungswerten mit Netzwerken liegen.

Allerdings finden sich Ergebnisse zur Führungsrolle, die von einem der Netzwerkpartner eingenommen werden soll; diesbezüglich herrscht die Meinung vor, dass solcherlei Netzwerke von »oben herab« geführt und auch organisiert werden müssen (*Nh2*). Auf der anderen Seite wird auch von der Notwendigkeit gesprochen, Netzwerke von alleine »wachsen« zu lassen bzw. es entstehen Kooperationen von alleine von »unten nach oben«, wenn es für einen bestimmten Zweck die Notwendigkeit gibt (*Me8*).

In jedem Fall aber hängt die Führung von Persönlichkeiten ab, die ein Funktionieren des Netzwerkes bewerkstelligen können. Die Fähigkeit, Menschen zu begeistern und zu motivieren und selbst mit gutem Beispiel voran zu gehen, wird dabei als grundlegende Leadership-Qualität benötigt (*Kk7*).

> Kk2: Ein paare Einzelne braucht es, die die Fäden ziehen, manche haben die Fähigkeit wie bspw. X der im Organisationskomitee ist, der hat die Fähigkeiten, Dinge zu organisieren und für das lebt und läuft er. Der Grundgedanke ist, nicht nur auf sich selbst zu schauen, sondern auf die Allgemeinheit.
>
> Me8: Du musst von unten hinauf, die Zusammenarbeit auch forcieren. Angefangen mit dem Theaterverein im Dorf. Dass man einfach erkennt, das ist wichtig, und dass von dem her sich die Zusammenarbeit von selbst ergibt.
>
> Nh2: Wenn, muss das ganz von oben kommen. Sprich auf politischer Ebene und auf kultureller Ebene. Dass die zusammenarbeiten wollen. Weil sonst passiert nichts. Sonst tut jeder weiter.
>
> Rh4: Kooperieren mit Museen, mit der Körperschaft der Museen. Wir haben da keine Struktur, d. h. wir haben eine ganz schlanke Struktur, deswegen ist die Kooperation nicht so sehr in der Ausführung oder in der Ideation oder in der Projektgestaltung, sondern eher in der politischen Abstimmung. Wir gehen hin als Repräsentanten, pflegen die Kontakte, in diesem Sinne.

## Regionalentwicklung

Netzwerke im Kulturtourismus werden als letztes angeführtes Themenfeld mit der nachhaltigen Entwicklung einer Region in Beziehung gebracht. Besonders Projekte, die im konkreten Fall häufig durch Fördermittel der EU unterstützt werden (*Kn1*), sind ein wichtiges Werkzeug dabei und stellen gerade für Grenzbezirke einen interessanten Aspekt zur Regionalentwicklung dar (*Rj5*).

> Kn1: Unsere Hauptaufgabe ist Destinationsentwicklung, Regionalentwicklung zu betreiben. In enger Zusammenarbeit in den letzten vier-fünf Jahren mit der Genossenschaft für Regionalentwicklung und Weiterbildung, wo wir Interreg-, Leader- und Zielprojekte gemacht haben.
> Rj5: Könnte auch eine Möglichkeit sein. Also die grenzüberschreitende Kooperation wäre für das Wipptal eine größere Chance, wie für das Unterland oder für Pustertal. Die haben genug und müssen auf ihre Sachen schauen und haben viel zu viel.

### 7.4.2 Ursache-Wirkungs-Zusammenhänge

Erste kausale Zusammenhänge zur Bildung von Netzwerken können in den folgenden zwei Abschnitten aufgezeigt werden. Auf weitere Ursache-Wirkungs-Zusammenhänge wird in Abschnitt 8.1.3 nochmals eingegangen.

### Einflussfaktoren und Auswirkungen

Jene Faktoren, welche positiv und negativ auf Netzwerke einwirken (linke Seite), lassen sich durch die Kausalnetzgraphik in Bild 7.22 darstellen. Es handelt sich dabei um die wichtigsten Bestimmungsparamter, die es bei der Bildung und für das Funktionieren von Kooperationen zu beachten gilt. Auf der rechten Seite der Bild werden überdies die positiven Auswirkungen durch die Netzwerkorganisation aufgegriffen.

Als wünschenswerte Einwirkungen für das Funktionieren von Kooperationen werden die folgenden Punkte identifiziert:

- die *Initiativen und Einzelinteressen* von Personen und Organisationen: Diese sind durch das persönliche Engagement bzw. die persönlichen Kontakte von Einzelpersonen gegeben (*Ie6*) oder fußen auf der Notwendigkeit, durch Zusammenarbeit für die eigene Situation Verbesserungen herbeizuführen (*Qr9*);
- die *Offenheit* der Akteure: Ein gewisser Grad an Entgrenzungswillen und an Offenheit gegenüber neuen Ideen, wenn es um das Eingehen von Kompromissen geht, ist von Nöten (*Ay3*);
- eine *institutionelle Unterstützung*: In Form von Plattformen oder runden Tischen, bei denen eine Absprache zum Aufbau von Netzwerken erfolgen kann (*Ge5*).

Zusammenarbeit und Netzwerke

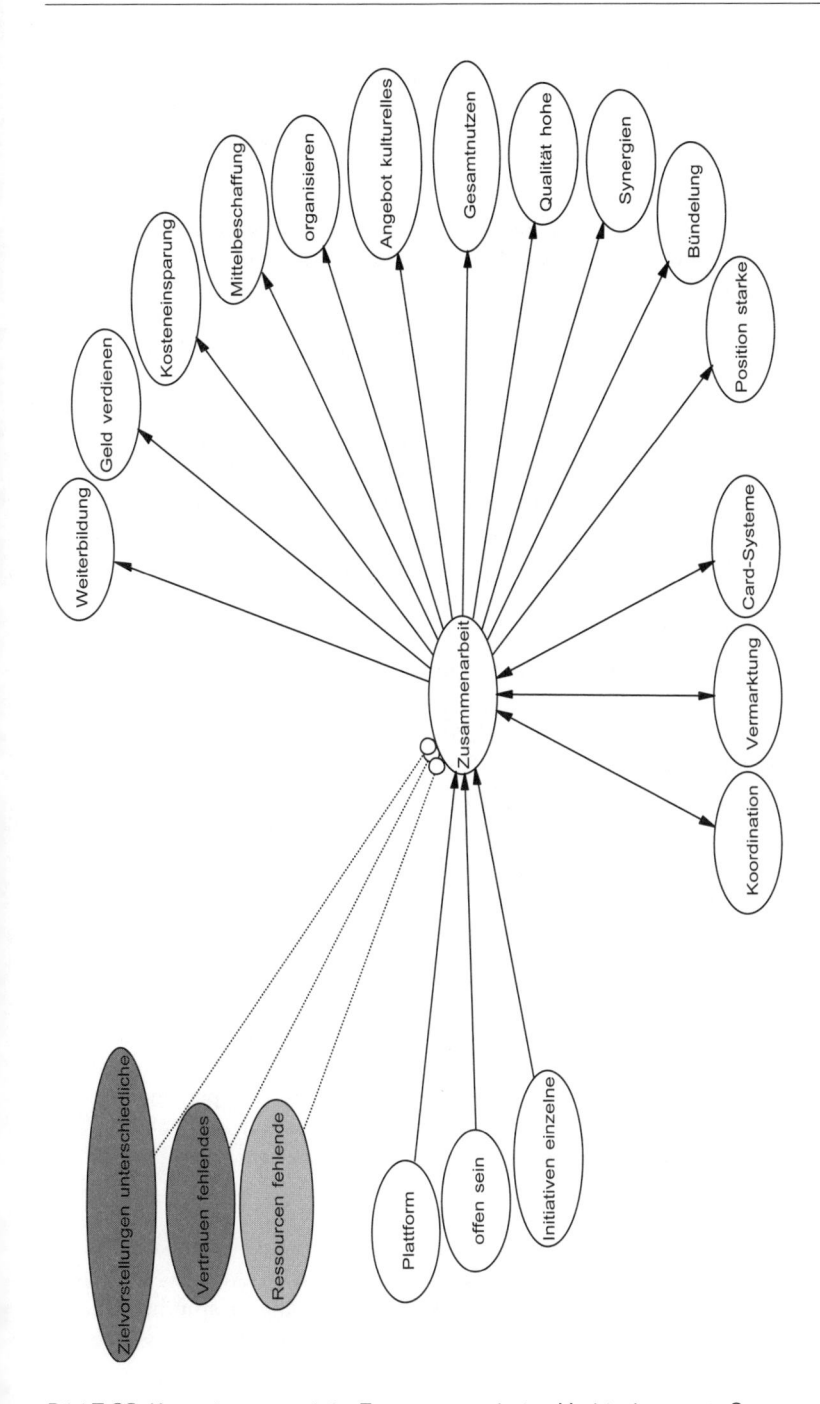

Bild 7.22: Kausalnetzgraphik »Zusammenarbeit«, Verbindungen ≥ 2

> **Ay3:** Die Künstler, externe Menschen, die die Südtiroler Realität zwar kennen, aber die auch ein bisschen weitsichtiger sind (wir Südtiroler glauben eh, dass wir die Besten der Welt sind, was aber nicht so ist), Menschen die weltoffen sind, Menschen, die großen Erfolg gehabt haben z. B. der Giorgio Moroder, sind gefordert, in solchen Netzwerken zusammenzuarbeiten.
> **Ge5:** Entweder sollte das Land es in die Hand nehmen, eine Stelle von oben, die das koordiniert, eine übergeordnete Stelle als Motivator und Koordinator.
> **Ie6:** Ein sehr gutes Zusammenarbeiten haben wir mit den Trauttmansdorffergärten. Aber das hängt auch mit dem Chef dort zusammen. Das ist ein einzelner Mann, der macht, der entscheidet und ich entscheide auch. Also ist es relativ leicht. Das hängt damit zusammen.
> **Qr9:** Umgekehrt gibt es das zu wenig, dass man sagt, wir schauen gemeinsam, was kann man da machen? Wie kann man das machen? Was kann man verbessern? Wie kann man das besser vermarkten? Das gibt es nicht. Das ist nicht vorhanden. Es geht dabei um mehr Vernetzung. Bei der Institutionalisierung stellt sich immer wieder die Frage, ob man das überhaupt kann, weil die eigenen Triebfedern sind immer die, wenn man selber ein Interesse daran hat.

Als negative Einflussfaktoren müssen die folgenden Berücksichtigung finden:

*Unterschiedliche Zielvorstellungen:* Wenn (potentielle) Netzwerkpartner nicht an einem Strang ziehen und voneinander abweichende Ziele verfolgen, wirkt sich dies nachteilig auf die Zusammenarbeit aus (*Dd4*);

*Konflikte:* Unstimmigkeiten können bis hin zu offenen Konflikten führen, die eine Kooperation zum Erliegen bringen (*Jk8*);

*fehlende Ressourcen:* Zeitmangel, zu geringe Geldmittel und Personalmangel führen zu weiteren Schwierigkeiten bei der Bildung von Netzwerken (*Fe8*);

*fehlendes Vertrauen:* Durch die stärkere Position eines Partners im Netzwerk, fühlen sich die übrigen teilnehmenden Akteure übervorteilt, unter Druck gesetzt bzw. »überrollt« (*Jx4*).

> **Bj6:** Man kann die Netzwerke über Kontakte, persönliche Kontakte verbessern. Weil der Wille besteht irgendwie, nur ist es bisher noch nicht zustande gekommen. Einerseits vielleicht einfach, weil die Kulturveranstalter auch oft sehr personell reduziert sind, immer unter Druck arbeiten, dafür einfach sehr wenig Zeit haben.
> **Dd4:** Deswegen wird da eine Zusammenarbeit relativ schwierig sein, was aber absolut notwendig wäre. Also ich sehe einfach die Zielkonflikte, die da sind, die Rivalitäten sind das Hauptproblem.
> **Fe8:** Ich sehe keine Probleme in der Zusammenarbeit. Warum es scheitern könnte, das ist, weil in dem Bereich sehr viel ehrenamtlich gearbeitet wird. Also das sehe ich auch bei mir. Und somit kannst du nur eine gewisse Zeit oder einer bestimmten kurzen Zeit zur Verfügung stehen. Und somit kann man das nie so richtig professionell aufziehen.

> Jk8: Wobei es, muss ich immer wieder sagen, dann doch wieder Konflikte sind, die uns auseinander dividieren. Eben gerade, wenn es wie bei uns um diese qualitative und quantitative Erweiterung der Beherbergungsbetriebe geht. Ein Fass ohne Boden dann klarer Weise. Dann sind wir es wieder, die fordern, es zu stoppen, dann gibt es natürlich wieder Polemiken. Das ist alles nicht so eine harmonische Zusammenarbeit in dem Sinn. Vielleicht merken es beide, wir ja sowieso.
> Jx4: Ich glaube, da wäre einmal eine Diskussion zu führen, wie man das Misstrauen abbauen kann. Das berechtigte Misstrauen abbauen kann, um eben in einzelnen Bereichen besser zusammenzuarbeiten. Gerade was diese Dinge betrifft.

Bezüglich der Auswirkungen von Netzwerken kann festgestellt werden, dass durch Kooperationen vor allem positive Rückwirkungen assoziiert werden, die in den folgenden fünf Bereichen liegen:

*Vermarktung der Angebote:* Eine ausführliche Wirkungsbeziehung wird im nächsten Abschnitt beschrieben (siehe dazu auch *Rw9*), wobei Vermarktung und Koordination auch rückkoppelnde Einwirkungen erzielen;

*Koordination der Veranstaltungen:* (auch eine Verbesserung in der internen Kommunikation bzw. der zeitlichen Planung von Veranstaltungen erfolgt im Detail im nächsten Abschnitt);

*Ökonomischer Nutzen:* Insgesamt ist es möglich, höhere Einnahmen zu erzielen und Kosten einzusparen (*Or7*);

*Mittelbeschaffung:* Durch einen Zusammenschluss ist eine Stärkung der Position möglich, damit Subventionen und Sponsorengelder einfacher lukriert werden können (*Oy8*);

*Aus- und Weiterbildung:* Kooperationen wirken sich positiv auf ein verbessertes Aus- und Weiterbildungssystem aus, wodurch die Qualität der touristischen Produkte (in Hinsicht auf einen fundierten Informationsgehalt) und das kulturelle Bewusstsein der Einheimischen verbessert werden (*Qr3*);

*Touristische Angebotsgestaltung:* Vernetzung führt zu qualitativ hochwertigeren Produkten, bspw. durch die gemeinsame Arbeit von Kulturexperten oder Tourismusexperten bzw. vielfältigeren Produkten, bspw. durch das Angebot in Form von Card-Systemen (*Ea3*);

Überdies äußern sich funktionierende Kooperationen durch eine gemeinsame Nutzung von Synergien, der Bündelung von Kräften, einer insgesamt stärkeren (Verhandlungs-)Position und dadurch in einem größeren Gesamtnutzen für die Netzwerkpartner sowie einer Steigerung in der Qualität des Angebotes.

> Ea3: Wenn die Tourismusorganisation im Stande ist [...] Partner auszusuchen und versucht, mit denen den Netzwerkgedanken weiterzuspinnen, dann kann das in zehn Jahren ein Plus an Qualität bringen, die auch nach innen strahlt.
> Ie6: Ein sehr gutes Zusammenarbeiten haben wir mit den Trauttmansdorffergärten. Aber das hängt auch mit dem Chef dort zusammen. Das ist ein einzelner Mann, der

## Ergebnisse der qualitativen Analyse

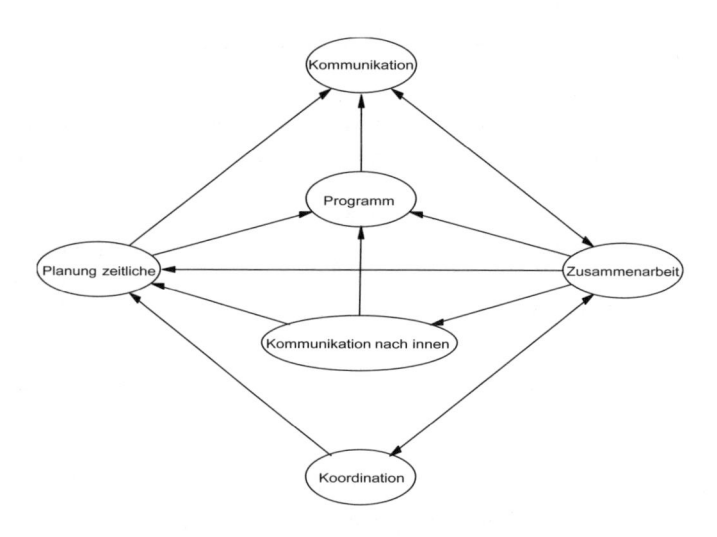

Bild 7.23: Zyklische Beziehung »Zusammenarbeit«, Verbindungen ≥ 2

> macht, der entscheidet und ich entscheide auch. Also ist es relativ leicht. Das hängt damit zusammen.
> Or7: Um diese Zusammenarbeit zu verbessern, muss man den Leuten zu erkennen geben, dass es eigentlich für sie nur ein Nutzen ist, wenn da mehr Leute hineinkommen. Da kommen mehr Leute, da kommen mehr Gelder und dann kann man restaurieren.
> Oy8: Diese Zusammenarbeiten sind nicht nur finanziell. Das ist ein Multiplikator. Nicht nur finanziell, dass wir mehr Geld erhalten und mehr tun können, sondern auch die Akzeptanz im Ort.
> Qr3: Genauso gut sind wir über die Ausbildung mit der Südtiroler Marketinggesellschaft in Verbindung, mit dem LTS und was die Produkte anbelangt, mit Laimburg, wo wir uns fachlichen Input holen, was den Obst- und Weinbau anbelangt.
> Rw9: Wenn man in eine gewisse Dimension gelangt, muss man sich überlegen, ob der Verein die richtige Struktur hat, für einen Kulturveranstalter, muss es über Netzwerke und Partnerschaften möglich sein, stärker aufzutreten – finanziell – und Synergien im Marketing und in der Kommunikation zu erlangen und auch gegenüber der Politik stärker auftreten kann.

### Koordination und Kommunikation

Anhand der folgenden sog. »zyklischen Beziehung« in Bild 7.23, die einen Regelkreis zwischen mehreren Variablen beschreibt und sich durch Rückkopplungen auszeichnet, kann gezeigt werden, wie sich Netzwerke auf die Abstimmung und die Vermarktung des Angebotes auswirken.

In erster Linie wirkt sich eine stärkere Zusammenarbeit positiv auf die Kommunikation nach außen (Vermarktung) aus (*Ea1*). Zudem teilen sich die Partner geplante Veranstaltungstermine mit und stimmen die zeitliche Abfolge der Ereignisse durch die intensivere Kommunikation nach innen aufeinander ab (*Ga7*). Gleichzeitig werden die Termine bereits im Vorfeld geplant, was aufgrund der Vorlaufzeiten in der touristischen Vermarktung ein wichtiger Schritt zur Verbesserung darstellt (*Cb3*).

Durch diese Art der Programmplanung gestaltet es sich für Tourismusorganisationen einfacher, die Angebote nach außen hin zu kommunizieren und zu vermarkten (*Dy1*). Der Kreis schließt sich wiederum insofern, als dass durch die erzielten Vorteile für die Anbieter der Kulturseite (zusätzlich zu den Vorteilen der Tourismuseinrichtungen) die Zusammenarbeit zukünftig weiter gestärkt wird (*Qh8*).

> Cb3: Und dass es von dem her manchmal so Koordinierungsschwierigkeiten gibt mit Programmvorläufen. Ich glaube, die SMG plant vier bis fünf Jahre voraus, während wir eine Planungssicherheit nur von einem Jahr haben können. Da gibt es dann gelegentlich eben Schwierigkeiten, dass wir nicht Zusagen für Sachen machen können, die in drei, vier, fünf Jahren erst passieren werden.
>
> Dy1: Die Region als sonniges Weinland, das kann man auch 2008/09 kommunizieren, aber wenn die Touristiker kein konkretes Programm haben vom Festival X, das sie bei der Messe 2008 vorstellen wollen für Ende 2009, dann wird es schwierig.
>
> Ea1: Wenn man da ein wenig mehr Netzwerk macht in den Sparten, dann habe ich ein wenig mehr Kommunikation und kann die Region als solche anders kommunizieren.
>
> Ga7: Die Vernetzung ist ein Punkt, der wichtig ist. Die Institutionen, die etwas organisieren, müssten besser miteinander vernetzt sein, voneinander wissen, um die Termine abzustimmen oder ein gemeinsames Programm zu erstellen oder spezifische Programme.
>
> Qh8: Das Festival wird ein Vehikel, um Musik in die Gesellschaft hinauszutragen und nicht nur, indem man das Festival bewirbt werden Partnerschaften eingegangen, sondern auch in der Programmgestaltung, im Rahmenprogramm usw.

## 7.5 Kulturtouristische Aspekte und Problemfelder

Zentrale Fragestellungen im Kulturtourismus sind der Relevanzanalyse (Abschnitt 7.1.1 / S. 199) zu Folge die Qualität, Authentizität und Inszenierung des Angebotes sowie das Management der Nachhaltigkeit. Zusätzlich treten im Datensatz unterschiedlichste Probleme hervor, denen für eine Weiterentwicklung im Kulturtourismus alpiner Destinationen verstärkt Beachtung geschenkt werden muss.

Ergebnisse der qualitativen Analyse

Bild 7.24: Netzwerkgraphik »Qualität«, Verbindungen ≥ 3

### 7.5.1 Qualität im Kulturtourismus

Erste Beziehungen zwischen einzelnen Variablen und der Qualität des Angebotes wurden bereits in vorhergehenden Abschnitten beschrieben (bspw. in Zusammenhang mit der Attraktivität einer Destination 7.2.2 / S. 212). Qualität steht allerdings mit einer Vielzahl von weiteren Faktoren in Verbindung, die in Bild 7.24 aufgelistet sind.

Die überwiegende Meinung zur Qualität des Angebotes wird als verbesserungswürdig bewertet, da es die Attraktivität einer Destination steigert und ein wesentlicher Faktor der Reisemotivation von Kulturtouristen darstellt (*Nb2*), die sich auch in einer höheren Zahlungsbereitschaft äußert. Vielfach allerdings ist das Niveau des Angebotes für den Kulturtourismus in Südtirol zu tief angesiedelt und das kulturelle Angebot insgesamt zu groß, was die durchschnittlich wahrgenommene Qualität mindert (*Re4*).

Wie in Abschnitt 7.2.3 näher ausgeführt, wird Qualität mit eher kleinen Veranstaltungen und einer niederen Besucherzahl assoziiert; qualitatives Wachstum wird dabei einem quantitativen Wachstum (auch in Bezug auf die Hotelbetten und -erweiterungen) vorgezogen (*Jq3*). Demzufolge wird ein qualitativ hochwertiges

Kulturtouristische Aspekte und Problemfelder

Angebot als ein Nischenprodukt gesehen, das sich durch seine Einzigartigkeit von anderen Angeboten differenziert und auf eigene Zielgruppen spezialisiert. Lokale, typische Produkte spielen für diese Zwecke eine übergeordnete Rolle (Pi4). Qualität hängt den Ausführungen in Abschnitt 7.4.2 / S. 238 gemäß von der Erwartungshaltung der Besucher ab und kann – auf lange Sicht – durch Kooperationen verbessert werden.

Qualität wird des weiteren mit dem Erlebnisfaktor bspw. bei Festen (Ki6) mit einem authentischen Angebot, vor allem in Hinblick auf das Angebot in der Volkskultur (Mq2) und mit Qualitätstourismus, der mit der schonenden Nutzung kultureller oder natürlicher Ressourcen (Landschaft) in Verbindung gebracht wird (Rs1), assoziativ verknüpft. Diese drei Bereiche und eventuelle kausale Zusammenhänge mit Qualität werden in den folgenden Abschnitten näher erläutert.

> Jq3: Ich glaube, das Hauptproblem ist immer das: Was will man haben im Tourismuswachstum? In der Wirtschaft. Tourismus sicher. Wir plädieren für ein qualitatives Wachstum.
> Ki6: Wir sehen das immer als einmaliges großes Fantreffen einmal im Jahr. Früher waren die Zeltfeste immer verschrien, aber das Spatzenfest ist mittlerweile auch bekannt als Zeltfest mit Niveau, mit tollem Rahmenprogramm und auch mit guter Organisation und ein Erlebnis da dabei zu sein. Ein paar Tage Urlaub noch dazu.
> Mq2: In Tirol müsste man sich fragen, ob es qualitative Unterschiede gibt. Es gibt ganz schlimme Formen von solchen Tiroler Abenden, die nur mehr wenig von Volkskultur haben, die aber irgendwann einmal ein Leben außerhalb der Tiroler Abende gehabt haben.
> Nb2: Der Direktor dort sagt zu mir, dass seine Klientel Kulturtouristen sind. Das sind Leute, die kommen von Verona bis Mailand extra nach Trient, um sich diese Ausstellung anzusehen, weil sie so hochwertig exklusiv ist.
> Pi4: Man muss bei diesen Events mehr auf die Qualität achten. Wir vom Kulturbeirat bekommen jedes Jahr viele Anfragen. Qualität und die Berücksichtigung der regionalen Aspekte ist für mich wichtig. Wichtiger als der ganze Rest, weil den Rest, den gibt es überall.
> Re4: Vom Angebot her, sollte man 5–6 Highlights noch besser profilieren, d. h. noch mehr investieren in Qualität und in Kommunikation. Die Events sind vorhanden, vielleicht sogar zu viele.
> Rs1: Ich rede jetzt nur vom Qualitätstourismus. Da natürlich fühlen sich gerade die Qualitätstouristen viel verantwortlicher, fast sensibilisierter für den Erhalt des Ortsbildes, wie es sich ihnen eben vorgestellt hat. Wie in den Dolomiten ein Bauerndorf zu sein hat usw.

### 7.5.2 Authentizität des Angebotes

Die Frage, wie der Begriff der Authentizität von den Experten im Kulturtourismus alpiner Destinationen verstanden wird, stellt ein zentrales Ergebnis der Analyse

Ergebnisse der qualitativen Analyse

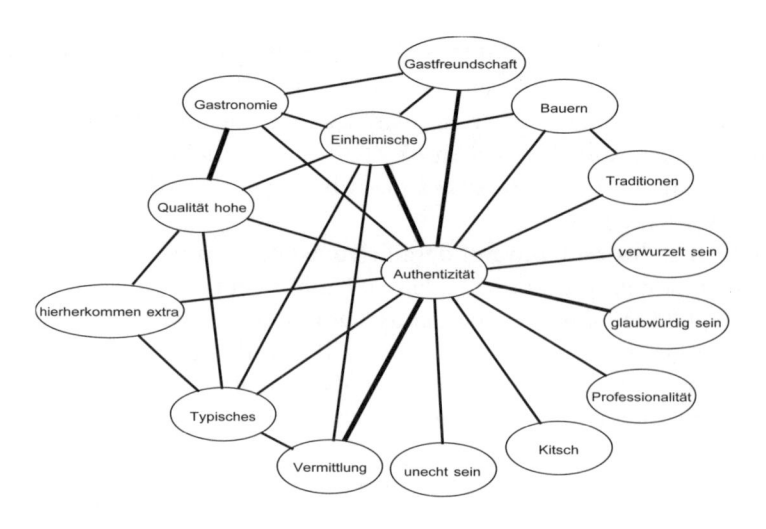

Bild 7.25: Netzwerkgraphik »Authentizität«, Verbindungen ≥ 3

dar. Die weiteren Themen, mit denen es eine assoziative Verbindung gibt, werden in Bild 7.25 dargestellt; kausale Zusammenhänge, die sich in diesem Problemfeld ergeben, werden als zyklische Beziehung wie in Bild 7.26 skizziert.

Als Gegenteil zu einem authentischen Angebot werden hierbei Begriffe wie »unecht« assoziiert, die als Adjektiv zu Produkten und Verhaltensweisen Verwendung finden; Kitsch, der als Inbegriff von Künstlichkeit gilt und bspw. als Bezeichnung für »seelenlose« Massenware angeführt wird, steht somit einem echten, ungekünstelten Angebot gegenüber (*Qg1*). In Bezug auf Traditionen, Gastronomie oder Gastfreundschaft nimmt die »Verwurzelung« (Einbettung) des intangiblen Erbes einen gewissen Stellenwert zur Bewertung der Authentizität des Angebotes ein (*Ew1*).

An diesem Punkt kommt wiederum das Typische für eine Region zum Tragen, das mit dem Qualitätsbegriff in Verbindung gebracht wird. Dabei geht es um die eigenen regionalen Stärken in kultureller Hinsicht und Glaubwürdigkeit bzw. Ehrlichkeit wird zu einem Kriterium für die Bewertung von Authentizität (*Jf8*). Volkskultur bzw. das Angebot an Traditionen, das von Seiten der Bauern gelebt wird, wird als qualitativ wertvoll für die Experten der Angebotsseite eingestuft (*Fy3*).

Auch Professionalität wird mit Authentizität in Verbindung gebracht und wird als eine Weiterentwicklung authentischer Darbietungen durch die Verbindung mit der Moderne gesehen (*Pv5*). Authentizität wird als ein Hauptreisemotiv und somit Attraktionspunkt für Kulturtouristen verstanden und trägt als qualitativ hochwertiges und typisches Angebot zur Bildung eines Alleinstellungsmerkmales bei (*Gc8*).

Eine entscheidende Rolle beim Thema der Authentizität nimmt die Vermittlung des Angebotes ein: Es wird als schwierig erachtet, die Echtheit eines Angebotes (an den Kunden) weitergeben zu können (*Ba4*). Die Kenntnis, was eigentlich das Echte und Typische ist, liegt im Bewusstsein der einheimischen Bevölkerung (*Ar3*), die gleichzeitig auch über die Gastfreundschaft und dem gastronomischen Angebote mit Authentizität verbunden ist (*Dr1*).

> Ar3: Ich glaube, es lockt einen Touristen an, wenn wir selber, wir Einwohner, Ladiner oder wir Südtiroler, wenn wir unsere Identität mit der Kultur stärken und wenn wir das in uns spüren, also unsere Identität damit verstärken, dann haben wir, und nur dann haben wir die Möglichkeit, das zu vermitteln.
> Ba4: Weil das ist nicht authentisch, was wir hier vermitteln, wir vermitteln da einen Speck, der aber überhaupt keinen guten Geschmack hat. Glauben sie nicht? Wir reden von Südtiroler Speck.
> Dr1: Genau da muss man ansetzen, nicht bei Masse, viel Umsatz, Ramsch usw. und die Leute werden unfreundlich.
> Ew1: Sondern das äußert sich auch in unsichtbaren Dingen wie echte Gastfreundschaft, nicht das Allerweltsessen, nicht das Allerweltsangebot, sondern etwas, was auch hier lokal verwurzelt ist. Das heißt nicht, dass es überall nur Knödel und Speckbretteln geben soll.
> Fy3: Da ist mir nichts vorgegaukelt worden. Es ist so, wie es ist. Das was ich gesehen habe, lebt auch. Der Bauer ist nicht vom Tourismusverband hingestellt worden und es ist ihm nicht gesagt worden: »Mach einmal 3 Wochen den Bergbauer für die Touristen.«

> Gc8: Dann sind wir im Stande, Spezifisches in jedem Bereich herauszuarbeiten, dann ist es auch interessant nach Südtirol zu kommen und das zu sehen. Weil es eben seine Authentizität hat und was anderes ist.
> Jf8: Ich glaube, sich besinnen, was sind unsere Unterschiede im Land, was können wir besonders gut. Für was sind wir glaubwürdig und darauf würde ich ansetzen.
> Pv5: Wir haben uns also geändert. Damals war das Verhältnis zu den Kunden, den Touristen, sehr spontan, sehr direkt, sehr authentisch. Der Deutsche hat das sehr authentisch gefunden, wenn der Tiroler Bauer sich so und so verhalten hat. Dann gab es die graue Zeit in der wir uns noch immer befinden und dann gibt es das völlig Professionelle, das Authentisches professionell mit der Moderne verbindet, auch auf der Bühne.
> Qg1: Ich frage mich aber oft, wie kann es sein, dass die Leute das Gefühl für das Authentische verloren haben, dass sie so dem Kitsch verfallen, wenn man ihnen die wahnsinnigsten Klischees, die vollkommen leer sind, wo im Gegensatz zur Kunst die Echtheit das entscheidende ist, die Ehrlichkeit, wo der Betrug am Kunden nicht stattfindet.

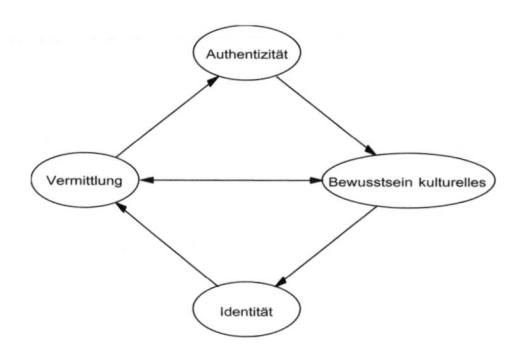

Bild 7.26: Zyklische Beziehung »Authentizität«, Verbindungen ≥ 2

> Rz7: Und wir haben eine Gruppe von Bauern zusammengetan, die nicht nur Urlaub auf dem Bauernhof, sondern auch Produkte anbieten und somit für die Region diesen kulturellen Mehrwert produzieren, aus den Produkten, die naturnahe und ökologisch und traditionell sind.

Kausalitäten

Von einem authentischen Angebot hängt auch die Art und Weise ab, wie Kultur weiter vermittelt wird, eine richtige Vermittlung wirkt sich wiederum auf eine eventuelle »Verfälschung« von authentischen Angeboten aus (siehe Bild 7.26).

Nur durch Authentizität ist es möglich, ein kulturelles Bewusstsein bei der Bevölkerung zu schaffen. Gibt es ein Bewusstsein darüber, was zur eigenen Kultur gehört, so hat dies positive Auswirkungen auf die (kulturelle) Identität der Einheimischen (*As1*). Durch eine Stärkung der regionalen Identität wird die Vermittlung von Kultur (bspw. Brauchtümern) für die Touristen gefördert, wodurch die eigenen Traditionen in ihrer Authentizität (Echtheit, Glaubwürdigkeit) gestärkt hervorgehen (*Bo9*). In diesem Fall stärkt das (authentische) touristische Angebot die Traditionen und Brauchtümer einer Region.

> As1: Das ist genau der Punkt. Wir selber sind die Natur. Wir sind ein Stück Natur und Kultur. Bis uns das nicht nur im Kopf, bis wir das nicht im Bauch richtig spüren, werden wir nicht die Möglichkeit haben, das zu vermitteln. Und da beginnt dann unsere Identität.
> Bo9: Das ist sicherlich nachhaltig. Das Törggelen muss man auch als Törggelen verkaufen und nicht als »Saufgelage«, wie es oft der Fall ist. Viele gehen hin, essen was und die nächsten warten schon draußen. So vermitteln wir den Leuten nicht das, was es ist. Umgekehrt genauso.

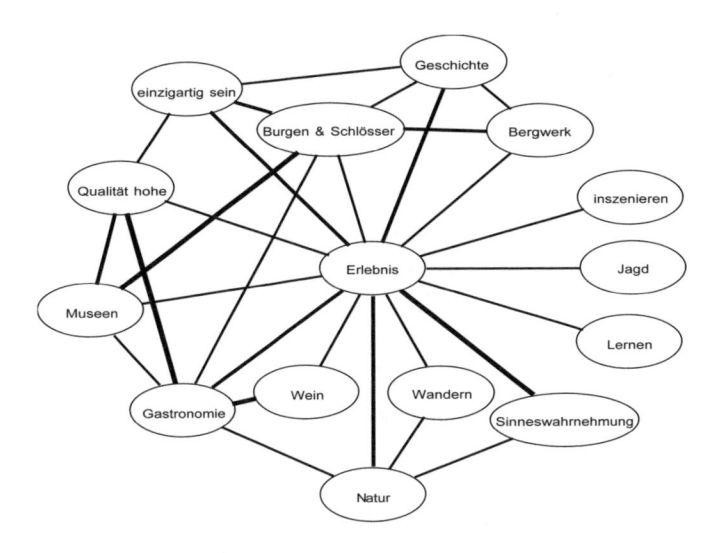

Bild 7.27: Netzwerkgraphik »Erlebnis«, Verbindungen ≥ 3

### 7.5.3 Inszenierung und Erlebnisfaktor

Die Inszenierung von Erlebnissen wird besonders im Museumsbereich als ein Erfolgsfaktor definiert, wird allerdings auch in Zusammenhang mit der Gastronomie oder Aktivitäten in der Natur gebracht und ist nicht zuletzt ein Baustein für Qualität und Einzigartigkeit. Diese und andere Assoziationen lassen sich aus Bild 7.27 ableiten.

Erlebnis wird demgemäß über eine Inszenierung im Sinne einer künstlichen Aufbereitung von kulturellen Inhalten erreicht (*Jv7*). Besonders im Zusammenhang mit Museen wird auf die Lernfunktion hingewiesen, die dadurch verfolgt wird. Die Lernfunktion wird dabei durch die Einbindung aller Sinne erreicht, der Besucher wird zu einem Teil eines aktiven Angebotes, was vor allem bei Themen mit Natur, der Jagd, oder bei Bergwerken der Fall ist (*Kv5*). Dabei – wie auch bei Burgen und Schlösser – wird die Verbindung zur Geschichte als einer intangiblen kulturellen Ressource greifbar und stellt somit schon per se ein Erlebnis dar (*Hn6*). Auch Themen wie Gastronomie und insbesondere Wein werden mit einem Kultur-Erlebnis verbunden, so dass es möglich ist, eine Zieldestination kennen zu lernen (*Be6*).

> Be6: Man kann bei uns alles sehr gut erleben. Beim Törggelen, also sehr viel über Kulinarisches, über den Wein. Wir haben ja eine uralte Weinkultur, wenn man denkt, über 3000 Jahre.
> Hn6: Mir hat es auch immer leid getan, dass man ein Schloss von der geschichtlichen Bedeutung und von der Größe und von der Wucht und von dem Erlebniswert, wenn

Ergebnisse der qualitativen Analyse

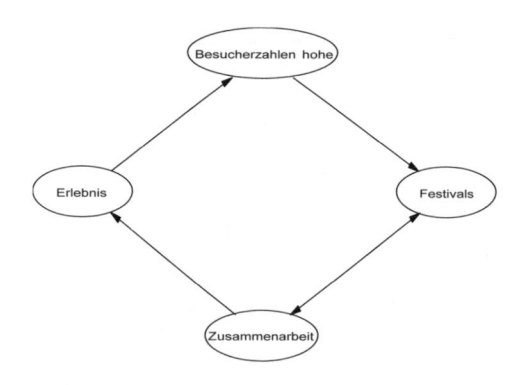

Bild 7.28: Zyklische Beziehung »Erlebnis«, Verbindungen ≥ 2

man hineingeht und sich mit der Geschichte befasst, dass man ein Sigmundskron zum Bergmuseum degradiert.
Jv7: Ein dritter Weg sind dann die Touristen, die kommen. Es inszenieren, sie heranführen an diese Dinge, sie begleiten, ihnen das Erlebnis möglich zu machen.
Kv5: Ich bin Bergmann diesen Tag oder für die zweieinhalb Stunden. Ich höre den Kompressor, ich spüre den Geruch von der übel riechenden Chemie in der Spaltanlage. Das ist für mich Kulturerlebnis, es soll auf mich wirken.

Wirkungszusammenhänge

Von einer Vielzahl an Aus- und Einwirkungen auf den Erlebnisfaktor, wurde die folgende zyklische Beziehung in Bild 7.28 zur Darstellung des Zusammenhangs zwischen Kooperationen, inszenierten Erlebnissen und der Besucherzahl gewählt.

Festivals stellen kulturelle Angebote dar, die aufgrund einer Vielzahl an beteiligten Akteuren die Bildung von Netzwerken fördern; umgekehrt wirkt sich die Zusammenarbeit der unterschiedlichen Partner positiv auf das Festivalangebot aus. Über Kooperationen ist es weiters möglich, den Erlebniswert eines Angebotes zu steigern, bspw. durch die Verbindung tangibler und intangibler Kultur-Ressourcen (*Qh2*). Je intensiver ein Erlebnis ist, desto mehr Besucher nutzen das Event-Angebot (*Nn7*). Dies wirkt sich wiederum auf eine hohe Rentabilität aus, weshalb Festivals besonders in finanzieller Hinsicht Wertschöpfung zur Konsequenz hat.

Nn7: Der Erlebnismoment zieht und das wussten wir von Anfang an. Es ist jetzt eine günstige Abstimmung: In Prettau komme ich in einen echten Stollen und wenn ich mehr wissen will, dann gehe ich in den Kornkasten. Der Unterschied in den Besuchern ist ungefähr 1 : 3 oder 1 : 4. Das heißt, wenn bei ersterem ca. 10 000 Besucher kommen, sind es beim zweiten 40 000.

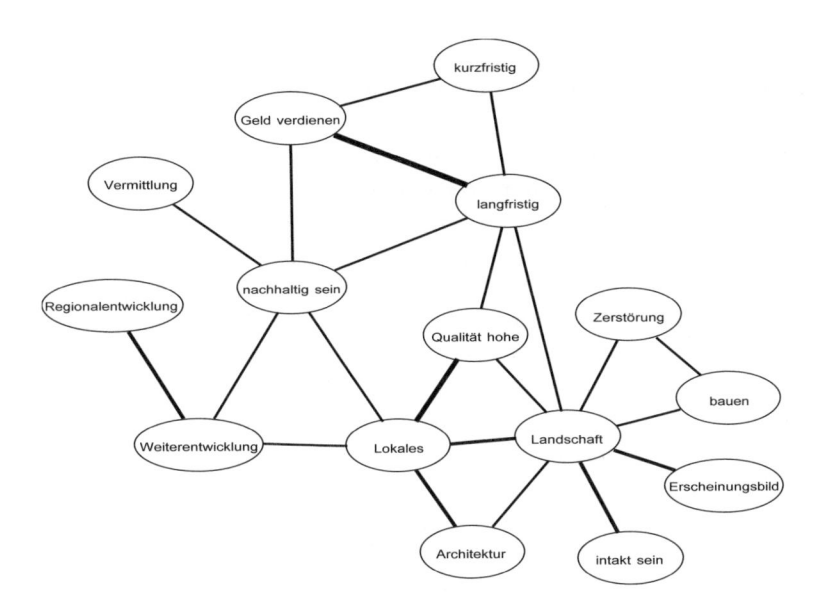

Bild 7.29: Netzwerkgraphik »Nachhaltigkeit«, Verbindungen ≥ 3

> Qh2: Ich versuche Leute her zu ziehen, auch weil ich durch Marketing Situationen schaffe und durch die Aufführung in unterschiedlichen Locations und die Leute sagen: »Da komme ich hin, weil das ist ›bärig‹ – aber dann muss es auch immer so sein, dass die Qualität passt – die Musik war auch nicht schlecht.«

### 7.5.4 Nachhaltigkeit und Regionalentwicklung

Im Kulturtourismus alpiner Destinationen nimmt – wie in Abschnitt 7.1.2 / S. 205 bereits beschrieben – die Natur, Landschaft und Kulturlandschaft eine besondere Rolle ein (Ok3). Nachhaltigkeit wird aus diesem Grund in erster Linie mit natürlichen Ressourcen in Verbindung gebracht, doch lassen sich aus dem Assoziationsgraphen in Bild 7.29 auch Hinweise auf die Bedeutung soziokultureller und ökonomischer Nachhaltigkeit finden.

Nachhaltiges Management wird mit der Weiterentwicklung einer gesamten Region (Regionalentwicklung) assoziiert (Sc4). Dazu bedarf es einer positiven Entwicklung in drei Bereichen, die aus dem Assoziationsgraph über Begrifflichkeiten wie »Geld verdienen« als der ökonomische, »Lokales« und »Vermittlung« als der soziokulturelle, und – über »Lokales« – die Verbindung mit »Landschaft« der ökologische Teilbereich der Nachhaltigkeit gegeben sind.

Die Art und Weise, wie Kultur weitervermittelt wird, ist demzufolge ein gewichtiger Punkt, der hinsichtlich einer soziokulturellen Nachhaltigkeit berücksichtigt werden muss; vor allem aus dem Grund, weil die Vermittlung authentischer Kultur das kulturelle Bewusstsein der Einheimischen stärkt (Abschnitt 7.5.2 / S. 245 bzw. *Aq1*).

Über Kultur ist es für eine Destination kurzfristig nicht bzw. nur vereinzelt (bspw. Festivals) möglich, hohe Renditen zu erwirtschaften. Auf lange Sicht gesehen, wird der Kulturtourismus aber als eine »Dauereinrichtung« bezeichnet, durch den hohe Erlöse erwirtschaftet werden können (*Ik6*).

Nachhaltigkeit ist zwar nicht direkt, wohl aber über das typisch Lokale und der Landschaft mit dem Qualitätsbegriff verknüpft. Das Erscheinungsbild der Landschaft stellt durch die Unversehrtheit und die eingebetteten historischen Objekte einen wichtigen Attraktionspunkt dar. Allerdings ist das Landschaftsbild besonders durch die rege Bautätigkeit oder untypische Architektur von Zerstörung betroffen (*Hq5*, siehe auch die folgenden Ausführungen).

> Aq1: Ich glaube, das sind ganz kleine, aber einfache Sachen, die man bei der Vermittlung berücksichtigen sollte: Also unsere Geschichte einfach kennen. Unsere Geschichte, und einfach authentisch sein.
> Hq5: Das hat auch mit den Zäunen, mit den Mühlen, mit den alten Pflasterwegen, die entweder ganz zerstört wurden, indem eine neue Straße draufgebaut wurde oder zumindest, dass sie eine Asphaltdecke drauf getan haben, dass sie leichter fahren können. Diesbezüglich ist sehr viel zu Grunde gegangen. Wenn ich zurückdenke, wie die bäuerliche Kulturlandschaft war, da war es noch Kulturlandschaft, vor 30–40 Jahren. Heute habe ich diesen Eindruck nicht mehr.
> Ik6: Wenn ich in der Lage bin, das zu verbessern und nicht zu verschlechtern, auf keinen Fall verschlechtern, kann ich ewig lang Tourismus betreiben. D.h. mir geht das Öl dann nie aus. Und es kommen immer Gelder, die draußen verdient sind, von Deutschland oder Italien, außerhalb unserer Provinz verdient sind, kommen 100 % hierher und werden hier eben wieder verteilt.
> Ok3: Kultur und Natur ist für mich das ein und dasselbe. Ein Tourismus in einer Region, wo kein einziges Kulturobjekt steht, sondern nur Natur, das ist für mich auch Kulturtourismus. Das ist die gleiche Ansprechgruppe, da sehe ich keinen großen Unterschied. Die Naturliebhaber haben auch etwas übrig für solche Kultureinrichtungen. Die brauchen keine Diskothek.
> Sc4: Wir haben unsere Kultur, die wir entwickeln wollen und es geht um eine nachhaltige wirtschaftliche und kulturelle Entwicklung der Region oder Destination, es geht aber auch um ein Zulassen der Empfindsamkeiten, der Erwartungen und um das, was unsere Gäste einbringen. Somit gibt es hier ein Spannungsverhältnis.

Ursachen und Wirkungen

Bild 7.30 zeigt eine zyklische Beziehung, die darstellt, wie eine Destination an Attraktivität verliert, wenn Prinzipien einer ökologisch nachhaltigen Entwicklung keine Beachtung finden.

# Kulturtouristische Aspekte und Problemfelder

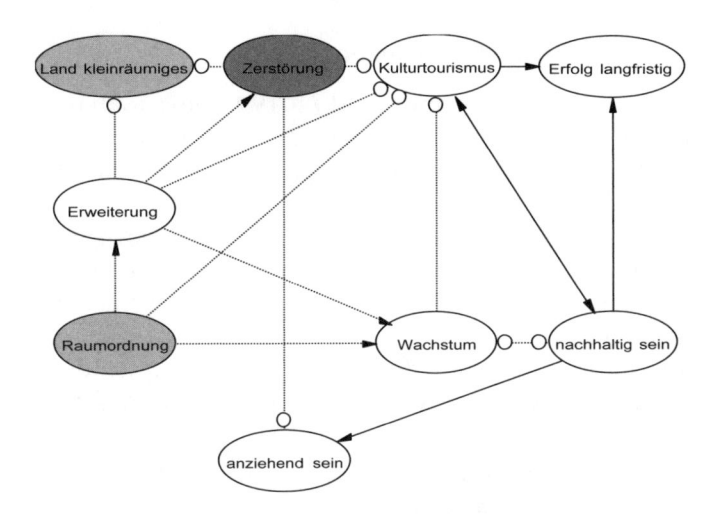

Bild 7.30: Zyklische Beziehung »Nachhaltigkeit«, Verbindungen $\geq 2$

Nachhaltiges Management wirkt sich folglich positiv auf den Kulturtourismus und auf die Attraktivität einer Destination aus; Erfolg wird dabei besonders auf lange Sicht ausgelegt und wird als eine »Dauereinrichtung« bezeichnet (Ik5).

Südtirol wird als ein kleinräumiges Land beschrieben, das gerade durch das vorherrschende Raumordnungsgesetz quantitative Erweiterungen von Hotelanlagen zulässt (Jq4). Dies wirkt sich (kurzfristig) zwar positiv auf das wirtschaftliche Wachstum aus, äußert sich allerdings auch in der Zerstörung der Landschaft bzw. der kleinräumigen Struktur der Region und hat somit negative Folgen für die touristische Anziehungskraft (Cp7); eine derartige Entwicklung ist insgesamt für den Kulturtourismus schädlich (Kd3).

> **Cp7:** Die Umfragen bestätigen ja, dass die Gäste zuerst Natur und Naturlandschaft und Kultur und der Name regionale Kultur suchen. Und genau das, was der Gast sucht, wird zerstört. Systematisch. Die begreifen das nicht die Touristiker.
> **Ik5:** Den Tourismus kann ich ewig machen, wenn ich nicht das Land kaputt mache. Das heißt, wenn ich das Land, die Landschaft, die Kultur, die lokale Kultur, die lokale Architektur, auch die hochwertige Kultur, also Museen u. s. w. am Leben erhalte.
> **Jq4:** Bei uns, aufgrund der Möglichkeiten der Raumordnung, strebt man nach wie vor auf ein quantitatives Wachstum.
> **Kd3:** Wenn ich natürlich nur Leute herlocke, damit ich meine Schischaukel, die ich noch vergrößere und noch vergrößere, noch besser besetze, dann hat das nichts mehr mit Kulturtourismus zu tun. Das ist dann für mich Massentourismus. Und wir sind ein kleinräumiges Land. Bei uns ist das nicht drinnen. Sonst machen wir eben die Substanz kaputt. Das ist meine Überzeugung. Wie ich es erlebe.

### 7.5.5 Probleme und Herausforderungen

Aus der Relevanzliste aus Abschnitt 7.1.1 / S.199 treten weitere Themen zum Vorschein, auf die an dieser Stelle nochmals eingegangen wird (bspw. die Erläuterungen zum Begriff »einzigartig sein«) und die mit den Problemfeldern im Kulturtourismus abgeglichen werden.

Auch bezüglich der Schwierigkeiten und zukünftigen Hürden, die es im Kulturtourismus der Destination zu bewältigen gibt, wurden bereits in den vorhergehenden Abschnitten einige Anmerkungen gemacht. Diese werden in der Bild 7.31 nochmals dargestellt.

Dreifach verknüpfte Problemfelder, die in den vorhergehenden Abschnitten noch nicht direkt angesprochen wurden, werden durch die folgenden Punkte thematisiert:

– *Massentourismus:* Kulturtourismus nimmt in manchen Fällen Ausmaße eines massentouristischen Phänomens an, was sich insgesamt als Problem für eine nachhaltige Nutzung von Ressourcen auswirkt (*Fj7*);
– *Bauen:* Die rege Bautätigkeit mindert die Attraktivität als touristische Destination wesentlich und stellt aus diesem Grund eine Gefahr dar (*En4*);
– *Erreichbarkeit:* Vor allem über öffentliche Transportmittel ist die Erreichbarkeit (auch im Sinne von Zugänglichkeit bzw. »Nutzbarmachung«; Abschnitt 7.5.5 / S. 258) der kulturellen Attraktionen nicht gegeben (*Aj1*);
– *Verkehr:* Tourismus wird stets mit einem erhöhten Verkehrsaufkommen in Verbindung gebracht, was auch für den Kulturtourismus als problematisch erachtet wird (*Lh5*);
– *Personalmangel:* Es sind zu wenige ausgebildete Fachkräfte vorhanden, was Auswirkungen auf die Qualität des Angebotes hat (*Qo4*);
– *Keine Zusammenarbeit:* Die fehlenden Kooperationen zwischen den beteiligten Akteuren im Kulturtourismus werden als eines der größten Probleme bezeichnet (*Sd5*);
– *Kulturelle Veranstaltungen:* Vorwiegend kulturelle Ereignisse (bspw. Feste und sonstige Veranstaltungen) sind bezüglich der Qualität verbesserungswürdig (*Ix3*);
– *Fehlendes kulturelles Bewusstsein:* Politiker, Touristiker und Einheimische zeichnen sich durch mangelndes kulturelles (Hintergrund-)Wissen, das sich auch in einer schwindenden Identität widerspiegelt, aus (*Bk1*);
– *Langfristige Planung:* Fehlende Strategien bzw. die zu kurzfristige Planung in der Kultur- bzw. Tourismuspolitik stehen einem langfristigen Denken entgegen, das im Kulturtourismus die Ausnahme darstellt (*Dq4*);
– *Museen:* Das Problem ist vor allem in den Öffnungszeiten und in einer wenig erlebnisreichen Aufarbeitung der Inhalte zu finden (siehe Abschnitt 7.3.2 / S. 221);

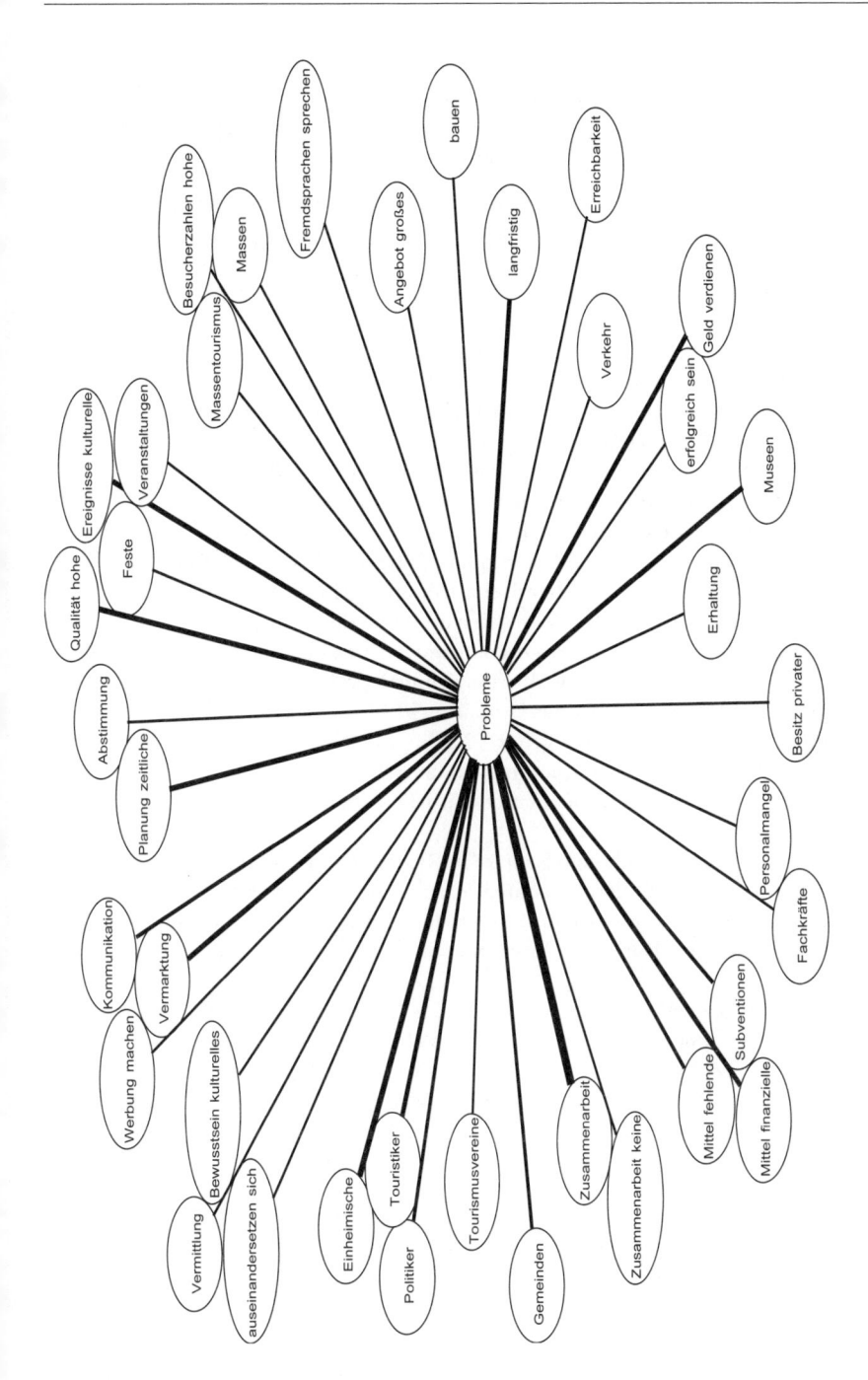

Kulturtouristische Aspekte und Problemfelder

Bild 7.31: Netzwerkgraphik »Probleme«, Verbindungen ≥ 3

Ergebnisse der qualitativen Analyse

- *Erhaltung*: Die Konservierung von kulturellen Objekten wird deshalb als ein Problem erachtet, weil es Einschränkungen für die Besitzer gibt und andererseits wichtige Kulturdenkmäler als Verbindung von tangiblen und intangiblen Werten durch Abbruch zerstört werden (*Ky9*);
- *Privater Besitz*: Besonders bei Burgen und Schlösser in Privatbesitz liegt eine Herausforderung in der Subventionierung und der Zugänglichkeit (*Hk3*).

> Aj1: Aber man könnte dann, wenn man das schon macht, so Burgenrundfahrten anbieten. Das Problem der Burgen eben besteht zum Teil auch darin, dass sie mit einem Bus meistens nicht direkt erreichbar sind.
> Bk1: Im Grunde sollte es einfach eine kulturelle Unterfütterung geben. Auch der Politik. Das würde wahrscheinlich den Politikern sehr gut tun.
> Dq4: Wir haben einen so genannten Event-Tourismus, alles muss Zahlen bringen und auch wenn es am Anfang Schwierigkeiten gibt, Leute hereinzubringen, glaube ich, dass es langfristig der bessere Weg ist. Aber jeder will nur Masse.
> En4: Wo wir ab und zu Briefe erhalten, ich kann nur das sagen, was interessant ist, oder ab und zu vermitteln uns auch Gemeinden, Pfarreien Beschwerdebriefe von Gästen weiter. Die Klagen betreffen Landschaftseingriffe durch Verbauungen. »Wie kann man nur?« ist der Ton von den Deutschen oder von den Italienern.
> Fj7: Für die Nachhaltigkeit ist Kulturtourismus unter Umständen genauso bedrohlich wie jeder andere Massentourismus. Kulturtourismus ist nicht Massentourismus. Das ist so das subkutane Vorurteil. Aber das stimmt nicht.
> Hk3: Wo habe ich denn noch Klagen gehört? Ja, die was mehr oder weniger halbprivat oder privat oder über das Burgeninstitut betrieben werden, diese fühlen sich benachteiligt diesbezüglich. Und sie können natürlich auch nicht das bieten, was Runkelstein bietet. Das ist schon klar.
> Ix3: Also die Gefahr besteht schon, dass man in Richtung Eventkultur geht und da muss man unbedingt auf Qualität achten. Also schon Event, für eine gewisse Schiene, aber jetzt nicht nur mehr Hüpfburgen vor Museen und solche Dinge. Das ist für mich schon sehr eventmäßig. Oder Speckfest oder solche Dinge, was ja auch Kulturtourismus ist.
> Ky9: Wenn wir verhölzern oder kaputtmachen, das ist unsere Gefahr. Entweder wir tun es nur bewahren oder reißen es ab und stellen einen hässlichen Zweckbau hin.
> Lh5: Wenn ich da jetzt Meran hernehme, wo es mir eigentlich eh gut passt. Die Verkehrsgeschichte z. B. für mich ein kultureller Faktor, wo man irgendwie das in die Hand bekommen müsste.
> Qo4: Hier fehlt einfach das nötige Personal und die Ressourcen, wobei es schon auch positive Beispiele gibt.
> Sd5: Ein Problem ist das Einzelkämpfertum, das wir als Mahler-Wochen im Komitee in Toblach und den Partnergemeinden kämpfen mussten, um ins Gespräch zu kommen.

Insgesamt können – in Ergänzung mit den Problemen aus den vorhergehenden Abschnitten – folgende fünf große Problembereiche im Kulturtourismus zusammenfassend aufgelistet werden:

1. Probleme in der *Vernetzung*, da es keine oder nicht zufriedenstellende *Zusammenarbeit* zwischen den Partnern und Akteuren gibt (Abschnitt 7.4 / S. 230);
2. Schwierigkeiten bei der *Kommunikation nach außen*, die als die Summe von Marketingmaßnahmen interpretiert werden kann, um die Aufmerksamkeit für ein bestimmtes kulturelles Angebot zu erhöhen (»Werbung machen«, »Marketing«, »Vermarktung« und »informieren«) und die auch aufgrund eines zu großen Angebotes und durch mangelnde Planungssicherheit nur erschwert erfolgen kann (Abschnitt 7.2.2 / S. 211);
3. eine ungenügende *Kommunikation nach innen*, die sich besonders in der mangelhaften zeitlichen Planung von Veranstaltungsterminen äußert (Abschnitt 7.4.2 / S. 242), aber auch und vor allem im kulturellen Bewusstsein der einheimischen Bevölkerung (Abschnitt 7.5.5 / S. 257 geht aufgrund der Relevanz dieses Themas nochmals vertiefend darauf ein);
4. Herausforderungen, die die Sicherstellung der *Qualität* von kulturellen Ereignissen (insbes. Festen und Events) betreffen (Abschnitt 7.5.1 / S. 244);
5. *fehlende Ressourcen*, die sich in einem Fachkräftemangel und in fehlenden finanziellen Mitteln äußern (Abschnitt 7.4.1 / S. 233) bzw. in Ermangelung einer Unterstützung durch die öffentliche Hand auch mit der Subventionspolitik in Verbindung gebracht werden (Abschnitt 7.5.5 / S. 258);

## Kulturelles Bewusstsein

Aufgrund der mehrfach problematischen Betonung und der Relevanz von »Einheimischen« und dem »kulturellen Bewusstsein« wird in Bild 7.32 die Rolle der Einheimischen bzw. die Verbindung mit dem kulturellen Bewusstsein der Bevölkerung dargestellt.

Mit »kulturellem Bewusstsein« wird vor allem das Hintergrundwissen angesprochen bzw. die Aneignung von Wissen über die Kultur und über die kulturellen Ressourcen einer Region. Die einheimische Bevölkerung sollte »sich in der Region auskennen« und Auskünfte erteilen können. In Zusammenhang mit kulturellem Bewusstsein steht die Identität der Einheimischen und die damit verbundene Vermittlung dieser Kultur (*Ln4*). Auch wird über kulturelles Hintergrundwissen die Bindung von Gästen an eine Destination (*Ou2*) sowie das Bewusstsein über die Kulturlandschaft (Natur und Landschaft) mehrfach assoziativ verknüpft.

Die Notwendigkeit, das kulturelle Hintergrundwissen der einheimischen Bevölkerung zu stärken (*Ay7*) bzw. auch den Touristikern und Hoteliers Kultur »bewusst zu machen« (*Dl2*), wird als ein wichtiger Aspekt bei der Kommunikation nach innen gesehen und kann zum Teil auch als interne Marketingmaßnahme interpretiert werden.

## Ergebnisse der qualitativen Analyse

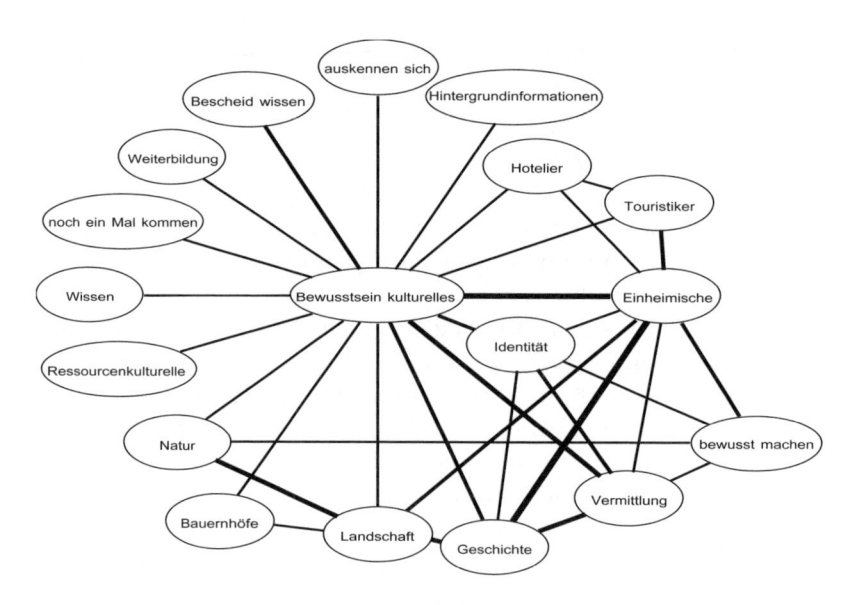

Bild 7.32: Netzwerkgraphik »kulturelles Bewusstsein«, Verbindungen ≥ 3

> **Ay7:** Die Schwäche ist sicher, dass wir nicht kommunizieren können, was wir hier haben. Unsere alten Bauten, unsere Kirchen, unsere Bauernhöfe usw. Nicht kommunizieren zu können, weil wir es einfach nicht spüren, das ist die große Schwäche. Weil wir uns nicht bewusst sind, wie wichtig das ist. Wir sind uns einfach nicht bewusst.
> **D12:** Man braucht die Kulturinjektion für viele Verantwortliche. Man muss sie kulturell begeistern, in andere Länder mit ihnen fahren und sie auch ein wenig aufklären, was es gibt und welche Schätze man zu Hause hat.
> **Ln4:** Wenn ich etwas weiß, dann kann ich das dem Touristen bringen, dann kann ich auch guten Kulturtourismus machen. Sobald ich das selber nicht weiß, dann kann ich es auch nicht vermitteln. Dann sind das einfach x-beliebige Steige und Berge.
> **Ou2:** Wenn der Gast merkt, was er hier alles zu sehen hat, dann sagt er: »Das habe ich gesehen, das habe ich gesehen, das habe ich noch nicht gesehen. Das möchte ich das nächste Mal sehen.« [...] Dann sagt er: »Da muss ich noch einmal her, weil ich ja nur die Hälfte gesehen habe«.

### »Nutzbarmachung« und Zugänglichkeit

»Nutzbar machen« wurde als Synonym für die Zugänglichkeit bzw. für die Möglichkeit der Nutzung kultureller Attraktionen gewählt und wird in der Relevanzanalyse in Tabelle 7.5 / S. 199 im oberen Drittel gereiht. Eine Analyse dabei ergibt, dass Subventionierung sowie Öffnungszeiten (siehe Abschnitt 7.3.2 / S. 221) wesentliche Faktoren zur Nutzbarmachung von Kultur darstellen.

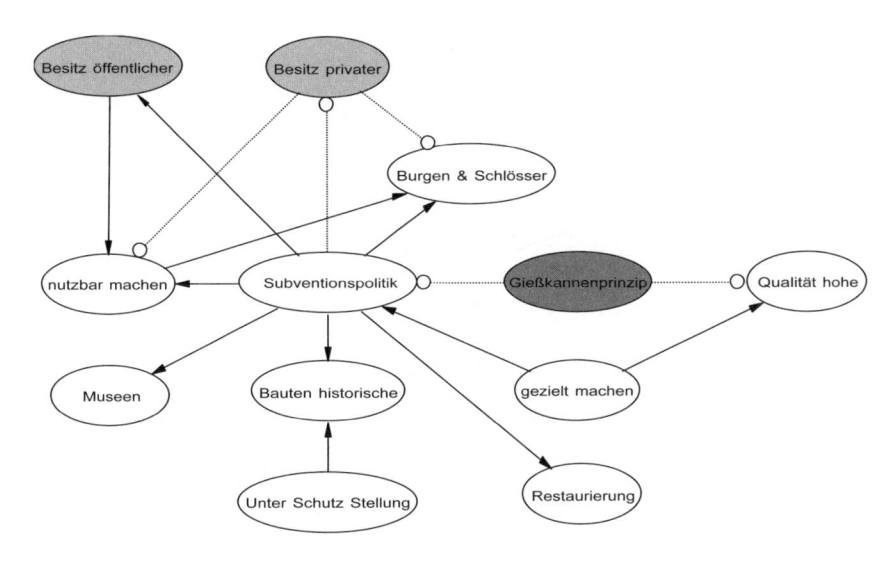

Bild 7.33: Kausalnetzgraphik »Subventionspolitik«, Verbindungen ≥ 2

Bei der finanziellen Unterstützung von Kultur, insbesondere von kulturellen Objekten wie Museen, Burgen und Schlössern oder historischen Bauten, gibt es eine Reihe von Einflussfaktoren, die es in der Subventionspolitik zu berücksichtigen gilt und die in Bild 7.33 skizziert sind.

Ziel einer Subventionspolitik ist es demnach, Objekte »nutzbar« (im Sinne ihre Zugänglichkeit oder Nutzbarkeit) zu machen, was beispielsweise durch die Restaurierung von historischen Bauten geschieht. Auch die Sicherstellung eines qualitativ hochwertigen Angebots wird als eine Zielsetzung gewertet. In dieser Hinsicht erfüllen Subventionen ihren Zweck am besten, wenn die Förderung von Objekten gezielt erfolgt; ein Gießkannenprinzip, bei dem jede kulturelle Initiative mit finanziellen Mitteln bedacht wird, wirkt sich aus diesem Grund gegenteilig auf die Qualität aus (*Qe8*).

Im Falle von öffentlichen Einrichtungen bzw. von Burgen und Schlössern im Besitz des Landes wirken sich Subventionen positiv auf die Nutzbarkeit der kulturellen Einrichtungen aus (*Dk7*). Private Besitzer bzw. nicht öffentliche Burgen sehen sich mit einer nur geringen oder oft auch keiner Unterstützungszusage konfrontiert, was sich auf die Nutzbarmachung (durch Restaurierungsmaßnahmen) negativ auswirkt (*Hm3*). Die Gefahr, dass wertvolle Attraktionen und Ressourcen unwiederbringlich verloren gehen (bspw. durch Verfall), ist dabei groß.

Dk7: Es werden auf der einen Seite diese Gebäude, die im Landesbesitz sind, mit Zugaben überhäuft und es steht oft gar nicht mehr im Verhältnis und das Gießkan-

Ergebnisse der qualitativen Analyse

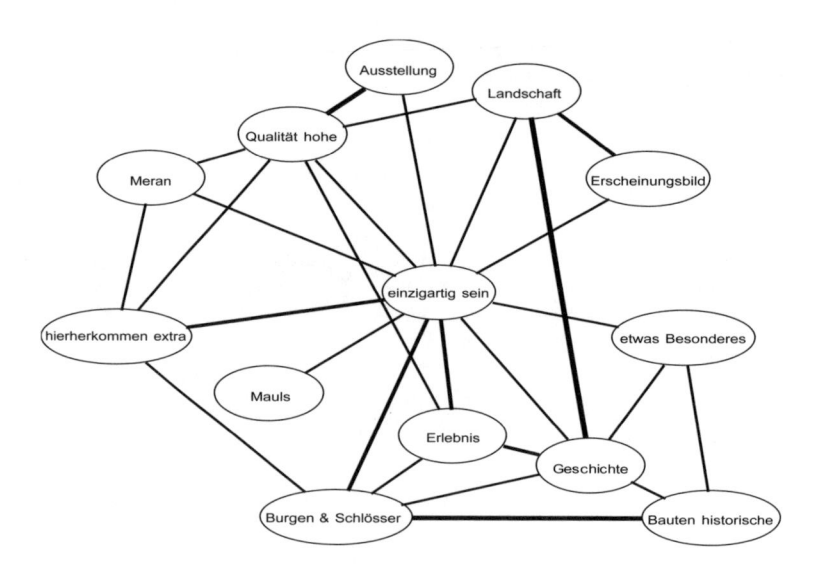

Bild 7.34: Netzwerkgraphik »einzigartig sein«, Verbindungen ≥ 3

> nenprinzip, diese Parität funktioniert in diesem Land überhaupt nicht und das ist scharf anzumerken.
> **Hm3**: Und wie gesagt bei den Schlössern ist es vielfach so, wenn sie privat sind, dass sie schwer zugänglich sind, oder sie werden nicht ausreichend unterstützt, dass sich das zugänglich machen für die Privaten auch lohnt.
> **Qe8**: Bisher war ein Wildwuchs aufgrund von viel Geld, aufgrund von einer guten aber ungezielten Förderung, wo es allen recht gut gegangen ist, wo viele Produkte von guter Qualität entstanden sind, aber auch viele von minderer oder mittlerer Qualität entstanden sind. Es braucht die Fähigkeit zu unterscheiden, was ist top, was ist weiter unten und was ist »nicht bestanden«.

### Einzigartigkeit

Auch der Begriff »einzigartig sein« wird in der Relevanzanalyse im oberen Drittel geführt und soll – als besondere Herausforderung in der Angebotsgestaltung – näher analysiert werden. Die Assoziationen bzw. Einflussfaktoren und Auswirkungen stellen sich wie in Bild 7.34 graphisch dar.

Einzigartigkeit wird als ein Anziehungspunkt für den Tourismus bezeichnet, der die Reiseentscheidung der Urlauber beeinflusst (*Pi5*). Es gibt unterschiedliche Attraktionen und kulturelle Ressourcen, die als einzigartig eingestuft werden: Das Dorf Mauls wird aufgrund seiner geologischen Besonderheiten (*Ka8*), Meran wegen seiner klimatisch günstigen Lage (*Ro1*) oder die Burgen und Schlösser aufgrund ihrer Brückenfunktion zur Geschichte bzw. in Verbindung mit kulturellen Veranstaltungen als einzigartig gewertet (*Dx2*).

Insgesamt ist das Erscheinungsbild der Destination unnachahmlich und die Summe aus Landschaft und kulturellen Ressourcen stellt ein Alleinstellungsmerkmal dar (*Il4*). Gleichzeitig wird mit einem einzigartigen Angebot Qualität bzw. Qualitätstourismus verbunden und als grundlegend erachtet (*Nb4*).

> **Dx2:** In Südtirol Initiativen, die es in Schlössern gibt, also von diesem Kontext her, der unverwechselbar ist, den er nicht in Mailand und nicht in Berlin erleben kann, dass der das sucht. Ich glaube nicht, dass das das einzige Motiv ist, aber das qualifiziert einen anderen Tourismus.
> **Il4:** Wir dürfen sozusagen nicht das Landschaftsbild kaputt machen, auch die lokale Kultur. Deswegen sage ich ja, das unverwechselbare, lokale Landschaftsbild, die unverwechselbare Architektur, die unverwechselbare Lebensart, auch die Dialekte, der unverwechselbare Wein, das hat einen Wert, das ist sozusagen ein Pfeiler des Tourismus. Und auch die unverwechselbare Hochkultur, wie man sie nennt.
> **Ka8:** Mauls ist die Grenze zwischen Südalpin und Ostalpin. Das ist alpenweit einmalig. Das ist auch touristisch nie bewusst gemacht worden. Das wäre ein Aushängeschild von Mauls.
> **Nb4:** Aber einen hochwertigen Kulturtourismus bringe ich erst dann in Gang, wenn ich hochwertige Kultur auch anbiete. Die man nur dort sieht.
> **Pi5:** Heute, durch die Globalisierung, fährt man nach Berlin, um die Museen anzusehen und die Architektur, die niemand hat. Nach Salzburg fährt man um die Netrebko und die Festivals anzusehen, die niemand hat. Man fährt nach Wien, damit man alles sieht, was nur Wien hat.
> **Ro1:** Hier natürlich, das was Baden-Württemberg z. B. nicht hat, sind die Dolomiten, der Ortler, diese riesigen, diese Variationen, aber auch radikalen Verschiedenheiten. Also, dass man Schneegipfel am Himmelshorizont sehen kann und gleichzeitig die Palmen zwischen Meran und Bozen.

### Ausgewählte Fallbeispiele

Anhand der folgenden zwei Fallbeispiele lassen sich bestimmte Thematiken nochmals verdeutlichen. Im ersten Fall wird Bozen als die Hauptstadt der Region einem der Randbezirke gegenübergestellt, im zweiten geht es um das Festival »XONG«, das als kulturtouristische Veranstaltung die Qualität des Südtirol-Typischen unterstreicht, im Vergleich mit einem zweiten bedeutenden Tourismuszweig für die Region, dem Skiurlaub.

### Bozen vs. Wipptal

Als ein urbaner Raum gilt Bozen auch als Destination für Städtereisen, während das eher ländliche Gebiet im Wipptal mit einem regen Verkehrsaufkommen assoziiert wird. Bild 7.35 stellt diese gedanklichen Verknüpfungen grafisch dar.

Ergebnisse der qualitativen Analyse

Bild 7.35: Netzwerkgraphik »Bozen, Wipptal«, Verbindungen ≥ 3

Bozen versucht sich durch seine Attraktionspunkte auch für ein internatinales Publikum zu positionieren, was nicht zuletzt aufgrund der einzigartigen kulturtouristischen Ressource »Archäologiemuseum« gelingt (Ez3). Theater, Veranstaltungen und Schlösser in unmittelbarer Nähe sowie eine Vielzahl an Museen sind Teil eines vielfältigen kulturellen Angebots der Stadt, was den Städtetourismus auch als Kulturtourismus qualifiziert (Is7).

Das Wipptal wird mit dem Bergwerkswesen (Bergwerksmuseum) in Verbindung gebracht, das als Thema auch die Stadt Sterzing prägt (Jg4); eine weitere kulturelle Ressource ist die Festungsanlage Franzensfeste, die große kulturelle Veranstaltungen wie bspw. die Manifesta7 oder die Tiroler Landesausstellung 2009 beherbergt. Ähnlich wie das Eisacktal und das Unterland wird es als ein Durchzugsgebiet beschrieben, das vor allem auch von der Umsetzung großer Infrastrukturprojekte betroffen ist. Trotzdem werden ungenutzte Potentiale darin erkannt, die Themen »Mobilität«, »Grenze« und die geschichtliche Bedeutung zu inszenieren (De3), was im Verbund als interessant betrachtet wird und in Summe zur Einzigartigkeit des Bezirkes beitragen kann.

## Kulturtouristische Aspekte und Problemfelder

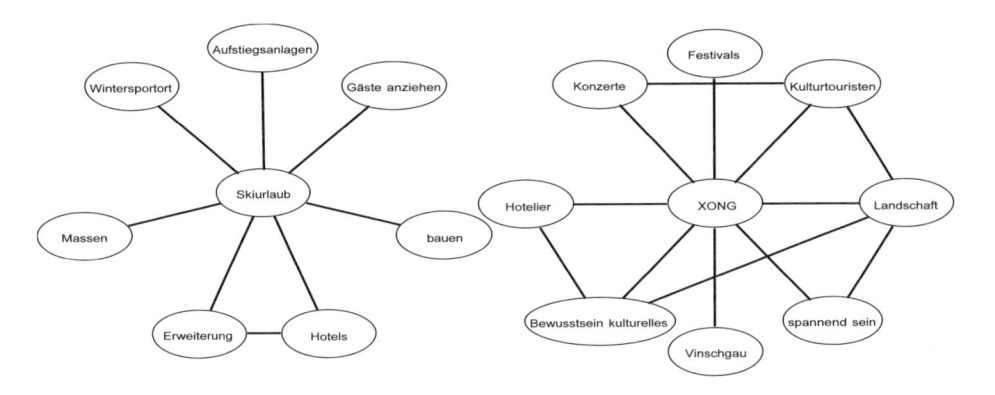

Bild 7.36: Netzwerkgraphik »Skiurlaub, Xong«, Verbindungen ≥ 2

> De3: Also Wipptal wäre wirklich spannend, weil man es auch gut inszenieren könnte. Als dramatische Übergangsregion, mit Großbaustellen, mit historischen Städten. Ja einfach auch ein bisschen dramatisieren die ganze Situation. Wäre ganz spannend.
> Ez3: Ich meine das Ötzimuseum in Bozen ist auch nicht optimal, es ließe sich schon noch mehr daraus machen. Weil man kann das wirklich als Highlight bezeichnen, da kommen die Besucher von weit her.
> Is7: KunstArt, die neue Kunstmesse, die jetzt alljährlich oder zweijährlich in Bozen stattfindet, ist auch eine Form von Kulturtourismus. Also wo viele Galerien ausstellen, wo Künstler sich treffen, wo ein Markt entstehen soll für Fußgegenstände. Das ist was ganz Neues, ist etwas Zeitgenössisches.
> Jg4: Auf das Thema Wipptal bin ich vorher schon gestoßen. Fuggerstadt, Bergwerk, Einmaligkeit, da müsste man mehr in die Tiefe gehen.

### Skiurlaub vs. Xong

»Xong« legt als grenzübergreifendes Festival seinen Programmschwerpunkt auf die verbindenden Elemente der Musik und der Kulturen im Dreiländereck (Schweiz, Österreich, Italien) und wird als beispielhaft für den Kulturtourismus angesehen. Skiurlaube stehen am anderen Ende eines Angebotsspektrums und aus Bild 7.36 wird ersichtlich, dass die damit verbundenen Begriffe (wenn auch nur zweifach) tendenziell negativ konnotiert sind.

Skiurlaub wird mit Massen in Zusammenhang gebracht, bei dem Hotelerweiterungen und zusätzliche Bautätigkeiten für die nötigen Kapazitäten zur Unterbringung hoher Besucherzahlen sorgen (Fj6). Wintersportorte und Skigebiete üben in Summe jedoch eine starke touristische Anziehungskraft aus (Kd3).

Das Musikfestival zieht Kulturtouristen an und gilt in Verbindung mit der Landschaft als ein spannendes Angebot (Gj3). Das Festival und die angebotenen Konzerte sind eng mit dem Veranstaltungsort (Vinschgau) verwoben. Insgesamt trägt das Festival dadurch zur Stärkung des kulturellen Bewusstseins bei (Hb1).

**Fj6:** Zum Beispiel in Kambodscha, in Siem Reat, durch die Massen, die da kommen, haben die inzwischen ein wahnsinniges Grundwasserproblem. Die trocknen aus, weil sie so viele Hotels gebaut haben und alle das Wasser angezapft haben. Das ist genau so, als hätten sie den Skitourismus. Das hat dieselben Folgen.

**Gj3:** Und die Bilder, die Xong vermittelt, die reichen bis in den Herbst, wo sie immer noch mit den Eindrücken von Xong durch die Landschaft hatschen und sagen: »Mann, diese Kulturwanderung war spannend, Mann, da haben wir dieses Konzert erlebt und da hat die Wirtshausmusik gespielt.«

**Hb1:** Wir sind uns auch bewusst, dass das [»bewusst machen«] auch nicht von heute auf morgen geht. Jetzt haben wir in neun Jahren gesehen was Xong bewirkt.

**Kd3:** Wenn ich natürlich nur Leute herlocke, damit ich meine Schischaukel, die ich noch vergrößere und noch vergrößere, noch besser besetze, dann hat das nichts mehr mit Kulturtourismus zu tun. Das ist dann für mich Massentourismus. Und wir sind ein kleinräumiges Land. Bei uns ist das nicht drinnen. Sonst machen wir eben die Substanz kaputt. Das ist meine Überzeugung. Wie ich es erlebe.

# Teil III

# Schlussbetrachtung

# 8 Implikationen und Ausblick

Die Ergebnisse aus dem Kapitel 7 werden mit den theoretischen Grundlagen aus den Kapiteln 2, 3, 4 und 5 abgeglichen. Die daraus gewonnenen Erkenntnisse und Schlussfolgerungen finden zum einen im Tourismus- und Kulturmanagement sowie in der Politik (Tourismus- und Kulturpolitik) ein praktisches Anwendungsfeld; zum anderen ergeben sich auch Implikationen für die Theorie: Die Lehren zu den strategischen Sichtweisen – speziell jene für das Destinationsmanagement und im Kulturtourismus – können auf dieser Grundlage erweitert werden.

## 8.1 Rückschlüsse für die Theorie

Aus der Studie wurde ersichtlich, dass – ähnlich den Annahmen zum Prozess der Strategieformulierung aus dem Strategischen Management – auch im Kulturtourismus markt- und ressourcenorientierte Strategieformulierungsprozesse vorzufinden sind. Auch hinsichtlich der assoziierten Themen und Wirkungszusammenhänge lassen sich unterschiedliche Auswirkungen von nachfrage- und angebotsseitigen Strategien im Tourismus beobachten.

Bestätigung hinsichtlich des Netzwerkgedankens finden auch die Theorien und Annahmen aus dem Strategischen Management, dem Destinationsmanagement und dem Kulturtourismus im Bezug auf die Netzwerktypologien im Bereich Kultur und Tourismus, der Bedeutung relationaler Ressourcen und kooperativer Kernkompetenzen und der Annahmen zur Wettbewerbsfähigkeit durch nachhaltiges Management.

Bevor in der letzten Schlussfolgerung diese Erkenntnisse in einem »Gesamtmodell des Kulturtourismus in alpinen Destinationen« subsummiert werden, folgen im nächsten Abschnitt allerdings noch die Schilderungen zu den Implikationen der beiden Perspektiven der RBV und MBV.

### 8.1.1 Markt- und Nachfrageorientierung

Jene Expertengruppe im Bereich Kultur und Tourismus, die sich an den Markt- bzw. Nachfragegebenheiten orientieren, lassen sich anhand der getätigten Aussagen (bspw. *Px5*) auch in ihrem strategischen Denken eindeutig beschreiben.

Demzufolge ist der Prozess zur Strategieformulierung im Kulturtourismus einer MBV gemäß durch die folgenden fünf Schritte definiert (siehe dazu ergänzend die Ausführungen in Abschnitt 4.2.3 / S. 122 und *Hitt, Hoskisson* und *Ireland*, 2007, S. 16 f., *Bailom, Matzler* und *Tschemernjak*, 2006, S. 17 ff.):

1. Analyse der Nachfrage und der Trends im Kulturtourismus;
2. Identifizierung attraktiver Zielgruppen und Segmente;
3. Entwicklung einer wettbewerbsfähigen Strategie für das Segment;

4. Erwerb der nötigen (kulturellen) Ressourcen und Fähigkeiten;
5. Implementierung der Strategie.

> Px5: Wichtig ist, dass wir über die Vergangenheit Bescheid wissen, aber noch viel wichtiger ist, dass wir wissen, wo wir hingehen. Das ist die Frage des Marktes. Wie verhält er sich, was zieht den Kunden an? Es ist ja nicht so, dass er alles ablehnt.

Erfolgt die kulturtouristische Planung nach einer derartigen Strategiesichtweise, so findet dies ihren Niederschlag in den nun folgend beschriebenen Bereichen.

### Erlebnisinszenierung

Die Aufbereitung von kulturellen Inhalten für den Tourismus kann durch vielerlei Arten geschehen. Eine Möglichkeit wird dabei in der Inszenierung von Erlebnissen gesehen, der als ein touristischer Nachfragetrend eine große Bedeutung zukommt (Abschnitt 3.1.3 / S. 61). Erlebniskonsum wird gerade bei kulturellen Veranstaltungen als Methode eingesetzt, um die Attraktivität und somit die Besucherzahlen zu steigern (Abschnitt 7.5.3 / S. 249, *Bendixen*, 2006, S. 324 f., *Ke4*). Der Erlebniswert als eine Mischung aus Unterhaltung und Lernen (*Pine* und *Gilmore*, 1999, S. 30 ff.), Emotionen und Sinneseindrücken stellt somit – für ein breites Segment im Kultur tourismus – einen Erfolgsfaktor dar, der zur Einzigartigkeit des Angebotes beiträgt (*Bd4*).

> **Bd4:** Die Gäste wollen ein besonderes Erlebnis mitnehmen. Das besondere Erlebnis, das ihren Urlaub einfach unterscheidet vom Urlaub von ihren Freunden, denen sie dann erzählen, das ist eben wahrscheinlich ein kulturelles Erlebnis oder etwas, was man eben über das Land erfahren hat, was man sonst nirgends erfährt.
> **Ke4:** So hat das 1985 angefangen immer größer zu werden und mittlerweile ist das Spatzenfest eine unmöglich große Veranstaltung. Jedes Jahr organisiert das ein anderer Verein, aber eine super Organisation und eine Menge Leute sind bei jedem Konzert, bei 12–15 tausend Leuten und für alle ist es ein großes Erlebnis.

### Hohe Besucherzahlen

Das touristische Angebot entspricht dabei nach Möglichkeit den multioptionalen Interessen und Motivationen der Touristen, weshalb das Angebot allerdings eher zur Unterhaltung als zur Weiterbildung entwickelt wird (*Bendixen*, 2006; *Steinecke*, 2007, S. 4). Einfach konsumierbare Produkte werden vor allem dazu benötigt, um einer breiteren Besucherschicht möglichst angenehme Urlaubserfahrungen bieten zu können (*McKercher* und *Cros*, 2002, S. 38). Vor allem bei Vertretern der Tourismusbranche kann beobachtet werden, dass die Messung der Wettbewerbsfähigkeit tendenziell anhand touristischer Kennzahlen (Nächtigungszahlen, Ankünfte, Besucherstatistiken) erfolgt (*Kx9*, *Becher*, 2007, S. 146 ff.). Aus diesem Grund werden dem Kulturtourismus andere Tourismusformen wie bspw. der Skitourismus vorgezogen (*Pl1*).

> Kx9: In Zukunft gilt: Je allgemeiner wir werden und je flacher unser Angebot wird, desto größer sind die Chancen, dass wir für interessierte Leute ein Podium bilden oder Begehrlichkeiten bilden. In zehn Jahren haben wir noch mehr Chancen darin. Wir dürfen aber nicht ein Freilichtmuseum werden.
> Pl1: Schnee ist für den Tourismus aber viel wichtiger als die Kultur. Wenn es Schnee hat, sind die Gäste auch da.

## Internationalisierung

Gleichzeitig impliziert eine hohe Besucherzahl eine Standardisierung des Angebotes (*Bieger*, 2008; *Swaarbrooke*, 2005, S. 309 f.); standardisierte Attraktionen (kulturelle Veranstaltungen), die oftmals über den Markt »erhältlich« sind und sich anderweitig bewährt haben, werden in vielen Fällen zugekauft (*Swaarbrooke*, 2005, S. 309 f., *Nd8*). Die höheren Ausgaben dafür werden durch hohe Besucherzahlen kompensiert, weshalb durch Marketingaktivitäten, wie bspw. der Positionierung von Highlights, ein größerer Markt bedient werden kann (*Pt6*).

> Nd8: Was wir bieten z. B. in Bozen im Bereich Theater wird ja vorwiegend eingekauft, auch schüsselfertig eingekauft. Hochwertiges, das man auch in Berlin oder in München oder in anderen großen Städten geboten bekommt, Theater, Konzerte.
> Pt6: Das ist auch unser Problem, dass wir so klein sind. Tirol hat nicht einmal 600 000 Einwohner, das ist nicht einmal die Größe einer Kleinstadt. Wie kann ich in so einem kleinen Markt Erfolg haben?

## Externe Effekte

Dementsprechend sind auch die Folgewirkungen einer markt-/nachfrageorientierten Strategie: Kurzfristig können hohe Renditen erwirtschaftet werden, die der Entwicklung einer Destination (Stadt oder Region) zugute kommen (*Peters* und *Pikkemaat*, 2004, S. 152 f., *Dv5*); dadurch wird ein Tourismus favorisiert, der Ähnlichkeiten mit Massentourismus aufweist und bei dem auf lange Sicht verstärkt negative externe Effekte als wahrscheinlich angenommen werden (*Mann*, 2000; *Rutow* und *Wachowiak*, 2009, S. 24, *Qx7*). Dies wird vor allem am Beispiel von kulturellen Veranstaltungen verdeutlicht (*Dreyer*, 2006, S. 9 ff., Abschnitt 4.3.3 / S. 144).

> Dv5: Es gibt aber einen anderen Effekt, der touristisch interessant ist: Wenn ein Festival eine Größe hat wie die Klangspuren oder Transart und man sieht, dass allein für Hotels zwischen 20 oder 50 000 Euro ausgegeben werden, dann habe ich da einen Indikator, der mir sagt, bei so vielen Nächtigungen sind diese Personen, das sind die Personen, die arbeiten an diesem Werk.

> Qx7: Ein Touristiker sagt nicht, ich möchte die nächsten zehn Jahre Leute herziehen, deshalb muss ich aufpassen, dass ich nicht zu viele Lifte mache, damit andere, die nicht Skifahren, auch noch Gefallen daran finden. Da könnte ich mir vorstellen, dass sie die Gelder dahin leiten, wo sie schnell Erfolg haben.

### 8.1.2 Ressourcen- und Angebotsorientierung

Jene Expertengruppe, die einer Ressourcenperspektive im Kulturtourismus folgt, orientiert sich auch an einem dementsprechenden Strategieformulierungsprozess, der anhand der folgenden fünf Schritte erklärt wird (*Gn5* und Abschnitt 4.2.3 / S. 122 sowie *Hitt, Hoskisson* und *Ireland*, 2007, S. 16 f., *Bailom, Matzler* und *Tschemernjak*, 2006, S. 17 ff.):

1. Analyse vorhandener (kultureller) Ressourcen und Fähigkeiten;
2. Analyse der eigenen Stärken (Kernkompetenzen) und Schwächen;
3. Identifizierung von Nachfragesegmenten, die den eigenen Ressourcen und Stärken entsprechen;
4. Formulierung der ressourcenbasierten Strategie;
5. Umsetzung der Strategie.

> Gn5: Ich habe eine ganz eigene Identität und ich muss mich mit der Identität auseinandersetzen. Ich muss selber irgendwann einmal diese Identität annehmen und mich dann auf den Markt begeben.

Im Mittelpunkt stehen in diesem Fall vor allem die tangiblen und intangiblen kulturellen Ressourcen, was auch für die nachstehenden Bereiche Implikationen nach sich zieht.

#### Regionalität und Authentizität

Das Lokale, für eine Region Typische, erfährt nicht nur durch den Trend in Richtung Regionalität eine Aufwertung (*Becker*, 1993; *Müller* und *Messerli*, 2006, S. 237), vielmehr ist es der Wert von endogenen kulturellen Attraktionen und regionalen Eigenheiten, der in einer ressourcenorientierten Sichtweise neu entdeckt wird (*Heinze*, 2008, S. 126): Durch das Spezifische einer Region wird einem globalisierten Angebot entgegengewirkt, wodurch sich eine Destination erfolgreich differenzieren kann (*Gv7*).

Dafür muss sich das Angebot allerdings durch Authentizität – als echtes Angebot bzw. ungekünsteltes Verhalten verstanden – ausweisen, die nur dann gegeben ist, wenn eine Verwurzelung bzw. Einbettung in der Region (Landschaft, Einheimische) besteht (*Richards*, 2007, S. 3 ff., *Mp5*). Auch die Authentizität der regionalen Produkte und Traditionen trägt zur Qualität des Angebotes bei (*Chhabra, Healy* und *Sills*, 2003, S. 715 ff., *Be7*).

> Be7: Ich denke, dass die Kulturtouristen einfach überall das Gleiche suchen. Im Grunde suchen sie Glaubwürdigkeit, eine Echtheit, eine Qualität des Angebotes, Seriosität der Veranstalter. Im Grunde suchen sie überall das Gleiche.
> Gv7: Wie man genau in der Zeit von Globalisierung auf die regionalen Qualitäten aufmerksam macht. Das ist ein sehr großes Potential. Ich befinde mich plötzlich nicht mehr in Konkurrenz zu allem, weil jeder dasselbe macht.
> Mp5: Folklorismus bezeichnet eben solche Phänomene, bei denen Elemente von traditioneller Kultur, die aus ihrem ursprünglichen Wirkungs- oder Lebenszusammenhang heraus, in einen anderen gesetzt werden.

### Kulturelles Bewusstsein

Der einheimischen Bevölkerung kommt vor allem als Träger eines kulturellen Bewusstseins, das als grundlegend für die Vermittlungstätigkeit im Kulturtourismus erachtet wird, eine zentrale Rolle zu (*Qv8*): Nur durch dieses Bewusstsein ist es überhaupt möglich zu erkennen, was authentisch ist bzw. was den Wert und die Einzigartigkeit der Kultur ausmacht und erst dann können diese Ressourcen gewinnbringend für den Tourismus eingesetzt werden (*Jw7*).

Zwar tritt regionale Identität im Zusammenhang mit Regionalität und dem Soziokulturtourismus in Erscheinung (*Jätzold*, 1993; *Pernthaler*, 2007; *Steinecke*, 2007), für eine solch grundlegende Bedeutung des kulturellen Bewusstseins, – es handelt sich dabei um die wohl wichtigste Ressource für den Kulturtourismus – findet sich in der wissenschaftlichen Literatur bislang aber keine Bestätigung. Kulturelles Bewusstsein bzw. Bewusstsein über die eigene Identität ist überdies wieder im Zusammenhang mit Authentizität von Relevanz (Abschnitt 4.3.2 / S. 134, *Gilmore* und *Pine*, 2007, S. 115 ff.).

> Jw7: In dem Dorf hat man vor zwei Jahren im roten Sandstein Fische gefunden, wirklich perfekt. Die sind jetzt in Bearbeitung in Amerika in einem geologischen Institut. Der Fachmann, der die bearbeitet, sagt, dass es bisher nur zwei Stellen auf der Welt gibt, wo man die gefunden hat. Die dritte Stelle ist hier vor Ort. Das ist eine super Werbung. Das muss ich aber bewusst machen. Das wissen nicht einmal die Einheimischen.
> Qv8: Aber Kulturtourismus wird noch sehr lang keine große Rolle spielen, weil wir noch viel zu wenig Kultur in uns haben. Das ist sehr schwer, das dauert mehrere Generationen, dass wir uns wieder unserer Kultur bewusst werden. Weil das kann man ja nicht erzwingen, dieses Bewusstsein über die Kultur. Das muss einem ja Freude machen.

### Externe Effekte

Nachhaltigkeit bzw. ein sanfter Umgang mit wertvollen, einzigartigen Ressourcen ist somit von großer Wichtigkeit für die Umsetzung einer langfristig angelegten

Strategie. Dabei findet keine Trennung zwischen einem nachhaltigen Management natürlicher und kultureller Ressourcen statt, denn Kultur und Natur sind insbesondere in alpinen Destinationen miteinander verknüpft (*Amtsblatt der Europäischen Union C 57/04*, 2007; *Meier*, 2000; *Schuckert*, *Möller* und *Weiermair*, 2007; *Winiwarter*, 2000, S. 39 f., *Ao7*).

Während es somit nur langfristig möglich ist, ökonomische Zielsetzungen durch die Aufrechterhaltung von (natürlicher und kultureller) Attraktivität zu erreichen (*Cp7*, *Flagestad* und *Hope*, 2001; *Fürst*, 2007; *Goeldner* und *Ritchie*, 2009; *Ritchie* und *Crouch*, 2003; *Ritchie* und *Ritchie*, 2002; *Swaarbrooke*, 2005), so sind kurzfristig nur geringfügige monetäre Gewinne möglich (*Bn9*).

> **Ao7**: Ich meine, wenn man Gröden anschaut, zum Teil wohl auch Schenna und Dorf Tirol, die sind einfach zersiedelt und verglichen sozusagen mit der Zeit vor 60–70 Jahren haben sie einfach auch an landschafts-ästhetischem Reiz viel verloren und da glaube ich, verspielt man auf die Dauer ein Kapital, wenn man in der Hinsicht noch weitermacht.
> **Bn9**: Man schaut, dass man auf längere Sicht etwas aufbaut. Dort kann man nicht in kurzer Zeit schnelles Geld verdienen. Das ist falsch. Das ist eine ganz interessante Gratwanderung. Gefährlich, dass man abrutscht.
> **Cp7**: Die Umfragen bestätigen ja, dass die Gäste zuerst Natur und Naturlandschaft und Kultur und regionale Kultur suchen. Und genau das, was der Gast sucht, wird zerstört. Systematisch. Die begreifen das nicht, die Touristiker.

### 8.1.3 Relationale Sichtweise im Kulturtourismus

Der Netzwerkgedanke nimmt für kulturtouristische Destinationen eine große Bedeutsamkeit für die Generierung von Wettbewerbsvorteilen ein, denn je besser die Zusammenarbeit zwischen den Schlüssel-Stakeholdern, besonders aber zwischen der Kultur- und Tourismusseite funktioniert, desto eher gelingt der Aufbau von Wettbewerbsvorteilen (Abschnitte 4.2.4 / S. 127 und 7.4 / S. 230). Die weitere Erforschung der Eigenschaften von Netzwerken im Allgemeinen und von Kooperationen im Kulturtourismus im Speziellen wird aus diesem Grund als wichtig erachtet.

#### Voraussetzungen, Management, Chancen und Risiken

Erkenntnisse lassen sich aus dem Abgleich von Theorie und den Ergebnissen der Studie hinsichtlich der Voraussetzungen zur Bildung von Netzwerken, ihres Managements und der Chancen und Risiken gewinnen.

#### Voraussetzungen

Die theoretischen Angaben zu den Voraussetzungen für die Bildung von Netzwerken können für jene in der untersuchten Destination insbesondere in den folgenden Punkten bestätigt werden:

– Zwischen den Netzwerkpartnern muss ein *Klima des Vertrauens* geschaffen werden (*Brass* u. a., 2004; *d'Angella* und *Go*, 2008; *Das* und *Teng*, 1998; *Duschek*, 2003; *Fürst*, 2003; *Hamel*, 1991; *Kogut*, 2000; *Scott*, *Baggio* und *Cooper*, 2008; *Ullmann*, 2000; *Wald* und *Jansen*, 2007; *Well*, 2001, S. 9 f.);
– Es bedarf an *Offenheit* gegenüber den Partnern bzw. eines bestimmten Maßes an *Entgrenzungswillen* (*Oesterle*, 2005, S. 147 ff.);
– *Gemeinsame Zielvorstellungen* der Netzwerkakteure sind notwendig (*Bendixen*, 2006; *d'Angella* und *Go*, 2008; *D'Aveni*, 1994; *Dredge* und *Pforr*, 2008; *Flagestad* und *Hope*, 2001; *Martelloni*, 2007; *Ullmann*, 2000; *Zeni*, *Zehrer* und *Pechlaner*, 2005, S. 102).

Erweitert werden können die Voraussetzungen durch die Erkenntnisse aus Abschnitt 7.4.1 / S. 233 insofern, als dass für eine Netzwerkbildung im KT

– die *nötigen Ressourcen* zur Verfügung gestellt werden müssen (finanzielle Ressourcen und qualifiziertes Personal);
– durch einzelne Initiativen (bspw. gemeinsame Vermarktung oder Koordination) bereits die gegenseitige *Kooperationsfähigkeit* überprüft wurde;
– eine *Plattform* erste Schritte und Initiativen zur Kooperation begleiten, unterstützen und überprüfen sollte.

## Management und Organisationsstruktur

Die Führung von »kleineren Netzwerken« (im Kulturbereich) geschieht vor allem auf individueller Ebene durch einzelne Personen, die sich durch Leadership-Qualitäten auszeichnen und organisationsübergreifend agieren; ein Vergleich mit den »boundary spanners« liegt in diesem Zusammenhang nahe (Abschnitt 2.2.4 / S. 46 bzw. *Narus* und *Anderson*, 1995; *Sydow*, 2006c, S. 264). Weitere Details dazu lassen sich allerdings keine ableiten.

Bei »größeren Netzwerken«, die vor allem zwischen Kultur- und Tourismusinstitutionen gewünscht werden, gibt der Datensatz vor allem über die Angaben der Entstehungsrichtung Aufschlüsse über die Netzwerkstruktur bzw. über die Steuerungseinheiten innerhalb der Kooperationen: Werden Netzwerke »von oben nach unten« gebildet, wird innerhalb des Kooperationsgebildes eine Institution benötigt, die als fokale Organisation agiert und die Netzwerkpartner dirigiert; eine derartige hierarchische Struktur findet sich auch bei strategischen Netzwerken wieder (*Jarillo*, 1988; *Sydow*, 1992, S. 80 ff.) bzw. entspricht dem klassischen Netzwerkgedanken in Destinationen, wonach Tourismusorganisationen an der Spitze von Dienstleistungsnetzwerken stehen (vgl. dazu Abschnitt 3.2.3 / S. 78 bzw. *Bieger*, 2008; *Sainaghi*, 2006, S. 1056 f.).

Findet die Netzwerkbildung »von unten nach oben« statt, ergibt sich die Kooperation aus einer gemeinschaftlichen Notwendigkeit heraus; die Führung erfolgt dabei gemeinschaftlich, durch die Initiatoren des Netzwerkes. In der Theorie finden sich ähnliche Konzepte in der Selbststeuerung des »Regional Governance

Ansatzes« (Abschnitt 3.2.3 / S. 86, *Benz*, 2003, S. 505) oder von Tourismus-Politik-Netzwerken (Abschnitt 3.2.3 / S. 88, *Dredge* und *Pforr*, 2008, S. 68 ff.).

### Chancen und Risiken

Die Angaben zu den Chancen durch die Netzwerkorganisationen aus Abschnitt 2.2.4 / S. 42 finden durch die Analyse eine breite Bestätigung; da Zusammenarbeiten in den Forschungsergebnissen aber überwiegend mit positiven Eigenschaften in Verbindung gebracht werden, können keine relevanten Risiken genannt werden, die sich für die kulturtouristische Destination durch eine Kooperation ergeben würden.

Die größten Chancen werden demnach in gemeinsamen *Marketing-* und *Koordinationsmaßnahmen* gesehen (*Bendixen*, 2006; *Dreyer*, 2008, S. 101), ergeben sich aber auch durch die *Bündelung von Kräften*, der *Nutzung von Synergien* (*Duschek* und *Sydow*, 2002; *Dyer* und *Singh*, 1998, S. 662 ff.), einer *Qualitätssteigerung* (*Bieger*, 2008; *Dreyer*, 2004, S. 35 ff.), *Kosteneinsparungen*, der *Beschaffung finanzieller Mittel* (*Sydow*, 2006b) und einer insgesamt *höheren Rentabilität* (*Stahl* und *Eichen*, 2005, S. 17 f.); auch *Innovationen* finden in Netzwerken statt, sei es bei der Gestaltung neuer Produkte als auch Prozesse (*Brass* u. a., 2004; *Duschek* und *Sydow*, 2002; *Dyer* und *Singh*, 1998; *Guia*, *Prats* und *Comas*, 2006; *Kogut*, 2000; *Pechlaner*, *Fischer* und *Hammann*, 2005; *Porter*, 1998; *Stahl* und *Eichen*, 2005; *Sydow*, 2006b, S. 57 f.).

In der Theorie bislang nicht in dieser Form vorzufinden sind jene Möglichkeiten kulturtouristischer Netzwerke, die sich aus verbesserten *Weiterbildungsmöglichkeiten*, einer insgesamt *stärkeren Verhandlungsposition* (gegenüber Sponsoren oder der Politik) oder einem *verbesserten Angebot* (in Bezug auf die Produktqualität) für den Kulturtourismus ergeben.

### Netzwerktypologien im Kulturtourismus

Weitere Rückschlüsse können darüber erfolgen, welche Arten von Netzwerken es im Kulturtourismus gibt und welche unterschiedlichen Funktionen und Charakteristika diese haben. Als neue Erkenntnis wurden hierbei drei Hauptgruppen von Netzwerken ausgemacht (Abschnitt 7.4.1 / S. 231), die die Wettbewerbsstellung für den Kulturtourismus einer Destination positiv beeinflussen:

- *Kultur-Netzwerke* werden zwischen kulturellen Attraktionen etabliert (vgl. insbesondere *Steinecke*, 2007, S. 26 ff.);
- *Kultur-Tourismus-Netzwerke* beschreiben Kooperationen speziell zwischen Einrichtungen aus dem Kultur- und Tourismusbereich (vgl. vor allem *McKercher* und *Cros*, 2002; *Pechlaner* und *Zehrer*, 2005, S. 16);
- *Kultur-Tourismus-Politik-Netzwerke* finden ihren Einsatz für die gesamthafte Entwicklung einer Destination/Region (vgl. besonders *Dredge* und *Pforr*, 2008, S. 70 ff.).

Bei allen drei Kooperationsformen handelt es sich um interorganisationale Netzwerke, die aber vor allem zwischen den Akteuren innerhalb einer Destination (als regionales Netzwerk) eingegangen werden. Bezüglich ihrer Charakteristika findet ein Abgleich mit den theoretischen Konzepten aus dem Strategischen Management (Abschnitt 2.2.4 / S. 36) und dem Management von Destinationen (Abschnitt 3.2.3 / S. 76) statt.

Kultur-Netzwerke
Zum einen finden sich eine Vielzahl an Hinweise, dass für den Kulturtourismus besonders Kooperationen im Kulturbereich, d. h. zwischen Kulturinsitutionen eingegangen werden; dies ähnelt den Ausführungen zu den Wettbewerbsstrategien im Kulturtourismus in Abschnitt 4.2.3 / S. 125 durch *Steinecke* (2007, S. 26 ff.) oder jenen zur kulturtouristischen Produkt- und Paketentwicklung durch *Silberberg* (1995, S. 364). Wird der angebotsorientierten Typenbildung im Kulturtourismus von *Jätzold* (1993, S. 135 f.) Folge geleistet, so findet die Zusammenarbeit zwischen Attraktionen desselben Kulturtourismus-Typen statt (bspw. Kooperation zwischen Museen, z. B. *Se2*) oder aber zwischen Attraktionen aus zwei oder mehreren Kulturtourismus-Arten (bspw. Konzerte im Bergewerksstollen, z. B. *Gb8*).

Solcherlei horizontale Kooperationen dienen vor allem dazu, die Produktqualität des kulturellen Angebotes zu erhöhen (Abschnitt 4.3.4 / S. 155). Dies geschieht entweder auf natürliche Art und Weise über Authentizität, da kulturelle Ressourcen bereits eingebettet sind (bspw. wird Geschichte besonders anhand von kulturellen Objekten als »echt« wahrgenommen), oder aber durch Inszenierung der Veranstalter, womit der Erlebniswert eines Angebotes gesteigert wird (z. B. sind Jazz-Konzerte auf Burganlagen ein besonderes Erlebnis). Auch die Annahmen über die Existenz einer emotionalen Qualität (*Daidola*, 2004, S. 48 ff.), die durch Authentizität (*Weiermair* und *Pechlaner*, 2001, S. 104) bzw. einem ästhetischen Erlebnis (*Pine* und *Gilmore*, 1999, S. 30) entsteht, werden mit dieser Erkenntnis untermauert.

Solcherlei Kooperationen werden tendenziell für operative Zwecke eingerichtet (*Stauss* und *Bruhn*, 2003, S. 7 ff.): Die gemeinsame Produktion oder eine kooperative Vermarktung sind hierbei gewünschte Funktionen, die das Netzwerk zu erfüllen versucht und während in ersterem Fall durch eine bessere Qualität ein stärkerer Zuschnitt auf eine Zielgruppe erreicht wird (*Steinecke*, 2007, S. 38 ff.), können durch die zweite Kooperationsform multioptionale (multi-kulturelle) Interessen einer breiteren Besucherschicht angesprochen werden (bspw. *Hughes*, 2002, S. 170 ff.).

Hinsichtlich der Organisationsstruktur finden sich je nach Zielsetzungen polyzentrische und somit heterarchische, wie auch zentral gesteuerte und deshalb hierarchische Strukturen wieder. Während erstere Netzwerke nachfrage- oder anbieterinitiiert sein können, sind zweitere stärker von der Angebotsseite intendiert (*Benkenstein* und *Zielke*, 2003, S. 405 ff.).

Implikationen und Ausblick

> Gb8: Die Komponisten sollten auch unterstützt werden, deshalb habe ich beschlossen, jedes Jahr einen Komponisten zu beauftragen, für ein Werk, ein Quartett oder kleinere Sachen, vielleicht auch einmal etwas Größeres, das wird dann jedes Jahr im Weingut uraufgeführt.
> Se2: Mahlers Werdegang war ja eine Reise durch Europa, von Lublijana, Budapest, Prag, Kassel, Wien zu den Urlaubszielen Wörthersee, Attersee und Toblach. Da könnte man ein europäisches Netzwerk entwickeln, mit Veranstaltungen, wo man sich die Konzerte austauschen könnte.

### Kultur-Tourismus Netzwerke

Kooperationen zwischen Kultureinrichtungen und Tourismusinstitutionen dienen in erster Linie zur Verbesserung der Dienstleistungsqualität (*Pechlaner* und *Zehrer*, 2005, S. 22 f.). Dabei sind es vor allem vertikale Zusammenarbeiten, die die Akteure in der touristischen Dienstleistungskette vernetzen, aber auch horizontale Vernetzungen, bei denen bspw. mehrere Attraktionspunkte (Kultur, Sport) für eine touristische Nutzung miteinander verknüpft werden, können beobachtet werden (Abschnitt 4.2.4 / S. 127).

Insbesondere bei Destinationskarten-Systemen finden sich neben horizontalen und vertikalen Kooperationen auch lateral ausgerichtete Netzwerke wieder, die mit branchenfremden Einrichtungen gebildet werden (bspw. Handel oder Landwirtschaft; *Dreyer*, *Wieczorek* und *Lachmann*, 2005; *Fleischer*, 1997; *McKercher*, *Ho* und *Cros*, 2005, S. 30 ff. und Abschnitt 3.2.3 / S. 78).

Diese ebenfalls zu eher operativen Zwecken etablierten Netzwerke sind in ersterem Fall von der Nachfrageseite gewünscht, da die Attraktionen »verstreut« liegen und der Gast multioptionale Angebote nutzen möchte (*La9*); in zweiterem Fall werden sie bei der Entwicklung neuer Angebote eher von der Angebotsseite (von den Tourismusorganisationen, *Om7*) initiiert (vgl. *Benkenstein* und *Zielke*, 2003; *Stauss* und *Bruhn*, 2003, S. 7 ff.).

> La9: Sterzing hat durch das Projekt Tourcard eine Vernetzung geschaffen: Hier ist Schloss Reifenstein, hier ist Schloss Wolfsthurn, hier ist das Bergwerk, in Sterzing das Multschermuseum usw. Diese Sachen liegen nicht so konzentriert. Wenn heute mal schlechtes Wetter ist, dann fährst du von einem Museum in das nächste.
> Om7: Das ist nicht immer sehr einfach, man muss da als Tourismusverein Ideen entwickeln und gemeinsam mit Kaufleuten, also auch mit Gastwirten. In letzter Zeit auch mit Handwerkern, um die Industriebetriebe zu besuchen oder ein paar Sachen auf die Beine zu stellen, die einfach zu greifen anfangen.

### Kultur-Tourismus-Politik Netzwerke

In Anlehnung an die Ausführungen von *Dredge* und *Pforr* (2008, S. 70 ff.) bzw. *Murphy* und *Murphy* (2004, S. 108) in den Abschnitten 3.2.3 / S. 88 und 3.2 / S. 64

und als Implikation aus den Ergebnissen in Abschnitt 7.4.1 / S. 231 sind auch Netzwerke auf kultur- oder tourismuspolitischer Ebene von besonderer Bedeutung für die Entwicklung des Kulturtourismus: Diese sind für eine langfristige Planung bzw. eine übergeordnete Strategie für Zwecke der Weiterentwicklung und Vermarktung der Destination in kulturtouristischer Hinsicht von Relevanz.

Ähnlich dem unternehmerischen und gemeinschaftlichen Modell von Destinationen nach *Flagestad* und *Hope* (2001, S. 458) und *Stokes* (2008, S. 256 ff.) gibt es auch bei Kultur-Tourismus-Politik-Netzwerken einerseits unternehmerisch geführte Destinationen, die »von oben nach unten« entstehen bzw. geführt werden und die die Rentabilität für alle Partner sowie Gewinnerzielung beabsichtigen (*Fw4*); Dienstleistungsqualität als gemeinsame Zielsetzung hat hierbei oberste Priorität.

Andererseits werden gemeinschaftlich geführte Netzwerke »von unten nach oben« gegründet; die Schlüssel-Stakeholder nehmen eine gleiche Stellung im heterarchischen Netzwerk ein und orientieren sich durch nachhaltiges Wirtschaften verstärkt am Nutzen für alle Interessensgruppen (*Gr6*).

Während einerseits also die Wettbewerbsfähigkeit als touristische Destination im Vordergrund steht, tritt im zweiten Modell die Wettbewerbsfähigkeit der Region als Lebens-, Wirtschafts- und Kulturraum in den Mittelpunkt (siehe dazu auch die Ausführungen im nächsten Abschnitt 8.1.3 / S. 282). Zu den jeweiligen Chancen und Risiken der beiden Modelle finden sich in Abschnitt 3.2.4 / S. 93 detaillierte Angaben.

> Fw4: Es ist richtig, dass eine Zusammenarbeit mehr Effizienz bringt. Das ist richtig. Ich will das auch nicht ablehnen, das ist auch gut. Das ist einfach sozialistisch. Aber es ist eine autoritäre Struktur.
> Gr6: Wenn das nicht mehr stimmig ist, dass man hier in einer Landschaft, in der man lebt, versucht, die internen Kreisläufe zu fördern und die Bereiche untereinander so zu vernetzen, dass alle davon profitieren, dann kann das nicht funktionieren.

Tabelle 8.1 auf der nächsten Seite stellt die insgesamt sechs unterschiedlichen Netzwerktypen im Kulturtourismus vergleichend gegenüber.

**Relationale Ressourcen und kooperative Kernkompetenzen**

Die gemeinschaftliche Nutzung wichtiger Ressourcen ist ein primäres Interesse bei der Bildung von Netzwerken. Relationale Ressourcen sind dabei finanzielle Ressourcen, Humanressourcen, die touristische Suprastruktur und Infrastruktur sowie vor allem auch tangible und intangible kulturelle Ressourcen. Während Finanzmittel und Personal als knapp gelten und ihre Verfügbarkeit somit als erfolgskritisch gilt, lautet die Empfehlung für Beherbergungsbetriebe, sich stärker zu differenzieren. Kulturelle Ressourcen wiederum sind nur dann für das Management einer Tourismusdestination von Bedeutung, wenn sie – ähnlich wie den VRIO-Kriterien nach Barney (1991, S. 105 f., Abschnitt 2.2.2 / S. 25) – über bestimmte Eigenschaften verfügen.

## Implikationen und Ausblick

| | Kultur-Netzwerke | | Kultur-Tourismus-Netzwerke | | Kultur-Tourismus-Politik-Netzwerke | |
|---|---|---|---|---|---|---|
| | Innerhalb KT-Typ | KT-Typen übergreifend | Touristische DL-Kette | Branchenübergreifend | Unternehmerisch | Gemeinschaftlich |
| Steuerungseinheit | fokale Organisation, Selbststeuerung | fokale Organisation, Selbststeuerung | fokale Organisation | fokale Organisation | fokale Organisation | Selbststeuerung |
| Netzwerkstruktur | polyzentrisch, heterarchisch oder zentralistisch, hierarchisch | polyzentrisch, heterarchisch oder zentralistisch, hierarchisch | zentralistisch, hierarchisch | zentralistisch, hierarchisch | zentralistisch, hierarchisch | polyzentrisch, heterarchisch |
| Richtung | horizontal | horizontal | horizontal und vertikal | horizontal, vertikal und lateral | touristische DL-Kette (vertikal) | alle Stakeholder (horizontal, vertikal, lateral) |
| Zweck | operativ | operativ | operativ | operativ | strategisch | strategisch |
| Primäres Ziel | Produktqualität | Produktqualität | Dienstleistungsqualität | Dienstleistungsqualität | Dienstleistungsqualität, Wettbewerbsfähigkeit als Destination | Qualitätstourismus, Wettbewerbsfähigkeit als werbsfähigkeit als Region |
| Impulse für die Entstehung | nachfrager- oder anbieterinitiiert | anbieterinitiiert | nachfragerinitiiert | anbieterinitiiert | top down | bottom up |
| Beispiele | Kooperation der Museen oder Netzwerk von Traditionsvereinen | Jazz-Konzert in Bergwerksstollen oder Weinverkostung in Burganlage | Integration kultureller Attraktionen in die touristische DL-Kette | Kooperation von Destinationskarten-Systeme mit dem Handel | Unternehmerisch geführte Destination | Gemeinschaftlich (bzw. selbst-) gesteuerte Region |

Tabelle 8.1: Typen von Netzwerken im Kulturtourismus

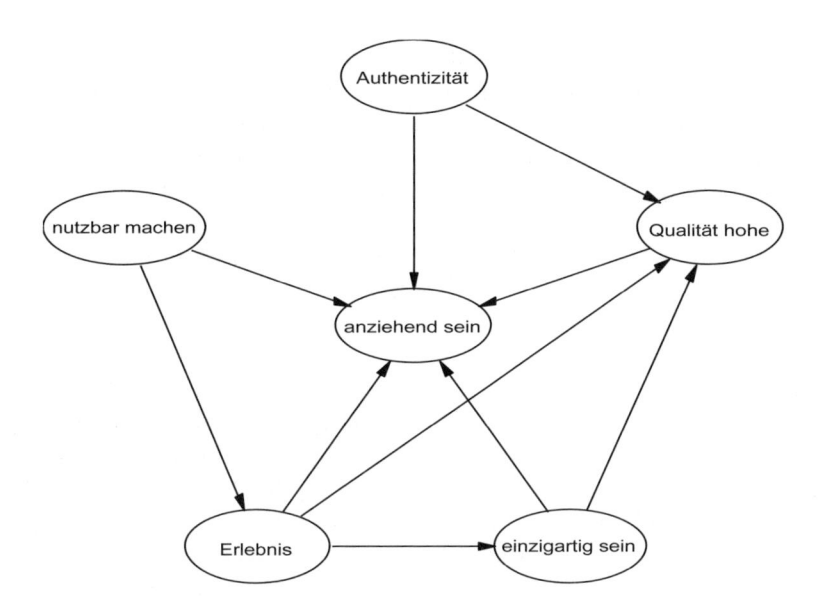

Bild 8.1: Kausalmodell »strategische kulturelle Ressourcen«, Verbindungen ≥ 2

### Eigenschaften strategischer Ressourcen im Kulturtourismus

Ressourcen sind jene Konstanten, auf die eine Destination eine eigene Identität aufbaut, und gelten somit als die Quelle für Profitabilität (*Grant*, 1991, S. 133); von strategischen Ressourcen wird gesprochen, wenn sie als wertvoll eingestuft werden, denn nur wertvolle Ressourcen sind selten und nicht bzw. nur schwer imitierbar (*Hoopes*, *Madsen* und *Walker*, 2003, S. 889 ff.).

Wettbewerbsfähigkeit im Tourismus kann laut *WTO* (2003) über Kennzahlen wie der Anzahl der Nächtigungen oder der Auslastung der Hotelunterkünfte gemessen werden. Somit gilt im Tourismus die *Anziehungskraft* als ein Maß für den »Wert« (»valuable«) einer kulturellen Ressource (vgl. auch *Enright* und *Newton*, 2004, S. 778); diese wird vor allem durch die *Einzigartigkeit* des Angebotes (»rare« bzw. »imitable«, bspw. *Lf9*) und durch die Zugänglichkeit bzw. das »*nutzbar machen*« (»organised«, bspw. *Ho2*) beeinflusst. Doch auch Attribute wie Qualität, die Erlebnisinszenierung oder Authentizität tragen zur Attraktivität und somit Wettbewerbsfähigkeit einer kulturtouristischen Destination bei (vgl. Abschnitt 4.2.2 / S. 114).

Diese Variablen können durch mindestens zweifache Verbindungen in Beziehung zueinander gesetzt werden, was in Bild 8.1 als Modell strategischer Kultur-Ressourcen abgebildet wird.

Das Modell bestätigt, dass sich sowohl *Authentizität* als auch *Erlebnisinszenierung* positiv auf die *Attraktivität* auswirken (siehe Abschnitte 7.5.3 und 7.5.2 /

## Implikationen und Ausblick

S. 245). Gleichsam haben Authentizität (*Chhabra*, *Healy* und *Sills*, 2003, S. 715 ff., *Aq5*) wie auch Erlebniswerte einen positiven Einfluss auf die Qualitätswahrnehmung der Touristen (*Brunner-Sperdin* und *Peters*, 2009, S. 173) und sind somit selbst Bestimmungsfaktoren für die Anziehungskraft eines Angebotes (*Ga6*); Erlebnisinszenierung wirkt überdies positiv auf die *Einzigartigkeit* des Angebotes ein (*Bd4*). Im Gegensatz zu den Ausführungen von *Weiermair* und *Pechlaner* (2001, S. 104) gibt es im Kausalmodell keine direkte positive Verbindung zwischen Authentizität und der Einzigartigkeit des Angebotes, wenn auch ein Zusammenhang über Qualität ersichtlich wird und anzunehmen ist.

Das Modell bestätigt, dass sich sowohl *Authentizität* als auch *Erlebnisinszenierung* positiv auf die *Attraktivität* auswirken (siehe Abschnitte 7.5.3 und 7.5.2 / S. 245). Gleichsam haben Authentizität (*Chhabra*, *Healy* und *Sills*, 2003, S. 715 ff., *Aq5*) wie auch Erlebniswerte einen positiven Einfluss auf die Qualitätswahrnehmung der Touristen (*Brunner-Sperdin* und *Peters*, 2009, S. 173) und sind somit selbst Bestimmungsfaktoren für die Anziehungskraft eines Angebotes (*Ga6*); Erlebnisinszenierung wirkt überdies positiv auf die *Einzigartigkeit* des Angebotes ein (*Bd4*). Im Gegensatz zu den Ausführungen von *Weiermair* und *Pechlaner* (2001, S. 104) gibt es im Kausalmodell keine direkte positive Verbindung zwischen Authentizität und der Einzigartigkeit des Angebotes, wenn auch ein Zusammenhang über Qualität ersichtlich wird und anzunehmen ist.

> **Aq5:** Also hohe Gastronomie kann z. B. Kultur sein und so wiederum authentisch sein.
>
> **Bd4:** Sie wollen ein besonderes Erlebnis mitnehmen. Das besondere Erlebnis, das ihren Urlaub einfach unterscheidet vom Urlaub von ihren Freunden, denen sie dann erzählen, ist eben wahrscheinlich ein kulturelles Erlebnis oder etwas, was man eben über das Land erfahren hat, was man sonst nirgends erfährt.
>
> **Ga6:** Qualität steigern, das spezielle Umfeld, das die Region hat, herausstreichen, die Mehrsprachigkeit mit Deutsch, Italienisch, Ladinisch und dadurch hätte man eine starke Anziehungskraft.
>
> **Ho2:** Aber wenn man das Schloss früher saniert hätte und allgemein als Ort zugänglich gemacht hätte, hätte es sicher mehr Besucher gehabt, als es so gehabt hat, wenn das Land es gefördert hätte oder wer immer der vorherige Besitzer gewesen ist.
>
> **Lf9:** Was lockt einen Kulturtouristen an? [...] Klingt jetzt vielleicht ein bisschen weit her geholt, das fällt mir aber auf: Das, was ich in meinem Kulturkreis nicht habe, das zieht mich an.

Da Qualität im Kontext vorwiegend als Qualitätstourismus (*Bieger*, 2008, S. 362) bzw. als Produktqualität (*McLoughlin*, *Kaminski* und *Sodagar*, 2007a, S. 13 f.) oder emotionale Qualität (*Daidola*, 2004, S. 48 ff.) gebraucht und verstanden wird und die Qualitätswahrnehmung somit mit Themen der Nachhaltigkeit, Authentizität und des Erlebnisses in Zusammenhang steht (siehe Abschnitt 4.3.4 / S. 155), kann der VRIO-Bezugsrahmen für strategische Ressourcen im Kulturtourismus um die Faktoren der Authentizität und ihrem Erlebniswert erweitert werden.

Diese »AVERIO-Kriterien«[1] für strategische kulturelle Ressourcen könnten durch die Ergänzung mit den unterschiedlichen Implikationen der beiden Strategiesichtweisen aus den Abschnitten 8.1.1 / S. 267 und 8.1.2 / S. 270 weiter präzisiert und je nach Strategieperspektive angepasst werden, was sich als folgende zwei Annahmen formulieren lässt:

– *Annahme 1:* Einer angebotsorientierten Sichtweise folgend, zeichnen sich strategische kulturelle Ressourcen für den Tourismus eher durch Qualitätskriterien wie Authentizität (bzw. Nachhaltigkeit) aus (»A-VRIO-Kriterien«).

– *Annahme 2:* Einer nachfrageorientierten Sichtweise folgend, werden strategische kulturelle Ressourcen für den Tourismus tendenziell nach dem Qualitätskriterium ihres Erlebniswertes bewertet (»E-VRIO-Kriterien«).

### Fähigkeiten und kooperative Kompetenzen

Netzwerke können nur mit Hilfe einer *Kooperationskompetenz* (*Dyer* und *Singh*, 1998; *Oelsnitz*, 2005; *Pechlaner* und *Fischer*, 2007, S. 201) aufgebaut werden (siehe dazu auch die Abschnitte 2.2.2 / S. 30 sowie 3.2.2 / S. 76). Aufgrund der zahlreichen Aussagen über fehlende Netzwerke und nicht funktionierende Zusammenarbeit kann allerdings darauf geschlossen werden, dass diese Fähigkeit in der untersuchten Region bisweilen nicht vorhanden ist (*Bj4*).

Überdies bedarf es der Fähigkeit zu erkennen, was als Kultur für den Tourismus bzw. für die Region von Bedeutung ist (*Barth-Scalmani*, 2004; *Becker*, 1993, S. 7 ff.). Diese Fähigkeit kann als »*kulturelle Kompetenz*« bezeichnet werden, die dafür sorgt, dass insbesondere kulturelle Objekte, die für das kulturelle Bewusstsein der Bevölkerung bzw. für die Attraktivität der Destination wichtig sind, geschützt und somit strategische Ressourcen nicht unwiderbringlich vernichtet werden (*Sc2*). Dies ist auch angesichts der Bedeutung kultureller Objekte – aber auch intangibler Kulturressourcen – für die Tourismuswerbung in der untersuchten Destination von großer Wichtigkeit (Abschnitt 5.2.2 / S. 172).

Auch ist es durch diese Fähigkeit möglich, Qualität im kulturtouristischen Angebot (Produktqualität) zu bewerten: Einzigartigkeit, Authentizität und Inszenierung sind dabei drei Schlagwörter, deren Messbarkeit zwar nicht gänzlich objektiviert werden kann, deren Einsatz zur Qualitätssicherung allerdings durch fachspezifische Aus- und Weiterbildung geschult werden kann (*Bendixen*, 2006, S. 335 f.).

> Bj4: Ich merke auch, dass die Kulturveranstalter selber darunter leiden, dass sie alle isoliert ihr Süppchen kochen. Und damit auch in der Kommunikation eher schwach sind.

---

[1] in Anlehnung an die VRIO-Kriterien nach *Barney* (1991, S. 105 f.) müssen strategische kulturelle Ressourcen für den Tourismus authentisch, wertvoll, erlebnisreich, selten/nicht imitierbar (einzigartig) und »organisiert« (zugänglich, nutzbar) sein (Abkürzung ergibt sich aus den englischen Begriffen »authenticity«, »valuable«, »experience«, »rare«, »inimatable« und »organised«).

> Sc2: Ich bin demgegenüber sehr ablehnend eingestellt. So wie man als Touristiker die Grammatik der deutschen, italienischen und englischen Sprache verstehen sollte, so sollte man auch die Grammatik der Kultur kennen, um in diesem Spannungsfeld operieren zu können.

Durch das Fehlen der genannten Fähigkeiten – nach *Cohen* und *Levinthal* (1990) auch als absorptive Fähigkeit bezeichnet – wird der Prozess der Identifikation und der Bewertung strategischer Ressourcen (tangible und intangible kulturelle Ressourcen) und ihrer Bündelung mit Kompetenzen (Marketing, Qualitäts-, Informationsmanagement) verhindert, was auch die Bildung einer *kooperativen Kernkompetenz* unterbindet. Potentiale im Kulturtourismus der Destination, die vor allem durch die Bildung von Netzwerken genutzt werden könnten, werden folglich nicht ausgeschöpft. Zwar ist die Wettbewerbsfähigkeit gegeben, sie kann – folgt man dem Raster zur Identifizierung von Kernkompetenzen (Tabelle 2.3 / S. 29) – nicht als langfristig bezeichnet werden.

Dies lässt den Schluss zu, dass die Destination durch die vielfältigen und einzigartigen Ressourcen zwar über komparative Wettbewerbsvorteile verfügt, dass es aufgrund der fehlenden Fähigkeiten aber nicht möglich ist, kompetitive Wettbewerbsvorteile für den Kulturtourismus aufzubauen (siehe dazu die Ausführungen in Abschnitt 3.2.3 / S. 90 bzw. in *Ritchie* und *Crouch*, 2003, S. 23 ff.).

### Das Modell der »Netzwerke-Wettbewerbsfähigkeit-Nachhaltigkeit«

Laut »Community-Model« von Destinationen werden die Berücksichtigung der Interessen der Stakeholder in Planungs- und Entscheidungsprozesse (*Dredge* und *Pforr*, 2008; *Flagestad* und *Hope*, 2001, S. 70 ff.) sowie eine nachhaltige Entwicklung der Region als grundlegende Voraussetzungen für wettbewerbsfähige Destinationen angesehen (*Ritchie* und *Crouch*, 2000, 2003, S. 5, bzw. Abschnitt 3.2.3 / S. 76).

Zwar konnten bereits die Ergebnisse aus den Abschnitten 7.5.2 / S. 245 oder 7.5.4 / S. 251 den Zusammenhang zwischen Nachhaltigkeit und Attraktivität der Destination aufzeigen, doch kann dieser Sachverhalt auch anhand einer Kausalgraphik in Bild 8.2 nochmals dargestellt und überprüft werden. Es wird dabei am Beispiel von Netzwerken im Bereich Kultur, Tourismus und Politik aufgezeigt, wie Kooperationen zu einer nachhaltigen Entwicklung einer Region beitragen und dabei ihre Wettbewerbsfähigkeit als Tourismusdestination stärken.

Während die rechteckige Variable »Zusammenarbeit« als Maßnahme und Ziel den Ausgangspunkt im Modell darstellt, bilden die sechseckigen Variablen die positiven Auswirkungen der Kooperationen hinsichtlich der folgenden drei Bereiche ab:

1. sie stärken die Identität der einheimischen Bevölkerung (*soziokulturelle Nachhaltigkeit*);

Rückschlüsse für die Theorie

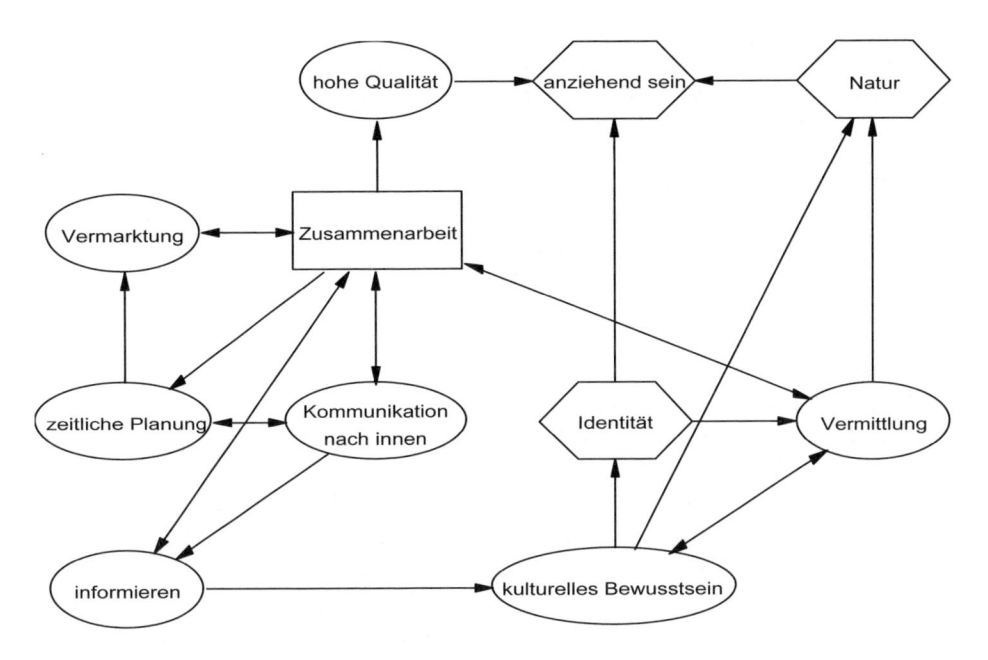

Bild 8.2: Kausalmodell »Netzwerke-Wettbewerbsfähigkeit-Nachhaltigkeits-Modell«, Verbindungen ≥ 2

2. sie fördern einen schonenden Umgang mit den natürlichen Ressourcen (*ökologische Nachhaltigkeit*);
3. sie erhöhen die Attraktivität einer Region (*ökonomische Nachhaltigkeit*).

Die Kausalgraphik wird als ein Modell verstanden, das den Zusammenhang zwischen Netzwerken, Nachhaltigkeit und Wettbewerbsfähigkeit (abgek. NWN-Modell) darstellt; als ein zentraler Faktor im NWN-Modell wird dabei die Einbeziehung der einheimischen Bevölkerung als Vermittler von kulturellem Hintergrundwissen und als Träger einer regionalen Identität bewertet.

### Stärkung der regionalen Identität

Betrachtet man den Kreislauf zwischen Zusammenarbeit, Kommunikation, Information, kulturellem Bewusstsein und Identität, so ist ersichtlich, dass durch Netzwerke die Kommunikation nach innen und auch die Informationsweitergabe gesteigert werden kann (*Nc7*). Ein Zuwachs an Informationen (Hintergrundwissen, »sich auskennen«) wirkt sich positiv auf das kulturelle Bewusstsein aus, wodurch die kulturelle Identität gestärkt wird (*Au7*). Regionale Netzwerke im Bereich Kultur und Tourismus tragen somit zur sozial nachhaltigen Entwicklung bei.

Implikationen und Ausblick

> **Au7:** Und dann würde ich schauen, dass jeder Gastwirt einmal einen Kurs macht, damit er weiß, woher die Ladiner kommen und wie die Dolomiten entstanden sind. Und dass das unsere St. Katharina Kirche ist und dass die im 15. JH. geboren wurde. Und dass jeder Einwohner sich informieren sollte, welche Kirche das ist, damit er das eben besser vermitteln kann.
> **Nc7:** Es gibt jetzt kein so typisches Netzwerk im Kulturbereich, es gibt auch keinen Kulturkanal in dem Sinne, wo man alles über die Kultur in Südtirol erfährt. Gebündelt, aus einer verlässlichen Stelle, soweit ich informiert bin.

### Nutzung der natürlichen Ressourcen

Wird das kulturelle Bewusstsein gestärkt, so hat dies direkte, positive Folgen auf die Nutzung der natürlichen Ressourcen (*As4*). Zudem trägt das kulturelle Bewusstsein/Identität zu einer artgerechten bzw. authentischen Vermittlung der Kultur bei, was wiederum einen sanften Umgang mit den natürlichen Ressourcen (Natur) nach sich zieht (*Eh6*). Kulturelle Identität wirkt sich aus diesem Grund positiv auf eine ökologisch nachhaltige Entwicklung aus.

> **As4:** Also spüren wir es einfach zu wenig. Wir spüren die Identität zu wenig, weil wir die Natur zu wenig spüren. Natürlich auch umgekehrt. Zu wenig kulturelles Bewusstsein schlägt sich auf die Natur aus.
> **Eh6:** Aber ich denke, wenn man den Kulturtourismus nachhaltig und authentisch vermitteln will, dann hat das sehr viel mit Kulturlandschaft zu tun und zur Kulturlandschaft gehören auch die Denkmäler und das ist insgesamt schützenswert.

### Attraktivitätssteigerung der Region

Durch Netzwerke im Bereich Kultur und Tourismus wird die Vermarktung der kulturellen Angebote verbessert, was vor allem durch die zeitliche Planung und Koordination geschieht (*Dy1*) und durch die Steuerung und Kontrolle der Qualität (siehe Abschnitt 7.4.2 / S. 238). Dieser Regelkreis aus Zusammenarbeit, Verbesserungen in der Kommunikation, zeitlicher Planung und Vermarktung zielt darauf ab, die Attraktivität der Region zu steigern.

Auch wird durch die Stärkung der Identität die Anziehungskraft der Region erhöht, da eine verbesserte Kommunikation mit dem Gast erfolgen kann (*Ar3*) und die Aneignung von kulturellem Hintergrundwissen die Bindung der Touristen mit einer bestimmten Destination stärkt (*Lv5*). Zusätzlich wirkt sich eine intakte Natur direkt positiv auf die Attraktivität einer Destination aus (*Jo3*).

> **Ar3:** Ich glaube, es lockt einen Touristen an, wenn wir selber, wir Einwohner, unsere Identität mit der Kultur stärken und wenn wir das in uns spüren, also unsere Identität damit verstärken, dann haben wir, und nur dann haben wir die Möglichkeit, das zu vermitteln.

> **Dy1:** Die Region als sonniges Weinland, das kann man auch 2008/09 kommunizieren, aber wenn die Touristiker kein konkretes Programm haben vom Festival, das sie bei der Messe 2008 vorstellen wollen, für Ende 2009, dann wird es schwierig.
> **Jo3:** Ich glaube, auch die Kulturlandschaft ist ein großer Anziehungspunkt, dass es eben auch noch ländliche Siedlungen gibt, wo die Natur auch noch einen Platz hat. Wo man nicht alles verbaut bis zum letzten Quadratmeter und wo nicht alles zersiedelt wird.
> **Lv5:** Kultur kann eigentlich sehr binden, glaube ich. Wenn ich über etwas Bescheid weiß, dann komme ich auch gerne wieder, wenn ich bspw. über Sterzing Bescheid weiß, dass hier die Fugger gelebt haben und die Pfarrkirche so groß ist, weil sie so reich gewesen sind.

Zusammenfassend lässt sich also behaupten, dass regionale Stakeholder-Netzwerke als eine Art »Werkzeug« eingesetzt werden können, um die Wettbewerbsfähigkeit als Tourismusdestination zu erhöhen (gemessen an der Attraktivität der Destination für Touristen) bzw. um die nachhaltige Entwicklung einer Region in ökologischer, soziokultureller sowie ökonomischer Hinsicht zu sichern (gemessen an einem schonenden Umgang mit den Ressourcen, an der Stärkung der regionalen Identität bzw. auf die Attraktivitätssteigerung der Region); diese Erkenntnis deckt sich mit den Annahmen zu den Möglichkeiten der Regionalentwicklung durch Kulturtourismus (*Dax* und *Wiesinger*, 2008, S. 1, Abschnitt 4.3.3 / S. 149). Zu diesem Zweck muss das Netzwerk vor allem die Aufgaben der

- *Kommunikation nach außen* (Vermarktung des Angebotes, Informationsmanagement; bspw. *d'Angella* und *Go*, 2008, S. 9 f.),
- *Kommunikation nach innen* (Koordination der Veranstaltungen und vor allem Stärkung des kulturellen Bewusstseins, vgl. *Dreyer*, 2008, S. 101),
- *Qualitätssicherung* (bei kulturellen Veranstaltungen bzw. in Bezug auf den Erlebnisfaktor, auf die Authentizität oder die nachhaltige Wirkung; z. B. *Steinecke*, 2007, S. 38 ff., *Calteux*, 1992, S. 39, *Daidola*, 2004, S. 48 ff.) sowie
- *Ressourcenakquisition* bzw. *-allokation* (Humanressourcen, finanzielle Ressourcen; *Sydow*, 2006b, S. 406 ff.) erfüllen.

### 8.1.4 Gesamtmodell des Kulturtourismus in alpinen Destinationen

Aufgrund der Chancen und Gefahren, die sich sowohl durch markt- wie auch ressourcenorientierte Strategien ergeben, erscheint eine Kombination der zwei Perspektiven nicht nur sinnvoll, sondern erfährt auch durch wissenschaftliche Abhandlungen Unterstützung (*Weiermair* und *Pechlaner*, 2001, S. 111 f., Abschnitt 4.2.3 / S. 122). Aufgrund der vorangegangenen Erkenntnisse, in denen die unterschiedlichen positiven wie negativen Auswirkungen der Strategieperspektiven (kurz- und langfristig) erörtert wurden, kann behauptet werden, dass beide Strate-

Implikationen und Ausblick

giesichtweisen als komplementär betrachtet werden müssen und sich ihre praktische Anwendung bestmöglich in einem Gleichgewicht befinden sollte.

Das Wissen um die Stärken und Schwächen von nachfrage- und angebotsseitigen Modellen (Abschnitte 4.2.1 / S. 106 und 4.2.2 / S. 115) und aufgrund der Auswertung der Daten (Abschnitte 7.2 / S. 208 und 7.3 / S. 215) erscheint auch eine Verknüpfung von Nachfrage- wie auch Faktorbedingungen im Kulturtourismus für eine Weiterentwicklung zielführend.

Dadurch lassen sich kombinierte Kulturtourismus-Typen entsprechend der genutzten *kulturellen Attraktionen* und gemäß der Stärke der *kulturellen Motivation* unterscheiden, wobei gemäß den Ausführungen in Abschnitt 7.2.1 / S. 209 angenommen werden kann, dass

- sich eine *starke kulturelle Motivation* tendenziell auf den Konsum von nur einer Art kulturellen Angebotes beschränkt (bspw. Objekt-Kulturtourismus, *Dv4*);
- sich eine *multi-kulturelle Motivation* in der Nutzung verschiedener kultureller Attraktionen äußert (bspw. Kirchen, Handwerkskunst und Jazz, *Ne6*);
- sich eine *geringe kulturelle Motivation* über die zusätzliche Motivation für andere touristische Angebote ausgleicht (z. B. Gastronomie, Wellness-Angebote, Bergwandern, bspw. *Ir5*).

> Dv4: Ich tue mich ein wenig schwer, ob ich dann diesen Typ von Besucher als Kulturtouristen bezeichnen will, weil das ist Fachpublikum, das kommt. Die kommen von weit her, weil die eine Uraufführung hören wollen, die es nur bei uns gibt, oder einen speziellen programmatischen Zuschnitt.
> Ir5: Ich glaube, der erste Grund nach Südtirol zu kommen, ist sicherlich für viele die Landschaft, die Berge und das Übliche, was man so in Südtirol kennt und schätzt z. B. das Wandern. Und in zweiter Instanz sind es dann erst die kulturellen Interessen. Sprich, wieder die materiellen und die immateriellen. Aber der erste Grund nach Südtirol zu fahren oder stehen zu bleiben, ist sicherlich die Landschaft.
> Ne6: Was der Tourist will? Ist die Frage in welchem Segment ich bin. Wenn ich sage ich bin ein Kastelruther Spatzen-Fan, dann habe ich natürlich andere Interessen, als wenn ich sage, ich bin der gebildete Münchner, der nach Südtirol kommt, einmal wegen dem guten Wetter, einmal weil man gut isst und gut trinkt, aber ich möchte auch hochwertige Kultur genießen.

Folgt man somit den Empfehlungen zur Kombination beider Sichtweisen, lässt sich ein ganzheitliches Modell des Kulturtourismus entwerfen. Dieses stellt sich wie in Bild 8.3 dar und ergibt sich aus der Verbindung motivorientierter (vor allem jene von *Richards*, 1996, S. 36, *Silberberg*, 1995, S. 362 ff. und *Hughes*, 2000, 2002, S. 170 ff.) und angebotsseitiger Typenbildungen (insbesondere jene durch *Jätzold*, 1993, S. 135 f. und *Richards*, 2001, S. 24 f.) im Kulturtourismus sowie unter Einbezug der Ergebnisse aus den Abschnitten 8.1.1 / S. 267, 8.1.2 / S. 270 und 8.1.3 / S. 272.

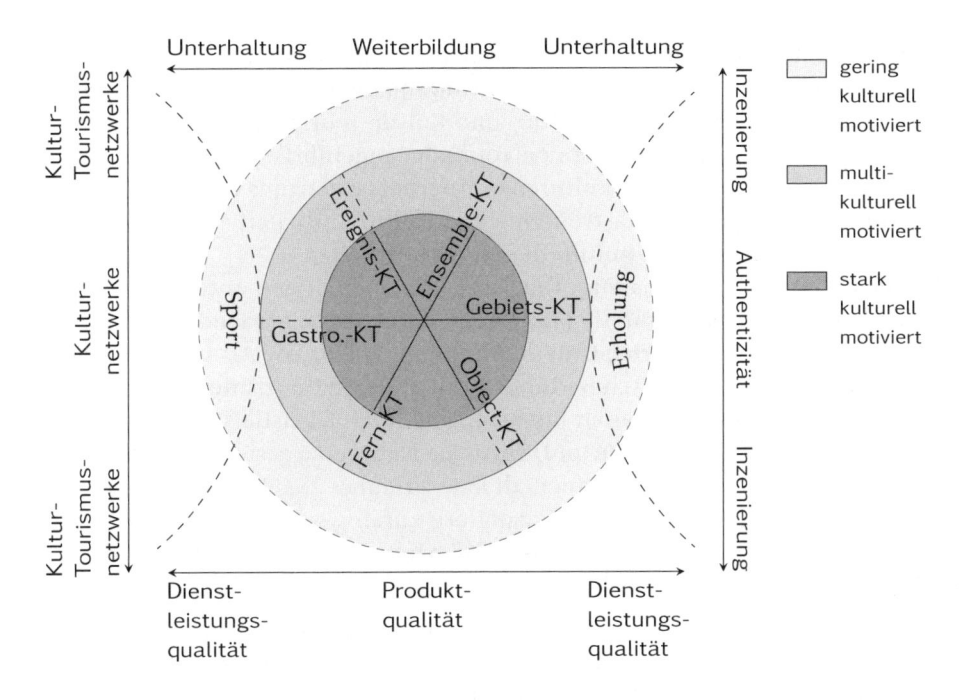

Bild 8.3: Gesamtmodell des Kulturtourismus alpiner Destinationen

Die Segmente können über die Eigenschaften, die das kulturtouristische Angebot tendenziell auszeichnet und die in den vier Achsenbezeichnungen aufscheinen, noch weiter beschrieben werden; auch die Bedeutung von Kulturtourismus-Netzwerken für die jeweilige Zielgruppe wird dabei ersichtlich. Demgemäß können drei Segmente, deren Übergang sich nicht klar abgrenzen lässt, differenziert werden:

*Kern des Kulturtourismus:* Damit werden jene Kulturtouristen beschrieben, die sich durch eine starke kulturelle Motivation in Bezug auf *eine* Kulturtourismus-Art auszeichnen (Experten in einem bestimmten Kulturbereich), bei denen vor allem die Weiterbildungsfunktion und die Authentizität des kulturellen Angebotes im Vordergrund steht; für die Angebotsseite kann die Produktqualität vor allem über Kultur-Netzwerke verbessert werden. Als Beispiel wird ein Burgenliebhaber (Historiker, Denkmalschützer oder selbst Eigentümer) genannt, der eigens aufgrund der Qualität (Authentizität durch Restaurierung/Präservierung) von historischen Bauten, deren Pflege und Erhaltung durch das Burgeninstitut unterstützt wird, und für Forschungszwecke in die Destination reist.

*Angebotsübergreifender Kulturtourismus:* Die Vertreter dieses Segmentes sind kulturell motiviert (wenn auch weniger stark in nur eine Richtung), nutzen das vielfältige kulturelle Angebot einer Destination (multi-kulturell motiviert) und schätzen dabei die Mischung aus Authentizität und Inszenierung (Infotainment/Edutainment); für die Angebotsseite gilt aus diesem Grund sowohl Produktqualität als auch die Dienstleistungsqualität in der Angebotsgestaltung zu berücksichtigen, weshalb Kultur- und Kultur-Tourismus-Netzwerke von Bedeutung sind. Als Beispiel können Touristen angeführt werden, die durch die Nutzung eines vielfältigen kulturellen Angebotsspektrums durch Museen, Traditionen, der typischen Gastronomie und Kulturlandschaft ein ganzheitliches Bild einer Destination in kultureller Hinsicht erhalten.

*Tourismus mit Kultur-Konsum:* Touristen mit vielfältigen Interessen, nutzen durch die geringere kulturelle Motivation, dafür aber einer tendenziell höheren Nachfrage nach inszenierten Unterhaltungsangeboten, jede Art von Attraktionen und rufen deshalb Überschneidungen mit anderen Tourismusformen hervor; die Angebotsseite kann diesen Erwartungen durch Dienstleistungsqualität, die vor allem durch (horizontale und) vertikale Netzwerke gesteigert werden kann, entsprechen. Beispielhaft können all jene Urlauber angeführt werden, die ein kulturelles Angebot nicht gezielt, sondern zufällig oder beiläufig nutzen und in ihrem Urlaub den Schwerpunkt gleichzeitig auf Sport, Kultur, Erholung, Unterhaltung und andere mehr legen.

Für die Wettbewerbsfähigkeit einer kulturtouristischen Destination können diese Erkenntnisse ihren Ausdruck vor allem in der Angebotsgestaltung finden. Folgende Annahmen lassen sich daraus ableiten:

*Annahme 3:* Je stärker kulturell motiviert die Zielgruppe ist, desto wichtiger ist für die Attraktivität des Angebotes die Produktqualität und die Bildung von Kultur-Netzwerken.

*Annahme 4:* Je geringer kulturell motiviert die Zielgruppe ist, desto wichtiger wird für die Attraktivität des Angebotes die Dienstleistungsqualität und die Organisation in Kultur-Tourismus-Netzwerken.

*Annahme 5:* Je wichtiger für die Angebotsseite Werte wie Authentizität und Bildungsauftrag des kulturellen Angebotes sind, desto stärker soll das Angebot auf kulturell hoch motivierte Kulturtouristen abzielen.

*Annahme 6:* Je wichtiger für die Angebotsseite die Inszenierung und der Unterhaltungswert des kulturellen Angebotes ist, desto stärker soll das Angebot auf nur gering kulturell motivierte Touristen zugeschnitten werden.

## 8.2 Praxisrelevante Handlungsempfehlungen

Grundsätzlich kann keine Aussage darüber getroffen werden, welche Sichtweise für die Profilierung des Kulturtourismus als »besser« bewertet werden kann: Dies hängt stets von der Zielsetzung des Tourismus- und Kulturmanagements und den politischen Zielvorstellungen (kurzfristige wirtschaftliche Weiterentwicklung od. Regionalentwicklung auf lange Sicht) sowie vom Kontext ab (z. B. urbaner oder ländlicher Raum, tangible oder intangible Kultur).

Für Destinationen, in denen Kulturtourismus über einen weiten Kulturbegriff aufgefasst werden muss bzw. in der die Kultur eng mit der Natur und Kulturlandschaft verwoben ist (bspw. der Alpenraum) und in denen besonders auch intangible kulturelle Ressourcen (Geschichte, Traditionen) zur Attraktivität als Reiseziel beitragen, empfiehlt es sich, einem nachhaltigen Management gemäß möglichst viele Stakeholder in die Angebotsgestaltung mit einzubeziehen sowie die Qualität der kulturellen Angebote über Regionalität, Authentizität und durch die Stärkung eines kulturellen Bewusstseins zu verbessern; ressourcen- und angebotsorientierte Strategien bzw. gemeinschaftlich geführte Kultur-Tourismus-Politik-Netzwerke scheinen für solcherlei Zwecke besser geeignet (Abschnitt 8.1 / S. 267).

Vor allem aber den Erkenntnissen folgend, die in der Bildung von Netzwerken im Kulturtourismus eine nachhaltige Entwicklung einer Region und dadurch eine Steigerung der Wettbewerbsfähigkeit sehen (Abschnitt 8.1.3 / S. 282), müssen angebots-/ressourcenorientierte Strategien auf lange Sicht bevorzugt werden. Ausgehend von einer Befürwortung ressourcenorientierter Strategien für die untersuchte Destination, können für Tourismusinstitutionen, Kultureinrichtungen und für entsprechende politische Maßnahmen Empfehlungen abgeleitet werden.

## 8.2.1 Tourismusinstitutionen

Destinationsmanagement-Organisationen wie die touristische Dachorganisation, Tourismusverbände, Tourismusvereine und Kurverwaltungen müssen verstärkt dazu angehalten werden, sich an einem ressourcenbasierten Strategieformulierungsprozess zu orientieren, um die Wettbewerbsfähigkeit als kulturtouristische Destination zu steigern.

Hierzu bedarf es in erster Linie einer Bestandsaufnahme der kulturellen Ressourcen. Die Anziehungskraft anhand von Qualitätskriterien wie Authentizität, Einzigartigkeit und Zugänglichkeit zu bewerten (AVERIO-Kriterien, Abschnitt 8.1.3 / S. 279), sollte durch Experten erfolgen, die über die dafür nötige »kulturelle Kompetenz« verfügen. Über diese Analyse müssen in einem weiteren Schritt die eigenen Fähigkeiten identifiziert werden, die es zur Organisation einer gemeinsamen Nutzung der strategischen kulturellen Ressourcen bedarf: Ist diese Netzwerkfähigkeit gegeben, muss vor allem eine vertikale Vernetzung mit den kulturellen Attraktionspunkten und somit ihre Integration in die touristische Dienstleistungskette angestrebt werden. Als letzter Schritt kann alsdann eine zielgruppenspezifische Vermarktung der Angebote erfolgen.

Über diese allgemeinen strategischen Zielsetzung hinaus müssen im Speziellen noch die folgenden Punkte Berücksichtigung finden:
– Da Tourismustreibende tendenziell um breitere Besucherschichten zur Auslastung der Unterkünfte bemüht sind, sollten sich neu entwickelte Angebote

auf das *breitere, angebotsübergreifende Besuchersegment* im Kulturtourismus richten.
- Wichtig dabei ist, dass Besucherzahlen stets den *räumlichen Kapazitäten* und *kulturellen* wie auch *natürlichen Rahmenbedingungen* entsprechen, sodass negativen massentouristischen Folgewirkungen vorgebeugt werden kann.
- Die *Verknüpfung von Kultur* und *Natur* bzw. *tangibler* und *intangibler* kultureller Ressourcen muss sich besonders für den Kulturtourismus einer alpinen Destination in der Angebotsgestaltung wieder finden.
- Die Rolle von Destinationsmanagement-Organisationen kann in der Regel als jene einer fokalen Organisation betrachtet werden; die Struktur von Netzwerken sollte sich tendenziell in Richtung *heterarchisches, polyzentrisches Netzwerk* entwickeln.
- Fehlende regionale Identität ist die Folge von einem zu schwachen kulturellem Bewusstsein sowohl bei der einheimischen Bevölkerung als auch bei wichtigen Entscheidungsträgern im Tourismus; die *Stärkung des eigenen kulturellen Bewusstseins* ist somit ein wichtiger Schritt zum Aufbau einer kulturellen Kompetenz.
- Die Vermarktung von kulturellen Attraktionen wurde für die Kulturseite in vielen Fällen überstrapaziert bzw. wurde durch irreführende, weil nicht wahrheitsgetreue Werbeaktionen (vor allem in Prospekten) missbraucht; allerdings ist die *Schaffung einer Vertrauensbasis* eine Grundvoraussetzung für das Funkionieren von Netzwerken.
- Die *Dienstleistungsqualität* kann als eine Basisleistung betrachtet werden, die für die Attraktivität einer touristischen Destination eine notwendige Voraussetzung ist und folglich bewahrt bzw. weiter ausgebaut werden muss.

Nachdem auch durch die Bestandsaufnahme in Abschnitt 5.2.2 / S. 172 bescheinigt wird, dass »Kultur« in der Tourismuswerbung – im Vergleich zu »Natur«, »Sport« oder »Erholung« – an erster Stelle der meistverwendeten Motive steht, kann ihr Stellenwert für den Tourismus nicht hoch genug eingeschätzt werden. Besonderer Beliebtheit erfreuen sich dabei Motive, die dem Sozio-Kulturtourismus zugerechnet werden (bspw. Kleidung, Bräuche etc.), kulturelle Objekte, Ensembles und Gastronomie; eine geringere Verwendung finden allerdings Motive zu kulturellen Ereignissen. Da weitere eruierte Probleme vor allem darin liegen, dass
1. kulturelle Objekte und Ensemble durch ihre Einbettung in der Kulturlandschaft von einer *massiven Bautätigkeit* bedroht sind,
2. vor allem einige *wenige hochqualitative kulturelle Ereignisse* von strategischer Bedeutung sind, um besonders den Kern des Kulturtourismus anzusprechen,

sollten für die Entwicklung eines Kulturtourismus, zur Betonung der Einzigartigkeit und zur weiteren Stärkung der Dachmarke (Abschnitt 5.2.1 / S. 171) vor allem folgende Empfehlungen in Hinblick auf zukünftige Marketing-Strategien einbezogen werden:

- Der Wert strategischer kultureller Ressourcen wird trotz ihrer Anziehungskraft durch Bau- und Abbruchstätigkeit unwiederbringlich vernichtet; mehr Unterstützung von Seiten des Tourismus für die *Erhaltung von Kultur bzw. Kulturlandschaft* stellt einen Beitrag zur Sicherung der Wettbewerbsfähigkeit dar.
- Die Kooperationen für Marketingzwecke mit einigen ausgewählten, kulturell hochwertigen Veranstaltungen und Attraktionen stellt eine Möglichkeit dar, besonders den stark kulturell motivierten Kern des Kulturtourismus anzusprechen; vor allem diese *kulturellen »Glanzlichter«* sollten im Marketing stärker profiliert werden, wodurch insbesondere das Potential der Anziehungskraft von kulturellen Veranstaltungen genutzt werden könnte.

### 8.2.2 Kultureinrichtungen

Für kulturelle Attraktionen gilt es in erster Linie, sich verstärkt im Kulturbereich zu vernetzen: Durch Kultur-Netzwerke kann einerseits die eigene Qualität (Lernfunktion des Angebotes, Authentizität, Professionalität) gesteigert und im Falle einer angebotsübergreifenden Zusammenarbeit auch der Erlebniswert eines Angebotes erhöht werden.

Dies eröffnet vor allem neue Möglichkeiten, die sich durch die Kommunikation nach innen ergeben: Ein besser koordiniertes Angebot erwirkt eine effektivere Vermarktung und bietet neben einer Effizienzsteigerung auch die benötigte Struktur, die zur Stärkung des kulturellen Bewusstseins erforderlich ist.

Die Kooperation mit den Tourismusorganisationen (vertikale Kooperationen) bedarf einer dringenden Verbesserung, die durch folgende Maßnahmen erreicht werden kann:

- generell muss eine *»mentale« Öffnung* von Seiten der Kultur in Richtung Tourismus erfolgen, Entgrenzungswille stellt dafür den Grundstein dar; ein Abbau von Misstrauen muss proaktiv und in beidseitigem Interesse erfolgen;
- die *Nutzbarmachung* des eigenen Angebotes, die bspw. durch die Anpassung der Öffnungszeiten von kulturellen Objekten an touristische Erfordernisse passiert, stellt dafür einen ersten Schritt dar;
- auch *Kompromissbereitschaft* in Hinblick auf die Präservierung oder Inszenierung des Angebotes zu Gunsten einer Aufbereitung der kulturellen Inhalte sind hierfür eindeutige Signale;
- ein *Informations-* und *Wissensaustausch* zwischen den Akteuren sollte auch in Hinblick auf die zeitliche Planung verbessert werden, um Überschneidungen zu vermeiden und eine professionelle Vermarktung des Angebotes von Seiten des Tourismus und unter Berücksichtigung bestimmter Vorlaufzeiten gewährleisten zu können.

Auffallend ist auch, dass *junge Menschen* nicht in Zusammenhang mit Kulturtourismus gebracht werden und dass *Sub-* bzw. *Jugendkulturen* keine Rolle für die Angebotsseite spielen. Jugendliche als die zukünftigen (Kultur-)Touristen wie auch touristischen Dienstleister oder Kulturarbeiter von morgen sollten aus diesem Grund besondere Berücksichtigung in kulturtouristischen Strategien erfahren, weshalb auch die Förderung des Jugendsektors gewährleistet werden sollte. Obwohl sich diese Lücke auf der Kulturseite eröffnet, liegt es zu einem Großteil in der Verantwortung einer entsprechenden Kultur*politik*, diese zu schließen.

### 8.2.3 Tourismus- und Kulturpolitik

Weitere notwendige Maßnahmen müssen durch die politischen Entscheidungsträger im Kultur- und Tourismusbereich getroffen werden. Diese betreffen vor allem den *Bildungsbereich*, die *Förderungspolitik* sowie die Bedingungen zur *Schaffung von Netzwerken*.

- Die Gewährleistung und Förderung von *Aus- und Weiterbildungsmöglichkeiten* in kulturellen Belangen stellt in mehrerlei Hinsicht eine notwendige Maßnahme dar:
  ◇ erstens ist es nur dadurch möglich, *qualifiziertes Personal* auszubilden, das dringend im Kulturtourismus benötigt wird;
  ◇ zweitens sind besonders Forschungseinrichtungen sowie Fachleute wichtige Partner für kulturelle Institutionen, um die *Qualität des eigenen Angebotes* zu verbessern;
  ◇ zum dritten kann die kulturelle Kompetenz der Akteure nur dann gesteigert bzw. überhaupt erst entwickelt werden, wenn das *kulturelle Bewusstsein* der Akteure (Tourisitiker, Hoteliere, Einheimische) gestärkt wird.
- Die *Subventionspolitik* sollte einer Reform unterworfen werden, sodass
  ◇ auch private Eigentümer historischer Bauten in den Genuss umfangreicher Unterstützung kommen und die Erhaltung der Objekte in Privatbesitz gewährleistet wird;
  ◇ das »Gießkannenprinzip«, das losgelöst von Qualitätskriterien jeder Art von Kultur Unterstützung gewährt, durch eine gezielte Subventionierung von qualitativ hochwertigen Kulturangeboten abgelöst wird.
- Die *Bildung von Netzwerken* sollte institutionell begleitet werden, was sich durch finanzielle, rechtliche wie auch infrastrukturelle Unterstützung ausdrücken kann.

Hierbei sollte es sich um ein Kultur-Tourismus-Politik-Netzwerk handeln, das – aufgrund fehlender langfristiger Strategien – die Tourismuspolitik für das kulturell motivierte Segment maßgeblich bestimmen sollte. Ein solches Netzwerk muss unter Einbezug der *Schlüssel-Stakeholder* und ihrer Interessen erfolgen: Der öffentliche Sektor, Tourismusindustrie, Kulturinstitutionen, Einheimische,

Medien, Freiwilligen-Organisationen und Interessensverbände wie auch Touristen selbst sollten darin auf lange Sicht eine Plattform für die Ausarbeitung einer gemeinsamen Vision und eines Leitbildes für die Destination in Bezug auf den Kulturtourismus entwickeln.

Nachhaltiges Management der kulturellen (und natürlichen) Ressourcen stellt dabei *den* Erfolgsfaktor zur Sicherung und Entwicklung von Wettbewerbsvorteilen dar. Stakeholder-Netzwerke sind hierfür das geeignete Werkzeug – einem arabischen Sprichwort gemäß:

> »*Wer allein arbeitet, addiert. Wer zusammen arbeitet, multipliziert.*«

## 8.3 Resümee, Limitierungen und Forschungsempfehlungen

Anhand der vorliegenden Studie, bei der das Erfahrungswissen von 38 Akteuren im Bereich Kultur und Tourismus einer alpinen Destination erfasst und mit der Methode GABEK analysiert wurde, konnten die Perspektiven, Problemfelder und Lösungsansätze einer breiten Palette von Stakeholdern abgedeckt werden. Die daraus gewonnenen Erkenntnisse leisten sowohl für die Theorie wie auch für die Praxis im Bereich des Kulturtourismus einen mehrfachen Beitrag:

In erster Linie konnte gezeigt werden, dass die strategischen Sichtweisen des Managements unterschiedliche Implikationen mit sich bringen. Während nachfrage- und marktorientierte Sichtweisen im Tourismus besonders auf kurze Frist gesehen ökonomische Vorteile mit sich bringen, sind es auf lange Sicht negative externe Effekte, die auf den Lebens- und Wirtschaftsraum als Region einwirken.

Zweitens wurde in Anlehnung an die relationale Sichtweise ergründet, durch welche Eigenschaften sich Stakeholder-Netzwerke im Kulturtourismus auszeichnen, welcher Voraussetzungen es hierfür bedarf und welche Chancen und Risiken sich durch die Bildung von Kooperationen für eine touristische Destination ergeben.

Drittens wurden insbesondere die Netzwerkressourcen in Form der endogenen Kultur der Destination untersucht und Problemfelder identifiziert; die Annahmen zu den Kriterien, die strategische Ressourcen für den Kulturtourismus auszeichnen, konnten dabei erweitert werden.

Viertens konnte ein Modell erstellt werden, das den Zusammenhang zwischen einer Organisation im Netzwerk, einer nachhaltigen Entwicklung der Region und ihrer Wettbewerbsfähigkeit als touristische Destination aufzeigt.

Fünftens hat sich aus der Summe der gewonnenen Erkenntnisse ein Gesamtmodell des Kulturtourismus ergeben, das Nachfrage- wie auch Faktorbedingungen vereint und die zentralen Themen im Bereich wie bspw. Authentizität und Inszenierung oder die Produkt- und Dienstleistungsqualität integriert.

Eine Begrenzung der Studie ist vor allem durch die geographische Eingrenzung auf die Destination Südtirol zu sehen. Zwar kann angenommen werden, dass

Untersuchungen in anderen Destinationen des Alpenraumes zu ähnlichen Ergebnissen führen können, dass aber aufgrund anderer wirtschaftlicher, kultureller und politischer Rahmenbedingungen auch anderweitige Erkenntnisse nicht nur möglich, sondern wahrscheinlich sind. Eine Ausweitung zukünftiger Studien auf andere Regionen bzw. auf ländliche oder auch urbane Destinationen stellt aus diesem Grund eine Möglichkeit dar, die vorliegenden Ergebnisse zu überprüfen und weiter zu vertiefen.

Auch stellt die Wahl der wissenschaftlichen Methode eine Limitierung dar, die es zukünftigen Forschungsvorhaben im Bereich »Kulturtourismus« eröffnet, daran anzusetzen. Für vorliegende Dissertation war auch die Menge der gesammelten Daten (38 Interviews getrennt in rund 4000 Sinneinheiten mit 6000 indizierten Begriffen) eine nur schwer bewältigbare Quantität, die bei der Analyse als hinderlich erachtet werden muss. Die Reduzierung der Daten für die Kausalanalyse durch den Filter der inhaltlichen Trends, brachte aus diesem Grund eine weitere Reduzierung der Komplexität mit sich, hatte aber wahrscheinlich den Verlust einiger zentraler Aussagen zur Ergründung der Wirkungszusammenhänge zur Folge.

Nichtsdestotrotz stellen die Endergebnisse in Form der unterschiedlichen Implikationen der Strategiesichtweisen, der Erkenntnisse über die unterschiedlichen Netzwerkstrukturen im Kulturtourismus, über die relationalen Ressourcen und Fähigkeiten, dem Netzwerke-Wettbewerbsfähigkeit-Nachhaltigkeits-Modell sowie auch dem Gesamtmodell im Kulturtourismus alpiner Destinationen neue Perspektiven und Theorien dar, die in zukünftigen Studien weiter erkundet werden können.

# Anhang

## Toblacher Thesen 1985[2]

**These 1**
Die gegenwärtigen Umwelt-, Wirtschafts- und sozialen Krisen geben Anlass zu einem Umdenken und eröffnen die Chance zu neuen Perspektiven.

**These 2**
Zum Ziel der langfristigen Sicherung des Berggebietes als Lebens-, Wirtschafts- und Erholungsraum kann der Tourismus wesentlich beitragen. Es besteht aber die Gefahr, dass dieses Ziel auch mit Tourismus nicht erreicht wird, dann nämlich, wenn der Tourismus seine eigenen Grundlagen – die Landschaft und die kulturelle Eigenart – zerstört.

**These 3**
Es gilt heute, Grenzen zu setzen und vor allem Grenzen zu akzeptieren. Dies kann über Unterlassungen, Gebote, Verbote, Anreize und besonders über die Bildung eines neuen Bewusstseins geschehen. Es gilt auch, rechtzeitig zu erkennen, wo Tourismus überhaupt ausgeschlossen bleiben soll.

**These 4**
Jede Tourismusentwicklung soll konsequent auf die natürliche und kulturelle Eigenart einer Region ausgerichtet werden. Der Tourist soll sich dieser Eigenart anpassen – und nicht umgekehrt. Das touristische Angebot soll ein unverkennbares lokales Profil erhalten, das auch in der Tourismuswerbung entsprechend zum Ausdruck zu bringen ist. Weg vom gleichmacherischen Einheitsangebot, Mut zur Differenzierung.

**These 5**
Hinter jeder Tourismusentwicklung stehen vielfältige Interessen. Sie müssen nach einer vereinbarten Priorität der Ziele ausgerichtet werden: Auf jeden Fall sind die Interessen der Ortsansässigen vor die Interessen der Auswärtigen zu stellen. Dabei sind die Ansprüche einer Kulturlandschaft erhaltenden Landwirtschaft von besonderer Bedeutung.

**These 6**
Tourismusprojekte müssen Teil eines Gesamtkonzeptes sein, das von Anfang an unter Mitbeteiligung aller Betroffenen zu erarbeiten ist. Diese Zusammenarbeit soll durch begleitende Maßnahmen gefördert werden.

---

2 vgl. *Toblacher Gespräche* (2006, 235 f.)

These 7
Alle voraussehbaren sozio-ökonomischen Rahmenbedingungen lassen eine weitere Ausdehnung der touristischen Nachfrage nach bisher üblichem Muster nicht erwarten. Aus diesen Gründen ist ein weiterer quantitativer Ausbau der touristischen Kapazität mit ökonomischem Risiko behaftet. Die Entwicklungsgeschwindigkeit ist zu reduzieren.

These 8
Ökologie ist Langzeitökonomie. Das ist die Maxime für eine Zukunft mit Zukunft vor allem auch im Tourismus.

These 9
Tourismus muss den Zugang zum sinnlichen Erlebnis und zur Schönheit öffnen. Die entsprechenden Werte sind bewusst zu erhalten und zu kultivieren. Es sind auch Anstrengungen zur Verschönerung der gebauten Umwelt zu unternehmen.

These 10
Zukünftige Tourismuspolitik muss zu einer neuen Zusammenarbeit von Stadt und Land, von Reisenden und Bereisten führen, die auf den Prinzipien einer gerechten Verteilung von Kosten und Nutzen beruhen. Der Gefahr politischer und ökonomischer Fremdbestimmung muss stetig entgegengetreten werden.

These 11
Tourismus ist für viele die Zeit der größten Freiheit. Darin liegt die Chance, Selbstbestimmung, gegenseitiges Verständnis und Solidarität, auch mit der Natur, einzuüben und Formen eines anderen Lebens zu erproben. Tourismus als Impulsgeber für einen besseren Alltag.

These 12
Tourismus ist für den Menschen geschaffen und nicht der Mensch für den Tourismus – fürwahr!

Anhang

# XONG

**arcus raetiae**

**Leistungsbilanz XONG 2007**

⇨ PROGRAMM: Das Festival zählte 4 Musikwerkstätten, 3 Kinderwerkstätten, 1 Theaterwerkstatt mit Schlußaufführung, 8 Konzerte, 6 Hoffeste, 6 Kulturwanderungen, Wirtshausmusik in 11 Gasthöfen, Feierabend in 5 Altenheimen, 4 mal „Stimme stimmen" auf dem Tartscher Pichl. Das Festival spielte in 15 Orten im Dreiländereck, 2 in Tirol, 4 im Engadin, 2 in Müstair, 7 im Vinschgau.

⇨ BESUCHER: ca. 12.000 Besucher insgesamt, 4.000 Konzerteintritte, die Hälfte der Besucher stammen aus dem Dreiländereck, die andere Hälfte sind Gäste, die eigens zum Festival hierher kommen und Gäste, die in dieser Woche hier urlauben;

⇨ PARTNER: 57 Vereine, Betriebe, Organisationen und Institutionen aus dem Dreiländereck waren als Partner mit verschiedenen Rollen und Aufgaben im Festival eingebunden;

⇨ TEAM: Das Organisationsteam bestand aus 20 Personen, hinzukommen die Mitarbeiterinnen und Mitarbeiter vor Ort.

⇨ MEDIEN: Das Festival erzielte ein respektables Echo in den Medien:
28 Berichte in Südtirols Presse, 19 Berichte in der Schweizer Presse, 14 Berichte in Österreichs Presse.
ORF 2 zeigt ein Österreichbild zum XONG am 16. September um 18.25 Uhr, Wiederholung am 17. .September am Vormittag, 3 sat strahlt die Dokumentation am 13. Oktober aus.
Radio Ö1 widmete am Freitag, 20. Juli die „Spielräume" dem XONG, weiters überträgt Ö1 ein Konzert am 7. Oktober im Zeitton. In der Ö1-Clubsendung gab es regelmäßig Einblendungen zum XONG. Im Juni 2008 folgt eine „Ambiente - Von der Kunst des Reisens" am Sonntag Vormittag im Ö1 zum Kulturfestival im Dreiländereck. Im vergangenen Jahr wurde das Eröffnungskonzert mitgeschnitten und am 13. November ausgestrahlt.
Radio Rumantsch übertrug täglich 3 mal live aus dem Festival und schnitt 2 Konzerte mit.
RAI Sender Bozen bekommt alle Mitschnitte und wählt dann aus, was ins Radioprogramm aufgenommen wird. Im Vorjahr wurde das Eröffnungskonzert live gesendet.

⇨ LANDWIRTSCHAFT: Die 6 Hoffeste und die darin eingerichteten Hofläden verzeichnen einen vollen Erfolg. Nicht nur die Besucherzahl überraschte, sondern vor allem das große Interesse an den Qualitätsprodukten aus der Landwirtschaft. Jene Höfe, die bereits im Vorjahr mitgemacht haben, bestätigen eine beachtliche Imagewerbung sowie Umsatzsteigerung. Für das kommenden Jahr wird eine Filiale in Schluderns des Bauernladens in Naturns angedacht.

⇨ TOURISMUS:
- Allein 2.500 Nächtigungen wurden über das Festivalbüro reserviert. Wie viele es insgesamt waren, kann man aus den Besucherzahlen ablesen bzw. daran, daß in der Region alle Unterkünfte ausgebucht waren.
- Der Sieger des Wirthauses XONG aus dem Vorjahr erhielt Besuch vom Präsidenten der Slow Food Italia, der Präsident von Slow Food Piemont urlaubte eine Woche bei ihm und täglich empfängt er Gäste, die über den Slow-Food-Führer auf den Gasthof Weißkugel in Matsch aufmerksam geworden sind. Die Eintragung in den Führer erfolgte aufgrund des Wettbewerbs XONG 06.
- Im Vorjahr besuchte Juan Antonio Morales, ein Kulturmanager aus Mexiko das Festival, und heuer zwei int. anerkannte Regisseure aus Kanada. Dies sind nur zwei Beispiele von vielen, welche die internationale Wertschätzung damit verdeutlichen.

⇨ ÖKONOMIE: Sowohl mit dem Südtiroler Wirtschaftsring als auch mit den Exponenten des Tourismus wurde in der Festivalwoche ausführlich über ökonomische Potentiale gesprochen, die durch XONG entstanden sind. Man war sich einig, daß sie künftig in einer verstärkten Zusammenarbeit besser genutzt werden sollten.

⇨ IMAGE: XONG ist positiv besetzt. Synergien liegen auf der Hand: ein Türenhersteller hat eine CD-Schachtel aus Holz angefertigt, sie mit einer XONG-CD ausgestattet und verteilt sie als Weihnachtsgeschenk an seine Kunden: „Die Tür zu alten Freunden und neuen Nachbarn", Werbung für den Betrieb, Werbung für den Vinschgau, Werbung für XONG.

⇨ KULTUR: Die verschiedenen Projekte im XONG zeigen die Verwobenheit von Kultur und Alltag auf. Alle vereisen auf die Qualitäten vor Ort und zeigen Perspektiven auf. In diesem Sinne ist die kulturelle Auseinandersetzung die Basis für eine nachhaltige Entwicklung.

arcus raetiae, September 2007

Kulturverein arcus raetiae - 39024 Mals, Plawenn 1 - St.Nr. 91030040215 - Volontariat DLH Nr. 120/1.1. vom 21.5.2003
IBAN: IT 29 X 08066 58541 000304212801 - SWIFT: RZSBIT21424 - Tel. +39 0473 830720 - info@raetia.net

Bild A.1: Leistungsbilanz des Festivals XONG 2007

Tabelle A.1: Ressourcendefinitionsansätzen des RBV und Kategorien (*Freiling*, 2002)

| Kategorien | Definitionsansätze |
| --- | --- |
| *Kategorien* | *Definitionsansätze* |
| **Kategorie 1** | **Inhaltslose Begriffsansätze** |
| Wernerfelt, 1984, S. 172 | Resources: »[...] anything wich could be thought of as a strength or weakness of a given firm.« |
| Thiele 1997: 39 | Resource: »[...] jeder immaterielle oder materielle Faktorposten [...], der in irgendeiner Form zu einer Wertschöpfung beitragen kann.« |
| **Kategorie 2** | **Enumerative Begriffsansätze** |
| Bamberger und Wrona 1996: 132 | Resource: »[...] wird der Begriff [...] sehr weit gefasst, so dass fast alle internen materiellen und immateriellen Güter, Systeme und Prozesse als interne Ressourcen definiert werden können.« |
| **Kategorie 3** | **Prozessbezogene Begriffsansätze** |
| Grant, 1991, 118 f. | Resources: »[...] are inputs into the production process [...].« |
| **Kategorie 4** | **Strukturorientierte Begriffsansätze** |
| Caves 1980 | Resources: »[...] those (tangible or intangible) assets that are tied semipermanently to the firm.« |
| Black und Boal 1994: 134 | »Resources can be viewed as a configuration or network of factors.« |
| Amit und Schoemaker 1993: 35 | Resources: »[...] will be defined as stocks of available factors that are owned or controlled by the firm.« |
| **Kategorie 5** | **Wirkungsbezogene Begriffsansätze** |
| Barney 1991: 101 | »Firm resources include assets, capabilities, organizational processes, firm attributes, information, knowledge etc. controlled by a firm that enable the firm to conceive of and implement strategies that improve its efficiency and effectiveness.« |
| Barney 1995: 50 | »A firm's resources and capabilities include all of the financial, physical, human and organizational assets used by a firm to develop, manufacture, and deliver products or services to its customers.« |
| Montgomery 1995: 257 | Resource: »[...] something that can be used for support or help; an available supply that can be drawn on when needed.« |
| Hunt und Morgan 1995: 1, ähnlich auch Mühlbacher 1997: 199 | Resources: »[...] the tangible and intangible entities that enable the firm to produce efficiently and/or effectively a market offering that has value for some market segment or segments.« |

Tabelle A.1: Ressourcendefinitionsansätzen des RBV und Kategorien (Fortsetzung)

| Kategorien | Definitionsansätze |
|---|---|
| Sanchez et al. 1996: 8 | »Resources are assets that are available and useful in detecting and responding to market opportunities or threats.« |
| Teece, Pisano und Shuen 1997: 516 | »Resources are firm-specific assets that are difficult if not impossible to imitate.« |
| Capron und Hulland 1999: | Resource: »[…] stocks of knowledge, physical assets, human capital, and other tangible and intangible factors that a business owns or controls […] which enable the firm to produce, efficiently and/or effectively, marketing offerings that have value for some market segments […].« |
| **Kategorie 6** | **Kombinierte Begriffsansätze** |
| Wolfsteiner 1995: 44 | »Ressourcen sind all diejenigen Faktoren, die als Input in die Produktion von Gütern und Dienstleistungen eingehen. […] Ressourcen gehören dem Unternehmen oder unterliegen zumindest seiner Kontrolle. Durch ihre Kombination mit anderen Ressourcen werden sie zu Endprodukten verknüpft.« |

## Analyse der Werbebroschüren

Die einzelnenMotive der Werbeprospekte der Südtiroler Tourismusverbände wurden – wie ab Seite 172 beschrieben – analysiert. Es konnte dadurch erhoben werden, welche Kulturtourismus-Typen für den Südtiroler (Kultur-)Tourismus von besonderer Bedeutung sind (siehe Abschnitt 5.2.2 / S. 172).

|  |  | Crontur |  | Südtirols Süden |  | Gröden |  | Rosengarten-Latemar |  |
|---|---|---|---|---|---|---|---|---|---|
| Objekt-KT | Denkmäler | 1 | 0,02 | 1 | 0,01 |  |  | 1 | 0,01 |
|  | Museen | 6 | 0,12 | 5 | 0,05 | 1 | 0,01 | 6 | 0,07 |
|  | Burgen | 1 | 0,02 | 5 | 0,05 |  |  | 4 | 0,05 |
|  | Historische Bauten |  |  | 2 | 0,02 |  |  | 2 | 0,02 |
|  | Architektur |  |  | 2 | 0,02 |  |  |  |  |
|  | Kirchen | 1 | 0,02 | 6 | 0,06 | 1 | 0,01 | 4 | 0,05 |
|  | Bauernhöfe |  |  | 2 | 0,02 | 2 | 0,02 |  |  |
|  | *Summe:* | 8 | 0,15 | 23 | 0,23 | 4 | 0,03 | 17 | 0,21 |
| Gebiets-KT | Kulturlandschaft |  |  | 11 | 0,11 |  |  | 2 | 0,02 |
|  | Kulturgebiet |  |  | 1 | 0,01 |  |  |  |  |
|  | *Summe:* |  |  | 12 | 0,12 |  |  | 2 | 0,02 |
| Ensemble-KT | Dorf/Stadt | 2 | 0,04 | 12 | 0,12 | 5 | 0,04 | 5 | 0,06 |
|  | Ensemble/Natur |  |  | 4 | 0,04 | 7 | 0,06 | 2 | 0,02 |
|  | *Summe:* | 2 | 0,04 | 16 | 0,16 | 12 | 0,10 | 7 | 0,09 |
| Ereignis-KT | Festspiele |  |  | 1 | 0,01 |  |  |  |  |
|  | Veranstaltungen | 3 | 0,06 | 2 | 0,02 |  |  |  |  |
|  | Kurse |  |  |  |  |  |  |  |  |
|  | Märkte | 1 | 0,02 | 1 | 0,01 |  |  | 1 | 0,01 |
|  | *Summe:* | 4 | 0,08 | 4 | 0,04 |  |  | 1 | 0,01 |
| Gastro-KT | Erlebnis | 1 | 0,02 |  |  |  |  |  |  |
|  | Wein |  |  | 10 | 0,10 |  |  | 1 | 0,01 |
|  | Schlemmen | 9 | 0,17 | 18 | 0,18 | 4 | 0,03 | 6 | 0,07 |
|  | *Summe:* | 10 | 0,19 | 28 | 0,27 | 4 | 0,03 | 7 | 0,09 |
| Fern-KT | Tradition/Bräuche | 5 | 0,10 | 2 | 0,02 | 1 | 0,01 | 1 | 0,01 |
|  | Typische Kleidung | 1 | 0,02 | 2 | 0,02 | 5 | 0,04 | 2 | 0,02 |
|  | Religion |  |  |  |  |  |  | 1 | 0,01 |
|  | Land & Leute |  |  | 4 | 0,04 | 2 | 0,02 | 1 | 0,01 |
|  | Persönlichkeiten | 1 | 0,02 | 3 | 0,03 | 7 | 0,06 | 1 | 0,01 |
|  | Kunsthandwerk |  |  | 5 | 0,05 | 4 | 0,03 |  |  |
|  | *Summe:* | 9 | 0,17 | 16 | 0,16 | 19 | 0,16 | 6 | 0,07 |
| *Summe kultureller Motive:* |  | 33 | 0,63 | 99 | 0,97 | 39 | 0,32 | 40 | 0,49 |
| sonstige Tourismusformen | Natur | 13 | 0,25 | 21 | 0,21 | 17 | 0,14 | 32 | 0,40 |
|  | Sport | 30 | 0,58 | 15 | 0,15 | 23 | 0,19 | 52 | 0,64 |
|  | Erholung | 6 | 0,12 | 14 | 0,14 | 6 | 0,05 | 2 | 0,02 |
|  | Familie | 9 | 0,17 | 5 | 0,05 | 14 | 0,11 | 6 | 0,07 |
|  | Sport & Natur | 8 | 0,15 | 8 | 0,08 | 15 | 0,12 | 49 | 0,60 |
|  | Einkaufen |  |  | 2 | 0,02 | 2 | 0,02 |  |  |
| *Summe sonstiger Motive:* |  | 66 | 1,27 | 65 | 0,64 | 77 | 0,63 | 141 | 1,74 |

Tabelle A.2: Analyse der Verwendung kultureller Motive in der Tourismuswerbung

# Anhang

| Ferienregion Tauferer Ahrntal | Marketing-gesellschaft Meran | Hochpustertal | Eisacktal | Alta Badia | Seiseralm | *Summe:* |
|---|---|---|---|---|---|---|
|  |  |  |  |  |  | 2 0,00 |
| 1 0,01 | 2 0,04 |  | 6 0,12 |  |  | 27 0,04 |
| 1 0,01 | 4 0,08 |  | 5 0,10 | 2 0,03 | 1 0,01 | 23 0,03 |
|  | 3 0,06 | 4 0,13 |  |  |  | 11 0,02 |
|  | 8 0,17 |  |  |  |  | 10 0,01 |
|  |  | 6 0,19 | 5 0,10 | 2 0,03 | 1 0,01 | 26 0,04 |
|  |  |  |  | 1 0,01 | 2 0,03 | 7 0,01 |
| *2 0,02* | *17 0,35* | *10 0,32* | *16 0,31* | *5 0,06* | *4 0,06* | *106 0,16* |
|  |  |  |  |  |  | 13 0,02 |
|  |  |  |  |  |  | 1 0,00 |
|  |  |  |  |  |  | 14 0,02 |
| 4 0,05 | 1 0,02 |  | 6 0,12 | 5 0,06 | 5 0,07 | 45 0,07 |
| 13 0,15 | 3 0,06 | 9 0,29 | 7 0,13 | 8 0,10 | 4 0,06 | 57 0,08 |
| *17 0,20* | *4 0,08* | *9 0,29* | *13 0,25* | *13 0,16* | *9 0,13* | *102 0,15* |
|  |  |  |  |  |  | 1 0,00 |
|  |  | 1 0,03 |  |  | 2 0,03 | 8 0,01 |
|  |  |  | 1 0,02 |  |  | 1 0,00 |
|  | 1 0,02 | 1 0,03 |  |  | 1 0,01 | 6 0,01 |
|  | *1 0,02* | *2 0,06* | *1 0,02* |  | *3 0,04* | *16 0,02* |
|  |  |  |  |  |  | 1 0,00 |
| 1 0,01 | 3 0,06 |  | 5 0,10 | 1 0,01 |  | 21 0,03 |
| 3 0,04 | 3 0,06 | 3 0,10 | 10 0,19 | 4 0,05 | 10 0,15 | 70 0,10 |
| *4 0,05* | *6 0,13* | *3 0,10* | *15 0,29* | *5 0,06* | *10 0,15* | *92 0,14* |
| 2 0,02 | 1 0,02 |  | 1 0,02 | 1 0,01 | 1 0,01 | 15 0,02 |
|  |  | 1 0,03 |  | 4 0,05 | 2 0,03 | 18 0,03 |
|  |  |  |  |  | 1 0,01 | 2 0,00 |
| 1 0,01 | 3 0,06 |  | 5 0,10 |  | 2 0,03 | 18 0,03 |
| 1 0,01 | 1 0,02 | 2 0,06 | 1 0,02 |  |  | 17 0,03 |
|  |  |  |  | 1 0,01 | 1 0,01 | 11 0,02 |
| *5 0,06* | *5 0,10* | *3 0,10* | *7 0,13* | *6 0,08* | *7 0,10* | *83 0,12* |
| *28 0,33* | *33 0,69* | *27 0,87* | *52 1,00* | *29 0,36* | *33 0,49* | *446 0,66* |
| 19 0,23 | 10 0,21 | 17 0,55 | 5 0,10 | 14 0,18 | 13 0,19 | 161 0,24 |
| 15 0,18 | 4 0,08 | 22 0,71 | 4 0,08 | 27 0,34 | 6 0,09 | 198 0,29 |
| 5 0,06 | 4 0,08 | 4 0,13 | 1 0,02 | 2 0,03 | 3 0,04 | 47 0,07 |
| 4 0,05 | 3 0,06 | 12 0,39 | 1 0,02 | 12 0,15 | 9 0,13 | 75 0,11 |
| 5 0,06 | 2 0,04 | 26 0,84 | 13 0,25 | 7 0,09 | 5 0,07 | 138 0,20 |
|  |  |  |  |  |  | 4 0,01 |
| *48 0,57* | *23 0,48* | *81 2,61* | *24 0,46* | *62 0,78* | *36 0,54* | *623 0,92* |

# Literatur

Aas, Christina, Ladkin, Adele und Fletcher, John (2005). »Stakeholder collaboration and heritage management«. In: *Annals of Tourism Research* 32.1, S. 28–48.
Acedo, Francisco J., Barroso, Carmen und Galan, Jose L. (2006). »The resource-based theory: dissemination and main trends«. In: *Strategic Management Journal* 27.7, S. 621–636.
ADAC (1989). *Neues Denken im Tourismus*. ADAC. München. München.
Ahlert, Dieter, Blaich, Günther und Evanschitzky, Heiner (2003). »Systematisierung von Dienstleistungsnetzwerken«. In: *Dienstleistungsnetzwerke*. Hrsg. von M. Bruhn und B Stauss. Wiesbaden: Gabler, S. 31–59.
*Alpenkonvention* (2009a). *Deklaration Bevölkerung und Kultur*. URL: http://www.alpconv.org/NR/rdonlyres/829EF4CA-9030-/4F12-BA19-997F81544D6B/0/AC_IX_11_declarationpopcult_de_fin.pdf (besucht am 22. 04. 2009).
– (2009b). *Rahmenkonvention*. URL: http://www.cipra.org/de/alpenkonvention/protokolle-pdf-de/rahmenkonvention_d.pdf (besucht am 22. 04. 2009).
Amit, Raphael und Schoemaker, Paul J. H. (1993). »Strategic Assets and Organizational Rent«. In: *Strategic Management Journal* 14.1, S. 33–46.
*Amtsblatt der Europäischen Union C 110/01* (März 2006). *Europäischer Wirtschafts- und Sozialausschuss – Stellungnahme des Europäischen Wirtschafts- und Sozialausschusses zum Thema: Tourismus und Kultur: zwei Kräfte im Dienste des Wachstums*. URL: http://eur-lex.europa.eu/LexUriServ/LexUriServ.do?uri=OJ:C:2006:110:0001:0007:DE:PDF (besucht am 22. 04. 2009).
*Amtsblatt der Europäischen Union C 57/04* (März 2007). *Ausschuss der Regionen – Stellungnahme des Ausschusses der Regionen zu dem Thema: Die Rolle der ländlichen Gemeinden bei der Entwicklung der Regionen in Europa*. URL: http://eur-lex.europa.eu/LexUriServ/LexUriServ.do?uri=OJ:C:2007:057:0018:0024:DE:PDF (besucht am 22. 04. 2009).
*Amtsblatt der Europäischen Union L 376/36* (März 2006). *Richtlinie 2006/123/EG des Europäischen Parlaments und des Rates vom 12. Dezember 2006 über Dienstleistungen im Binnenmarkt*. URL: http://eur-lex.europa.eu/LexUriServ/LexUriServ.do?uri=OJ:L:2006:376:0036:0068:de:PDF (besucht am 22. 04. 2009).
Arge Alp (2009). *Welche besonderen natürlichen Gegebenheiten prägen das Alpengebiet?* URL: http://www.argealp.org/ueber-uns/leitbild/gegebenheiten (besucht am 22. 04. 2009).
Armstrong, C.E. und Shimizu, K. (2007). »A Review of Approaches to Empirical Research on the Resource-Based View of the Firm«. In: *Journal of Management* 33.6, S. 959–986.
Arnould, E.J. und Thompson, C.J. (2005). »Consumer Culture Theory (CCT): Twenty Years of Research«. In: *Journal of Consumer Research* 31.4, S. 868–882.
Ashworth, G. (2008). »Paradigms and paradoxes in planning the past«. In: *Selling or Telling? Paradoxes in tourism, culture and heritage – ATLAS Reflections 2008*. Hrsg. von Melanie Smith und Leontine Onderwater. Arnhem: TODO, S. 23–34.
ASTAT (Aug. 2008a). *ASTAT Info Nr. 36 – Tourismus in einigen Alpengebieten 2007*. URL: http://www.provincia.bz.it/pressnotes/module/pres_getimg.asp?imgID=347525 (besucht am 22. 04. 2009).
– (Nov. 2008b). *ASTAT Info Nr. 42 – Kulturschaffende Jahr 2007*. URL: http://www.provincia.bz.it/pressnotes/module/pres_getimg.asp?imgID=347525 (besucht am 22. 04. 2009).

*Autonome Provinz Bozen-Südtirol* (2007). *Südtirol Handbuch.* Hrsg. von *Südtiroler Landesregierung.* Bozen: La Commerciale – Borgogno.
- (2008a). *Jahreszahlen – Bericht 2007 der Landesabteilung Deutsche Kultur und Familie.* Broschüre. Abteilung deutsche Kultur und Familie.
- (2008b). *Kulturförderung 2007.* Broschüre. Abteilung deutsche Kultur und Familie.

*Bachleitner, Reinhard* und *Kagelmann, Jürgen* (2003). *Kultur/Städte/Tourismus.* München/Wien: Profil.

*Bachleitner, Reinhard* und *Zins, Andreas* (1999). »Cultural Tourism in Rural Communities: The Resident's perspective«. In: *Journal of Business Research* 44.3, S. 199–209.

*Bailom, Franz, Matzler, Kurt* und *Tschemernjak, Dieter* (2006). *Was Top-Unternehmen anders machen.* Wien: Linde Verlag.

*Balog, András* (2001). *Neue Entwicklungen in der soziologischen Theorie: Auf dem Weg zu einem gemeinsamen Verständnis der Grundprobleme.* Stuttgart: Lucius & Lucius.

*Bamberger, Ingolf* und *Wrona, Thomas* (1996). »Der Ressourcenansatz und seine Bedeutung für die Strategische Unternehmensführung«. In: *Zeitschrift für betriebswirtschaftliche Forschung* 48, S. 130–153.

*Barney, Jay B.* (1986). »Strategic factor markets: Expectations, luck, and business strategy«. In: *Management Science* 32.10, S. 1231–1241.
- (1991). »Firm Resources and Sustained Competitive Andvantage«. In: *Journal of Management* 17.1, S. 99–120.
- (2001). »Is the Resource-Based Theory a Useful Perspective for Strategic Management Research? Yes.« In: *Academy of Management Review* 26.1, S. 41–56.
- (2007). *Gaining and sustaining competitive advantage.* 3. Aufl. New Jersey: Pearson Prentice Hall.

*Barney, Jay B., Wright, M.* und *Ketchen, D.* (2001). »The Resource-based view of the Firm: Ten years after«. In: *Journal of Management* 27, S. 625–641.

*Barth-Scalmani, Gunda* (2004). »Kulturtourismus. Herausforderunge für Geschichtsabsolventen«. In: *Der Schlern* 78.12, S. 75–80.

*Bätzing, Werner* (2002a). »Der Stellenwert des Tourismus in den Alpen und seine Bedeutung für eine nachhaltige Entwicklung des Alpenraumes«. In: *Der Alpentourismus – Entwicklungspotenziale im Spannungsfeld von Kultur und Ökologie.* Hrsg. von *Kurt Luger* und *Franz Rest.* Innsbruck: Studien Verlag, S. 172–174.
- (2002b). *Die aktuellen Veränderungen von Umwelt, Wirtschaft, Gesellschaft und Bevölkerung in den Alpen.* Hrsg. von *Kurt Luger* und *Franz Rest.* Innsbruck. URL: http://www.umweltdaten.de/publikationen/fpdf-l/2150.pdf (besucht am 22.04.2009).
- (2003). *Die Alpen: Geschichte und Zukunft einer europäischen Kulturlandschaft.* München: CH Beck.

*Becher, M.* (2007). *Entwicklung eines Kennzahlensystems zur Vermarktung touristischer Destinationen.* Wiesbaden: Deutscher Universitäts Verlag.

*Becker, Christoph* (1993). »Kulturtourismus: eine Einführung«. In: *Kulturtourismus in Europa: Wachstum ohne Grenzen?* Hrsg. von *Christoph Becker* und *Albrecht Steinecke.* Trier: Europäisches Tourismus Institut, S. 7–9.

*Becker, Christoph* und *Steinecke, Albrecht* (1997). *KulturTourismus: Strukturen und Entwicklungsperspektiven.* Studienbrief des weiterbildenden Studiums KulturTourismusManagement. FernUniversität Hagen, Hagen.

*Bendixen, Peter* (2006). *Einführung in das Kultur- und Kunstmanagement.* 3. Aufl. Wiesbaden: VS Verlag für Sozialwissenschaften.

*Benkenstein, Martin* und *Zielke, Katja* (2003). »Messung von Qualitätsanforderungen in Dienstleistungsnetzwerken – Dargestellt am Beispiel touristischer Dienstleistungen«. In: *Dienstleistungsnetzwerke – Dienstleistungsmanagement Jahrbuch 2003.* Hrsg. von *Manfred Bruhn* und *Bernd Stauss.* Wiesbaden: Gabler, S. 405–424.

*Benz, A.* (2003). »Regional Governance mit organisatorischem Kern – Das Beispiel der Region Stuttgart«. In: *Informationen zur Raumentwicklung* 8.9, S. 505–512.

*Berens, W., Karlowitsch, M.* und *Mertes, M.* (2000). »Die Balanced Scorecard als Controllinginstrument in Non-Profit-Organisationen«. In: *Controlling* 12.1, S. 23–28.

*Bhat, Sushma Seth* und *Milne, Simon* (2008). »Network effects on cooperation in destination website development«. In: *Tourism Management* 29.6, S. 1131–1140.

*Bieger, Thomas* (2000). *Management von Destinationen und Tourismusorganisationen.* München: Oldenbourg.

– (2001). »Wirtschaftliche Nachhaltigkeit von Sport-Events am Beispiel der Ski WM 2003«. In: *Tourismus Journal* 5.1, S. 77–96.

– (2004). *Tourismuslehre – Ein Grundriss.* Bern/Stuttgart/Wien: Haupt Verlag.

– (2008). *Management von Destinationen.* 7. Aufl. München: Oldenbourg.

*Blumer, H.* (1973). »Der methodologische Standort des Symbolischen Interaktionismus«. In: *Alltagswissen, Interaktion und gesellschaftliche Wirklichkeit.* Hrsg. von *Arbeitsgruppe Bielefelder Soziologen.* Bd. 1. Reinbeck bei Hamburg: Rowohlt, S. 80–146.

*Brass, D.J.* u. a. (2004). »Taking stock of networks and organizations: A multilevel perspective«. In: *Academy of Management Journal* 47.6, S. 795–817.

*Braun, Ottmar L.* (1993). »(Urlaubs-)Reisemotive«. In: *Tourismuspsychologie und Tourismussoziologie – Ein Handbuch zur Tourismuswissenschaft.* Hrsg. von *Heinz Hahn.* München: Quintessenz-Verlag, S. 199–207.

*Brenke, K.* und *Wagner, G.G.* (2007). »Zum volkswirtschaftlichen Wert der Fussball-Weltmeisterschaft 2006 in Deutschland«. In: *DIW Berlin* 74.29, S. 445–449.

*Breton, Robert* (1981). *Les Ethnies.* Paris: Presses universitaires de France.

*Bruhn, M.* (2008). *Qualitätsmanagement für Dienstleistungen: Grundlagen, Konzepte, Methoden.* Berlin: Springer.

*Brunner-Sperdin, Alexandra* (2004). »Qualität als Erlebnis«. In: *Qualitätszeichen im Tourismus – Vermarktung und Wahrnehmungen von Leistungen.* Hrsg. von *Klaus Weiermair* und *Birgit Pikkemaat.* Berlin: Erich Schmidt Verlag, S. 153–170.

*Brunner-Sperdin, Alexandra* und *Peters, Mike* (2009). »What influences guests' emotions? The case of high-quality hotels«. In: *International Journal of Tourism Research* 11.2, S. 171–183.

*Buber, Renate* und *Kraler, C* (2000). »How GABEK and WinRelan Support Qualitative Research«. In: *GABEK II – Zur Qualitativen Forschung.* Hrsg. von *Renate Buber* und *Josef Zelger.* Innsbruck, Wien: Studien Verlag, S. 111–137.

*Buber, Renate* und *Zelger, Josef* (2000). *Gabek II – Zur qualitativen Forschung/On qualitative research.* Innsbruck/Wien/München: Studien Verlag.

*Calteux, Georges* (1992). »Tourismus und denkmalwürdige Landschaften«. In: *Perspektiven des Tourismus im Zentrum Europas.* Hrsg. von *Christoph Becker, Walter Schertler* und *Albrecht Steinecke.* Trier: Europäisches Tourismus Institut, S. 39–45.

Capone, Francesco (2006). »Systemic Approaches for the Analysis of Tourism Destination: Towards the Tourist Local Systems«. In: *Tourism Local Systems and Networking*. Hrsg. von *Lazzeretti Luciana* und *Clara Petrillo*. Oxford: Elsevier, S. 7–24.

Castanias, Richard P. und *Helfat, Constance E.* (März 1991). »Managerial Resources and Rents«. In: *Journal of Management* 17.1, S. 155–171.

Caves, Richard E. (1980). »Industrial Organization, Corporate Strategy and Structure«. In: *Journal of Economic Literature* 18.1, S. 64–92.

Chandler, Alfred (1962). *Strategy and Structure: Chapters in the History of the American Industrial Enterprise*. Cambridge: MIT Press.

Chhabra, D., *Healy, R.* und *Sills, E.* (2003). »Staged authenticity and heritage tourism«. In: *Annals of Tourism Research* 30.3, S. 702–719.

Chhabra, Deepak (2008). »Positioning museums on an authenticity continuum«. In: *Annals of Tourism Research* 35.2, S. 427–447.

Cohen, E. (1988a). »Authenticity and commoditization in tourism«. In: *Annals of Tourism Research* 15.3, S. 371–386.

– (1988b). »Traditions on the Qualitative Sociology of Tourism«. In: *Annals of Tourism Research* 15.1, S. 29–46.

Cohen, W. und *Levinthal, D* (1990). »Absorptive Capacity: A new perspective on learning and innovation«. In: *Administrative Science Quarterly* 35.1, S. 128–152.

Cole, Stroma (Okt. 2007). »Beyond authenticity and commodification«. In: *Annals of Tourism Research* 34.4, S. 943–960.

Collis, David J. und *Montgomery, Cynthia A.* (Juli–Aug. 1995). »How do you create and sustain a profitable strategy? Competing on Resources: Strategy in the 1990s«. In: *Harvard Business Review*, S. 118–128.

Conner, Kathleen R. (März 1991). »A Historical Comparison of Resource-Based Theory and Five Schools of Thought Within Industrial Organization Economics: Do We Have a New Theory of the Firm?« In: *Journal of Management* 17.1, S. 121–154.

Conrady, Roland und *Bakan, Stephan* (2008). »Climate change and its impact on the tourism industry«. In: *Trends and Issues in Global Tourism 2008*. Hrsg. von *Roland Conrady* und *Martin Buck*. Berlin/Heidelberg: Springer, S. 27–40.

Cooper, Chris (2006). »Knowledge management and tourism«. In: *Annals of Tourism Research* 33.1, S. 47–64.

Daidola, Giorgio (2004). »Die emotionale Qualität im Tourismus, vor allem im Bezug auf den Bergtourismus«. In: *Die Berge erzählen: Marketinganalyse der Bergwelt und Vorschläge für eine nachhaltige Entwicklung*. Hrsg. von *Gemeinde Trient*. Trient: TODO, S. 47–56.

d'Angella, Francesca und *Go, Frank M.* (2008). »Tale of two cities' collaborative tourism marketing: Towards a theory of destination stakeholder assessment«. In: *Tourism Management* 30.3, S. 429–440.

Das, T und *Teng, B.S.* (1998). »Between trust and control: Developing confidence in partner cooperation in alliances«. In: *The Academy of Management review* 23.3, S. 491–512.

D'Aveni, Richard (1994). *Hypercompetition*. New York: The Free Press.

Dax, Thomas und *Wiesinger, Georg* (2008). *Soziale Nachhaltigkeit und Netzwerke im Alpenraum*. Wien: Bundesanstalt für Bergbauernfragen.

*Der Standard* (Nov. 2008). *Finanzkrise Riesenproblem für Tourismus.* URL: http://derstandard.at/druck/?id=1226067167185 (besucht am 22.04.2009).

*Die Presse* (2007). *Rock-Festivals: Fluch und Segen.* Die Presse. URL: http://www.diepresse.com/home/panorama/oesterreich/310618 (besucht am 22.04.2009).

*Dierickx, Ingemar* und *Cool, Karel* (1989). »Asset stock accumulation and sustainability of competitive advantage«. In: *Management Science* 35.12, S. 1504–1511.

*Diller, C.* (2003). »Regionalentwicklung durch neue Kooperationen – von wem und für wen?« In: *Standort-Zeitschrift für angewandte Geographie* 27.2, S. 79–84.

*Dolnicar, S.* und *Ender, W.* (2000). »Kulturtourismus in Österreich – Empirische Belege gegen die implizite Gleichsetzung von Kultur- und Städtetourismus«. In: *Tourism and culture – Managing change.* Hrsg. von *Peter Keller* und *Thomas Bieger.* Bd. 42. St. Gallen: Edition AIEST, S. 197–212.

*Dredge, Dianne* (2006). »Policy networks and the local organisation of tourism«. In: *Tourism Management* 27.2, S. 269–280.

*Dredge, Dianne* und *Pforr, Christof* (2008). »Policy Networks and Tourism Governance«. In: *Network analysis and tourism – From theory to practice.* Hrsg. von *Noel Scott, Rodolfo Baggio* und *Chris Cooper.* Clevedon/Buffalo/Toronto: Channel View Publications, S. 58–78.

*Dreyer, Axel* (2000). »Der Markt für Kulturtourismus«. In: *Kulturtourismus.* Hrsg. von *Axel Dreyer.* 2. Aufl. München: Oldenbourg, S. 25–50.

– (2004). »Kundenorientierung in touristischen Destinationen«. In: *Kundenmanagement als Erfolgsfaktor.* Hrsg. von *Hans H. Hinterhuber* u. a. Berlin: Erich Schmidt Verlag, S. 29–49.

– (2006). *Grundlagen des Kulturtourismus.* Service-Agentur des Hochschulverbundes Distance Learning mit Sitz an der FH Brandenburg. Brandenburg.

– (2008). »Kulturtourismus – Chancen und Perspektiven der Vermarktung«. In: *Berichte zur Denkmalpflege in Niedersachsen* 3, S. 97–102.

*Dreyer, Axel, Wieczorek, Marylka* und *Lachmann, Jördis* (2005). »Cross Marketing – Neue Wege für Destinationen«. In: *Destination-Card-Systeme.* Hrsg. von *Harald Pechlaner* und *Anita Zehrer.* Wien: Linde, S. 29–46.

*Dumont, Elisabeth* und *Teller, Jaques* (2007). »Cultural diversity and subsidiarity: more of the same or conflicting principles? The case of cultural tourism in the European Union«. In: *European Studies: A Journal of European Culture, History and Politics* 24.1, S. 45–64.

*Duschek, Stephan* (2001). »Kooperative Kernkompetenzen – Zum Management einzigartiger Netzwerkressourcen«. In: *Strategie und Strukturation – Strategisches Management von Unternehmen, Netzwerken und Konzernen.* Hrsg. von *Günther Ortmann* und *Jörg Sydow.* Wiesbaden: TODO, S. 173–189.

– (2002). *Innovation in Netzwerken: Renten-Relationen-Regeln.* Wiesbaden: Deutscher Universitäts Verlag.

– (25.–26. Sep. 2003). *Netzwerkressourcen im Spannungsfeld von Kompetition und Kooperation: Zwei ressourcenbasierte Perspektiven auf Unternehmungskooperation.* Universität Innsbruck.

– (2004). »Inter-Firm Resources and Sustained Competitive Advantage«. In: *Management Revue* 15.1, S. 53–73.

*Duschek, Stephan* und *Sydow, Jörg* (2002). »Ressourcenorientierte Ansatze des strategischen Managements – Zwei Perspektiven auf Unternehmungskooperation«. In: *Wirtschaftswissenschaftliches Studium* 31.8, S. 426–431.
*Dyer, Jeffrey H.* und *Singh, Harbir* (1998). »The relational view: cooperative strategy and sources of interorgnizational competitive advantage«. In: *Academy of Management Review* 23.4, S. 660–679.
*Easterling, Debbie* (2004). »The Resident's Perspective in Tourism Research: A Review and Synthesis«. In: *Journal of Travel & Tourism Marketing* 17.4, S. 45–62.
*Eder, Walter* (1993). »Wissenschaftliche Reiseleitung und Kulturtourismus«. In: *Kulturtourismus in Europa: Wachstum ohne Grenzen?* Hrsg. von *Christoph Becker* und *Albrecht Steinecke*. Trier: Europäisches Tourismus Institut, S. 163–184.
*Edgell, David* (Okt. 2008). *Ten Important World Tourism Issues for 2009.* URL: http://traveliowa.com/downloads/edgell.pdf (besucht am 22. 04. 2009).
*EFQM* (2009). *European Foundation for Quality Management.* URL: http://www.efqm.org (besucht am 22. 04. 2009).
*Eisenhardt, Kathleen* (1989). »Building Theories from Case Study Research«. In: *Academy of Management Review* 14.4, S. 532–550.
*Enright, Michael J.* und *Newton, James* (2004). »Tourism destination competitiveness: a quantitative approach«. In: *Tourism Management* 25.6, S. 777–788.
*Ereaut, G., Imms, M.* und *Callingham, M.* (2002). *Qualitative Market Research: Principle and Practice.* London: Sage.
*European Travel Commission* (Sep. 2006). *Tourismus Trends für Europa.* Hrsg. von *European T. Commission.* URL: www.etc-corporate.org/resources/uploads/ETC_Tourismus_Trends_fuer_Europa_02-2007_GER.pdf (besucht am 22. 04. 2009).
*Evans, Nigel, Campbell, David* und *Stonehouse, George* (2003). *Strategic Management for Travel and Tourism.* Oxford: Elsevier Butterworth-Heinemann.
*Faullant, Rita, Matzler, Kurt* und *Füller, Johann* (2008). »The impact of satisfaction and image on loyalty: the case of Alpine ski resorts«. In: *Managing Service Quality* 18.2, S. 163–178.
*Feßmann, Ingo* (1993). »Das kulturelle Erbe in der Stadt – Möglichkeiten und Grenzen der touristischen Vermarktung«. In: *Kulturtourismus in Europa: Wachstum ohne Grenzen?* Hrsg. von *Christoph Becker* und *Albrecht Steinecke*. Trier: Europäisches Tourismus Institut, S. 14–25.
*Fittkau, Susanne* und *Jockwer, Axel* (2008). »Quality Rating in Hotel Community Sites«. In: *Trends and Issues in Global Tourism 2008.* Hrsg. von *Roland Conrady* und *Martin Buck.* Berlin, Heidelberg: Springer, S. 85–93.
*Fitzsimmons, J.A.* und *Fitzsimmons, M.* (2008). *Service Management – Operations, Strategy, Information Technology.* New York: McGraw-Hill International Edition.
*Flagestad, A.* und *Hope, C.A.* (Okt. 2001). »Strategic success in winter sports destinations: a sustainable value creation perspective«. In: *Tourism Management* 22.5, S. 445–461.
*Flagestad, Arvid* (2001). »Strategic success and organisational structure in winter sports destinations – A multiple stakeholder approach to measuring organisational performance in Scandinavian and Swiss«. Phdthesis. University of Bradford: Bradford University School of Management.

*Fleischer, S.* (1997). *Strategische Kooperationen – Planung, Steuerung, Kontrolle.* Planung, Organisation und Unternehmensführung. Köln: CHECK.
*Flick, Uwe* (2004). »Zur Qualität qualitativer Forschung – Diskurse und Ansätze«. In: *Qualitative Datenanalyse: computergestützt – Methodische Hintergründe und Beispiele aus der Forschungspraxis.* Hrsg. von *Udo Kuckartz, Heiko Grunenberg* und *Andreas Lauterbach.* Wiesbaden: Verlag für Sozialwissenschaften, S. 43–63.
*Franquesa, Jaume* und *Morell, Marc* (2007). »Transversal Indicators and Qualitative Observatories of Heritage Tourism«. In: *Cultural tourism – Global and Local Perspectives.* Hrsg. von *Greg Richards.* New York/London/Oxford: The Haworth Hospitality Press, S. 169–194.
*Freiling, Jörg* (2001). *Resource-based View und ökonomische Theorie: Grundlagen und Positionierung des Resourcenansatzes.* Wiesbaden: Deutscher Universitätsverlag.
- (2002). »Terminologische Grundlagen des Resource-based View«. In: *Aktionsfelder des Kompetenz-Managements.* Hrsg. von *Klaus Bellmann* u. a. Wiesbaden: TODO, S. 3–27.
- (2005). »Die Einordnung des Netzwerkgedankens in die Ressourcentheorie«. In: *Vernetzte Unternehmen – Wirkungsvolles Agieren in Zeiten des Wandels.* Hrsg. von *Heinz K. Stahl* und *Stephan* Friedrich von den *Eichen.* Berlin: Erich Schmidt Verlag, S. 65–82.
*Freyer, Walter* (2003). *Ganzheitlicher Tourismus – Beiträge aus 20 Jahren Tourismusforschung.* Dresden: FIT – Forschungsinstitut für Tourismus.
- (2004). *Tourismus-Marketing – Marktorientiertes Management im Mikro- und Makrobereich der Tourismuswirtschaft.* 4. Aufl. München/Wien: Oldenbourg.
- (2006). *Tourismus – Einführung in die Fremdenverkehrsökonomie.* 8. Aufl. München: Oldenbourg.
*Fuchs, M.* und *Weiermair, K.* (2004). »Destination benchmarking: an indicator-system's potential for exploring guest satisfaction«. In: *Journal of Travel Research* 42.3, S. 212–225.
*Fuchs, Matthias* und *Weiermair, Klaus* (2003). »Qualitätsmanagement und Qualitätsbenchmarking im Dienstleistungsnetzwerk«. In: *Dienstleistungsnetzwerke.* Hrsg. von *M. Bruhn* und *B Stauss.* Wiesbaden: Gabler, S. 425–442.
*Fürst, Dietrich* (2003). »Steuerung auf regionaler Ebene versus Regional Governence«. In: *Informationen zur Raumentwicklung* 8.9, S. 441–450.
- (2007). »Regional Governance – Concept, process, instrument?« In: *Regional Governance – Stimulus for Regional Sustainable Development.* Hrsg. von *Guido Nischwitz.* München: Oekom-Verlag, S. 17–28.
*Galaskiewicz, J.* (1985). »Interorganizational Relations«. In: *Annual Review of Sociology* 11.1, S. 281–304.
*Garrod, B.* und *Fyall, A.* (2000). »Managing heritage tourism«. In: *Annals of Tourism Research* 27.3, S. 682–708.
*GDI Impuls* (2007). »Schwache Qualität lässt sich auf Dauer nicht mit einem schwachen Franken kaschieren«. In: *GDI Impuls* 07/08, S. 34–38.
*Gelf, Claudia* und *Peters, Mike* (2009). »The Role of Built Heritages in Tourism: Empirical Evidence from South Tyrol«. In: *Culture and Creativity as Location Factors – looking beyond Metropolitan Areas.* Hrsg. von *Harald Pechlaner, Dagmar Abfalter* und *Sandra Lange.* – in Druck. Innsbruck: Innsbruck University Press, in Druck.

*GEO Saison* (Jan. 2008). *Südtirol: Trend und Tradition.* GEO Magazin. URL: http://www.geo.de/GEO/reisen/europa/4310.html (besucht am 22. 04. 2009).
Gergen, K (1996). *Das übersättigte Selbst. Identitätsprobleme im heutigen Leben.* Heidelberg: Carl-Auer-Systeme.
Getz, D. (2008). »Event tourism: Definition, evolution, and research«. In: *Tourism Management* 29.3, S. 403–428.
Gilmore, J.H. und Pine, B.J. (2007). *Authenticity: what consumers really want.* Boston: Harvard Business School Press.
Glaser, Barney Galland und Strauss, Anselm L. (1967). *The discovery of grounded theory.* New York: de Gruyter.
Goeldner, C.R. und Ritchie, J.R.B. (2009). *Tourism – Principles, Practices, Philosophies.* 11. New York: Wiley.
Granovetter, M.S. (1973). »The Strength of Weak Ties«. In: *American Journal of Sociology* 78.6, S. 1360–1380.
Grant, Robert (1991). »The Resource-Based Theory of Competitive Advantage: Implications for Strategy Formulation«. In: *California Management Review* 33.3, S. 114–135.
– (1996). »Toward a knowledge-based theory of the firm«. In: *Strategic Management Journal* 17.10, S. 109–122.
– (2008). *Contemporary strategy analysis.* 6. Aufl. Oxford: Blackwell Publishing.
Grayson, K. und Martinec, R. (2004). »Consumer perceptions of iconicity and indexicality and their influence on assessments of authentic market offerings«. In: *Journal of Consumer Research* 31.2, S. 296–312.
Guia, Jaume, Prats, Lluís und Comas, Jordi (2006). »The Destination as a Local System of Innovation: The Role of Relational Networks«. In: *Tourism Local Systems and Networking.* Hrsg. von *Lazzeretti Luciana* und *Clara Petrillo.* Oxford: Elsevier, S. 57–65.
Gulati, R. (1998). »Alliances and Networks«. In: *Strategic Management Journal* 19.4, S. 293–317.
– (1999). »Network location and learning: The influence of network resources and firm capabilities on alliance formation«. In: *Strategic Management Journal* 20.5, S. 397–420.
Gulati, R., Nohria, N. und Zaheer, A. (2000). »Strategic Networks«. In: *Strategic Management Journal* 21.3, S. 203–215.
Haberberg, Adrain und Rieple, Alison (2008). *Strategic Management – Theory and Application.* Oxford/New York: Oxford University Press.
Habermas, Jürgen (1970). *Zur Logik der Sozialwissenschaften.* Frankfurt: Suhrkamp.
Haedrich, G. (1999). »Marketing für Kultur-Destinationen«. In: *Destinations-Management – Führung und Vermarktung von touristischen Zielgebieten.* Hrsg. von *Harald Pechlaner* und *Klaus Weiermair.* Wien: Linde, S. 159–177.
Haenecke, H. (2002). »Methodenorientierte Systematisierung der Kritik an der Erfolgsfaktorenforschung«. In: *Zeitschrift für Betriebswirtschaft* 72.2, S. 165–184.
Hahn, H. (25. Jan. 1974). *Urlaub 1974 – Wissen Sie eigentlich was für ein Urlaubstyp Sie sind?* Wochenmagazin "Für Sie".
Haid, Gerlinde (1993). »Volksmusik und Kulturtourismus«. In: *Kulturtourismus in Europa: Wachstum ohne Grenzen?* Hrsg. von *Christoph Becker* und *Albrecht Steinecke.* Trier: Europäisches Tourismus Institut, S. 130–134.

*Haid, Hans* (Nov. 1996). *Volkskultur und Tourismus – Betrachtung und Vergleiche eines ungleichen Paares*. Zusammengestellt als Dokumentation eines Forschungsauftrages für das Bundesministerium für Wissenschaft, Verkehr und Kunst.
*Håkansson, H.* und *IMP Project Group* (1982). *International Marketing and Purchasing of Industrial Goods: An Interaction Approach*. New York: Wiley.
*Hall, Derek* und *Mitchell, Morag* (2005). »Rural tourism business as sustained and sustainable development«. In: *Rural tourism and sustainable business*. Hrsg. von *Derek Hall, Irene Kirkpatrick* und *Morag Mitchell*. Clevedon: Channel View Publications, S. 353–363.
*Hall, Richard* (1992). »The strategic analysis of intangible resources«. In: *Strategic Management Journal* 13.2, S. 135–144.
*Halliday, S* (1999). »I don't know much about art, but I know what I like: resonance, relevance and illumination as assessment criteria for marketing research and scholarship«. In: *Market Intelligence & Planning* 17.7, S. 354–362.
*Hamel, G.* (1991). »Competition for competence and inter-partner learning within international strategic alliances«. In: *Strategic Management Journal* 12.4, S. 83–103.
*Hamel, G., Doz, Y.L.* und *Prahalad, C.K.* (1989). »Mit Marktrivalen zusammenarbeiten – und dabei gewinnen«. In: *Harvard Manager* 11.3, S. 87–94.
*Hamel, G.* und *Prahalad, C.* (1992). »Capabilities based competition – Letters«. In: *Harvard Business Review* 70.3, S. 164–170.
*Hammann, P.* und *Freiling, J.* (2000). »Einführender Überblick zum Strategischen Kompetenz-Management«. In: *Die Ressourcen- und Kompetenzperspektive des Strategischen Managements*. Hrsg. von *P. Hammann* und *J. Freiling*. Wiesbaden: Deutscher Universitäts-Verlag, S. 3–12.
*Handelsblatt* (Sep. 2008). *Regionalmarketing – Siegen lernen in Südtirol*. URL: http://www.handelsblatt.com/unternehmen/strategie/siegen-lernen-in-suedtirol;2022891 (besucht am 22. 04. 2009).
*Hansmann, H.* (1987). »Economic theories of nonprofit organization«. In: *The nonprofit sector: A research handbook*. Hrsg. von *W. W. Powell*. New Haven: Yale University Press, S. 27–42.
*Hawawini, G, Subramanian, V.* und *Verdin, P.* (2003). »Is performance driven by industry- or firm-specific factors? A new look at the evidence«. In: *Strategic Management Journal* 24.1, S. 1–16.
*Heinze, Thomas* (1999a). »Kulturpolitik – KulturManagement – Kulturtourismus«. In: *Burgen und Schlösser zwischen Tradition und Wirtschaftlichkeit*. Hrsg. von *Harald Pechlaner*. Wien: Linde, S. 13–26.
– (1999b). *Kulturtourismus – Grundlagen, Trends und Fallstudien*. München: Oldenbourg.
– (2008). *Kultursponsoring, Museumsmarketing, Kulturtourismus – Ein Leitfaden für Kulturmanager*. 3. Aufl. Wiesbaden: Verlag für Sozialwissenschaftler.
*Helfat, C.E.* und *Peteraf, M.A.* (2003). »The dynamic resource-based view: capability lifecycles«. In: *Strategic Management Journal* 24.10, S. 997–1010.
*Hinterhuber, Andreas* (2002). »Value Chain Orchestration in Action and the Case of the Global Agrochemical Industry«. In: *Long Range Planning* 35.6, S. 615–635.
*Hinterhuber, Hans H.* (2004a). *Strategische Unternehmungsführung – Strategisches Denken*. 7. Aufl. Bd. 1. Berlin/New York: de Gruyter.

*Hinterhuber, Hans H.* (2004b). *Strategische Unternehmungsführung – Strategisches Handeln.* 7. Aufl. Bd. 2. Berlin/New York: de Gruyter.
- (2007). *Leadership – Strategisches Denken systematisch schulen von Sokrates bis heute.* 4. Aufl. Frankfurt am Main: Frankfurter Allgemeine Buch.

*Hinterhuber, Hans H., Pechlaner, Harald* und *Matzler, Kurt* (2001). *IndustrieErlebnisWelten. Vom Standort zur Destination.* Berlin: Erich Schmidt Verlag.

*Hitt, Michael, Hoskisson, Robert* und *Ireland, Duane* (2007). *Management of Strategy – Concepts and Cases.* Mason: Thomson South-Western.

*Hofer, Charles* und *Schendel, Dan* (1978). *Strategy Formulation: Analytical Concepts.* St. Paul: West Group.

*Hofstede, Geert* (2001). *Culture's consequences: Comparing values, behaviors, institutions, and organizations across nations.* Thousand Oaks: Sage Publications.

*Holzmüller, Hartmut H.* und *Buber, Renate* (2007). »Optionen für die Marketingforschung durch die Nutzung qualitativer Methodologie und Methodik«. In: *Qualitative Marktforschung: Konzepte – Methoden – Analysen.* Hrsg. von *Renate Buber* und *Hartmut H. Holzmüller.* Wiesbaden: Gabler, S. 3–20.

*Hoopes, D.G., Madsen, T.L.* und *Walker, G.* (2003). »Guest editors' introduction to the special issue: why is there a resource-based view? Toward a theory of competitive heterogeneity«. In: *Strategic Management Journal* 24.10, S. 889–902.

*Hopf, Christel* (1983). »Die Hypothesenprüfung als Aufgabe qualitativer Sozialforschung«. In: *ASI-News* 6.1983, S. 33–55.

*Hubpages* (Nov. 2008). *Adjectival tourisms.* URL: http://hubpages.com/hub/Adjectival-Tourism (besucht am 22. 04. 2009).

*Hughes, Howard* (2000). *Arts, Entertainment and Tourism.* Oxford: Butterworth-Heinemann.
- (2002). »Culture and tourism: a framework for further analysis«. In: *Managing Leisure* 7.3, S. 164–175.

*Hungenberg, H.* (2004). *Strategisches Management in Unternehmen: Ziele, Prozesse, Verfahren.* 5. Aufl. Wiesbaden: Gabler.

*Italienisches Parlament* (2001). *Riforma della legislazione nazionale del turismo.* Gazzetta Ufficiale n. 92. Art. Gesetz Nr. 135/2001. URL: http://www.parlamento.it/leggi/elelenum.htm (besucht am 22. 04. 2009).

*Jarillo, J.C.* (1988). »On strategic networks«. In: *Strategic Management Journal* 9.1, S. 31–41.

*Jätzold, Ralph* (1993). »Differenzierungs- und Förderungsmöglichkeiten des Kulturtourismus und die Erfassung seiner Potentiale am Beispiel des Ardennen-Eifel-Saar-Moselraumes«. In: *Kulturtourismus in Europa: Wachstum ohne Grenzen?* Hrsg. von *Christoph Becker* und *Albrecht Steinecke.* Trier: Europäisches Tourismus Institut, S. 135–144.

*Johnson, Gerry, Scholes, Kevan* und *Whittington, Richard* (2008). *Exploring corporate Strategy – text and cases.* 8. Aufl. Harlow: Pearson Education.

*Kagelmann, Jürgen H.* (2001). »Erlebnisse, Erlebniswelten, Erlebnisgesellschaft. Bemerkungen zum Stand der Erlebnistheorien«. In: *Gesund durch Erleben? Beiträge zur Erforschung der Tourismusgesellschaft.* Hrsg. von *Alexander G. Keul, Reinhard Bachleitner* und *Jürgen H. Kagelmann.* 2. Aufl. München: Profil Verlag, S. 90–101.

*Kagelmann, Jürgen H.*, *Scherle, Nico* und *Schlaffke, Marlen* (2003). »Städtetourismus und populäre Kultur«. In: *Kultur/Städte/Tourismus*. Hrsg. von *Reinhard Bachleitner* und *Jürgen H. Kagelmann*. München/Wien: Profil, S. 165–176.
*Kano, N.* (1984). »Attractive Quality and Must-Be Quality«. In: *Journal of the Japanese Society for Quality Control* 1.4, S. 39–48.
*Kaspar, Claude* (1991). *Die Tourismuslehre im Grundriss*. 5. Aufl. Bern/Stuttgart: Haupt.
*Kaufman, D.A.* (2002). »Normative criticism and the objective value of artworks«. In: *Journal of Aesthetics and Art Criticism* 60.2, S. 151–166.
*Keller, Peter* (2000). »Tourismus und Kultur: Management des Wandels«. In: *Tourism and culture – Managing change*. Hrsg. von *Peter Keller* und *Thomas Bieger*. Bd. 42. St. Gallen: Edition AIEST, S. 21–31.
*Killich, Stephan* (2007). »Formen der Unternehmenskooperation«. In: *Netzwerkmanagement – Mit Kooperation zum Unternehmenserfolg*. Hrsg. von *Thomas Becker* u. a. Berlin/Heidelberg/New York: Springer, S. 13–22.
*Kirchberg, Volker* (2000). »Die McDonaldisierung deutscher Museen – Zur Diskussion einer Kultur- und Freizeitwelt in der Postmoderne«. In: *Tourismus Journal* 4.1, S. 117–143.
*Klein, Armin* (2007). »Kulturtourismus als Entwicklungschance für Städte und Gemeinden«. In: *Forum Kultur: Kulturtourismus – Qualitäten des kultivierten Reisens*. Hrsg. von *Andreas Grünewald-Steiger* und *Jörn Brunotte*. Wolfenbüttel: Bundesakademie für kulturelle Bildung, S. 34–49.
*Kluckhohn, C.* (1951). »Values and value-orientations in the theory of action: An exploration in definition and classification«. In: *Toward a General Theory of Action: Theoretical Foundations for the Social Sciences*. Hrsg. von *Talcott Parsons* und *Edward Shils*. Cambridge: Harvard University Press, S. 388–433.
*Knoblauch, Hubert* und *Schnettler, Bernt* (2007). »Konstruktivismus«. In: *Qualitative Marktforschung: Konzepte-Methoden-Analysen*. Hrsg. von *Renate Buber* und *Hartmut H. Holzmüller*. Wiesbaden: Gabler Verlag, S. 127–135.
*Knox, D.* (2008). »Spectacular tradition Scottish folksong and authenticity«. In: *Annals of Tourism Research* 35.1, S. 255–273.
*Kogut, Bruce* (2000). »The network as knowledge: Generative rules and the emergence of structure«. In: *Strategic Management Journal* 21.special issue, S. 405–425.
*Kolland, Franz* (2003). »Konfliktlinien im Kulturtourismus«. In: *Kultur/Städte/Tourismus*. Hrsg. von *R. Bachleitner* und *H. Kagelmann*. München/Wien: Profil, S. 9–20.
*Kor, Yasemin Y.* und *Mahoney, Joseph T.* (Mai 2005). »How dynamics, management, and governance of resource deployments influence firm-level performance«. In: *Strategic Management Journal* 26.5, S. 489–496.
*Kornmeier, Martin* (2007). *Wissenschaftstheorie und wissenschaftliches Arbeiten – Eine Einführung für Wirtschaftswissenschaftler*. Heidelberg: Physica Verlag.
*Kotler, P.* u. a. (2007). *Grundlagen des Marketing*. München: Pearson Studium.
*Kramer, Dieter* (1993). »Urbane Kultur und Städtetourismus – ein kritischer Ansatz«. In: *Kulturtourismus in Europa: Wachstum ohne Grenzen?* Hrsg. von *Christoph Becker* und *Albrecht Steinecke*. Trier: Europäisches Tourismus Institut, S. 26–39.
*Kratchmarova, Zornitza* (Aug. 2007). *Salvati dall'arte*. 1.5.2008, Heft Nr.32. Economy. Economy.

*Krauß, Harald* (1993). »Motivationspsychologie«. In: *Tourismuspsychologie und Tourismussoziologie – Ein Handbuch zur Tourismuswissenschaft.* Hrsg. von *Heinz Hahn.* München: Quintessenz-Verlag, S. 85–91.

*Krauthammer, Eric* und *Hinterhuber, Hans H.* (2005). *Wettbewerbsvorteil Einzigartigkeit: Vom guten zum einzigartigen Unternehmen.* Berlin: Erich Schmidt Verlag.

*Kretschmer, M., Klimis, G. M.* und *Choi, C. J.* (1999). »Increasing Returns and Social Contagion in Cultural Industries«. In: *British Journal of Management* 10.s1, S. 61–72.

*Kulturabteilung des Landes Tirol/Tirolwerbung* (Dez. 2003). *Volkskultur im Spannungsfeld zwischen Gemeinde und Tourismus (Kurzfassung).* Umsetzung: Lehar, Günther/Streng, Petra/Bakay, Gunter; Innsbruck.

*Kulturmanagement Network* (Juli 2006). *Kulturmanagement Newsletter – Monatlicher Informationsdienst für Kultur und Management.* URL: http://www.kulturmanagement. net/downloads/newsletter/kmnl83.pdf (besucht am 22. 04. 2009).

*Lamnek, Siegfried* (2005). *Qualitative Sozialforschung.* 4. Aufl. Weinheim/Basel: Beltz PVU.

*Lang, S.* (1997). »Koopkurrenz – Interkommunale Kooperation als neue Strategie der Regionalplanung«. In: *SIR-Mitteilungen und Berichte* 25.Sonderdruck, S. 43–58.

*Langner, S.* (2007). *Viral Marketing: Wie sie Mundpropaganda gezielt auslösen und Gewinn bringend nutzen.* Wiesbaden: Gabler.

*Lazzeretti, L.* (2004). *Art cities, cultural districts and museums.* Florenz: Florence University Press.

*Lechner, Christian, Dowling, Michael* und *Welpe, Isabell* (2006). »Firm networks and firm development: The role of the relational mix«. In: *Journal of Business Venturing* 21.4, S. 514–540.

*Lechner, Oswald* und *Moroder, Barbara* (2006). *Südtirols Wirtschaft – Struktur und Besonderheiten.* Techn. Ber. Bozen: WIFO – Wirtschaftsforschungsinstitut Südtirol.

*Leimgruber, Walter* (Nov. 2002). »Alpine Kultur: Konstanz und Wandel eines Begriffes«. In: *Alpenforschung – Kulturelle Diversität im Alpenraum.* Hrsg. von *Schweizerische Akademie der Geistes- und Sozialwissenschaften.* Bern: Schweizerische Akademie der Geistes- und Sozialwissenschaften, S. 53–67.

*Lemmetyinen, Arja* und *Go, Frank M.* (2009). »The key capabilities required for managing tourism business networks«. In: *Tourism Management* 30.1, S. 31–40.

*Leonard-Barton, D.* (1992). »Core Capabilities and Core Rigidities: A Paradox in Managing New Product Development«. In: *Strategic Management Journal* 13.5, S. 111–125.

*Löbert, Ariane* (Juli 2007). *Südtirol – Italia.* 12. Juli 2007, Heft Nr. 28. FF – Südtiroler Wochenmagazin. FF – Südtiroler Wochenmagazin.

*Lohmann, Martin* (1999). »Kulturtouristen oder die touristische Nachfrage nach Kulturangeboten«. In: *Kulturtourismus: Grundlagen, Trends und Fallstudien.* Hrsg. von *Thomas Heinze.* München: Oldenbourg, S. 52–82.

*Lohmann, Martin* und *Mundt, Wörn J.* (2002). *Maturing Markets for Cultural Tourism: Germany and the Demand for the 'Cultural' Destination.* URL: http://www.ba-ravensburg. de/~mundt/cultural%20tourism.pdf (besucht am 22. 04. 2009).

*Ludwig, Eva* (2007). »The future of leisure travel«. In: *Trends and issues in global tourism 2007.* Hrsg. von *Roland Conrady* und *Martin Buck.* Berlin, Heidelberg: Springer, S. 227–235.

*Lueger, Manfred* (2007). »Grounded Theory«. In: *Qualitative Marktforschung: Konzepte-Methoden-Analysen*. Hrsg. von *Renate Buber* und *Hartmut H. Holzmüller*. Wiesbaden: Gabler Verlag, S. 189–205.

*Luger, Kurt* und *Rest, Franz* (2002a). *Der Alpentourismus – Entwicklungspotenziale im Spannungsfeld von Kultur, Ökonomie und Ökologie*. Innsbruck: StudienVerlag.

– (2002b). »Hintergründe, Befunde, Analysen – Die gegenwärtige Diskussion um den Alpentourismus – Einleitung«. In: *Der Alpentourismus – Entwicklungspotenziale im Spannungsfeld von Kultur und Ökologie*. Hrsg. von *Kurt Luger* und *Franz Rest*. Innsbruck: Studien Verlag, S. 172–174.

*Luhmann, N.* (1981). *Politische Theorie im Wohlfahrtsstaat*. München/Wien: Olzog.

*Mahoney, Joseph T.* und *Pandian, Rajendran J.* (1992). »The Resource-Based View Within the Conversation of Strategic Management«. In: *Strategic Management Journal* 13.5, S. 363–380.

*Makadok, Richard* (2001). »Toward a Synthesis of the Resource-Based View and Dynamic-Capability Views of Rent Creation«. In: *Strategic Management Journal* 22.5, S. 387–401.

*Mann, M.* (2000). *The Community Tourism Development: Guide for Local Planners*. London: Earthscan Publications Ltd.

*Martelloni, Rossella* (2007). *Nuovi territori – Riflessioni e azioni per lo sviluppo e la comunicazione del turismo culturale*. Milano: Franco Angeli.

*Martin, R., Kitson, M.* und *Tyler, P.* (2006). »Regional competitiveness: an elusive yet key concept?« In: *Regional Competitiveness*. Hrsg. von *R. Martin, M. Kitson* und *P. Tyler*. Abingdon: Routledge, S. 1–9.

*Mascarenhas, Briance, Baveja, Alok* und *Jamil, Mammoon* (1998). »Dynamics of Core Competencies in Leading Multinational Companies«. In: *California Management Review* 40.4, S. 117–132.

*Maslow, A.H.* (1946). »A Theory of Human Motivation«. In: *Twentieth Century Psychology: Recent Developments in Psychology* 50, S. 370–396.

*Matzler, Kurt, Füller, J.* und *Faullant, R.* (2007). »Customer satisfaction and loyalty to Alpine ski resorts: the moderating effect of lifestyle, spending and customers' skiing skills«. In: *International Journal of Tourism Research* 9.6, S. 409–421.

*Matzler, Kurt, Hattenberger, G. H.* und *Pechlaner, Harald* (2004). *Lifestyle typologies and market segmentation – The case of Alpine winter tourism*. Bozen: EURAC-Research.

*Matzler, Kurt, Pechlaner, Harald* und *Siller, Hubert* (2001). »Die Ermittlung von Basis-, Leistungs- und Begeisterungsfaktoren der Gästezufriedenheit«. In: *Tourismus Journal* 5.4, S. 445–469.

*Maxwell, Joseph* (2008). »Designing a Qualitative Study«. In: *The Sage Handbook of Applied Social Research Methods*. Hrsg. von *Leonard Bickman* und *Debra J. Rog*. Thousand Oaks: Sage, S. 214–253.

*McGahan, A. M.* und *Porter, Michael E.* (1997). »How much does industry matter, really?« In: *Strategic Management Journal* 18.1, S. 15–30.

*McGettigan, Frances* und *Burns, Kevin* (2001). »Clonmacnoise: a Monastic Site, Burial Ground and Tourist Attraction«. In: *Cultural Attractions and European Tourism*. Hrsg. von *Greg Richards*. Wallingford/Oxon/New York: CABI Publishing, S. 135–158.

*McKercher, B., Ho, P.S.Y.* und *Cros, H. du* (2005). »Relationship between tourism and cultural heritage management: evidence from Hong Kong«. In: *Tourism Management* 26.4, S. 539–548.
*McKercher, Bob* (2002). »Towards a classification of cultural tourists«. In: *International Journal of Tourism Research* 4, S. 29–38.
*McKercher, Bob* und *Cros, Hilary* du (2002). *Cultural Tourism – The Partnership Between Tourism and Cultural Heritage Management*. New York: The Haworth Hospitality Press.
*McLoughlin, J, Kaminski, J* und *Sodagar, B* (2007a). *Perspectives on Impact, Technology and Strategic Management – Heritage Management Series*. Budapest: Epoch Publication.
– (2007b). *Technology strategy, management and socio-economic impact – Heritage Management Series*. Budapest: Epoch Publication.
*Meffert, H.* und *Bruhn, M.* (2009). *Dienstleistungsmarketing*. Wiesbaden: Gabler.
*Meier, Verena* (Nov. 2000). »Landschaft aus der Sicht einer Geographin«. In: *Alpenforschung – Landschaft und Lebensraum aus kulturwissenschaftlicher Perspektive*. Hrsg. von *Schweizerische Akademie der Geistes- und Sozialwissenschaften*. Bern: Schweizerische Akademie der Geistes- und Sozialwissenschaften, S. 37–44.
*Merian* (Aug. 2008). *Südtirol*. 24.7.2008, Heft Nr. 8. MERIAN – Reisemagazin. GEO Magazin.
*Millar, C. C.* und *Choi, C. J.* (2003). »Advertising and Knowledge Intermediaries: Managing the Ethical Challenges of Intangibles«. In: *Journal of Business Ethics* 48.3, S. 267–277.
*Miller, Danny* (2003). »An asymmetry-based view of advantage: Towards an attainable sustainability«. In: *Strategic Management Journal* 24.10, S. 961–976.
*Mitchell, Morag* und *Hall, Derek* (2005). »Rural tourism as sustainable tourism: Key themes and issues«. In: *Rural tourism and sustainable business*. Hrsg. von *Derek Hall, Irene Kirkpatrick* und *Morag Mitchell*. Clevedon: Channel View Publications, S. 3–14.
*Mittelbach, Frank* und *Goossens, Michel* (2005). *Der Latex Begleiter*. 1. Aufl. München: Pearson Studium.
*Mittelstraß, J* (2004). *Enzyklopädie Philosophie und Wissenschaftstheorie – H-O*. Bd. 2. Stuttgart: JB Metzlersche Verlagsbuchhandlung und Carl Ernst Poeschel Verlag GmbH.
*Morgan, N., Pritchard, A.* und *Pride, R.* (2004). »Destination branding in context«. In: *Destination branding: Creating the unique destination proposition*. Hrsg. von *N. Morgan, A. Pritchard* und *R. Pride*. Oxford: Butterworth-Heinemann, S. 1–25.
*Morschett, Dirk* (2005). »Formen von Kooperationen, Allianzen und Netzwerken«. In: *Kooperationen, Allianzen und Netzwerke*. Hrsg. von *Joachim Zentes, Bernhard Swoboda* und *Dirk Morschett*. Bd. 2. Wiesbaden: Gabler, S. 377–404.
*Müller-Stewens, Günter* und *Lechner, Christoph* (2005). *Strategisches Management – Wie strategische Initiativen zum Wandel führen*. 3. Aufl. Stuttgart: Schäffer Poeschl.
*Müller, Felix* (Aug. 2007a). *Auf dem Südbalkon der Alpen*. Welt. URL: http://www.welt.de/welt_print/article1115856/Auf_dem_Suedbalkon_der_Alpen.html (besucht am 22. 04. 2009).
– (Aug. 2007b). *Eine berühmte Mumie macht noch keinen Sommer*. Welt. URL: http://www.welt.de/welt_print/article1107493/Eine_beruehmte_Mumie_macht_noch_keinen_Sommer.html (besucht am 22. 04. 2009).
*Müller, Hansruedi* (2000). *Qualitätsorientiertes Tourismus-Management*. Bern/Wien: Haupt.

- (2006). »Qualitätsprogramm für den Schweizer Tourismus – Perspektiven eines umfassenden Ansatzes«. In: *Qualitätsmanagement im Tourismus – Kundenorientierung, Kundenbindung und Kundenzufriedenheit*. Hrsg. von *Harald Pechlaner* und *Elisabeth Fischer*. Wien: Linde, S. 13–29.
Müller, Hansruedi und Messerli, Paul (2006). »Zu einem anderen Tourismus zumal Bergtourismus: Wegemarkierung«. In: *Langsamer weniger besser schöner – 15 Jahre Toblacher Gespräche: Bausteine für die Zukunft*. Hrsg. von *Hans Glauber*. München: Oekom-Verlag, S. 237–244.
Murphy, P.E. und Murphy, A.E. (2004). *Strategic Management for Tourism Communities – Bridging the Gaps*. Clevedon/Buffalo/Toronto: Channel View Publications.
Nahrstedt, Wolfgang (2000). »Die Kulturreise – Gedanken zur Charakterisierung einer Reiseform«. In: *Kulturtourismus*. Hrsg. von *Axel Dreyer*. 2. Aufl. München: Oldenbourg, S. 5–24.
Narus, J.A. und Anderson, J.C. (1995). »Using Teams to Manage Collaborative Relationships in Business Markets«. In: *Journal of Business-to-Business Marketing* 2.3, S. 17–46.
Nelson, P. (1970). »Information and Consumer Behavior«. In: *Journal of Political Economy* 78.2, S. 311–329.
Nelson, R.R. und Winter, S.G. (1982). *An Evolutionary Theory of Economic Change*. Cambridge: Belknap Press.
Newbert, S.L. (2007). »Empirical research on the resource-based view of the firm: an assessment and suggestions for future research«. In: *Strategic Management Journal* 28.2, S. 121–146.
Nicholls-Nixon, Charlene L. und Woo, Carolyn Y. (Juli 2003). »Technology sourcing and output of established firms in a regime of encompassing technological change«. In: *Strategic Management Journal* 24.7, S. 651–666.
Nicolai, Alexander und Kieser, Alfred (2002). »Trotz eklatanter Erfolglosigkeit: Die Erfolgsfaktorenforschung weiter auf Erfolgskurs«. In: *Die Betriebswirtschaft* 6.6, S. 579–596.
Niedermair, Elke und Niedermayr, Michael (2004). *Latex Praxisbuch*. Poing: Franzis Verlag.
Nonaka, I. (1994). »A Dynamic Theory of Organizational Knowledge Creation«. In: *Organization Science* 5.1, S. 14–37.
Nonaka, I. und Takeuchi, H. (1995). *The Knowledge-Creating Company: How Japanese Companies Create the Dynamics of Innovation*. New York: Oxford University Press.
Nothnagel, Katja (2008). *Empirical Reasearch within Resource-Based Theory – A Meta-Analysis of the Central Propositions*. Wiesbaden: Gabler.
Nuryanti, Wiendu (1996). »Heritage and postmodern tourism«. In: *Annals of Tourism Research* 23.2, S. 249–260.
Oelsnitz, Dietrich von der (2005). »Kooperation: Entwicklung und Verknüpfung von Kernkompetenzen«. In: *Kooperationen, Allianzen und Netzwerke*. Hrsg. von *Joachim Zentes*, *Bernhard Swoboda* und *Dirk Morschett*. Bd. 2. Wiesbaden: Gabler, S. 184–210.
Oesterle, Michael-Jörg (2005). »Interne Netzwerke – Formen und Vergleich mit der Hierarchie«. In: *Vernetzte Unternehmen – Wirkungsvolles Agieren in Zeiten des Wandels*. Hrsg. von *Heinz K. Stahl* und *Stephan Friedrich von den Eichen*. Berlin: Erich Schmidt, S. 139–157.

Ooi, C.S. (2002). *Cultural Tourism and Tourism Cultures: The Business of Mediating Experiences in Copenhagen and Singapore*. Copenhagen: Copenhagen Business School Press DK.

Opaschowski, Horst W. (1993). »Lebensstile«. In: *Tourismuspsychologie und Tourismussoziologie – Ein Handbuch zur Tourismuswissenschaft*. Hrsg. von *Heinz Hahn*. München: Quintessenz-Verlag, S. 175–179.

– (2000). *Kathedralen des 21. Jahrhunderts*. 1. Aufl. Hamburg: Germa Press.

– (2008). *Deutschland 2030: Wie wir in Zukunft leben*. München: Gütersloher Verlagshaus.

Parasuraman, A., Zeithaml, V. A. und Berry, L. L. (1985). »A conceptual model of service quality and its implications for future research«. In: *Journal of Marketing* 49.4, S. 41–50.

– (1988). »SERVQUAL: A multiple item scale for measuring customer perceptions of service quality«. In: *Journal of Retailing* 64.1. Hrsg. von *M. Bruhn*, S. 12–40.

Pearce, C.L. (2004). »The Future of Leadership: Combining Vertical and Shared Leadership to Transform Knowledge Work«. In: *Academy of Management Executive* 18.1, S. 47–57.

Pearce, P.L. (1988). *The Ulysses factor: Evaluating visitors in tourist settings*. New York: Springer Verlag.

Pechlaner, Harald (1999). *Burgen und Schlösser*. Wien: Linde.

– (2003). *Tourismusdestinationen im Wettbewerb*. Wiesbaden: Deutscher Universitäts-Verlag.

Pechlaner, Harald und Abfalter, Dagmar (2005). »Cultural tourism packages: the role of smart cards in the Alps«. In: *International cultural tourism – management, implications and cases*. Hrsg. von *Marianna Sigala* und *David Leslie*. Oxford: Elsevier Butterworth Heinemann, S. 38–50.

Pechlaner, Harald, Abfalter, Dagmar und Raich, Frieda (2002). »Cross-Border Destination Management Systems in the Alpine Region – The Role of Knowledge Netzworks on the Example of AlpNet«. In: *Journal of Quality Assurance in Hospitality & Tourism* 3.3, S. 89–107.

Pechlaner, Harald und Fischer, Elisabeth (2006). »Alpine Wellness: A Resource-based View«. In: *Tourism Recreation Research* 31.1, S. 67–77.

– (2007). »Die touristische Destination aus kompetenzorientierter Perspektive«. In: *Jahrbuch Strategisches Kompetenzmanagement – Band 1: Dynamische Theorien der Kompetenzentstehung und Kompetenzverwertung im strategischen Kontext*. Hrsg. von *Jörg Freiling* und *Hans Georg Gemünden*. München: Hampp, S. 291–322.

Pechlaner, Harald, Fischer, Elisabeth und Hammann, E.M. (2005). »Leadership and Innovation Processes-Development of Products and Services Based on Core Competencies«. In: *Journal of quality assurance in hospitality and tourism* 6.3/4, S. 31–57.

Pechlaner, Harald und Raich, Frieda (2004). »Network strategies in cultural tourism destinations – effects on the strategic value of cultural tourism«. In: *The future of SMEs in Tourism*. Hrsg. von *Peter Keller* und *Thomas Bieger*. Bd. 46. St. Gallen: Edition AIEST, S. 401–413.

Pechlaner, Harald und Zehrer, Anita (2005). »Zur Rolle und Bedeutung der Cards in Destinationen – Ein Überblick«. In: *Destination-Card-Systeme*. Hrsg. von *Harald Pechlaner* und *Anita Zehrer*. Wien: Linde, S. 15–28.

*Penrose, Edith Tilton* (1980). *The Theory of the Growth of the Firm.* Guildford/London/Worcester: Billing & Sons Limited.
*Pernthaler, Peter* (2007). *Die Identität Tirols in Europa.* Wien/New York: Springer.
*Peteraf, Margaret A.* (1993). »The cornerstones of competitive advantage: a resource-based view«. In: *Strategic Management Journal* 14.3, S. 179–191.
*Peteraf, Margaret* und *Barney, Jay* (2003). »Unraveling the resource-based tangle«. In: *Managerial and Decision Economics* 24.4, S. 309–323.
*Peters, M.* und *Pikkemaat, B.* (2004). »The Management of City Events: The Case of Bergsilvester in Innsbruck, Austria«. In: *Event Management* 9.3, S. 147–153.
*Peters, Mike, Schuckert, Markus* und *Weiermair, Klaus* (2008). »Die Bedeutung von Marken im Management von Tourismus-Destinationen«. In: *Dienstleistungsmarken.* Hrsg. von *Manfred Bruhn* und *Bernd Stauss.* Wiesbaden: Gabler, S. 303–324.
*Peters, Mike* und *Weiermair, Klaus* (2000). »Tourist Attractions and Attracted Tourists: How to satisfy today's fickle tourist clientele?« In: *The Journal of Tourism Studies* 11.1, S. 22–29.
*Peters, Mike, Weiermair, Klaus* und *Katawandee, Phunthumadee* (2006). »Strategic brand management of tourism destinations: Creating emotions and meaningful intangibles«. In: *Marketing efficiency in tourism – coping with volatile demand.* Hrsg. von *Peter Keller* und *Thomas Bieger.* Berlin: Erich Schmidt Verlag, S. 65–80.
*Peters, Mike, Weiermair, Klaus* und *Withalm, J.* (2002). »Small and Medium sized Enterprises Alliance Through Research in Tourism (SMART-UP)«. In: *Information and communication Technologies in Tourism.* Hrsg. von *K.W. Wober, A.J. Frew* und *M. Hitz.* Wien: Springer Verlag, S. 145–156.
*Peterson, Richard A.* (2005). »In Search of Authenticity«. In: *Journal of Management Studies* 42.5, S. 1083–1098.
*Petrillo, Clara* (2004). »Introductory issues and keynote presentations – The Conference issues«. In: *Networking & Partnerships in Destination Development & Management – Proceedings of the ATLAS Annual Converence 2004.* Hrsg. von *Clara Petrillo* und *John Swarbrooke.* Bd. 1. Napoli: Enzo Albano Editore, S. 5–10.
*Pfeil, B. S.* (2008). »Neue Empfehlung beim Europarat zur Stärkung des Regionalismus«. In: *Europäisches Journal für Minderheitenfragen* 1.1, S. 65–71.
*Pike, S.* (2004). *Destination marketing organisations.* Oxford: Elsevier Science.
*Pikkemaat, B.* und *Weiermair, K.* (2001). »The importance of cultural distance in the perception of evaluation of service quality«. In: *Journal of Quality Assurance in Hospitality and Tourism* 2.1, S. 69–87.
*Pine, Joseph B.* und *Gilmore, James H.* (1999). *The experience economy.* Boston: Harvard Business School Press.
– (2000). *Erlebniskauf – Konsum als Ereignis, Business als Bühne, Arbeit als Theater.* München: Econ.
*Pöll, Günther* (1983). *Methodik der Umwegrentabilitätsrechnung im Kulturbereich.* Linz: Druck- und Verlagsanstalt Gutenberg.
*Poon, Auliana* (1993). *Tourism, Technology and Competitive Strategy.* Wallingford/Oxon: CAB International.
*Poria, Yaniv, Butler, Richard* und *Airey, David* (2003). »The core of heritage tourism«. In: *Annals of Tourism Research* 30.1, S. 238–254.

*Porter, Michael E.* (1990). »The Competitive Advantage of Nations«. In: *Harvard Business Review* 68.2, S. 73–93.
- (1998). »Clusters and the new economics of competition«. In: *Harvard Business Review* 76.6, S. 77–90.
- (1999). *Wettbewerbsstrategie – Methoden zur Analyse von Branchen und Konkurrenten.* 10. Frankfurt/New York: Campus.
- (2000). *Wettbewerbsvorteile – Spitzenleistungen erreichen und behaupten.* 6. Aufl. Frankfurt/New York: Campus Verlag.
- (2004). *Competitive Advantage – Creating and Sustaining Superior Performance.* New York: Free Press.
- (2008). »The five competitive forces that shape strategy«. In: *Harvard Business Review* 86.1, S. 78–93.

*Prahalad, C. K.* und *Hamel, Gary* (Mai–Juni 1990). »The Core Competence of the Corporation«. In: *Harvard Business Review* 68.3, S. 79–91.

*Preglau, Max* (2001). »IndustrieErlebnisWelten – Erlebnisgesellschaft: der soziokulturelle Hintergrund«. In: *IndustrieErlebnisWelten – Vom Standort zur Destination.* Hrsg. von *Hans H. Hinterhuber, Harald Pechlaner* und *Kurt Matzler.* Berlin: Erich Schmidt Verlag, S. 59–68.

*Priddat, Birger* (2006). »Netzwerk, Cluster und Fusionen als drei Modele von Regional Governance«. In: *Regional Governance Band 2 – Steuerung, Koordination und Kommunikation in regionalen Netzwerken als neue Formen des Regierens.* Hrsg. von *Ralf Kleinfeld, Harald Plamper* und *Andreas Huber.* Osnabrück: Universitätsverlag, S. 249–259.

*Priem, Richard L.* und *Butler, John E.* (2001). »Is the Resource-Based Theory a Useful Perspective for Strategic Management Research?« In: *Academy of Management Review* 26.1, S. 22–40.

*Pütz, Marco* (2004). *Regional Governance: Theoretisch-konzeptionelle Grundlagen und eine Analyse nachhaltiger Siedlungsentwicklung in der Metropolregion München.* München: Oekom-Verlag.
- (2006). »Regional Governance in der räumlichen Planung«. In: *Regional Governance Band 2 – Steuerung, Koordination und Kommunikation in regionalen Netzwerken als neue Formen des Regierens.* Hrsg. von *Ralf Kleinfeld, Harald Plamper* und *Andreas Huber.* Osnabrück: Universitätsverlag, S. 249–259.

*Raich, Frieda* (2006). *Governance räumlicher Wettbewerbseinheiten.* Wiesbaden: Deutscher Universitäts-Verlag.

*Real, Michael* (2001). »Cultural theory in popular culture and media spectacles«. In: *Culture in the communication age.* Hrsg. von *James Lull.* London: Routledge, S. 167–178.

*Reiger, Horst* (2007). »Symbolischer Interaktionismus«. In: *Qualitative Marktforschung: Konzepte-Methoden-Analysen.* Hrsg. von *Renate Buber* und *Hartmut H. Holzmüller.* Wiesbaden: Gabler Verlag, S. 137–155.

*Renzl, Birgit* (2003). *Wissensbasierte Interaktion.* Wiesbaden: Deutscher Universitäts-Verlag.

*Richards, Greg* (1996). *Cultural Tourism in Europe.* Wallingford/Oxon: CAB International.
- (2001). *Cultural Attractions and European Tourism.* Wallingford/Oxon/New York: CABI Publishing.

- (2007). *Cultural tourism – Global and Local Perspectives*. New York/London/Oxford: The Haworth Hospitality Press.
Ritchie, Brent und Crouch, Geoffrey (2000). »The competitive destination: A sustainability perspective«. In: *Tourism Management* 21.1, S. 1–7.
- (2003). *The Competitve Destination. A sustainable Tourism Perspective*. London: CAB International.
Ritchie, Robin J. B. und Ritchie, J. R. Brent (2002). »A framework for an industry supported destination marketing information system«. In: *Tourism Management* 23.5, S. 439–454.
Romeiss-Stracke, Felizitas (1995). *Service-Qualität im Tourismus – Grundsätze und Gebrauchsanweisungen für die touristische Praxis*. München: ADAC.
- (2000). »Gewachsene oder simulierte Attraktionen«. In: *Tourism and culture – Managing change*. Hrsg. von *Peter Keller* und *Thomas Bieger*. Bd. 42. St. Gallen: Edition AIEST, S. 59–75.
Roodhouse, S. (2006). *Cultural quarters: principles and practice*. Bristol/Portland: Intellect Books.
Rumelt, R. P. (1991). »Does industry matter much?« In: *Strategic Management Journal* 12.3, S. 167–185.
Rumelt, Richard P., Kunin, Harry und Kunin, Elsa (Aug. 2003). *What in the World is Competitve Advantage?* Policy Working Paper 2003 105. Los Angeles: The Anderson School at UCLA.
Rushton, M. (2003). »Cultural Diversity and Public Funding of the Arts: A View from Cultural Economics«. In: *Journal of Arts Management* 33.2, S. 85–97.
Russo, Antonio P. und Borg, Jan van der (Dez. 2002). »Planning considerations for cultural tourism: a case study of four European cities«. In: *Tourism Management* 23.6, S. 631–637.
Rutow, Sonja und Wachowiak, Helmut (2009). »Kultur als wertvolle Ressource auf dem Weg zum Qualitätstourismus«. In: *Tourismus- und HotelleriePraxis* 2.2, S. 12–18.
Sainaghi, R. (2004). *La gestione strategica dei distretti turistici*. Milano: Egea.
- (2006). »From contents to processes: Versus a dynamic destination management model (DDMM)«. In: *Tourism Management* 27.5, S. 1053–1063.
Scherer, Roland, Riklin, Franz-Martin und Bieger, Thomas (2003). »Langfristige Wirkungen von Kulturevents: Das Beispiel Lucerne Festival«. In: *Kultur/Städte/Tourismus*. Hrsg. von *R. Bachleitner* und *H. Kagelmann*. München/Wien: Profil, S. 93–108.
Schmid, Bernhard (Nov. 2002). »Biodiversität: Prinzip und Messbarkeit«. In: *Alpenforschung – Kulturelle Diversität im Alpenraum*. Hrsg. von *Schweizerische Akademie der Geistes- und Sozialwissenschaften*. Bern: Schweizerische Akademie der Geistes- und Sozialwissenschaften, S. 15–38.
Schmitt, Cosima und Tatje, Claas (Nov. 2008). *Geht's noch? Weniger Geschäftsreisen, mehr Last-Minute-Trips: Wie sich die Bankenkrise auf den Tourismus auswirkt*. URL: http://www.zeit.de/2008/45/Finanzkrise (besucht am 22.04.2009).
Schoemaker, Paul (1990). »Strategy, complexity and economic rent«. In: *Management Science* 36.10, S. 1178–1192.
Schottler, Wolfram (Juni 2006). *Regionalentwicklung im Aufbruch – Neue wirschaftliche Perspektiven durch die Entwicklung von Tourismus und Kultur*. URL: http://www.kulturmanagement.net/downloads/regionalentwicklung.pdf (besucht am 22.04.2009).

*Schramm-Klein, Hanna* (2005). »Wettbewerb und Kooperation in regionalen Branchenclustern«. In: *Kooperationen, Allianzen und Netzwerke*. Hrsg. von *Joachim Zentes, Bernhard Swoboda* und *Dirk Morschett*. Bd. 2. Wiesbaden: Gabler, S. 531–556.
*Schreyögg, Georg* (1999). *Organisation und Postmoderne: Grundfragen – Analysen – Perspektiven*. Wiesbaden: Gabler.
– (2000). »Theorien organisatorischer Ressourcen«. In: *Theorien der Organisation*. Hrsg. von *Günther Ortmann, Jörg Sydow* und *Klaus Türk*. Wiesbaden: Westdeutscher Verlag, S. 481–486.
*Schreyögg, Georg* und *Koch, Jochen* (2007). *Grundlagen des Managements – Basiswissen für Studium und Praxis*. Wiesbaden: Gabler.
*Schuckert, Markus, Möller, Claudia* und *Weiermair, Klaus* (2007). »Alpine destination life cycles: Challenges and implications«. In: *Trends and issues in global tourism 2007*. Hrsg. von *Roland Conrady* und *Martin Buck*. Berlin/Heidelberg: Springer, S. 121–136.
*Schulze, G.* (1992). *Die Erlebnisgesellschaft*. Frankfurt: Campus.
*Schurz, G.* (2006). *Einführung in die Wissenschaftstheorie*. Darmstadt: Wissenschaftliche Buchgesellschaft.
*Scott, Noel, Baggio, Rodolfo* und *Cooper, Christoph* (2008). *Network analysis and tourism – From theory to practice*. Clevedon/Buffalo/Toronto: Channel View Publications.
*Sedmak, Gorazd* und *Mihalic, Tanja* (2008). »Authenticity in mature seaside resorts«. In: *Annals of Tourism Research* 35.4, S. 1007–1031.
*Sherry, J.* (2004). »Culture, Consumption, and Marketing: Retrospect and Prospect«. In: *Elusive Consumption*. Hrsg. von *Karin Ekström* und *Helene Brembeck*. Oxford: Berg Publishers, S. 45–64.
*Siebert, Holger* (2006). »Ökonomische Analyse von Unternehmensnetzwerken«. In: *Management von Netzwerkorganisationen*. Hrsg. von *Jörg Sydow*. 1. Aufl. Wiesbaden: Gabler, S. 7–27.
*Sigala, Marianna* (2005). »In search of post-modern online authenticity: assessing the quality of learning experiences at eternalegypt.org«. In: *International cultural tourism – management, implications and cases*. Hrsg. von *Marianna Sigala* und *David Leslie*. Oxford: Elsevier Butterworth Heinemann, S. 181–200.
*Silberberg, Ted* (1995). »Cultural tourism and business opportunities for museums and heritage sites«. In: *Tourism Management* 16.5, S. 361–365.
*Smeral, Egon* (2000). »Wirtschaftliche Rolle des Tourismus in den Alpen. Maßnahmen zur Verbesserung der Wettbewerbssituation«. In: *Alpentourismus – Ökonomische Qualität, ökologische Qualität*. Hrsg. von *CIPRA*. Schaan: TODO, S. 49–60.
– (2003). *Die Zukunft des internationalen Tourismus – Entwicklungsperspektiven für das 21. Jahrhundert*. Wien: Linde Verlag.
*SMG* (Mai 2006). *Tourismus 2020 – Wohin geht die Reisebranche?* Bericht der Südtirol Marketing Gesellschaft. in Anlehnung an: "Tourismus 2020", Zukunftsinstitut Kelkheim (Hrsg.) und "Die Zukunft des Fernreisens", Reiseunternehmen Kuoni/Gottlieb Duttweiler Institut.
– (Mai 2008a). *SMG Jahresbericht*. Bericht der Südtirol Marketing Gesellschaft. 31.5.2008.
– (Nov. 2008b). *Südtirol Marketing Gesellschaft – Qualitätszeichen Südtirol*. URL: http://www.provinz.bz.it/dachmarke/index_de.html (besucht am 22.04.2009).

*Soyez, Dietrich* (1993). »Kulturtourismus in Industrielandschaften – Synopse und Widerstandsanalysen«. In: *Kulturtourismus in Europa: Wachstum ohne Grenzen?* Hrsg. von *Christoph Becker* und *Albrecht Steinecke*. Trier: Europäisches Tourismus Institut, S. 40–63.
*Spender, J. C.* (1994). »Organizational knowledge, collective practice and Penrose rents«. In: *International Business Review* 3.4, S. 353–367.
SPIEGEL (Nov. 2008). *Klimawandel in den Alpen – Kunstschnee mit Kollateralschäden*. URL: http://www.spiegel.de/wissenschaft/natur/0,1518,547765,00.html (besucht am 22. 04. 2009).
*Spintig, Susanne* (2003). »Beziehungsmanagement in Dienstleistungsnetzwerken«. In: *Dienstleistungsnetzwerke – Dienstleistungsmanagement Jahrbuch 2003*. Hrsg. von *Manfred Bruhn* und *Bernd Stauss*. Wiesbaden: Gabler, S. 229–252.
*Spörel, Ulrich* und *Wiesbaden, Statistisches Bundesamt* (2007). »Grenzüberschreitender Tourismus in Europa: Einreise- und Ausreiseverkehr«. In: *Wirtschaft und Statistik* 7.7, S. 663–669.
*Srnka, Katharina* (2007). »Hypothesen und Vorwissen in der qualitativen Marktforschung«. In: *Qualitative Marktforschung: Konzepte-Methoden-Analysen*. Hrsg. von *Renate Buber* und *Hartmut H. Holzmüller*. Wiesbaden: Gabler Verlag, S. 159–172.
*Stahl, Heinz K.* und *Eichen, Stephan* Friedrich von den (2005). *Vernetzte Unternehmen – Wirkungsvolles Agieren in Zeiten des Wandels*. Berlin: Erich Schmidt Verlag.
*Stauss, Bernd* und *Bruhn, Manfred* (2003). »Dienstleistungsnetzwerke – Eine Einführung in den Sammelband«. In: *Dienstleistungsnetzwerke – Dienstleistungsmanagement Jahrbuch 2003*. Hrsg. von *Manfred Bruhn* und *Bernd Stauss*. Wiesbaden: Gabler, S. 3–30.
*Steckenbauer, Christian G.* (2002). *Kulturtourismus und kulturelles Kapital. Die feinen Unterschiede des Reiseverhaltens*. URL: http://www.inst.at/trans/15Nr/09\_1/steckenbauer15.htm (besucht am 22. 04. 2009).
*Steenblock, Volker* (2004). *Kultur, oder, die Abenteuer der Vernunft im Zeitalter des Pop*. Leipzig: Reclam.
*Stein, Volker* (2005). »Kooperation: Erklärungsperspektive der stratgegischen Managementforschung«. In: *Kooperationen, Allianzen und Netzwerke*. Hrsg. von *Joachim Zentes, Bernhard Swoboda* und *Dirk Morschett*. Bd. 2. Wiesbaden: Gabler, S. 167–182.
*Steinecke, Albrecht* (2001). »Industrieerlebniswelten zwischen Heritage und Markt: Konzepte – Modelle – Trends«. In: *IndustrieErlebnisWelten. Vom Standort zur Destination*. Hrsg. von *Hans H. Hinterhuber, Harald Pechlaner* und *Kurt Matzler*. Berlin: Erich Schmidt Verlag, S. 85–101.
– (2007). *Kulturtourismus*. München: Oldenbourg Wissenschaftsverlag.
*Steinmann, Horst* und *Schreyögg, Georg* (2005). *Management – Grundlagen der Unternehmensführung – Konzepte-Funktionen-Fallstudien*. 1. Aufl. Wiesbaden: Gabler.
*Steven, Marion* (1998). *Produktionstheorie*. Wiesbaden: Gabler.
*Stokes, Robyn* (2006). »Network-based strategy making for events tourism«. In: *European Journal of Marketing* 40.5, S. 682–695.
– (2008). »Tourism strategy making: Insights to the events tourism domain«. In: *Tourism Management* 29.2, S. 252–262.

*Strübing, J.* (2008). *Grounded Theory: Zur sozialtheoretischen und epistemologischen Fundierung des Verfahrens der empirisch begründeten Theoriebildung.* Wiesbaden: VS Verlag für Sozialwissenschaften.
*Stumpf, C.* (1939). *Erkenntnislehre.* Leipzig: Johann Ambrosius Barth.
*Swaarbrooke, John* (2005). *Sustainable Tourism Management.* Wallingford: CABI Publishing.
*Sydow, Jörg* (1992). *Strategische Netzwerke: Evolution und Organisation.* Wiesbaden: Gabler.
- (2006b). »Management von Netzwerkorganisationen – Zum Stand der Forschung«. In: *Management von Netzwerkorganisationen.* Hrsg. von *Jörg Sydow.* 1. Aufl. Wiesbaden: Gabler, S. 387–472.
- (2006a). *Management von Netzwerkorganisationen.* 1. Aufl. Wiesbaden: Gabler.
- (2006c). »Unternehmungsvernetzung – Implikationen für Organisation und Arbeit«. In: *Kooperatives Handeln zwischen Kontinuität und Brüchen in neuen Tätigkeitssystemen.* Hrsg. von *Albert Vollmer.* Lengerich: Pabst Science Publishers, S. 260–272.
*Sydow, Jörg* u. a. (1995). *Organisation von Netzwerken: Strukturationstheoretische Analysen der Vermittlungspraxis in Versicherungsnetzwerken.* Opladen: Westdeutscher Verlag.
*Sydow, Jörg* u. a. (2003). *Kompetenzentwicklung in Netzwerken.* Wiesbaden: Westdeutscher Verlag.
*Taylor, J.P.* (2001). »Authenticity and sincerity in tourism«. In: *Annals of Tourism Research* 28.1, S. 7–26.
*Teece, D. J.* (2007). »Explicationg dynamic capabilities: the natur and microfoundations of (sustainable) enterprise performance«. In: *Strategic Management Journal* 28.13, S. 1319–1350.
*Teece, David, Pisano, Gary* und *Shuen, Amy* (1997). »Dynamic capabilities and strategic management«. In: *Strategic Management Journal* 18.7, S. 509–533.
*Thiem, M.* (1994). »Tourismus und kulturelle Identität«. Phdthesis. Bern: Forschungs-Institut für Freizeit und Tourismus der Universität Bern.
*Tighe, A.J.* (1986). »The arts/tourism partnership«. In: *Journal of Travel Research* 24.3, S. 2–5.
*Timothy, D. J.* und *Boyd, S.* (2003). *Heritage tourism.* Harlow: Prentice Hall.
*Tirol Werbung* (Dez. 2001). *Studie Kulturtourismus in Tirol – Wertschöpfung, Nachhaltigkeit und Imagewirkungen, Festivals.* Umsetzung: Priglinger, P.; Innsbruck.
*Tiroler Tageszeitung* (Sep. 2006a). *Kulturtourismus für Region rentabel.* 12.9.2006, Heft Nr.211BG. Tiroler Tageszeitung. Tiroler Tageszeitung.
- (Sep. 2006b). *Spielen für die Region – Kultur-Veranstaltungen bringen Geld nach Tirol.* 12.9.2006, Heft Nr.211BG. Tiroler Tageszeitung. Tiroler Tageszeitung.
- (Juni 2008). *Einkaufen in Südtirol.* 12.6.2008, Beilage Heft Nr. 136-BI. Beilage der Tiroler Tageszeitung. Tiroler Tageszeitung.
*Tischer, Martin* und *Münderlein, Jobst* (2007). »Sustainable regional economic development – A case for cooperation«. In: *Regional Governance – Stimulus for Regional Sustainable Development.* Hrsg. von *Guido Nischwitz.* München: Oekom-Verlag, S. 87–102.
*Toblacher Gespräche* (2006). »Toblacher Thesen 1985 – Für einen anderen Tourismus: Am Beispiel des Bergtourismus«. In: *Langsamer weniger besser schöner – 15 Jahre Toblacher Gespräche: Bausteine für die Zukunft.* Hrsg. von *Hans Glauber.* München: Oekom-Verlag, S. 235–236.

*Tunbridge, J.E.* und *Ashworth, G.J.* (1996). *Dissonant Heritage – The management of the past as a resource in conflict.* Chichester: John Wiley Sons Ltd.
*Turner, I.* (1997). »The Myth of the Core Competence«. In: *Manager Update* 8.4, S. 1–12.
*Ullmann, S.* (2000). *Strategischer Wandel im Tourismus: Dynamische Netzwerke als Zukunftsperspektive.* Wiesbaden: Deutscher Universitäts-Verlag.
UNESCO (Nov. 2003). *Convention for the safeguarding of the intangibel cultural heritage.* URL: http://www.unesco.at/kultur/unesco_convention_ike.pdf (besucht am 22.04.2009).
- (2009a). *Das immaterielle Kulturerbe.* URL: http://www.unesco.de/immaterielles-kulturerbe.html?\&L=0 (besucht am 22.04.2009).
- (2009b). *Das materielle Kulturerbe.* URL: http://www.unesco.at/kultur/index.htm (besucht am 22.04.2009).
- (2009d). *Welterbekonvention – Aufnahmekriterien.* URL: http://www.unesco.de/348.html?&L=0 (besucht am 22.04.2009).
- (2009c). *Welterbekonvention.* URL: http://www.unesco.de/650.html?&L=0 (besucht am 22.04.2009).
*Vavti, Stefanie* und *Steinicke, Ernst* (2006). »Biographie, Identität und ethnische Vielfalt: Bedrohung und Chancen im Kanaltal (Italien)«. In: *Europa Ethnica* 63.1, S. 12–20.
*Vester, Heinz-Günter* (1993). »Authentizität«. In: *Tourismuspsychologie und Tourismussoziologie: ein Handbuch zur Tourismuswissenschaft.* Hrsg. von *Heinz Hahn.* München: Quintessenz-Verlag, S. 122–124.
*Wagner, Friedrich A.* (1990). »Anleitung zur Kunst des Reisens – zur Kulturgeschichte des Reiseführers«. In: *Wegweiser in die Fremde? Reiseführer, Reiseratgeber, Reisezeitschriften.* Hrsg. von *Thomas-Morus-Akademie.* Bergisch Gladbach: Thomas-Morus-Akademie Bensberg, S. 9–33.
*Wald, Andreas* und *Jansen, Dorothea* (2007). »Netzwerke«. In: *Handbuch Governance.* Hrsg. von *Arthur Benz* u.a. Wiesbaden: Verlag für Sozialwissenschaften, S. 93–105.
*Walle, Alf H.* (1998). *Cultural Tourism – A Strategic Focus.* Oxford: Westview Press.
*Wang, N.* (1999). »Rethinking authenticity in tourism experience«. In: *Annals of Tourism Research* 26.2, S. 349–370.
*Watson, John* (2006). »Modeling the relationship between networking and firm performance«. In: *Journal of Business Venturing* 22.6, S. 852–874.
*Weaver, Adam* (2005). »The mcdonaldization thesis and cruise tourism«. In: *Annals of Tourism Research* 32.2, S. 346–366.
*Weiermair, Kurt* und *Pechlaner, Harald* (2001). »Management von Kulturtourismus im Spannungsfeld von Markt- und Ressourcenorientierung«. In: *Erfolgskonzepte im Tourismus: Marken – Kultur – Neue Geschäftsmodelle.* Hrsg. von *Thomas Bieger, Harald Pechlaner* und *Albrecht Steinecke.* Wien: Linde-Verlag, S. 91–123.
*Well, B.* (2001). »Ressourcenmanagement in strategischen Netzwerken«. In: *Strategie und Strukturation – Strategisches Management von Unternehmen, Netzwerken und Konzernen.* Hrsg. von *Günther Ortmann* und *Jörg Sydow.* Wiesbaden: TODO, S. 145–172.
*Wenderoth, Andreas* (Jan. 2008). »Hirnchen streng Dich an«. In: *GEO Magazin* 32.1. Gruner und Jahr, S. 92–108.

*Wenzel, Eike* (Mai 2008). *Die neuen (Frei-)zeitmärkte – Trends, Typologien, Analysen.* Bericht des Zukunftsinstitut GmbH in Auftraug der Südtirol Marketing Gesellschaft. 31.5.2008.

*Wernerfelt, B.* (1984). »A Resource-based View of the Firm«. In: *Strategic Management Journal* 5.2, S. 171–180.

WIFO (Nov. 2008a). *Daten nach Themen und Sektoren – Anzahl der Ankünfte in gastgewerblichen und nicht gastgewerblichen Beherbergungsbetrieben nach Herkunftsland.* URL: http://www.camcom.bz.it/1737.xls (besucht am 22. 04. 2009).

– (Nov. 2008b). *Imagefaktor Südtiroler Christkindlmärkte – Eine Befragung der Bevölkerung Italiens.* URL: http://www.camcom.bz.it/5657.pdf (besucht am 22. 04. 2009).

– (Nov. 2008c). *Indikatoren auf Gemeinde- und Bezirksebene.* URL: http://www.camcom.bz.it/3252.xls (besucht am 22. 04. 2009).

– (Nov. 2008d). *Wirtschaftsporträt Südtirol 2008.* URL: http://www.camcom.bz.it/7533.pdf (besucht am 22. 04. 2009).

*Willberg, Hans Peter* und *Forssman, Friedrich* (2005). *Lesetypografie.* Mainz: Hermann Schmidt. ISBN: 3-87439-652-5.

*Williamson, Oliver* (1985). *The Economic Institutions of Capitalism.* New York: Free Press.

– (1991). »Comparative Economic Organization: The Analysis of Discrete Structural Alternatives«. In: *Administrative Science Quarterly* 36.2, S. 269–296.

*Winiwarter, Verena* (Nov. 2000). »Beiträge der Geistes- und Sozialwissenschaften zur nachhaltigen Entwicklung österreichischer Kulturlandschaften«. In: *Alpenforschung – Landschaft und Lebensraum aus kulturwissenschaftlicher Perspektive.* Hrsg. von *Schweizerische Akademie der Geistes- und Sozialwissenschaften.* Bern: Schweizerische Akademie der Geistes- und Sozialwissenschaften, S. 21–36.

*Winter, S.G.* (2003). »Understanding dynamic capabilities«. In: *Strategic Management Journal* 24.10, S. 991–995.

*Wit, Bob* de und *Meyer, Ron* (2005). *Strategy Synthesis – Resolving Strategy Paradoxes to Create Competitive Advantage.* 2. Aufl. London: Thomson.

*Wöhler, Karlheinz* (1997). *Produktion kulturtouristischer Angebote in: KulturTourismus-Management.* Reader: Strukturen und theoretische Konzepte zum Kulturtourismus. Fernuniversität Hagen, Hagen, S. 105.

– (2000). »Konstruierte Raumbindungen – Kulturangebote zwischen Authentizität und Inszenierung«. In: *Tourismus Journal* 4.1, S. 103–116.

*Worsley, Peter* (2005). »Classic conceptions of culture«. In: *Culture and global change.* Hrsg. von *T. Skelton* und *T. Allen.* London: Routledge, S. 13–22.

WTO (2003). *Evaluating NTO Marketing Activities.* Luton: Bernan.

– (2008). *Tourism Highlights 2008 Edition.* URL: http://www.world-tourism.org/facts/eng/pdf/highlights/UNWTO_Highlights08_en_HR.pdf (besucht am 22. 04. 2009).

*Yale, Pat* (1998). *From Tourist Attractions to Heritage Tourism.* 1. Aufl. Huntingdon: ELM Publications.

*Yeomann, Ian* u. a. (2004). *Festival and events management – an international arts and culture perspective.* Oxford: Elsevier Butterworth Heinemann.

*Zaffi, D.* (2008). »Ladinische Volksabstimmung«. In: *Europäisches Journal für Minderheitenfragen* 1.1, S. 59–63.

Zaheer, A. und Bell, G. G. (2005). »Benefiting from Network Position: Firm Capabilities, Structural Holes, and Performance«. In: *Strategic Management Journal* 26.9, S. 809–825.
Zeithaml, V.A. und Bitner, M.J. (1996). *Services Marketing*. Singapore: McGraw-Hill.
Zelger, Josef (2000). »Twelve Steps of GABEK/WinRelan – A Procedure for Qualitative Opinion Research, Knowledge Organization and Systems Development«. In: *Gabek II – Zur qualitativen Forschung/On qualitative research*. Hrsg. von *Renate Buber* und *Josef Zelger*. Innsbruck/Wien/München: Studien Verlag, S. 205–220.
- (2002). *Handbuch zum Verfahren GABEK – WinRelan 5.2 – Von der Problemstellung zum Zwischenbericht, Bd. I*. Institut für Philosophie der Leopold-Franzens-Universität Innsbruck – Abteilung für Wissensorganisation. Innsbruck.
- (Juni 2003). »Können "linguistische Hypergestaltenäls sozialwissenschaftliche Theorien verstanden werden? – Zur qualitativen Theoriebildung durch GABEK«. Preprint Nr. 79, April 2003, Beitrag zur Tagung Wissenschaftstheorie in Ökonomie und Wirtschaftsinformatik, Koblenz, 5.–6. Juni 2003.
- (2007). »Regionale Ontologien als Grundlage für das Marketing – Von offenen Interviews zur innovativen Produktgestaltung durch das Verfahren GABEK«. In: *Qualitative Marktforschung: Konzepte-Methoden-Analysen*. Hrsg. von *Renate Buber* und *Hartmut H. Holzmüller*. Wiesbaden: Gabler Verlag, S. 507–523.
Zelger, Josef, Fink, Sebastian und Strickner, Jakob (2008). »Darstellung von Erfahrungswissen durch GABEK«. In: *GABEK III – Organisationen und ihre Wissensnetze*. Hrsg. von *Josef Zelger, Margit Raich* und *Paul Schober*. Innsbruck: Studien Verlag, S. 143–159.
Zembylas, Tasos (2004). *Kulturbetriebslehre – Grundlage einer Inter-Disziplin*. 1. Aufl. Wiesbaden: Verlag für Sozialwissenschaften.
Zeni, Alice, Zehrer, Anita und Pechlaner, Harald (2005). »Management und Organisation von City Cards«. In: *Destination-Card-Systeme*. Hrsg. von *Harald Pechlaner* und *Anita Zehrer*. Wien: Linde, S. 101–112.
Zentes, Joachim, Swoboda, Bernhard und Morschett, Dirk (2005). »Perspektiven der Führung kooperativer Systeme«. In: *Kooperationen, Allianzen und Netzwerke*. Hrsg. von *Joachim Zentes, Bernhard Swoboda* und *Dirk Morschett*. Bd. 3. Wiesbaden: Gabler, S. 935–962.
Zhang, Jie und Jensen, Camilla (2007). »Comparative advantage: Explaining Tourism Flows«. In: *Annals of Tourism Research* 34.1, S. 223–243.
Zott, C. (2003). »Dynamic capabilities and the emergence of intraindustry differential firm performance: insights from a simulation study«. In: *Strategic Management Journal* 24.2, S. 97–125.

# Index

**A**
Alpen, 163
Alpenkonvention, 165
Attraktivität, 212, 284
Authentizität, 134, 245, 270

**B**
Bewertungskodierung, 186

**C**
Cluster-Theorie, 39

**D**
Destination, 56
   alpine, 163, 169
   Definition, 56
   Strategisches Management, 64
Destination-Cards, 81
Destinationsressourcen, 74
   finanzielle Ressourcen, 217
   Humanressourcen, 215
   touristische Suprastruktur, 218
Destinationsmanagement, 51
   dynamisches Modell, 85
   Gemeinschaftliches Modell, 61, 94
   Unternehmerisches Modell, 94
Destinationsressourcen, 215
Dienstleistung
   Definition, 58
   Eigenschaften, 57
Dienstleistungskette, 58
   im Kulturtourismus, 127
Dienstleistungsnetzwerke, 77
Dynamic capabilities, 31

**E**
Edutainment, 138, 288
Einheimische, 129

Einzigartigkeit, 260
Ereignisse, kulturelle, 225
Erlebnis, 139, 249, 268
Experteninterview, 189
Externe Effekte, 141, 269, 271

**F**
Fähigkeiten, 281
   im Tourismus, 75
Folklore, 138
Forschungsdesign, 188

**G**
GABEK, 184
Geschäftseinheit, strategische, 12
Globalisierung, 134
Grounded theory, 182

**H**
Handlungsempfehlungen, 288
Heritage-Ansatz, 132
historische Bauten, 220

**I**
Imitationsfähigkeit, 26
Inszenierung, 134, 137, 249, 268
Interaktionismus, 5
Internationalisierung, 269

**K**
Kausalnetzgraphiken, 187
Kernkompetenzen, 28
   core rigidities, 30
   kooperative, 44, 281
      in Destinationen, 76
Knowledge-based view, 32
   im Tourismus, 74
Kommunikation, 211, 242

# Index

Konservierung, 132
Konstruktivismus, 5
Koordination, 242
Kultur, 97
  -förderung, 115, 130, 258, 292
  -landschaft, 166, 223
  -politik, 175, 292
  alpine, 166, 167
  Definition, 100
  kulturelles Bewusstsein, 257, 271, 283
  kulturelles Erbe, 131
Kulturbegriff, 201
  enger, 97
  weiter, 99
Kulturtourismus, 97, 206
  Definition, 103
  Ensemble-Kulturtourismus, 223
  Ereignis-Kulturtourismus, 225
  Filialisierung im, 126
  Gastronomischer, 226
  Gesamtmodell, 285
  Limitierung im, 126
  Nachfrage, 104, 208
  Netzwerke, 127, 231, 282
  Objekt-Kulturtourismus, 220
  Probleme im, 254
  Qualität, 126
  Ressourcen, 113, 229
  Sozio-Kulturtourismus, 227
  Stakeholder, 129, 231
  Thematisierung im, 125
  Vernetzung im, 125
Kulturtourist, 105, 209
Kundenorientierung, 153

## L
Lebensstil-Typen, 53
Leitfadeninterview, 192
Lokale Tourismus-Systeme, 84

## M
Market-based view, 13, 17, 267

  im Kulturtourismus, 122
  im Tourismus, 67
Motivation, 53, 106, 286
Museen, 221

## N
Nachhaltigkeit, 90, 141, 144, 251, 282
  ökologische, 147, 284
  ökonomische, 145, 284
  soziokulturelle, 148, 283
Natur, 166, 205, 223
  Kulturlandschaft, 166
Netzwerkressourcen, 43
  im Tourismus, 74
Netzwerke, 34
  -ressourcen, 43
  Chancen, 42, 274
  Dienstleistungs-, 77
  im Kulturtourismus, 127, 231, 282
  im Tourismus, 76
  Kultur-, 236
  Kultur-Tourismus-, 236, 276
  Kultur-Tourismus-Politik-, 276
  Management von, 46, 273, 275
  Risiken, 42, 274
  strategische, 46
  Tourismuspolitik-, 88
  Typen von, 36, 274
  virtuelle Unternehmung, 78
  Voraussetzungen für, 41, 272
Netzwerkgraphiken, 186
Netzwerkressourcen, 277

## O
Ontologie, 186

## P
Postmoderne, 6
Präservierung, 132
Profitabilität, 49

## Q
Qualität, 151, 244, 279
  Dienstleistungs-, 58, 152
  emotionale, 156, 275
  Produkt-, 155
  Qualitätstourismus, 155

## R
Regional Governance, 86
regionale Identität, 100, 131, 134, 167, 283
Regionalentwicklung, 149, 238, 251
Regionalität, 270
Relational view, 34
  im Kulturtourismus, 124, 272
  im Tourismus, 76
  Netzwerkgedanke, 36
Relevanzanalyse, 187
Renten, 15
  relationale, 42
Resource-based view, 21, 270
  im Kulturtourismus, 123
  im Tourismus, 71
Ressourcen, 14
  Arten von, 23
  im Tourismus, 215
  kulturtouristische, 113, 219
  Netzwerk-, 43, 277
  strategische, 25
    Definition, 28
    im Kulturtourismus, 279
  Tourismus, 71

## S
Segmentierung, 285
  angebotsseitige, 115
  nachfrageseitige, 106
Stakeholder
  im Kulturtourismus, 129
  im Tourismus, 59

Strategie, 11
  -formulierung, 20, 30
    im Kulturtourismus, 122, 267, 270
  Definition, 12
Subventionierung, 175
Südtirol, 169
  Dachmarke, 171

## T
Tourismus, 51
  Angebotsseite, 55
  Bedeutung, 168
  Definition, 52
  Nachfrageseite, 52
  sanfter, 141
Tourismusplanung, 66
Tourismuspolitik, 65, 88
  Definition, 65
Trends, 61

## V
Vermarktung, 174, 210
Vertrauen, 41
VRIO-Kriterien, 26, 280

## W
Wertschöpfungsfächer, 82
Wertschöpfungskette, 28
Wettbewerbsfähigkeit, 90, 282
  im Kulturtourismus, 104
  im Tourismus, 66
  Tourismus, 69
Wettbewerbskräfte, 18
  im Kulturtourismus, 119
  im Tourismus, 68
Wettbewerbsstrategien, 12
  im Kulturtourismus, 125
Wettbewerbsvorteile, 12
  Definition, 17